CIDADES CRIATIVAS

TALENTOS, TECNOLOGIA, TESOUROS, TOLERÂNCIA

VICTOR MIRSHAWKA

VOLUME II

CB037634

São Paulo, 2017
www.dvseditora.com.br

CIDADES CRIATIVAS
TALENTOS, TECNOLOGIA, TESOUROS, TOLERÂNCIA
volume 2

DVS Editora 2017 - Todos os direitos para a território brasileiro reservados pela editora.

Capa e Diagramação: Spazio Publicidade e Propaganda
Fotos: Shutterstock

Dados Internacionais de Catalogação na Publicação (CIP)
(Câmara Brasileira do Livro, SP, Brasil)

```
Mirshawka, Victor
    Cidades criativas : talentos, tecnologia,
tesouros, tolerância : volume II / Victor Mirshawka.
-- São Paulo : DVS Editora, 2017.

    Bibliografia.
    ISBN: 978-85-8289-151-3

    1. Administração pública 2. Cidades -
Administração pública 3. Cidades criativas
4. Criatividade nos negócios 5. Espaços públicos
urbanos 6. Planejamento urbano I. Título.
```

17-06042   CDD-307.76

Índices para catálogo sistemático:

1. Cidades criativas : Economia criativa : Cultura :
       Aspectos sociais 307.76

CIDADES CRIATIVAS

TALENTOS, TECNOLOGIA, TESOUROS, TOLERÂNCIA

VICTOR MIRSHAWKA

VOLUME II

Dedico esse livro à minha família, ou seja, a minha querida esposa Nilza Maria, com a qual estou casado há mais de 52 anos, que me deu três filhos incríveis, Victor Jr., Sergio e Alexandre que tiveram a felicidade de conhecer três mulheres, suas esposas dedicadas e amorosas, respectivamente Ana Carolina, Renata e Valéria, com o que chegaram para a alegria de todos, os netos Guilherme, Julia e Felipe e Isadora.

Índice

Prefácio

Até o século XIX preponderaram no mundo os **impérios**, no século XX aconteceu a emergência dos **países**, na sua maioria democráticos, e sem dúvida o século XXI está sendo o das **cidades**, onde a maioria das pessoas deseja viver e as quais será cada vez mais complicado poder administrar de forma eficaz.

Vivemos numa época em que as cidades precisam ser sustentáveis, inteligentes e atraentes, ou seja, nelas deve-se ter empregabilidade, habitabilidade, mobilidade, visitabilidade e sustentabilidade.

Não é nada fácil ter essas cinco condições num elevado patamar até porque muitas delas se contrapõem, ou seja, uma cidade na qual se tenha muitos empregos e boas habitações, ela rapidamente é invadida por muita gente de outras regiões (e até de outras partes do mudo...) o que acaba tornando difícil ter nela boa mobilidade ou sustentabilidade, especialmente no que se refere a segurança, educação e saúde pública.

Estamos vivendo num contexto bem diferente daquele de algumas décadas atrás e percebe-se isto claramente no comportamento do mercado imobiliário, com os construtores adaptando-se ao novo consumidor, cada vez mais consciente dos problemas de poluição, interessado em ter acesso a espaços de lazer, buscando formas de ser saudável e preocupado em ser um **cidadão melhor**!!!

Os novos edifícios, especificamente os dedicados a escritórios, já são pensados em abrigar um espaço de *coworking*, ou seja, um ambiente compartilhado de trabalho, estabelecendo-se também cada vez mais a tendência que as pessoas trabalhem frequentemente na própria casa e usem escritórios virtuais.

Há apenas alguns anos seria impensável construir um edifício sem vagas na garagem, mas agora isso está cada vez mais comum, especialmente nas cidades dos países desenvolvidos.

Uma grande mudança positiva se alcançou com o amplo uso de aplicativos, como Waze, Uber etc. o que "facilitou" a mobilidade urbana.

A nova tendência é que as cidades vejam os seus moradores, de fato, como consumidores das instalações e facilidades existentes nelas.

Um exemplo típico recente foi o que ocorreu no Rio de Janeiro, com o Porto Maravilha, onde o espaço urbano foi modificado, para que o cidadão possa ter o melhor proveito dele, ou seja, do transporte, do comércio e dos espaços culturais.

Esse livro está focado especialmente em como as cidades se tornaram criativas, com o que entre outras coisas, conseguem de forma eficiente acompanhar e oferecer aos seus moradores o que eles desejam e necessitam.

As cidades analisadas são também em quase todos os casos globais, influentes e atraentes.

Pode-se dizer que uma cidade é criativa quando nela se destaca a **tecnologia**, especialmente aquela ligada a informação e comunicação, existem nela muitos **talentos**, o que normalmente significa que ela possui excelentes instituições de ensino para formá-los, há um ambiente de **tolerância** em relação a presença de pessoas de diferentes raças, religiões e costumes, respeitando-se as suas convicções e sua cultura e finalmente ela tem muitos **tesouros**, quer eles sejam as suas belezas naturais ou então os construídos e preservados pela sua gente, como museus, templos, palácios, parques etc.

Pois bem, o autor Victor Mirshawka nesse livro (em 2 volumes) apresentou 45 cidades - consideradas como a mais importante invenção do ser humano – de todos os continentes, enfatizando as características que as qualificam como criativas.

Algumas tem milhares de anos de existência, outras, séculos e há inclusive as que são bem recentes, com algumas décadas de existência mas que se tornaram extremamente atraentes, atraindo todo ano milhões de visitantes, para aí passarem dias agradáveis, bem como dezenas de milhares de novos moradores pois nelas dá vontade de viver, pode-se obter um bom emprego ou inclusive abrir um promissor negócio, particularmente em alguns setores da economia criativa.

Quem ler o livro, especialmente se estiver ocupando um cargo administrativo numa prefeitura, obterá muitos *insights* (discernimentos criativos), o que o estimulará a desenvolver novos projetos ou políticas públicas que permitam transformar a cidade onde vive em um lugar com qualidade de vida melhor.

Aliás os gestores municipais em todos os níveis das cidades do Estado de São Paulo, que fazem parte da Associação Paulista dos Municípios (APM) deveriam inspirar-se nas sugestões dadas pelo autor no que ele chamou de **"lições das cidades criativas"**, para implementar ações que estimularam os moradores de outras cidades a visitarem as criativas.

Vivemos numa época, em que graças ao desenvolvimento da aviação comercial, os seres humanos têm facilidade para irem de uma cidade num continente para outro bem distante ou como no caso do Brasil - País continental – ir de uma cidade em um Estado para outra, a milhares de quilômetros.

E fazem essa viagem para participar de eventos técnicos, para ter entretenimento, para cumprir devoções religiosas, para fazer compras etc.

As pessoas viajam, pois estão ansiosas para sair da rotina, e também por que querem ir para outros lugares para conviver com uma outra cultura, para admirar as belezas existentes em outras partes do nosso planeta.

Esses turistas são muito importantes para as cidades, pois injetam muito dinheiro nas suas economias.

Cabe aos nossos governantes e aos empreendedores, entender de uma vez por todas que uma das maneiras de incrementar a nossa economia é tendo um **turismo mais pujante**.

E nesse sentido, poucos países têm tanto a oferecer como o Brasil, com suas praias, florestas, rios, ou seja, com a sua rica e variada gama de belezas naturais.

Não se pode esquecer que se a vinda de turistas estrangeiros ao Brasil é relativamente pequena – algo como 6,5 milhões de pessoas em 2016 -, já o turismo doméstico como no Estado de São Paulo envolveu em 2016 cerca de 43 milhões de pessoas que saíram de suas cidades para passar alguns dias em outras (especialmente naquelas que ficam à beira do mar) o que naturalmente incrementou muito, nas cidades visitadas, o seu comércio, a ocupação dos seus hotéis, o movimento nos seus restaurantes etc., o que possibilitou que milhares de pessoas tivessem um trabalho (mesmo que temporário...)

Esse livro deveria ser uma leitura obrigatória especialmente de todos os prefeitos, vice-prefeitos, secretários municipais e gestores dos órgãos da prefeitura ("**gerentes de cidade**") pois lhes trará excelentes ideias para introduzirem atrações nas suas cidades, possibilitando-lhes atrair cada vez mais visitantes!!!

Carlos Cruz
Presidente da Associação Paulista dos Municípios (APM)

Capítulo 2 – As grandes cidades criativas do mundo

A seguir, nesse volume serão descritas 23 cidades de todos os continentes, cujas características lhes garantiram a denominação de **cidades criativas**.

Nesse livro, a escolha inicialmente recaiu sobre as grandes cidades do mundo – algumas muito antigas e com muita história, outras com apenas alguns séculos de existência, e outras ainda com somente décadas de vida –, mas todas com um incrível desenvolvimento nos diversos setores da EC.

Naturalmente, isso não esgota de forma alguma a apresentação das cidades criativas que existem no mundo, e especialmente no Brasil, até porque, como já foi dito, o século XXI é o da urbanização e do predomínio das cidades!!!

Assim, num outro livro que será publicado brevemente tratarei somente das cidades criativas brasileiras, ou seja, aquelas nas quais a sua economia se desenvolve substancialmente em torno das indústrias criativas e dos bens culturais.

E, em seguida, a intenção é apresentar a **cidade atraente**, na qual se tenha empregabilidade, habilidade, mobilidade, visitabilidade (incrementada pelos diversos setores da EC) e sustentabilidade.

Pode ser que a cidade atraente, com todos esses atributos, seja algo utópico, mas é nessa direção que se deve caminhar e trabalhar, nesse **século das cidades** no qual, o que mais irão desejar os seres humanos é morar numa cidade em que tenham excelente qualidade de vida!!!

E aí vão as 23 cidades criativas restantes em ordem alfabética. **Boa leitura!**

A famosa Galeria Vittorio Emanuele, em Milão.

2.23 -
Milão

PREÂMBULO

Apesar de ser uma cidade em que as pessoas andam de bondes cujos assentos datam de 1930, Milão se destaca justamente por sua modernidade...

A disposição de Milão em estar um passo à frente na moda, no *design*, nos negócios e na arte, pode ser claramente sentida em suas elegantes avenidas, suas lojas e seus museus.

Seu peso histórico se manifesta em cada esquina, à medida que os transeuntes observam suas igrejas, seus mosteiros, seus palácios, suas galerias de arte e, inclusive, alguns restos de edificações romanas.

Dessa maneira, sempre se pode encontrar na cidade os entusiastas de Giuseppe Verdi circulando ao redor do Teatro alla Scala, enquanto os amantes da arte acabam se "perdendo" entre os milhares de obras-primas, como aquelas da pinacoteca Ambrosiana e dos diversos museus, procurando descobrir algum outro segredo de Leonardo da Vinci...

Naturalmente, para aqueles que gostam de uma vida boêmia há um destino: o bairro dos canais, no qual se tem uma generosa oferta gastronômica.

A HISTÓRIA DE MILÃO

Milão (chamada de Milano pelos italianos) é a capital da região de Lombardia, província de Milão. Nela viviam, no final de 2016, cerca de 1,6 milhão de habitantes. Todavia, sua região metropolitana é a maior e mais populosa da Itália, abrigando aproximadamente 8,8 milhões de pessoas.

Os habitantes de Milão são os milaneses (ou *milanesi*, em italiano), porém, informalmente eles recebem os apelidos de *meneghini* ou *ambrosiani*.

Fundada pelos insubres, uma tribo celta, a cidade foi batizada como Mediolano. Mais tarde, ela foi capturada pelos romanos em 222 a.C., quando começou a crescer sob o domínio do império romano.

No século XV a cidade esteve sob o domínio francês; nos séculos XVI e XVII ficou sob o poder dos espanhóis; os austríacos a controlaram no século XVIII, até que em 1796 a cidade fosse conquistada por Napoleão Bonaparte, que, em 1805, a transformou na capital de seu reino na Itália.

Durante o período romântico, Milão foi um importante centro cultural europeu e, por conta disso, acabou atraindo vários artistas, compositores e expoentes da literatura – num prenúncio de que seria uma **cidade criativa**.

No século XX, depois de ser ocupada pelos alemães em 1943 durante a Segunda Guerra Mundial, a cidade foi intensamente bombardeada pelas forças aliadas. Todavia, Milão acabou se transformando no principal centro de resistência italiana, cujo objetivo era o de expulsar as forças alemãs da cidade.

No pós-guerra, ela teve um grande crescimento econômico, atraindo muitos milhares de imigrantes, tanto do sul da Itália quanto do exterior.

Nessas últimas quatro décadas, Milão se tornou uma cidade internacional e bem cosmopolita. Cerca de 17% de sua população é de origem estrangeira (vivem lá muitos chineses, filipinos e pessoas oriundas de países africanos). Seu PIB em 2016 ultrapassou os US$ 160 bilhões, enquanto o PIB da sua área metropolitana superou os US$ 315 bilhões, com o **que se tornou uma das mais poderosas e influentes do mundo!!!**

Entre outros qualificadores, Milão é conhecida como a "**capital do design**", exercendo grande influência nesse setor. A cidade se destaca ainda nos setores da moda, da música, da literatura, do esporte e da indústria moveleira.

Por exemplo, entre os dias 12 e 17 de abril de 2016, ocorreu na cidade a 55ª edição do Salão de Móvel de Milão. O evento atraiu para a cidade um público de 372 mil visitantes. Estima-se que cerca de 35% deles tenham vindo de outros países, num total de 160 nacionalidades, representando os cinco continentes. Desse total, 650 eram jovens *designers* de IESs do mundo todo que participaram do Salão Satélite, idealizado para difundir a produção dos *designers* em início de carreira!!!

O Salão Satélite foi criado pela curadora Marva Griffin-Wilshire em 1998 para estimular o surgimento de novos talentos. Nesse evento reúnem-se os trabalhos de criadores com menos de 35 anos, além de alunos de escolas convidadas. Vale ressaltar que, nessa ocasião, muitos protótipos apresentados em edições anteriores já haviam alcançado o sucesso e, inclusive, se encontravam em produção!!!

É bastante perceptível a força do setor criativo – nesse caso, o *design* – na promoção de grande visitabilidade para uma cidade. É óbvio que isso estimula toda a economia local, deixando repletos os seus restaurantes, hotéis e centros comerciais. Além disso, esse tipo de evento possibilita a celebração e a conclusão de muitos negócios ao longo de sua duração!!!

Milão é especialmente famosa por suas casas e lojas de moda, dentre as quais estão as da *Via Monte Napoleone* e, especialmente, as localizadas na Galleria Vittorio Emanuele, na Piazza Duomo (fica ali *o shopping center* mais antigo do mundo!!!).

Juntamente com Paris, Londres, Nova York e São Paulo, Milão é uma das capitais mundiais da moda.

A cidade tem um rico patrimônio cultural e possui uma culinária riquíssima com pratos variados e ficou famosa mundialmente pelos seus panetones (*pannetone*, "bolo de Natal").

No que se refere à música, e particularmente às óperas, viveram em Milão importantes compositores (como, por exemplo, Giuseppe Verdi). Ali existem grandes teatros, sendo que o mais importante deles é o Teatro alla Scala.

Milão é também um dos importantes destinos turísticos da Europa, e recebe 2,5 milhões de turistas estrangeiros por ano, em média.

Entre os muitos eventos importantes que a cidade sediou, destacam-se as Exposições Universais de 1906 e 2015. Nessa última edição, durante vários meses, a cidade se viu invadida por visitantes estrangeiros. De fato, o número de turistas ultrapassou os 4 milhões.

Fiera Milano é um centro de exposições localizado no subúrbio no-roeste de Milão. Sendo um complexo moderno, o local é considerado por alguns especialistas como um dos maiores recintos para feiras e exposições no mundo.

Durante a segunda metade do século IV, o bispo de Milão, Aurélio Ambrósio, exerceu forte influência sobre o surgimento de edificações imponentes na cidade. Foi ele, por exemplo, que mandou construir às portas da cidade, as grandes basílicas de Santo Ambrósio, de São Simpliciano e de Santo Eustorgio. Todas estão entre as igrejas mais importantes de Milão. Elas foram devidamente remodeladas ao longo dos séculos e ainda estão em bom estado de conservação.

O maior e o mais importante exemplo da arquitetura gótica da Itália é a catedral de Milão, que começou a ser construída em 1387, sendo necessários cinco séculos para sua conclusão!!! A palavra catedral em italiano é *duomo*, um termo que vem do latim *Domus Dei*, cujo significado é "Casa de Deus". A catedral de Milão é considerada a **6ª maior do mundo, com 10.186 mil m²!!!** Só estão à sua frente a catedral Nossa Senhora da Paz de Yamoussoukro, na Costa do Marfim, em 1º lugar, com 30 mil m²; em 2º lugar a catedral de São Pedro, em Roma, com 15.160 mil m²; em 3º lugar a catedral de Aparecida, na cidade de Aparecida no Estado de São Paulo, com 12 mil m²; em 4º lugar a catedral de Sevilha, na Espanha, com 11.520 mil m²; e em 5º a catedral de Saint John Divine, em Nova York, com 11.200 m².

A catedral de Milão abriga a maior coleção do mundo de estátuas de mármore. Também está ali, localizada no topo de uma torre, uma estátua de ouro amplamente visível e apelidada pelo povo de *Madonnina* (Nossa Senhora), um dos símbolos da cidade.

Entre os séculos XIV e XV, durante o domínio da família Sforza, além de ampliada, a fortaleza Visconti foi remodelada para se transformar no castelo Sforzesco. Este funcionava como sede de uma elegante corte renascentista, e contava com um parque de caça murado, nas proximidades do lago de Como. Nesse belíssimo projeto trabalharam importantes arquitetos, dentre os quais o florentino Filarete, contratado para construir a torre de entrada central elevada.

A aliança política entre Francesco Sforza e Cosme de Médici, foi bastante frutífera em termos arquitetônicos. Na época, ocorreu por exemplo a construção de prédios notáveis, influenciados por modelos de Filippo Brunelleschi, arquiteto e escultor renascentista de Florença, na Toscana.

De fato, os primeiros edifícios espetaculares a ostentar essa influência toscana foram o palácio construído para abrigar o banco Médici (do qual resta hoje apenas a entrada principal) e a capela Portinari.

Filarete também foi o responsável pela construção do grande hospital público conhecido com o Ospedale Maggiore.

Leonardo da Vinci chegou a Milão em 1482 – onde permaneceria até o domínio francês em 1499 – e, em 1487, foi o responsável por projetar o tiburio, uma passagem para a torre da catedral, embora não tenha sido escolhido para construí-lo.

Nesse período, o entusiasmo compartilhado por Filarete e Da Vinci na construção de edifícios na cidade de Milão deu origem a vários desenhos arquitetônicos. Estes, por sua vez, exerceram grande influência sobre a obra de Donato Bramante, o responsável pela obra de Santa Maria presso San Satiro (reconstrução da bela tribuna luminosa da igreja Santa Maria dele Grazie, do século IX) e por três claustros da catedral de Santo Ambrósio.

Duas figuras importantes e poderosas marcaram o período de domínio espanhol em Milão. Carlos Borromeu e seu primo, o cardeal Frederico Borromeu. Ambos impulsionaram bastante a cultura a partir da criação da Biblioteca Ambrosiana – num prédio projetado por Francesco Maria Ricchino – e de sua vizinha, a Pinacoteca Ambrosiana.

Durante esse período, também foram erguidas inúmeras igrejas belíssimas, além de casas em estilo barroco. Os arquitetos responsáveis pelos projetos foram, além do próprio Ricchino, também Pellegrino Tibaldi e Galeazzo Alessi.

Já a responsável pelas profundas reformas sociais e civis, assim como pela significativa renovação ocorrida em Milão ao longo do século XVIII, foi Maria Teresa da Áustria. Também aconteceu nessa época, e sob sua tutela, a construção de muitos edifícios que ainda hoje orgulham a cidade.

Entre essas construções está o Teatro alla Scala, inaugurado em 3 de agosto de 1778, um dos teatros líricos mais famosos do mundo. No anexo Museo Treatrale alla Scala, há uma coleção de pinturas, rascunhos, estátuas, trajes e outros documentos sobre a história da ópera e do próprio alla Scala. No local também se encontra a Escola de Bailado do Teatro alla Scala.

A cultura austríaca que predominava na época ganhou ainda mais evidência com a transformação do colégio jesuíta em um centro científico e cultural, composto de biblioteca, observatório astronômico e jardins botânicos. Além disso, a cidade de Milão foi também bastante afetada pelo movimento neoclássico do final do século XVII e início do século XIX, que transformou bastante o seu estilo arquitetônico.

A estada de Napoleão Bonaparte na cidade no início dos anos 1800 levou à construção de vários edifícios neoclássicos e palácios. Entre eles está o Villa Realle (hoje chamado de Villa Comunale), mas que outrora também foi conhecido como Villa del Belgioioso. Trata-se de uma mansão construída em 1790 por Leopoldo Pollak, onde se hospedaram Josefina e muitas outras pessoas famosas.

Circundado por um belíssimo jardim em estilo inglês, o prédio é considerado um dos melhores exemplos de arquitetura neoclássica, e não apenas em Milão, mas em toda a Lombardia. Atualmente essa construção abriga a Galeria de Arte Contemporânea. Seu interior ricamente decorado e ornamentado por colunas clássicas, possui vastos salões, diversas estátuas de mármore e gigantescos lustres de cristal.

A cidade abriga ainda outros importantes monumentos neoclássicos, como o Arco della Pace (em português, Arco da Paz), localizado na Piazza Sempione. Com frequência, essa obra desenhada por Luigi Cagnola – e iniciada em 1806 por ordem do próprio Napoleão Bonaparte – é considerada uma versão miniaturizada do Arco do Triunfo de Paris.

Em comparação com outras cidades do mesmo porte, Milão possui uma quantidade relativamente pequena de áreas verdes. Mesmo assim, é grande a variedade de parques e jardins. De fato, os primeiros parques públicos de Milão foram projetados por Giuseppe Balzaretto e surgiram entre 1857 e 1862. A maioria desses locais é recoberta por jardins em estilo neoclássico e, com frequência, estão repletos de verdadeiras riquezas botânicas.

Os parques mais importantes de Milão são: o Parco Sempione, construído por Emílio Alemagna próximo do Castello Sforzesco e do Arco da Paz; o Parco Forlani, o maior parque de Milão, que abriga em seus 235 hectares uma lagoa e um morro; o Giardino della Villa Comunale; os Giardini della Guastalla; e o Parco Lambro. Existem ainda os Giardini Pubblici, um dos mais antigos conjuntos de jardins de Milão, construído entre 1783 e 1790.

Ao longo da história, Milão transformou-se num importante centro artístico. Existem na cidade diversos institutos de arte e galerias.

A arte em Milão começou a florescer ainda na Idade Média, sob o domínio da família Visconti. De fato, vários de seus integrantes foram patronos das artes e da arquitetura, sendo que a maior obra dessa época foi a catedral de Milão. E essa prática continuou com a família Sforza, em cujo período foi erguido o castelo Sforza. Obras incríveis foram realizadas por artistas renomados, como, por exemplo, o afresco da *Última Ceia* e o *Codex Atlanticus*, de Leonardo da Vinci.

Nos séculos XVII e XVIII, Milão voltou-se para o barroco. Nesse período trabalharam na cidade grandes artistas, arquitetos e pintores, como Caravaggio, cuja obra-prima é *Canestra di Frutta*, exposta na Biblioteca Ambrosiana, e a *Ceia de Emaús*, na Pinacoteca de Brera.

Assim, durante o período romântico Milão se tornou um grande centro artístico europeu. O romantismo milanês foi influenciado pelos austríacos, que governavam a cidade nessa época. Provavelmente, entre todas as obras da arte romântica executada em Milão, a mais notável foi *O Beijo*, de Francesco Hayez, que se encontra na Pinacoteca de Brera.

Mais tarde, no século XX, Milão – assim como toda a Itália – seria influenciada pelo futurismo, especificamente por Filippo Marinetti, o fundador desse movimento no país. Em 1909 ele escreveu o *Manifesto Futurista*, no qual salientou: "Milão é muito grande... tradicional e futurista!!!" Um outro artista famoso da cidade foi Umberto Boccioni.

Atualmente, Milão é um importante centro de arte moderna e contemporânea, onde se organizam com frequência exposições variadas. A cidade tornou-se também um dos mais importantes centros para quem deseja estudar e se aperfeiçoar em *design*. Seu estilo moderno e industrial mescla mobiliário novo e antigo, e se caracteriza pela alta qualidade dos equipamentos industriais.

Nas décadas de 1950 e 1960, a cidade rapidamente tornou-se uma das mais progressistas e dinâmicas da Europa. Juntamente com Turim, Milão alcançou grande destaque não somente no campo do *design*, mas também na arquitetura. Nela foram erguidos arranha-céus como o *Pirellone* e a torre *Velasca*, além de muitas edificações com projetos de arquitetos como Bruno Munari, Lucio Fontana, Enrico Castellani, Piero Manzoni, entre outros.

No final do século XVIII, e durante todo o século XIX, Milão se revelou também um importante centro criativo e intelectual de discussão literária.

O iluminismo encontrou um campo fértil na cidade. Assim, Cesare Beccaria, com o seu famoso livro *Dei Delitti e Delle Pene* (*Dos Delitos e das Penas*), e Pietro Verri, com o jornal *Il Caffè*, exerceram uma influência considerável sobre a cultura na nova classe média, graças também à mente aberta da administração austríaca.

Nos primeiros anos do século XIX, os ideais do romantismo exerceram um forte impacto sobre a vida cultural da cidade e seus escritores, que começaram a debater a poesia do romantismo em relação à poesia clássica. Nessa época surgiram obras importantes como as de Giuseppe Parini e Ugo Foscolo, que foram admirados pelos jovens poetas não apenas como mestres da ética, mas por sua habilidade literária.

O poema *Dei Sepolcri* (*Dos Túmulos*), de Foscolo, foi inspirado por uma lei napoleônica que, mesmo contra a vontade de muitos dos seus habitantes, se estendeu sobre a cidade. Já na terceira década do século XIX, Alessandro Manzoni escreveu seu romance *Os Noivos* (*I Promessi Sposi*), considerado o manifesto do romantismo italiano, cujo centro foi justamente Milão.

Nessa época, a revista *Il Conciliatore* publicou muitos artigos de Silvio Pellico, Giovanni Berchet, Ludovico de Breme, que se mostravam, ao mesmo tempo, extremamente românticos em sua poesia, e patrióticos na política.

Todavia, com a expulsão dos austríacos em 1861, ocorreu a unificação da Itália e a perda por parte de Milão de sua importância política, embora tenha mantido sua posição central nos debates culturais. Assim, novas ideias e novos movimentos oriundos de outros países europeus chegaram à cidade, sendo ali discutidos e, em alguns casos, inclusive aceitos. O realismo e o naturalismo deram origem ao movimento realista italiano, conhecido como *verismo*. O maior romancista *verista* da época foi Giovanni Verga, que, embora tenha nascido na Sicília, escreveu seus livros mais importantes em Milão.

Em termos de mobilidade, Milão se tornou a central ferroviária do norte do país com a construção de uma ampla rede que auxiliou no processo de industrialização e consequente consolidação da cidade como principal centro financeiro do país. Por sua vez, esse grande crescimento econômico promoveu uma grande expansão da população milanesa entre o fim do século XIX e o início do século XX.

Milão é o mais importante centro de artes cênicas do país, principalmente no que diz respeito à apresentação de óperas. Aliás, o Alla Scala de Milão é considerado um dos teatros líricos de maior prestígio no mundo. Ao longo da história, ele tem acolhido as estreias de diversas óperas, tais como: *Nabucco*, de Giuseppe Verdi (1842); *La Gioconda*, por Amilcare Ponchielli (1876); *Madama Butterfly*, por Giacomo Puccini (1904), *Turandot*, por Giacomo Puccini (1926) e, mais recentemente, *Teneke*, de Fabio Vacchi (2007), para citar algumas.

Mas existem outros teatros importantes na cidade, como: Teatro degli Arcimboldi; Teatro dal Verme, Teatro Lírico e Teatro Regio Ducal.

A cidade também possui uma renomada orquestra sinfónica, além de um conservatório musical. Ao longo de sua história, Milão se tornou um importante centro de composição musical, onde despontaram famosos músicos e compositores, como: Giuseppe Caimo, Simon Boyleau, Hoste da Reggio, Giuseppe Verdi, Giulio Gatti-Casazza, além dos mais recentes, Paolo Cherici, Alice Edun etc.

Vários conjuntos e bandas modernas se formaram na cidade, como é o caso de Dynamics Ensemble, Stormy Six e Camerata Mediolanense.

Milão é considerada um dos principais centros internacionais da moda, sendo que a maioria das grandes marcas italianas – Fiorucci, Gucci, Versace, Armani, Dolce & Gabbana e Prada – tem sede na cidade. Aliás, diga-se de passagem, Mario Prada, fundador da Prada, nasceu na cidade e obviamente foi um daqueles que ajudou a projetá-la e a garantir-lhe a posição de **capital da moda mundial!!!**

Numerosas marcas internacionais também aparecem nas lojas de Milão, incluindo a norte-americana Abercrombie & Fitch, uma marca bastante emblemática que costuma atrair especialmente o consumidor jovem.

A cidade é sede do grupo Luxottica, que controla marcas como Ray-Ban, Persol e Oakley.

Assim como acontece em outros grandes centros internacionais – Paris, Londres, Nova York etc. –, Milão também abriga a **"semana da moda"**, duas vezes por ano.

O principal bairro da moda é o chamado *quadrilatero della moda* (quadrilátero da moda) onde ficam as mais prestigiadas ruas comerciais da cidade (a *Monte Napoleone*, a *Via della Spiga*, a *Via Sant'Adrea*, a *Via Manzoni* e a *Corso Venezia*).

Também existem outras lojas incríveis e bastante apreciadas na Galleria Vittorio Emanuele II, na Piazza del Duomo, na *Via Dante* e na Corso Buenos Aires.

No que se refere à língua, além de italiano, cerca de um terço da população do oeste da Lombardia fala o dialeto lombardo ocidental, também conhecido como insúbrico. Todavia, alguns nativos da cidade falam ainda uma variante urbana do lombardo ocidental, que não deve ser confundida com a variedade regional da língua italiana influenciada pelo milanês.

No quesito religião, embora vários credos sejam praticados na cidade – budismo, judaísmo, islamismo, protestantismo – e de existiram ali igrejas ortodoxas, a população de Milão (assim como de toda a Itália) é predominantemente **católica**. A cidade é, inclusive, a sede da arquidiocese de Milão.

Todavia, Milão tem o seu próprio rito católico histórico, conhecido como **rito ambrosiano**, que varia ligeiramente do rito católico típico, ou seja, o **romano**.

Quando o assunto é cinema, toda essa fama adquirida ao longo dos séculos (e em vários setores) fez com que Milão atraísse para lá muitos diretores – especialmente os italianos –, que, por sua vez, realizaram muitos filmes interessantes, dentre os quais: *Calmi Cuori Appassionati, The International, The Other Man, La Mala Ordina, Milano Calibro 9, Milagre em Milão; La Notte, Rocco e Seus Irmãos* etc.

Já em termos de gastronomia, assim como a maioria das cidades da Itália, Milão e os seus arredores tem sua própria culinária regional. Como é típico das cozinhas lombardas, utiliza-se mais o arroz que a massa, e quase não se usa o tomate!?!?

A cozinha milanesa se destaca por receitas como: a *cottoleta alla milanese* (conhecido na maioria dos países latinos como bife à milanesa), carne (bovina, suína ou de frango) empanada e frita na manteiga. Alguns afirmam que esse prato tenha origem na Áustria, enquanto outros dizem se tratar de uma comida milanesa da qual surgiu o *Wiener schnitzel* austríaco.

Outros pratos típicos são: a *cassoeula* (costela de porco e linguiça com couve), o *ossobuco* (pernil bovino cozido com molho *gremolata*), o *risoto alla milanese* (com açafrão e carne de medula), a *busecca* (dobradinha com feijão) e o *brasato* (carne bovina ou suína estufada com vinho e batatas).

Entre as guloseimas servidas em épocas tradicionais e relacionadas a pastelaria e doceria estão: a *chiacchiere* (conhecida no Brasil como "orelha de gato", uma massa frita e polvilhada com açúcar); e o *tortelli* (bolinho frito redondo), ambos servidos no Carnaval; a *colomba* (bolo em forma de pomba) para a Páscoa; o *pane dei morti* (pão do "Dia dos Mortos"), servido no dia de Finados; e o *pannetone*, um bolo redondo e alto feito de massa fermentada com ovos, leite, manteiga, açúcar, frutas cristalizadas e passas, servido no Natal.

Entre os frios e laticínios mais famosos na região (e em todo o mundo) estão, respectivamente, o *salame milano* e o queijo milanês de sabor forte, mais conhecido como *gorgonzola*. Embora originário da cidade homônima localizada nas proximidades de Milão, seus principais produtores se encontram atualmente em Piemonte.

Além de uma cozinha única, Milão possui diversos restaurantes renomados e conhecidos em todo o mundo. Um deles é o famoso restaurante japonês *Nobu*, localizado no *Armani World*, na *Via Manzani*, considerado um dos mais elegantes da cidade.

A maioria desses restaurantes refinados e de alto nível está localizada no centro histórico. Já os mais populares e tradicionais estão espalhados principalmente nos distritos de Brera e Navigli.

Um dos cafés (ou *pasticcerie*) mais badalados e chiques da cidade é o *Cova Caffè*, fundado em 1817 e localizado próximo ao Teatro *alla* Scala. O empreendimento conta com franquias que já chegaram até mesmo a Hong Kong.

Outros endereços famosos e históricos são o *Caffè Biffi* e o *Zucca*, na Galleria, além dos restaurantes refinados, como o *La Briciola*, no hotel Four Seasons, o *Marino alla Scala* e o *Chandelier*.

Lembrando que algumas boutiques, como as da *Via della Spiga*, também possuem cafés. Esse é o caso, por exemplo, do *Just Cavalli Café*, de propriedade de Roberto Cavalli, dono da marca que leva o seu nome.

No âmbito da ciência, Milão conquistou há muito tempo a condição de importante centro científico italiano e europeu. Sendo uma das primeiras cidades italianas industrializadas, a ciência começou a se desenvolver ali já no fim do século XIX e início do século XX. Assim, juntamente com Bruxelas, Londres, Paris e algumas outras cidades, Milão se tornou uma das chamadas "cidades laboratório" europeias.

Concorrendo de maneira acirrada com IESs importantes, como o Ateneu Científico de Pavia (onde o genial Albert Einstein passou alguns anos estudando...), Milão começou a se destacar no setor tecnológico e desenvolveu um centro de ciência e tecnologia de ponta. Ali também foram surgindo muitas IESs importantes, como foi o caso da Universidade Comercial Luigi Bocconi, fundada em 10 de novembro de 1902, por iniciativa de um grupo de representantes das principais organizações econômicas da cidade. Ela encontra-se atualmente muito bem classificada no âmbito do ensino superior global, e, inclusive, recebeu muitos alunos do exterior, dentre os quais o hoje famoso economista Nouriel Roubini.

Não se pode esquecer também da IES Politécnico de Milão, uma universidade fundada em 29 de novembro de 1863, que se dedica à formação de engenheiros, arquitetos e *designers*, tanto em cursos de graduação como de mestrado e doutorado. Um dos seus ex-alunos foi Renzo Piano, que se tornou um dos mais famosos arquitetos do mundo.

De fato, Milão conta hoje com muitas IESs importantes, entre elas a Universidade de Milão (fundada em 1968), a Universidade Vila-Salute San Raffaele (criada em 1996), a Universidade de Milão Bicocca (fundada em 1998) e várias outras que atraem muitos jovens, principalmente os que desejam aperfeiçoar-se em *design*.

Claro que, pelo menos em parte, isso explica como se constituiu esse conjunto de elementos favoráveis para que Milão se tornasse uma importante cidade industrial.

Falando em esportes, aquele que mais apaixona os milaneses é o **futebol**. Na verdade, a cidade já sediou os jogos das Copas do Mundo de Futebol de 1934 e 1990 e, inclusive, abrigou uma final do Campeonato Europeu de UEFA (a atual Liga dos Campeões), em 1980.

Em Milão estão duas grandes equipes do futebol italiano – a F.C. Internazionale Milano (ou simplesmente Inter) e a A.C. Milan (conhecida como Milan). Ambas já conquistaram muitos títulos nacionais e internacionais, e realizam seus jogos no estádio Giuseppe Meazza (popularmente conhecido como estádio San Siro, por estar localizado na zona urbana de mesmo nome).

Entre as principais conquistas do Milan – que em 2017 foi comprado pelo investidor chinês Li Yonghong, dono da *holding* Rossoneri Sport Investment Lux, por US$ 2,5 bilhões – deve-se destacar: 4 títulos intercontinentais, 7 copas da Europa e 18 títulos italianos; entre as da Inter, estão: 3 títulos intercontinentais, 3 Copas de Europa, 3 Copas da Uefa e 18 títulos nacionais. De fato, Milão é a única cidade da Europa em que duas equipes já tenham conquistado a Copa dos Campeões da UEFA.

A Itália já foi campeã mundial de futebol quatro vezes – em 1934, 1938,1982, 2006. Centenas de jogadores famosos que integraram essas seleções nasceram justamente em Milão, como: Paulo Maldini, Luigi Riva, Roberto Donadoni, Gianluca Vialli, Silvio Piola, Giovanni Trapattoni etc.

Vários jogadores brasileiros alcançaram o estrelato na Europa por conta de suas conquistas junto à Inter ou ao Milan. Entre eles estão Kaká, Cafú, Ronaldo Fenômeno, Ronaldinho Gaúcho etc., que encantaram milhões de espectadores com suas jogadas espetaculares.

Todavia, a cidade de Milão também conta com outros esportes de bastante destaque, como é o caso de basquete, hóquei sobre o gelo, rúgbi, voleibol etc.

A equipe de basquete Olímpia Milano, por exemplo, já foi campeã intercontinental, e disputa atualmente a Legabasket A e a Euroliga. Ela atua no **Mediolanum Forum,** cuja capacidade é para 12.500 expectadores (que, aliás, sempre fica lotado nas apresentações).

A equipe de hóquei no gelo, o Milano Vipers, também é uma grande vencedora. Ela joga no *Stadio del ghiaccio Agorà*, onde costuma acomodar cerca de 4.000 espectadores.

Os italianos também gostam muito de corridas de cavalos, ciclismo e atletismo, além das competições de velocidade, envolvendo carros ou motocicletas. Aliás, essas últimas são realizadas no famoso circuito de Monza (a 15 km de Milão), conhecido pela sua etapa na Fórmula 1. Os eventos costumam reunir cerca de 140 mil espectadores, obviamente muitos deles vindos de outras partes de Itália, assim como de outros países europeus.

A LIÇÃO DE MILÃO

Não se pode esquecer que, em primeiro lugar, São Paulo é a cidade-irmã de Milão.

Dessa cidade italiana podemos tirar muitos bons exemplos, como o fato de ela ser uma das capitais mundiais da **moda**, com muitas boutiques e as mais famosas empresas do setor. Aqui na capital paulista nós já temos a *São Paulo Fashion Week* que, aliás, está entre os mais importantes eventos da moda do mundo. Contudo, precisamos espalhar mais casas de moda pela cidade...

Milão é um dos maiores centros universitários, editoriais e televisivos da Europa, posição que São Paulo também já ocupa com destaque em nosso País, embora todos possam ser incrementados.

Milão sofreu uma verdadeira "invasão" no decorrer da Expo Mundial, em 2015. Nele compareceram para ver essa exposição cerca de 22,5 milhões de visitantes, desde a sua abertura em 1º de maio, até o encerramento em 31 de outubro de 2015. **Isso é que é visitabilidade, não é?**

Historicamente, a Exposição Universal serve para exibir inovações. Porém, a ExpoMilão 2015 voltou-se para um tema diferente: *Alimentar o planeta, energia para a vida*. Ou seja, a cidade se concentrou em algo inusitado e vital: **a boa alimentação para todos** (destacando, naturalmente, a **mundialmente conhecida gastronomia italiana**).

Essa foi a segunda vez que Milão hospedou essa exposição, tendo a primeira ocorrido em 1906. Mas quem percorreu os mais de 1 milhão de m² da Expo2015 – que reuniu cerca de 145 países e na qual gastou-se US$ 15 bilhões (boa parte desse dinheiro pago pelos próprios países) – percebeu que nela existia de fato uma relação entre a alimentação e a tecnologia.

Na área **Comida do Futuro**, apresentou-se o **supermercado do amanhã**, destacando-se o novo modo de comprar: as prateleiras sumiram e os objetos ou produtos ficavam dispostos numa mesa giratória, bastando que a pessoa passasse a mão sobre o item desejado para escolhê-lo. A partir daí um holograma aparecia com os dados do produto: variedade, origem, preço e nutrientes. E, caso a pessoa tivesse algum tipo de restrição alimentar, informações adicionais surgiam indicando se essa compra seria ou não indicada para o interessado.

A feira toda foi dividida em seis áreas temáticas, contendo cerca de 80 pavilhões das nações participantes, além de nove *clusters* que reuniram os pequenos países por produção alimentar.

Cada *cluster* tinha um produto como tema, além de uma exposição fotográfica.

Por exemplo, o **café** uniu Guatemala, Uganda, Quênia, Iêmen, Costa Rica, Etiópia, Bermudas e El Salvador. Vale ressaltar que as fotos dessa exposição específica foram tiradas pelo fotógrafo brasileiro Sebastião Salgado.

Cada país também instalou em seu pavilhão um restaurante e um mercado para que os visitantes adquirissem alimentos tradicionais da região.

Por exemplo, a construção do pavilhão dos EUA (iniciada em abril de 2014, pelo escritório nova-iorquino Biber Architects), foi inspirada num celeiro e o tema escolhido foi: *American Food 2.0: United to Feed the Planet* ("Comida Norte-Americana 2.0: Unidos para Alimentar o Planeta"). Assim, a proposta de negócios dos EUA concentrou-se na produção de alimentos sustentáveis.

Já no pavilhão do Brasil – o quarto maior da Expo, no qual foram investidos R$ 66 milhões –, o tema escolhido foi: *Alimentando o mundo com soluções*.

Os arquitetos Arthur Casas e Marko Brajovic, que projetaram o pavilhão, decidiram interpretar a **flexibilidade** e a **fluidez brasileira** instalando uma rede que unia os três andares do prédio, sobre a qual era possível caminhar ou simplesmente deitar!?!? Sensores alteravam a luz e o som conforme a quantidade de pessoas que estivessem transitando no pavilhão. O edifício era todo **permeável**, em uma analogia à **receptividade** dos brasileiros.

Nos espaços expositivos havia coloridas obras dos cariocas Ernesto Neto e Beatriz Milhazes, do permambucano Tunga, da mineira Rivane Neuenschwander e do paulistano Laerte Ramos.

No restaurante do pavilhão brasileiro as cadeiras foram criadas por 40 *designers* do País e a exposição recebeu o nome de *Aliment*ário – *Arte e Construção do Patrimônio Alimentar Brasileiro*.

Os **visitantes** que foram a Milão (milhões deles...) tiveram na própria cidade grandes opções para deliciar-se com refeições rápidas, ou seja, com os sanduiches tradicionais da Itália, como aqueles da cafeteria *Panini Durini*, onde um dos mais solicitados foi o *panini* de presunto de Parma com queijo *brie* e geleia de figo.

Mas para aquele que quisesse apenas adoçar a vida, uma boa opção foi o sorvete da *Cioccolat Italiani*, uma grande rede, e aí a sugestão foi pedir dois sabores, como marrom glacê e pistache.

Para aqueles que desejavam provar uma massa inesquecível, ou fazer uma compra gastronômica e levar para casa algum produto italiano, uma boa pedida foi comparecer ao espaço gastronômico *Eataly*.

E as vinícolas da região de Franciacorta, a cerca de 80 km de Milão (que representam os cerca de 100 produtores de excelentes vinhos) aproveitaram a vinda dos turistas para a ExpoMilão 2015 para oferecer aos apreciadores de vinho passeios que permitiam experimentar uma bebida com acidez suave, feita de uvas *chardonnay*, *pinot noir* e *pinot blanc*.

Como a Expo durou vários meses, a cidade de Milão preparou para esse período uma agenda especial de óperas.

A última vez em que Otelo, Desdêmona, Cássio e Iago pisaram no palco do Teatro alla Scala, foi em 1887, ou seja, foi na estreia da penúltima ópera de Giuseppe Verdi (1813-1901) – considerada também sua maior tragédia –, baseada na peça *Otelo, o Mouro de Veneza*, de William Shakespeare.

Em 4 de junho de 2015, 128 anos depois, essa montagem voltou ao mesmo palco, em Milão, como parte de uma grande **programação** de balés, recitais, e concertos, criada especialmente para a ExpoMilão 2015. Assim, óperas como *Turandot* e *Tosca* (de Puccini), e *Carmen* (de Bizet) fizeram parte dessa agenda.

No quesito mobilidade, a cidade possui uma boa rede de transporte público, que envolve sistemas de metrô, ônibus e bondes. Ela também é atendida por um bom aeroporto internacional de Malpensa, que recebeu em 2016 cerca de 33 milhões de passageiros, ficando atrás no país apenas do aeroporto Leonardo da Vinci, de Roma. Milão tem ainda outros dois aeroportos, o Milan-Linate e o Bergamo Orio al Serio, que receberam em 2016, respectivamente, 10 milhões e 6 milhões de passageiros.

Tudo isso facilitou bastante a vinda de tanta gente para Milão em 2015 e nos anos seguintes. Quando é que teremos em São Paulo um evento como a Expo Mundial, para que venham dezenas de milhões de pessoas para visitá-la?

Finalmente, no esporte, o mais popular de São Paulo também é o futebol, sendo que a cidade é o lar de três equipes poderosas: São Paulo, Corinthians e Palmeiras, sendo que esse último além de ser o clube do coração de muitos brasileiros, é praticamente o time de escolha de todos os descendentes de italianos (podendo ser encarado como um clone paulista do Milan ou da Internazionale). Será que Milão e São Paulo são cidades-irmãs por causa da grande colônia italiana que existe na capital paulista?

Uma vista panorâmica de Montreal.

2.24 -
Montreal

PREÂMBULO

Montreal esteve em festa ao longo de 2017, comemorando o seu aniversário de 375 anos!!!

E, para celebrar de maneira pomposa esse aniversário, a partir de 17 de maio a ponte Jacques-Cartier passou a ter uma iluminação especial, tornando-se um verdadeiro caleidoscópio.

Além disso, para cada estação do ano foram organizados festivais temáticos, além de *shows*, intervenções artísticas, iluminação de monumentos e até mesmo um legado: a revitalização da área portuária e a inauguração de um novo porto para cruzeiros.

O primeiro *bonjour* ("bom dia") que um visitante ouve em Montreal faz com que ele sorria e se sinta bem-vindo. De fato, o jeito cordial e gentil dos montrealenses faz com que o turista pense que está na sua terra natal. De fato, esse calor humano é fundamental numa cidade onde o inverno é tão forte.

Todavia, embora Montreal enfrente vários meses com temperaturas muito baixas. Isso não chega a ser um problema para seus habitantes, uma vez que ali existe uma enorme cidade subterrânea – **a maior do mundo,** com 33 km de extensão –, servida por estações de metrô. O fato de os principais edifícios estarem interligados, permite que os transeuntes tenham uma vida normal, almocem, tomem café, visitem exposições de arte e, ao mesmo tempo, se protejam do frio.

Mas não pense que há um clima de clausura nesses subterrâneos, pois, em diversas áreas, o teto é envidraçado, o que permite a entrada de luz natural!!!

A HISTÓRIA DE MONTREAL

Montreal é a maior cidade da província canadense de Québec, situada na ilha homônima no rio São Lourenço. Ela também é a segunda cidade mais populosa do Canadá. Estimou-se que no final de 2016 vivessem nela cerca de 2,1 milhões de habitantes, e na sua região metropolitana residissem 4,7 milhões de pessoas. Trata-se da segunda cidade francófona mais populosa do mundo, perdendo apenas para Paris. Mas Montreal possui também uma considerável comunidade anglófona, além de um crescente número de pessoas cujo idioma materno não é o francês nem o inglês!!!

A palavra "Montreal" é a versão arcaica e escrita de forma simplificada das palavras Mont Royal, que dão nome a um morro localizado bem no centro da ilha de Montreal. A cidade é um dos centros culturais mais importantes do Canadá, sediando continuamente importantes eventos nacionais e internacionais. Montreal também apresenta a maior concentração de universitários de toda a América do Norte, por isso mesmo, possui uma das populações mais bem-educadas, **talentosas** e **criativas** do mundo.

Antes da chegada dos europeus, o local onde fica atualmente a cidade de Montreal foi habitado por indígenas (algonquinos, hurões e iroqueses).

Em 1639, o cobrador de impostos Jérôme Le Royer criou em Paris uma companhia para colonizar a ilha de Montreal. Assim, no ano de 1642 ele enviou para lá um grupo de 50 pessoas cujo objetivo era "cristianizar" os nativos. Esses mensageiros construíram no local um forte, que foi batizado como Ville Marie de Montréal (Vila Maria de Montreal).

Entretanto, ataques por parte de nativos iroqueses assolavam continuamente o forte. A intenção deles era destruir a até então rentável troca de peles que os franceses mantinham com os demais indígenas, os algonquinos e os hurões, que eram rivais dos iroqueses.

Apesar desses ataques, Montreal conseguiu prosperar e, no início do século XVIII, a pequena Ville Marie de Montréal passou a ser chamada apenas de Montreal, numa época em que ali já viviam 3.500 pessoas.

Em 1760, a cidade foi invadida por forças inglesas durante a guerra Franco-Indígena (1754 a 1763), passando definitivamente para o controle britânico em 1763.

Montreal também foi temporariamente ocupada pelos EUA, em 1776, durante a guerra pela independência desse país. Na ocasião, Benjamin Franklin e outros diplomatas norte-americanos tentaram conseguir o apoio de canadenses francófonos para a causa da independência das treze colônias contra os britânicos, mas não obtiveram sucesso.

No início da década de 1800 já viviam em Montreal cerca de 10 mil pessoas, e foi então que começaram a chegar muitos imigrantes da Escócia. Eles foram essenciais para a construção do canal de Lachine, em 1825, o que permitiu a navegação de grandes navios pelo rio São Lourenço. Isso logo transformou a pequena Montreal num dos principais centros portuários da América do Norte.

Os pioneiros escoceses também criaram a primeira ponte para conectar a ilha ao continente e o primeiro *shopping center*. Eles também colaboraram para o surgimento de ferrovias e do banco de Montreal, o primeiro do Canadá (um dos cinco maiores do país na atualidade).

Na realidade, a importância e a prosperidade econômica da cidade aumentou quando foi concluída a primeira ferrovia transcontinental canadense, a Canadian Pacific Railway. Ela ligou Montreal a Vancouver, na Colúmbia Britânica, e também a outras cidades importantes no interior. Assim, um pouco antes de adentrar o século XX, Montreal já contava com 270 mil habitantes.

Na Primeira Guerra Mundial (1914 a 1918), o Canadá lutou ao lado dos aliados (França, RU e, posteriormente, EUA). Na ocasião, os habitantes anglófonos da cidade apoiaram a decisão do governo, sendo que muitos deles se ofereceram para lutar na guerra. Os habitantes francófonos, em contrapartida, não demonstraram o mesmo entusiasmo.

Então, em 1917, por causa da insuficiência de soldados no exército canadense, a convocação para a guerra tornou-se compulsória para quaisquer pessoas elegíveis. Isso causou revoltas em Montreal e, inclusive, provocou um distanciamento entre as populações anglófona e francófona...

Após o término da Primeira Guerra Mundial, com a proibição de bebidas alcoólicas nos EUA, Montreal tornou-se um paraíso para os norte--americanos em busca desse produto!!! Foi nessa época que a cidade ganhou o infame apelido de *Sin City* ("Cidade do Pecado"), graças à liberalidade na venda de bebidas alcoólicas e, ao mesmo tempo, à profusão do jogo e da prostituição na região.

Mas, apesar de duramente atingida pela Grande Depressão econômica na década de 1930, Montreal continuou a se desenvolver. Vários arranha-céus foram construídos, dentre os quais o *Sun Life Building*, que foi por muito tempo o mais alto da comunidade britânica, com 122 m de altura.

A Segunda Guerra Mundial (1939 a 1945) e o alistamento forçado de pessoas provocaram novos problemas de ordem cultural entre anglófonos e francófonos. Desta vez, entretanto, sem maiores consequências, além da prisão do prefeito Camillien Houde, que incentivava os habitantes de Montreal a não se alistarem, ignorando assim a causa do governo canadense na guerra.

Por volta de 1950, a cidade de Montreal alcançou seu primeiro milhão de habitantes. Foi nessa década que a cidade se tornou o centro do crescimento do **nacionalismo quebequense**, um movimento que reivindicava a independência da província e a constituição de uma nova nação e que prosseguiu até a década de 1970.

Jean Drapeau exerceu seu primeiro mandato como prefeito da cidade entre 1954 e 1957. Posteriormente, em 1960, ele voltou a ocupar o cargo, permanecendo à frente da prefeitura até 1986. Nesse período foram desenvolvidos muitos projetos importantes: o sistema de metrô, a cidade subterrânea (algo imperioso, uma vez que não é fácil suportar o frio canadense no inverno), a expansão da baia portuária, a inauguração do canal hidroviário do rio São Lourenço e a construção de modernos edifícios comerciais no centro financeiro da cidade.

Foi durante o segundo mandato de Drapeau, em 1967, que Montreal sediou um grande evento internacional, a Expo67, que coincidiu com o centenário da independência canadense.

A Expo67 acabou se revelando uma das maiores e mais importantes feiras já realizadas na história. Ela serviu de palco para o emblemático discurso do então presidente francês, general Charles de Gaulle, no qual ele expressou seu apoio às ideias nacionalistas quebequenses e, com isso, causou turbulências nas relações franco-canadenses.

Já em 1976, Montreal teve a honra e o orgulho de realizar os Jogos Olímpicos de Verão. Todavia, por conta do descontrole nos gastos e da grande corrupção, a cidade se endividou profundamente. De fato, foram necessárias mais de quatro décadas para que essa dívida fosse quitada.

Entre o fim da década de 1970 e os primeiros anos da década de 1980, Montreal – que desde os primórdios da história moderna do Canadá havia sido o maior centro urbano e o principal centro comercial e industrial do país – foi superada não apenas em número de habitantes, mas também em importância econômica pela cidade de Toronto, na província de Ontário.

Em 1977, o **nacionalismo quebequense** cresceu e se fortaleceu com a aprovação pelo governo de Quebec da Lei 101, segundo a qual o uso do inglês e de outros idiomas (que não o francês) foi limitado em vários setores, como na política, no comércio e na mídia. Esse ato mostrou-se decisivo para a cidade e promoveu um afastamento por parte de comerciantes e empresas internacionais, que se mudaram para Toronto. Houve ainda nessa época uma significativa diminuição do número de imigrantes que chegava a Montreal.

Em 2001, o Partido Quebequense – que governava a província na época – promoveu a fusão das outras 27 cidades da ilha a Montreal, formando a nova cidade de Montreal. O *slogan* do partido foi: *"Une île, une ville"* ("Uma ilha, uma cidade"), e a medida se deu por razões econômicas. Esperava-se que cidades maiores se mostrassem mais eficientes em termos econômicos e, desse modo, se tornassem mais competitivas em relação a outras cidades canadenses, inclusive com Toronto, que também havia se fundido com outras cinco cidades vizinhas em 1998.

Porém, em abril de 2002 o Partido Quebequense foi derrotado pelo Partido Liberal (PL) de Quebec. Então, em 2004, cumprindo uma promessa de campanha, o PL promoveu em 20 de julho de 2004 um referendo em 22 das 27 cidades que haviam se fundido a Montreal no início da década. Com o resultado, a partir de 1º de janeiro de 2006, 15 cidades recuperaram a sua **autonomia**!!! Ou seja, somente 12 cidades – Anjou, Île-Bizard, Lachine, LaSalle, Montréal-Nord, Outremont, Pierrefonds, Roxboro, Saint-Géneve, Saint-Laurent, Saint-Léonard e Verdun –permaneceram unidas a Montreal!!!

As boas condições econômicas da cidade permitiram novos avanços infraestruturais: o sistema de metrô foi expandido até a cidade vizinha de Laval, um anel rodoviário foi desenvolvido em torno da ilha de Montreal e vários bairros até então decadentes foram revitalizados.

Também em 2006, Montreal sediou a World Outgames, um evento esportivo patrocinado pela comunidade homossexual internacional. Segundo estimativas, participaram desse evento cerca de 18.500 pessoas. Vale lembrar que Montreal é um dos maiores centros homossexuais da América do Norte, possuindo uma das maiores comunidades *gay* do continente. Aliás, o seu festival ***Orgulho Gay*** só perde para o de Toronto.

Assim como outras grandes cidades canadenses, Montreal é uma **cidade multicultural**, ou seja, possui uma grande variedade de etnias e culturas. Ao lado de descendentes de franceses e ingleses, coexistem comunidades de irlandeses, italianos, judeus, gregos, árabes, hispânicos, haitianos e portugueses, o que evidencia um cenário de grande **tolerância** no país.

Segundo estimativas para 2016, os brancos compõem 90% da população da Grande Montreal, sendo que desse total 68% são francófonos; 14,5% são anglófonos; e os 17,5% restantes têm como língua materna outros idiomas.

No que se refere à religião, em virtude das raízes cristãs francesas, predomina na Grande Montreal o catolicismo. Apesar disso, também existem ali expressivas comunidades protestantes, muçulmanas e judias.

Montreal encontra-se dividida em 27 *arrondissements* (distritos), cada qual com seu próprio conselho administrativo. Entre as funções desse órgão, estão: o planejamento urbano para a coleta de resíduos; a vigilância de estabelecimentos culturais e de lazer; o desenvolvimento comunitário; a administração de recursos humanos; a prevenção de incêndios; a gestão financeira e das tarifações não fiscais dos distritos. Vale lembrar, entretanto, que esses 27 distritos não devem ser confundidos com as antigas municipalidades existentes antes da fusão de 2001, apesar do número coincidentemente idêntico.

A seguir alguns dados que comprovam que Montreal é, de fato, uma cidade tremendamente criativa.

1º) Museus – Existem vários em Montreal, dentre os quais: o Museu Redpath, o Museu McCord de História Canadense, e o Centro Canadense de Arquitetura.

O complexo cultural do Palácio das Artes de Montreal abriga o Museu de Arte Contemporânea e possui vários teatros.

2º) Igrejas – Montreal é conhecida como a **"cidade dos sinos"** (*"la ville aux cent clochers"*, em francês). Esse apelido remete ao grande número de igrejas e basílicas na cidade.

Entre os locais para orações mais famosos da cidade estão a catedral Marie-Reine-du-Monde, a basílica Notre-Dame de Montreal, a basílica de São Patrício e o Oratório de São José, cujo domo é o maior do seu gênero no país.

De fato, são tantas as igrejas na cidade que Mark Twain, o famoso escritor norte-americano que se notabilizou pelo seu fino humor, comentou certa vez: "Essa é a primeira vez que visito uma cidade na qual uma pessoa não pode lançar uma pedra sem estilhaçar a janela de uma igreja."

3º) Terceiro maior polo turístico do Canadá – Atrás apenas de Vancouver (na Colúmbia Britânica) e Toronto (em Ontário), Montreal recebeu em 2016 cerca de 10,2 milhões de turistas.

Com certeza, uma boa parcela dos turistas desfruta dos restaurantes que existem na Chinatown. Essas pessoas também provavelmente caminham pela *rue Sainte-Catherine*, com suas grandes lojas, seus teatros, restaurantes e *shopping centers*; pelo *Boulevard Saint-Laurent*, a avenida principal que corta a cidade no sentido norte-sul, onde fica nítida a grande diversidade cultural prevalecente na cidade (lá estão comunidades portuguesa, grega, judaica, russa, ucraniana e latino-americana, assim como seus restaurantes e suas lojas); pela *rue Sherbrooke*, com suas lojas luxuosas e galerias de arte; e pelo *Boulevard René-Levésque*, o centro financeiro da cidade onde está a maioria dos arranha-céus de Montreal – dentre os quais o *1000 de la Gauchetière*, com 205 m de altura.

Aliás, nos dias mais frios e com maior incidência de neve na cidade, existe a alternativa de circular pelo **núcleo da cidade subterrânea** (*La Ville Souterraine*, em francês), cujo ponto central é o edifício *Place Ville Marie*, um dos mais altos da cidade com 188 m de altura, e onde está localizado o maior *shopping center* subterrâneo do mundo, com mais de 1.600 lojas.

Muitos turistas também gostam de visitar a *Vieux Montréal* (Velha Montreal), onde fica o centro histórico da cidade, com atrações como o antigo porto da cidade, o edifício *Jacques-Cartier* ou então na basílica Notre-Dame de Montreal.

Um grande número de visitantes chega à cidade para participar de alguma conferência ou de outro tipo de evento realizado no centro de convenções. Elas passam a maior parte do seu tempo no *Quartier International de Montréal* (QIM), ou Quarteirão Internacional de Montreal.

Montreal possui centenas de parques e outras áreas verdes. Eles estão espalhados não apenas dentro da cidade como nas várias ilhotas (cerca de 74) que cercam a ilha principal de Montreal. Entre as mais famosas estão:

- → **Monte Royal** – Parte de um imenso parque urbano, ele conecta Montreal à cidade vizinha de Mont-Royal. O centro financeiro da cidade está localizado ao pé desse monte. No verão, milhares de pessoas se reúnem aos domingos para participar do *Tam Tams*, um *show* coletivo de percussão
- → **Jean Drapeau** – Nele está localizada a *Biosfera* de Montreal, que embora tenha sido construída para a Expo67, continua operando até os dias de hoje.
- → **Jardim Botânico** – Inaugurado em 1931, está entre os mais belos do mundo.

Mas, além dos parques, festivais famosos também atraem muita gente para a cidade, como o *Juste pour Rire* (*Só para Risadas*), um dos maiores festivais voltados para a comédia em todo o mundo; ou o *Festival de Jazz* de Montreal, também um dos maiores do gênero em todo o mundo.

Com todas essas atrações, Montreal é considerada **a mais europeia entre as cidades da América do Norte**!!!

4º) Finanças – Montreal é o segundo maior centro financeiro do Canadá, atrás de Toronto. Suas raízes bilíngues e sua posição estratégica na América do Norte atraem empresas interessadas em trabalhar nessa região, em especial as francesas. Isso garante o acesso do Canadá tanto ao mercado francês, como ao europeu como um todo.

Importantes companhias canadenses, e de outros países, estão sediadas na cidade, entre elas: a Air Canadá, a IBM e a Bombardier. Encontram-se também instaladas em Montreal cerca de 6 mil fábricas, que empregam 26% da força de trabalho da cidade. Elas estão distribuídas entre os setores de produção farmacêutica, têxtil, de vestuário, alimentação, eletrônica, telecomunicação etc.

Na região metropolitana de Montreal está localizado um dos principais centros aeroespaciais do mundo. Além das fábricas que empregam milhares de trabalhadores, estão ali as sedes da Organização da Aviação Civil Internacional (OACI) e da Canadian Aviation Electronics (CAE), líder na produção de simuladores de voo.

É preciso mencionar ainda a existência na cidade de muitas refinarias de petróleo que produzem boa parte da gasolina consumida no Canadá.

5º) Comunicação – Montreal possui dezenas de estações de rádio, a maioria com transmissão em francês. Existem, entretanto, diversas em inglês e uma bilíngue; em relação a TV, são nove as estações na cidade; entre os jornais, o mais importante na língua francesa é o *Le Journal de Montréal* e, no inglês, é o *Montreal Gazette*, publicado pela primeira vez em 1778.

6º) Educação – Existem dois sistemas públicos na cidade, um encarregado de atender aos alunos francófonos e outro para atender primariamente aos anglófonos. E os pais também podem optar por deixar seus filhos no sistema católico de ensino, subsidiado pelo município, ou buscar escolas particulares – o percentual de alunos que estudam em escolas privadas em Montreal é o maior do Canadá, alcançando 25% de todos os estudantes.

Em termos de ensino superior, Montreal possui a maior população universitária *per capita* da América do Norte (sendo que um enorme contingente de alunos vem de outras partes do país e do exterior). De fato, no ano de 2016 esse número foi estimado em 250 mil estudantes.

Isso se deve às quatro grandes universidades que existem ali, três das quais com reconhecimento internacional: a Universidade McGill (que utiliza o inglês), a Universidade Concórdia (inglês) e a Universidade de Montreal (francês). Nesta última estudaram em 2016 cerca de 64 mil alunos, dos quais cerca de 42 mil em tempo integral. Seu *campus* ocupa 0,6 km^2 e fica ao norte do Monte Royal. Seu lema em latim é *Fide splendet et scientia* ("Que brilhe com verdade e conhecimento", em português).

Outras universidades importantes estão na Grande Montreal, como a Universidade de Québec e a Universidade Sherbrook, na cidade vizinha de Longueil.

Há também diversas faculdades isoladas em Montreal, muitas delas voltadas especificamente para setores da EC, como *design*, moda, *videogames* etc.

7º) Mobilidade – Montreal é a maior polo rodoviário, ferroviário e portuário do Canadá. Uma das formas para se chegar a Montreal por rodovia é cruzar a ponte Champlain, a mais movimentada do Canadá. Por ela transitam anualmente cerca de 70 milhões de veículos. Ela já está bem desgastada e tudo indica que nos próximos anos será substituída por outra...

Dentro da cidade, a Sociedade de Transporte de Montreal, órgão público que administra os transportes públicos, controla quase 400 linhas de ônibus, além de um extenso sistema de metrô (70 km) que funciona de maneira bem-integrada. Por conta do frio, em especial nos dias de inverno mais rigoroso, todo o sistema de metrô de Montreal fica abaixo do solo. O objetivo é maximizar a temperatura dentro das estações.

E por falar em metrô, vale ressaltar que as estações de Montreal são verdadeiras obras de arte. Bastante amplas, elas se valem de muitos artifícios artísticos, como estátuas, pinturas e arquitetura rebuscada. Isso lhes rendeu o título de **"As maiores obras de arte subterrânea do mundo"**, inclusive, para alguns entendidos, superando em beleza o metrô de Moscou.

No âmbito aéreo, a cidade é atendida pelo aeroporto internacional Pierre-Elliott-Trudeau, o terceiro mais movimentado do país, pelo qual passaram em 2016 mais de 18 milhões de pessoas. Localizado em Dorval, ele foi ampliado recentemente para receber o *Airbus A380*, o maior avião comercial do mundo, operado pela Air France na rota Montreal-Paris. A cidade conta ainda com o aeroporto internacional Montréal-Mirabel, que fica na cidade de Mirabel a 50 km do centro financeiro de Montreal e atende principalmente voos cargueiros.

Assim, numa era em que a facilidade de acesso é imprescindível, Montreal é servida por dois aeroportos importantes localizados em cidades próximas, e que logo se tornarão **aerotrópoles!?!?**

Na parte marítima, não se pode deixar de salientar o porto de Montreal. Ele se estende por 16 km ao longo da margem do rio São Lourenço, e recebe tanto navios de grande porte, os transoceânicos, quanto os de pequeno porte, adaptados para navegar nos grandes lagos. Isso permite que os canadenses tenham acesso a importantes cidades dos EUA, com destaque para Chicago.

Estima-se que ele tenha movimentado em 2016 cerca de 32 milhões de toneladas de carga, sendo o 2º do país, atrás apenas de Vancouver.

8º) **O circo** – Em junho de 1984, os artistas de rua Guy Laliberté e Daniel Gauthier, fundaram na Baie-Saint-Paul (em Montreal) o *Cirque du Soleil* ("Circo do Sol"). Na ocasião, o empreendimento foi uma resposta ao apelo do *Comissariat General aux* Célébrations *1534-1984*, um órgão criado na província de Quebec para providenciar as comemorações pelo 450º aniversário de descobrimento do Canadá pelo explorador francês Jacques Cartier (1491-1557). E, de fato, a *Le Grand Tour du Cirque du Soleil* fez um grande sucesso em 1984.

Então, dois anos depois da fundação, Laliberté contou com a ajuda de Guy Caron, da National Circus School para recriar a arte circense **de um jeito bem especial**. Mais tarde, outro instrutor da Circus School, Franco Dragone, foi contratado e trouxe para o *Cirque du Soleil* muito de sua experiência com a comédia.

Cada espetáculo do *Cirque du Soleil* é o epítome da inovação do circo, e conta com enredo, cenário e vestuário próprios, além de música ao vivo durante as apresentações. E não seria qualquer música. Na verdade, Laliberté e Caron queriam para cada espetáculo, do início ao fim, uma música forte e emocionante.

Embora tenham se utilizado do mesmo método do Circo de Moscou, ou seja, de contar uma história durante as apresentações, eles optaram pela **ausência** de um picadeiro e de animais em suas apresentações. Além de eliminar custos (uma vez que a manutenção de ursos, elefantes, leões macacos etc. é muito cara) e escapar das inevitáveis críticas por parte de ativistas defensores dos animais, o objetivo principal de seus criadores foi aproximar o espectador das *performances*

Ao longo de quase duas décadas, ou seja, de quando surgiu em 1984 até o ano de 2004, o *Cirque du Soleil* expandiu-se rapidamente. De apenas um *show* com 20 artistas em 1984, ele conta hoje com 19 espetáculos e apresentou-se em cerca de 271 cidades. Já esteve em mais de 40 países espalhados por todos os continentes e emprega aproximadamente 4.000 funcionários. A companhia gera um lucro anual superior a US$ 810 milhões.

Todo esse sucesso permitiu que Guy Laliberté, proprietário de 95% do patrimônio do *Cirque du Soleil*, adquirisse em 2000 a parte que ainda pertencia a Gauthier – e entrasse para a seleta lista de bilionários elaborada pela revista *Forbes*.

Após tanto tempo, o *Cirque du Soleil* continua sendo descrito como um **"circo moderno"**, cheio de histórias e *performances* estonteantes. Hoje, além dos vários espetáculos apresentados em diversas partes do mundo, existem outros *shows* fixos em cidades como Las Vegas, Orlando e Nova York, nos EUA.

O fato é que o *Cirque du Soleil* se notabilizou ao longo do tempo por relembrar artistas e reviver números circenses de todas as regiões do planeta, tanto que seu elenco chegou a contar com artistas de 42 nacionalidades.

Além de ostentar todas as características tradicionais de um circo, os espetáculos do *Cirque du Soleil* partem de uma história central e mesclam elementos criativos do teatro mambembe, da ópera, do balé e até mesmo do *rock*, agregando *design* diferenciado e música ao vivo. As seleções musicais são compostas especificamente para as apresentações e entre os profissionais mais requisitados para esse trabalho estão: René Dupéré, Benoit Jutras e Violaine Corrad.

No *Cirque du Soleil* há contorcionismo, malabarismo, palhaços e trapezistas, todos com roupas coloridas e bastante maquiagem. A língua falada durante o espetáculo é o *cirquish*, um dialeto imaginário criado pela companhia. Por tudo isso, além de todos os prêmios já recebidos, a trupe do circo já está na Calçada da Fama do Canadá, localizada em Toronto.

Em abril de 2015 um consórcio liderado pela empresa de investimentos norte-americana TPG e mais a chinesa Fosun compraram o *Cirque du Soleil*, pagando por 80% da empresa algo estimado em US$ 1,5 bilhão. A participação da TPG é majoritária, ou seja, de 60%, enquanto a Fosun ficou com 20% do total. Guy Laliberté manteve apenas 10% da companhia, mas continua contribuindo com a direção estratégica e artística da empresa. Os 10% restantes ficaram com o governo de Québec, por meio do seu braço de investimentos (Caisse de Dépôt et Placement).

Que sucesso conseguiu essa empresa típica da EC que é o *Cirque du Soleil*, não é mesmo?

9º) Esporte – Um entretenimento que não podemos esquecer é o proporcionado aos montrealenses pelas competições esportivas.

O esporte mais popular do país é o **hóquei no gelo**, sendo que, no caso da cidade de Montreal toda a população torce para os Montreal Canadians, equipe que participa da NHL, a liga de hóquei do Canadá e dos EUA, que já venceu a Stanley Cup algumas vezes.

Em Montreal as pessoas também gostam bastante de futebol. Eles torcem para o Montreal Impact, da MLS, e pela equipe Montreal Alouettes, um time que compete pela liga canadense, a Canadian Football League.

A cidade também sedia uma etapa da Fórmula 1, em seu famoso circuito Gilles Villeneuve.

10º) *Design* – Essa talvez seja a mais pertinente característica de uma **cidade verdadeiramente criativa**. E, em 2006, a Unesco atribuiu a Montreal o título de **cidade do design**, reconhecendo seu potencial criativo nessa disciplina com base na grande concentração de **talentos** na região – estima-se que em 2017 a cidade possuísse cerca de 40 mil *designers*. Houve ainda por parte de sua prefeitura, bem como de outros setores governamentais e da sociedade civil, a determinação para que esse setor criativo fosse ainda mais desenvolvido, com o intuito de melhorar a qualidade de vida dos seus munícipes. Com tudo isso, hoje Montreal integra a RCC.

Todos sabem que as vitrines das lojas, o mobiliário urbano, o traçado das ciclovias, a sinalização para o trânsito, as salas de concertos, os desenhos dos parques públicos, as complexos residenciais, os viadutos e as pontes, além de muitos outros elementos, fazem uma cidade exercer um impacto direto positivo (ou negativo) sobre a experiência e percepção daqueles que nela residem, trabalham ou simplesmente a visitam.

Assim, o *Design Bureau* (Escritório de *Design*), criado em 2006, deu início a um projeto de apoio ao *design* urbano e a projetos arquitetônicos. Isso aconteceu por meio de um plano de ação integrada denominado *Design of the City / City of Design Integrated Action Plan* (*Design* da Cidade / Plano de Ação Integrada da Cidade de *Design*).

Em seguida, em 2008, o *Design Bureau* desenvolveu um projeto centrado nos *designers*, cujo objetivo era **ter uma cidade melhor**. Para alcançar seu objetivo, a entidade lançou uma iniciativa de mobilização de diversos atores do desenvolvimento urbano, e, neste sentido, contou inclusive com o auxílio da Universidade de Montreal.

Dessa maneira, ficou claro que o *design* não é só uma questão de **aparência**. Ele é a resposta certa para a questão de **forma** e **função**. O bom *design* é aquele que atende às necessidades das pessoas, segundo critérios de segurança, e estimula nelas uma resposta emocional.

O *design*, está por isso mesmo no cerne da imagem de uma cidade e de como ela funciona!!! Ele, portanto, deve afetar a vida dos cidadãos, e interagir com a cidade!!!

Em Montreal também foram desenvolvidas estratégias para garantir o reconhecimento do valor dos *designers*, oferecendo-lhes trabalho com boa remuneração e prêmios para aqueles que apresentassem novas soluções para o paisagismo urbano, a melhoria das instalações públicas, como bibliotecas, abrigos para pontos de ônibus, lixeiras de material reciclável, complexos esportivos, áreas para entretenimento etc.

Foi natural que esse trabalho também envolvesse os arquitetos. Assim, além dos *designers*, os concursos passaram a aceitar a participação desses profissionais – se bem que há quem considere verdadeira a afirmação de que todo arquiteto tem algo de *designer,* e vice-versa!?!?

Ser uma cidade do *design*, como classificado pela Unesco, é um projeto que exige comprometimento não só das autoridades eleitas, mas também de muitos especialistas e dos próprios cidadãos.

A LIÇÃO DE MONTREAL

Naturalmente, a mais extraordinária lição para o mundo é o bom convívio de uma sociedade bilíngue, em que a maioria dos seus jovens domina dois idiomas importantes, o inglês e o francês – apesar, é claro, das pretensões não totalmente eliminadas por parte da província de Québec de separar-se do Canadá!?!?

Sem dúvida, outra lição é a persistência no desenvolvimento de "facilidades" para que seus moradores consigam encarar anualmente os períodos de frio intenso, e continuem vivendo e trabalhando com a mesma energia da qual dispõem nos dias mais ensolarados.

Todavia, para as cidades brasileiras – em especial as capitais estaduais –, a grande lição a ser aprendida é: o modo pelo qual Montreal consegue ser uma das cidades mais seguras da América do Norte. Vale ressaltar que, em 2016, a taxa de homicídios registrada na cidade esteve próxima de 1,6 assassinatos por cada 100 mil habitantes.

Para muitas de nossas capitais esta taxa parece inalcançável, pois nelas ela é muito mais elevada, passando de algumas dezenas de homicídios por 100 mil habitantes!?!?

É bom lembrar que, além de todos os diferenciais já mencionados, uma cidade criativa também é aquela que consegue manter um ambiente seguro, em que a **taxa de homicídios esteja próxima de zero**, não é mesmo?

A catedral de São Basílio na praça Vermelha em Moscou.

2.25 -

Moscou

PREÂMBULO

Aqui vai uma sugestão que, num primeiro momento, pode parecer aterrorizante: visitar Moscou no inverno é um ótimo programa!!!

Mas, por quê?

Porque estar em Moscou nessa estação é como fazer parte de um conto de fadas russo. Nesse período é possível observar suas praças, suas igrejas e seus lindos parques cobertos de neve e repletos de luzes brilhantes, por toda parte.

Um dos melhores lugares para se ter uma visão incrível da cidade é a partir da "colina dos Pardais" (*Vorobiovy Gory*), onde está localizado o imponente prédio principal da Universidade Estatal de Moscou. Ele faz parte de um conjunto conhecido como **"as sete irmãs"**, de Stalin, uma série de arranha-céus **iguais** que compõem o horizonte moscovita.

Não importa o frio que esteja fazendo (bastará você vestir um bom casaco e calçar sapatos impermeáveis...), é essencial que passeie pela praça Vermelha, um grande espaço pavimentado com pedras, bem próximo do *Kremlin* ("fortaleza").

Aliás, cabe explicar que o termo "vermelho" não se refere à sua cor, mas sim à sua beleza, visto que a palavra russa *krasnay* (vermelho) também pode ser traduzida como **bonita**!!!

Nesse local fica a catedral de São Basílio, que mais se parece um bolo de casamento. Não é por acaso que o famoso arquiteto Le Corbusier a tenha chamado de **"delírio de um confeiteiro bêbado"**.

Ela foi construída em 1555 e, reza a lenda que o czar Ivan, o Terrível, teria mandado cegar os dois arquitetos responsáveis para que nunca mais pudessem duplicar sua obra-prima, um verdadeiro tesouro!!!

A HISTÓRIA DE MOSCOU

Moscou é a capital da Federação Russa, além de ser a mais poderosa subdivisão federal. A cidade é um importante centro político, econômico, cultural, científico, religioso, financeiro, educacional e de transportes, não apenas do país, mas de todo o continente.

Trata-se da maior megacidade do hemisfério norte do planeta, a cidade mais populosa da Europa, e a 15ª no mundo. Sua população já ultrapassou os 16,2 milhões de habitantes.

Moscou é banhada pelo rio Moscou, que está ligado ao grande rio Volga por canais. Ali está localizado o mais famoso *Kremlin* do país, uma antiga fortaleza que serve hoje não apenas como residência oficial do presidente Vladimir Putin, mas também como sede do Poder Executivo do governo da Rússia.

A cidade é servida por uma extensa rede de transportes, que inclui quatro aeroportos internacionais, nove terminais ferroviários e um dos maiores sistemas de metrô do mundo, que, por conta de sua arquitetura deslumbrante e variada nas 200 estações é reconhecido como um dos marcos de Moscou.

A primeira referência à cidade de Moscou é de 1147. Ao longo dos séculos, ela foi invadida e destruída várias vezes e por grupos distintos, dentre os quais os mongóis, os tártaros, os franceses etc.

O ano de 1812 é sem dúvida um dos mais importantes da história da Rússia, pois marca a invasão do país pelas tropas francesas de Napoleão Bonaparte. Todavia, os moscovitas não ficaram parados: ao saber que os franceses haviam chegado às fronteiras do país, eles prepararam uma bem-engendrada emboscada.

Assim, em 14 de setembro, quando o assustador exército francês chegou a Moscou, encontrou uma cidade **abandonada e completamente queimada**. Famintos e desprotegidos diante do implacável frio russo, os soldados napoleônicos tiveram de sair dali o mais rápido possível. As tropas russas perseguiram Napoleão por bom tempo, e a maioria de seus homens morreram antes de retornar à França.

Essa engenhosa expulsão dos franceses foi descrita pelo famoso escritor russo, Liev Tolstoi, em seu livro *Guerra e Paz*, assim como pelo renomado compositor Piotr Ilitch Tchaikovsky, em sua obra *Abertura 1812*.

Depois dessa vitória, Moscou continuou crescendo em um ritmo acelerado e acabou se tornando novamente a capital da União Soviética. Isso aconteceu em 12 de março de 1918, depois de a cidade servir como **quartel--general** para o Exército Vermelho (cujo contingente aproximado era de 180 mil soldados) durante a Guerra Civil.

Em novembro de 1941, durante a Segunda Guerra Mundial, Moscou voltou a ser atacada, dessa vez pelas tropas da Alemanha. A capital russa foi parcialmente evacuada e decretada campo de batalha, sendo intensamente bombardeada na ocasião. Num dado momento, Joseph Stalin chegou a ser aconselhado a evacuar o restante da população que ainda permanecia ali e abandonar o local. Porém, a despeito dos elevados riscos, a proposta foi recusada pelo líder soviético.

Enquanto isso, os russos desenvolveram vários armamentos para combater os tanques alemães. Na verdade, em meio à invasão, a cidade **deu continuidade à construção do metrô**, que fora iniciada em 1930. O mais irônico é que Moscou acabou se beneficiando pelos bombardeios. Uma vez que trabalhar abaixo do solo servia como refúgio para os trabalhadores, houve, inclusive, uma rápida expansão das linhas!?!?

Moscou continuou se desenvolvendo e, mais tarde, em 1980, a capital sediou os Jogos Olímpicos de Verão – um evento que infelizmente foi boicotado pelos EUA e por outras nações ocidentais (não pelo Brasil...), como protesto contra a invasão soviética no Afeganistão!!!

Em 1991, a União das Repúblicas Socialistas Soviéticas (URSS) foi dissolvida pelo então presidente Boris Iéltsin, quando este assumiu o poder. A partir dessa época, e contando com o excelente trabalho do prefeito de Moscou à época, Yuri Luzhkov, a cidade cresceu e se modernizou rapidamente, ampliando ainda mais as linhas de metrô, construindo novos arranha-céus e, inclusive, demolindo alguns prédios históricos – o que gerou muitas críticas por parte dos defensores de sua preservação!?!?

A cidade transformou-se numa cidade vivaz e cosmopolita, repleta de história e cultura, características essenciais para qualquer **cidade criativa**. Entretanto, com o desenvolvimento surgiram também alguns sérios problemas, como o crime organizado e o aumento do contingente de pobres no país.

Em termos geográficos, Moscou está situada às margens do rio Moscou. Este flui por mais de 500 km através da planície do leste da Europa, na Rússia central. Mais de 50 pontes atravessam esse rio, e também seus canais, dentro dos limites da cidade.

O centro do sistema viário de Moscou fica no entorno do *Kremlin*, na região central da cidade. De lá partem as principais avenidas, que, por sua vez, se cruzam com uma sequência de estradas circulares, os chamados anéis. O primeiro deles, que também é o principal e o mais intenso, é o *Bulvarnoye koltso*. Ele foi construído no local da antiga muralha do século XVI ao redor da cidade que costumava ser chamada de Bely Gorod. De fato, essa via não pode ser considerada como um anel, uma vez que não forma uma circunferência completa, e sim uma ferradura, que vai da catedral do Cristo Salvador até o rio Iauza.

No que diz respeito a temperatura, Moscou é uma das capitais mais frias do mundo. De fato, a neve está presente na cidade por períodos que variam de três a cinco meses por ano, sendo que já foram registradas ali temperaturas próximas de -42º C. Vale lembrar que, no verão, as temperaturas podem exceder os 30º C.

No quesito religião, até o ano de 1918 Moscou era conhecida como "**a cidade das 1.600 igrejas**". Foi então que a Rússia se tornou um Estado ateu e a religião perdeu sua posição de destaque na sociedade. Todavia, com a desintegração da URSS em 1991, muitas das igrejas destruídas foram restauradas e, a partir daí, religiões tradicionais começaram a ganhar cada vez mais popularidade.

O cristianismo predomina na cidade, sendo a Igreja Ortodoxa Russa a mais popular. De fato, Moscou é o lar da Igreja Ortodoxa Cristã Ocidental, cuja sede fica no mosteiro de Danilov. Esse patriarcado, por sua vez, conduz os rumos da religião tradicional do país, e é considerado – por lei aprovada em 1997 – "parte do patrimônio histórico da Rússia".

Contudo, além da fé ortodoxa, outras religiões também são praticadas em Moscou, como: o protestantismo, o budismo, o judaísmo e o islamismo. No caso dessa última, vale lembrar que, embora a população muçulmana da cidade seja estimada em 15,5% (algo próximo de 2,5 milhões de pessoas), no final de 2016 haviam apenas algumas poucas mesquitas na cidade – sendo que a última delas foi inaugurada em 23 de setembro de 2015, a Moscow Cathedral Mosque. Talvez esse pequeno número de mesquitas esteja associado ao forte movimento dos ativistas contrários às práticas islâmicas no país!!!

Em relação à economia, em 2016 Moscou aparecia como a sexta da Europa – atrás de Londres, Paris, Bruxelas, Madri e Berlim – e a 18ª do planeta. Seu PIB correspondia a praticamente 26% daquele do país, ou seja, de US$ 260 bilhões, sendo a cidade com a menor taxa de desemprego de todas as subdivisões.

Sem dúvida, a capital russa é o centro financeiro da Rússia, abrigando as sedes dos maiores bancos do país e de muitas das maiores empresas, como a Gazprom, a maior estatal russa. Além disso, nesses últimos 15 anos, surgiram muitos novos negócios.

Porém, a despeito dos muitos prédios de escritórios construídos, ainda existe escassez de bons espaços na cidade. Como resultado, muitas das antigas instalações industriais e de pesquisa estão sendo remodeladas e readequadas para esse tipo de uso.

Em 2017, na lista elaborada pela revista *Forbes*, Moscou apareceu como a 4ª cidade com mais bilionários no mundo (77). Alguns deles mantêm seus negócios na capital russa, enquanto outros vivem fora do país. Este é o caso de Sergey Mihailovich Brin (13ª posição na *Forbes*), presidente da Alphabet Holding, que vive nos EUA, e de Roman Abramovich (139ª), que passa a maior parte do tempo em Londres, e graças aos seus ativos nos setores de siderurgia e mineração, adquiriu o famoso clube de futebol londrino, o Chelsea, que voltou a ser competitivo no campeonato britânico em 2016 e ganhou o campeonato inglês em 2017.

A mulher mais rica da Rússia continua sendo Helena Baturina, casada com o ex-prefeito de Moscou, Yuri Luzhkov.

No que se refere à educação, Moscou mostra que tem muitos **talentos**, afinal, conta com mais de 1.700 colégios, cerca de 95 faculdades técnicas e um total de 230 IESs.

São 60 universidades federais, além da própria Universidade de Moscou, fundada em 1755. Seu prédio principal de 240 m de altura, localizado na colina dos Pardais, já foi considerado o maior edifício do continente.

A Universidade de Moscou tem mais de 32 mil alunos e 7 mil estudantes em cursos de pós-graduação, distribuídos por 29 faculdades e 450 departamentos educacionais. Ela conta ainda com milhares de pesquisadores e sua biblioteca, uma das maiores da Rússia, abriga mais de 9,2 milhões de títulos.

O sucesso da Universidade de Moscou é comprovado pelos quase 12 mil estudantes estrangeiros que já se graduaram ali – e muitas centenas dos quais inclusive aprenderam a falar e a escrever o russo!!!

Outra IES mundialmente respeitada é a Universidade Nacional de Pesquisa Médica, também conhecida por seu nome antigo de Universidade Russa Federal de Medicina, que é uma das maiores escolas médicas do país e da Europa. Atualmente, mais de 9.300 estudantes ingressam nos 115 diferentes departamentos da universidade, que também oferece cursos de pós-graduação.

Pelo fato de Moscou ter se tornado um importante centro financeiro da Europa, como já foi mencionado, a cidade também está se tornando conhecida por suas faculdades de economia e negócios. Entre as melhores, estão: a Academia Financeira, a Universidade de Economia Plekhanov, a Universidade Federal de Administração e a Universidade Federal de Economia. Essas IESs possibilitam a obtenção de diplomas nas áreas de administração, finanças, contabilidade, mercado imobiliário e economia, e oferece cursos de mestrados e MBA em diversos setores.

A maioria dessas universidades tem departamentos em outras regiões russas, e até mesmo em outros países. A Universidade Técnica Estatal Bauman de Moscou foi fundada em 1830 e está localizada no centro de Moscou. Ela atende a mais de 18.200 alunos e 1.100 pós-graduandos nas áreas de engenharia, oferecendo uma variedade de diplomas técnicos.

Também tem ocorrido em Moscou um crescimento no número de IESs privadas, que oferecem principalmente cursos na área de negócios e administração.

Desde que abriu inscrições para estudantes estrangeiros, em 1991, a Universidade Bauman ampliou seu número de estudantes, recebendo algumas centenas de alunos de outros países.

O Conservatório de Moscou, fundado em 1866, é uma conhecida escola para músicos. Entre os ex-alunos estão: Serguei Rachmaninoff, Mstislav Rostropovich, Aram Khachaturian, Alexander Scriabin e Alfred Schnittke. O Instituto de Cinematografia Gerassimov de Todas as Rússias, é a IE mais antiga de cinematografia. A instituição foi fundada por Vladimir Gardin em 1919. Entre os ex-alunos estão: Serguei Eisenstein, Mikhail Vartanov, Andrei Tarkovski, Nikita Mikhalkov, Eldar Riazanov, Alexandr Sokurov, Yuri Norshtein, Alexander Petrov e Vassili Shukshin.

O Instituto Federal de Relações Internacionais de Moscou, fundado em 1944, continua sendo uma importante escola de diplomacia e relações internacionais, com aproximadamente 4.600 estudantes. Sua biblioteca conta com mais de 730 mil livros em russo e também em línguas estrangeiras – dos quais 20 mil são considerados raros.

Outros IESs reconhecidos são: o Instituto Moscovita de Física e Tecnologia, também conhecido como Phystech; o Complexo Oftalmológico Fedorov;

o Instituto de Aviação de Moscou; e o Instituto de Física e Engenharia de Moscou. Este último formou diversos ganhadores do prêmio Nobel, como: Nicolai Semionov, Lev Landau, Alexander Prokhorov e Peter Kapitsa.

Várias dessas IESs surgiram na era soviética, e muitas delas expandiram seus horizontes e criaram novos cursos e departamentos. Diversas IESs públicas também estão agora oferecendo certificados internacionais e diplomas de pós-graduação, incluindo MBAs com aulas em inglês!!!

Os programas de intercâmbio com diferentes países, principalmente da Europa, estão cada vez mais populares nas universidades da cidade, ao passo que várias faculdades da capital russa também oferecem seminários, palestras e cursos sobre empreendedorismo para os seus moradores, contando para isso com o incentivo de Vladimir Putin, que dirige a Rússia praticamente desde o início desse século!!!

E não se pode deixar de mencionar que Moscou é um dos maiores centros científicos da Rússia. Lá está localizada, por exemplo, a sede da Academia Russa de Ciências. A capital também abriga diversas outras instituições científicas e de pesquisa!!!

Moscou conta com aproximadamente 460 bibliotecas, dentre as quais 170 são voltadas para o público infantil. A maior biblioteca do país, e uma das maiores do mundo, é a Biblioteca Nacional. Ela foi fundada em 1862 e possui um enorme acervo. São cerca de 17,2 milhões de livros, 13,5 milhões de revistas, 360 mil partituras musicais e 150 mil mapas. Vale mencionar que existem ali itens em 247 idiomas, que juntos representam aproximadamente 30% de todo o acervo.

Há também a Biblioteca Histórica, fundada em 1863, especializada em história da Rússia. Sua coleção contém 4,1 milhões de itens em 112 idiomas, a respeito da história russa e mundial de heráldica, numismática e história da ciência.

E para interagir um pouquinho com o (a) leitor (a), aqui vai uma pergunta: será que toda essa relevância que se dá para Moscou por causa de suas bibliotecas (assim como também ocorre com outras metrópoles) continuará daqui para frente, mesmo com o surgimento dos *e-books* (livros digitais) e com tanta informação sendo disponibilizada digitalmente, como ocorre na *Wikipédia*?

Certamente haverá uma transição e, aos poucos, os livros e outros documentos em papel terão o uso cada vez menor. É provável que os espaços das bibliotecas fiquem repletos de equipamentos eletrônicos que permitirão aos leitores chegar ao conteúdo (principalmente dos livros mais importantes), sem ter de tocá-los. É possível que como isso aconteçam nesses espaços mais encontros, em especial para discussões e trabalhos em grupo. Mas, pouco a pouco, aqueles enormes estantes nas quais estavam enfileirados milhares (milhões...) de livros desaparecerão, não é?

Veja a seguir algumas informações que permitirão um melhor entendimento da pujança de Moscou.

1ª) Transporte aéreo – Em Moscou existem cinco aeroportos, dentre os quais três são de porte menor: o aeroporto internacional Vnukovo, pelo qual passaram 14 milhões de passageiros; o Jukovsky (que passou a operar com passageiros somente em 2016); e o Ostafyevo (que, apesar de menor, é bem equipado tecnologicamente).

Os aeroportos de grande porte são: o aeroporto internacional Sheremetyevo, com um fluxo de passageiros de aproximadamente 33,670 milhões em 2016, recebendo 60% dos voos e sendo o principal ponto de entrada para turistas estrangeiros; e o aeroporto internacional Domodêdovo, o único aeroporto privado de Moscou, cujo fluxo foi de cerca de 28,500 milhões de passageiros em 2016, sendo o mais movimentado para voos domésticos longos e/ou com destino aos países da Europa.

No final de 2011, a empresa East Line, que administra o Domodêdovo, anunciou um ambicioso projeto de desenvolvimento cuja implantação completa deve durar uns dez anos e, na prática, resultará no surgimento de uma nova cidade na periferia sul da capital russa, ou seja, uma aerotrópole.

Os planos da East Line – que incluíam a construção de uma terceira pista, a reforma do pátio de aviões e a ampliação das instalações do terminal –, fundamentaram-se num conceito de desenvolvimento geral no qual a direção do aeroporto começou a trabalhar ainda no fim da década de 1990.

O presidente do conselho de diretores do aeroporto Demodêdovo, Dmitri Kamenchtchik, afirmou: "O aeroporto se constitui, agora, no centro de uma '**conurbação sinérgica**' de desenvolvimento comercial, que poderá estender-se a um raio de 19 km a partir do próprio aeroporto.

O Domodêdovo foi o primeiro aeroporto russo certificado a receber o Airbus *A380*. Os trabalhos para a construção da terceira pista, assim como a reforma do pátio onde os aviões estacionam para carregamento e reabastecimento, já estão em andamento.

Nesses últimos cinco anos, foram investidos cerca de US$ 850 milhões nessa ampliação do aeroporto, e é claro que esse grandioso plano teve um forte apoio do governo, tanto no âmbito federal quanto regional.

Os governos federal e regional também criaram um novo acesso para o quarto anel viário de Moscou e estabeleceram melhorias na conexão ferroviária, para que os trens possam sair do aeroporto a cada 10 min rumo a Moscou.

Diferentemente do que ocorreu no caso do aeroporto estatal de Sheremetyevo, não havia ainda muitas residências em torno do Domodêdovo, o que facilitou a construção de uma nova pista.

Domedêdovo foi desenvolvido seguindo algumas das sugestões de John Kasarda, o acadêmico norte-americano que criou o conceito de **aerotrópole**. Só para recordar, esse conceito é definido como uma "configuração urbana cujo centro é um aeroporto". Isso, por sua vez, reflete o modelo de núcleo central de uma metrópole, que no passado contava com a presença de edifícios públicos e igrejas.

Desse modo, assim como acontece em uma metrópole, os trabalhadores que circulam no núcleo central da aerotrópole não vivem ali, mas no seu entorno. Em contrapartida, bem próximas do centro, ou seja, do aeroporto, ficam as empresas, que dependem dessa posição central – da proximidade de hotéis, centros de logística e mercados varejistas – para sua própria subsistência.

Numa aerotrópole tudo deve ser planejado para minimizar quaisquer tipos de engarrafamento de trânsito, o que se consegue de forma eficiente realizando a construção adequada dos meios de transporte, assim como pelo estabelecimento de zoneamento específico para determinados negócios.

Pois bem, Moscou já colocou em prática o seu plano para ter uma aerotrópole bem próxima de si... No momento, o aeroporto Domodêdovo já é responsável por cerca de 70 mil empregos, porém, John Kasarda diz que, daqui a dez anos, quando o projeto todo estiver pronto, acabará gerando cerca de **meio milhão de empregos!!!**

2ª) Outros meios de transporte – Além dos aeroportos, Moscou conta com outros meios de transporte interessantes. Um deles é o transporte fluvial. Todavia, embora existam dois terminais no rio Moscou, ao contrário do que acontece em São Petersburgo, a capital não depende diretamente de um sistema fluvial bem-equipado. Afinal, ele é mais usado para fins de entretenimento e turismo do que levar passageiros e/ou cargas para outros destinos.

Moscou também dispõe de uma grande rede de ônibus, que partem das estações do metrô até as áreas residenciais. Além disso, a cidade possui há muito tempo uma ampla rede ferroviária, com nove terminais. São os chamados *vokzal*, batizados originalmente com o nome da principal região conectada à rede. Por exemplo, a identificação *Kazanski vokzal* significa que o trem vai até a cidade de Kazan!!!

Como os bilhetes são relativamente baratos, os trens são o meio de viagem favorito dos moscovitas (e dos russos como um todo), especialmente quando eles querem ir para São Petersburgo, um grande centro de serviços da Rússia – além de uma espetacular cidade criativa.

Moscou é o terminal ocidental da ferrovia Transiberiana, que atravessa aproximadamente 9.300 km do território russo, até chegar a Vladivostok, que fica na costa do oceano Pacífico.

Os subúrbios e as cidades satélites são conectados a Moscou por meio de uma rede de trens elétricos: os *elektrichkas*, que partem de seus terminais com destino a estações ferroviárias mais próximas.

Uma curiosidade sobre o transporte em Moscou (e em outras cidades da Rússia) diz respeito aos táxis: é difícil saber a diferença entre um táxi e uma carona (e isso bem antes do surgimento do Uber ou de serviços similares...).

Já faz parte da tradição da cidade que o moscovita proprietário de um carro ofereça caronas para estranhos, por uma "taxa" determinada. Desse modo, independentemente do local ou do horário, sempre é possível para o interessado encontrar um automóvel particular disposto a transportá-lo para algum lugar, desde que ele pague por isso...

3ª) O metrô **de Moscou: "o palácio subterrâneo"** – De fato, o metrô de Moscou merece um destaque especial, afinal, ele é único!!! Isso acontece não apenas por sua estética, mas pelos seus murais, mosaicos e lustres variados.

Se você quer que o povo conheça mais a história do seu país e aprecie a arte, deve inspirar-se no que foi feito no metrô de Moscou, que atende por dia, no horário de *rush*, 9,2 milhões de pessoas, sendo a cidade com o maior número de usuários desse transporte no mundo.

O metrô moscovita começou a ser construído em 1931, porém, só em 15 de maio de 1935 sua primeira linha entrou em funcionamento. Com cerca de 11 km de cumprimento e 13 estações, ela ia de Sokôlnikov a Dvorets Sovietov (hoje, Kropotkinskaia). Atualmente o metrô moscovita percorre 320 km de distância, possui 14 linhas e conta com 243 estações. Uma curiosidade: a estação Park Pobedy está a 84 m de produndidade).

E, pelos planos de desenvolvimento da cidade, até 2020 serão construídos mais uns 70 km de metrô.

Em relação à história, as primeiras estações construídas em meados da década de 1950, como "ricos palácios para o povo", tinham como objetivo glorificar o novo país soviético, que almejava a posição de superpotência mundial. Nas estações usou-se como acabamento o mármore, o gesso e um caro material esmaltado, o azulejo – o país na época não tinha capacidade para produzir azulejos em quantidade suficiente para revestir as paredes das estações. Bons exemplos de arquitetura subterrânea do primeiro período são as estações construídas entre 1937 e 1955.

Na praça da Revolução, em meio a 76 esculturas de trabalhadores, militares e camponeses, a principal atração é a escultura de um soldado e seu cachorro. Quem passa por ali, toca no focinho do cão para ter sorte. Por essa razão, em meio ao bronze escurecido, o nariz do animal reluz!

A era de ouro da arquitetura russa no metrô **terminou em 1955**, com a publicação de uma resolução do Partido Comunista condenando o suposto excesso das obras. Os prédios quadrados de cinco andares, construídos a partir de então para o povo, refletiram o estilo de uma nova época – ou a falta dele!!!

Em 2011, o arquiteto-chefe do metrô moscovita Nikolai Chumakov, explicou: "E, assim, a nossa arquitetura, naquela época, sobre a terra e abaixo dela, seguiu os mesmos caminhos. Sob o *slogan* '**Quilômetros à custa da arquitetura**' foram construídas muitas estações, e todas enfadonhas. Basta observar aquelas das décadas de 1960 e 1980, como Tversskaia, Kitai-Gorod e Kolomenskaïa.

A terceira etapa de desenvolvimento do metrô foi a '**renascença**'. Ela começou em 2002, na estação Vorobiovy Gory, toda em vidro, com uma vista privilegiada para o rio Moscou.

Na estação Sretensky Bulvar aparecem silhuetas de Aleaksandr Púchkin e Nikolai Gogol, famosos escritores russos. Na Nova Dostoiévskaia, estão os painéis em pedra que reproduzem os heróis dos romances do grande escritor Fiódor Mikhailovitch Dostoiévski, como os que aparecem em *Crime e Castigo*, *Os Irmãos Karamazov* e *O Idiota*. Com isso, todas as estações do metrô foram resgatadas do seu confinamento cultural e artístico."

Que tal as autoridades brasileiras se inspirarem nesse exemplo do metrô de Moscou e, em todos os locais onde forem inauguradas novas estações de metrô, estas fossem embelezadas com quadros, murais, painéis, esculturas etc., ou seja, com obras de grandes figuras da história, da cultura e das artes nacionais?

4ª) Arte e cultura – No que se refere a esses dois quesitos, Moscou tem muitos **tesouros**!!! Um dos museus mais conhecidos da cidade é a Galeria Tretyakov, fundada por Pavel Tretyakov. Rico defensor das artes, ele doou sua coleção privada para a administração da cidade.

Essa galeria é dividida em dois blocos: a chamada "antiga Tretyakov" é a galeria original localizada à margem sul do rio Moscou, na qual se exibe a arte clássica e tradicional da Rússia.

Os trabalhos de diversos pintores famosos da época pré-revolucionária, tais como Ilya Repin e vários outros ícones da pintura, podem ser encontrados lá.

Já a chamada "nova Tretyakov" foi criada na era soviética, e contém, principalmente, os trabalhos soviéticos e obras contemporâneas, além de uma pequena quantidade de quadros do início do século XX, da mesma época daquelas expostas na "antiga Tretyakov".

Nessa nova galeria existem muitos quadros exaltando a época do domínio do comunismo no país – o **realismo socialista**. Lá existe também uma mescla com trabalhos de artistas da vanguarda, como: Kazimir Malevich e Wassily Kandinsky.

Também se tem em Moscou o renomado Museu Pushkin de Belas Artes, com exposições acerca das civilizações que contam com diversas réplicas de esculturas antigas. Entretanto, o museu também abriga pinturas famosas de praticamente toda a era ocidental, além, de obras de Claude Monet, Paul Cézanne e Pablo Picasso.

Há ainda o Museu Histórico da Rússia, um dos mais visitados do país, que está bem próximo da famosa praça Vermelha. Suas mostras vão de relíquias de tribos pré-históricas da atual Rússia até trabalhos artísticos de valores incalculáveis adquiridos pelos czares da dinastia Romanov. O número total de objetos nas coleções do museu ultrapassa alguns milhões...

Um museu fantástico que existe em Moscou, o *Kremlin*, ou seja, o Museu Estatal da Herança Histórico-Cultural, no qual estão várias coleções que são de fato testemunhas da história do Estado russo, ao longo de várias centenas de anos!!!

O *Kremlin* de Moscou está localizado no centro histórico da cidade e nele o visitante nota claramente o seu poder de combinar harmoniosamente o presente e o passado. Aliás, os edifícios do *Kremlin* de Moscou e da praça Vermelha são algumas das obras de maior destaque na arquitetura mundial.

Essa preciosa somatória de ideias sublimes que emergem para o visitante, foi criada pelos melhores artistas de diversas gerações: arquitetos, engenheiros, escultores, pintores e joalheiros.

O *Kremlin* abrigou o primeiro Museu Histórico da Rússia, a Armaria, que em 2016 completou 210 anos de existência.

Fazem parte de suas coleções as principais relíquias do Estado russo: símbolos do poder supremo, tronos, vestidos usados em cerimônias de coroação, relíquias sacras, armas cerimoniais e adereços para cavalos.

Os presentes ali exibidos, que foram enviados aos czares russos por governantes europeus, retratam a história do relacionamento diplomático entre a Rússia e outros países, tanto da Europa como do Extremos Oriente. De fato, quem visitar o acervo do museu do *Kremlin*, acaba adquirindo bastante conhecimento sobre os principais acontecimentos da história russa ao longo dos séculos XVII, XVIII e XIX.

Sem dúvida os tesouros da Rússia exibidos no *Kremlin* são inestimáveis fontes de informação sobre as épocas passadas, possibilitando ao visitante uma maior familiarização com o riquíssimo legado histórico e artístico da Rússia.

Elena Gagarina é a diretora geral do Museu Estatal da Herança Histórico--Cultural, no *Kremlin* de Moscou. Ela é filha do famoso cosmonauta russo Yuri Gagarin.

O Museu Politécnico, fundado em 1872, é o maior museu técnico da Rússia. Com mais de 165 mil itens, ele apresenta uma ampla gama de invenções históricas e descobrimentos tecnológicos, incluindo os primeiros "computadores soviéticos"!?!?

O Panorama de Borodino é um museu localizado na avenida Kutuzov, onde se oferece aos visitantes a oportunidade de vivenciar um "campo de batalha" com uma visão em 360°. Uma homenagem à batalha de Borodino, esse museu se dedica completamente à vitória dos russos na "guerra patriótica" de 1812 sobre Napoleão Bonaparte.

Na cidade, existe ainda o Museu da História Militar, que inclui equipamentos bélicos e disponibiliza informações interativas sobre as várias guerras. Já o Museu Memorial da Cosmonáutica é um verdadeiro memorial aos heróis e pioneiros do espaço, começando por Yuri Gagarin e Valentina Vladimirovna Tereshkova. Ele fica bem próximo do monumento aos Conquistadores do Cosmos.

O Museu Estatal da Arquitetura, que leva o nome do arquiteto Alexei Shchusev, fica bem próximo da praça Vermelha. Lá pode-se aprender muito sobre a arquitetura da Rússia. E não devemos esquecer do Museu Kolomenskoye, ou seja, o Museu Nacional de Arte, História, Arquitetura e Reserva Natural, localizado nas colinas que dominam as margens do rio Moscou, na zona sul da capital russa. Atualmente, o museu desenvolve uma grande atividade na renovação e restauro de antigos monumentos, e também cria novas exposições. Assim, na pequena casa de Pedro I, o Grande, que foi restaurada, reconstruiu-se a decoração interior dos alojamentos do exército e a residência do *czar*, exatamente como no começo do século XVIII.

5ª**) Artes cênicas e música** – No fim de 2016, Moscou contava com cerca de 150 cinemas, 100 teatros e 30 salões de concerto.

No caso da cinematografia, são os filmes soviéticos que ocupam a parte mais destacada da história do cinema russo, e o estúdio moscovita Mosfilm, foi o coração de diversos clássicos cinematográficos, tendo sido o responsável pelas melhores produções artísticas e documentais.

Entretanto, apesar da constante presença de cineastas com grande reputação e internacionalmente reconhecidos na cidade, os estúdios que outrora obtiveram fama em todo o mundo vivem hoje tempos de letargia e ostracismo.

Entre os vários teatros e estúdios de balé da cidade, destacam-se o Teatro Bolshoi e o Teatro de Arte de Moscou.

O Teatro Bolshoi é sem dúvida uma das grandes atrações de Moscou. Ele foi fundado em 1776 e passou por diversas modificações ao longo das décadas seguintes. Em 1853, ele precisou ser completamente reconstruído depois de um incêndio. Mas a arquitetura russa clássica que o mundo todo associa ao Bolshoi – assinada pelo arquiteto ítalo-russo Alberto Camillo Cavos –, ainda está ali. **E faz toda a diferença**!!!

Cavos ocupou uma posição importante no aperfeiçoamento na acústica da nova estrutura. Ele não apenas revestiu as paredes com madeira de ressonância, mas também usou madeira no revestimento do teto e do chão. Vários ornamentos que existem no teatro são de papel machê (e não de gesso), para não prejudicarem as ondas sonoras. O salão de ópera do teatro não apenas tem o **formato de violino**, como também produziu por muitos anos um som tão puro como o desse instrumento.

Durante os tempos soviéticos, nunca houve tempo suficiente para restaurar o edifício por completo, já que o teatro abrigava não somente espetáculos de ópera e balé, como também assembleias e congressos do Partido Comunista. Nessa época, muitos dos materiais de altíssima qualidade foram substituídos por outros mais baratos. Porém, tais mudanças provocaram danos que foram bem além da acústica.

O Bolshoi foi reformado recentemente. No processo foram gastos cerca de US$ 900 milhões, o que gerou especulações quanto ao possível desvio de dinheiro público.

Mikhail Sidorov, representante da empresa empreiteira Summa Capital, responsável pelo projeto de restauração desde 2009, explicou: "Havia enormes rachaduras de até 30 cm de comprimento nas paredes principais. Existia um perigo real de o prédio desabar. A primeira fase da reconstrução, portanto, consistia na recuperação do edifício.

Sete mil colunas de aço foram fincadas na terra e, em seguida, a fundação antiga foi removida. O edifício inteiro ficou pairando no ar. A nova fundação não seria finalizada até setembro de 2009, quando os pilares puderam ser removidos. Desde então, o canteiro de obras no centro de Moscou, a menos de 5 min a pé do *Kremlin*, transformou-se em um formigueiro.

Cerca de 3.200 pessoas trabalharam no projeto ao mesmo tempo. Enquanto alguns operários de uma empresa especializada cobriam os ornamentos da sacada com tinta de ouro (!?!?), outros reinstalavam as tapeçarias de seda restauradas. Sob a terra o barulho era ensurdecedor.

Durante a reforma, uma novíssima sala de espetáculos foi construída. Ela pode ser usada agora para ensaios da orquestra e do coral. Outra novidade do teatro é a existência do maior palco hidráulico da Europa, construído pela empresa alemã Bosch Rexroth.

Os lugares do fundo da orquestra também foram ampliados e, agora, podem abrigar até 130 músicos. Dentro do teatro, a restauração tentou recriar a atmosfera dos tempos áureos do século XIX. Os brasões soviéticos foram removidos e substituídos por emblemas czaristas, o piso foi recoberto com carvalho e o número de assentos do salão principal foi reduzido de 2,1 mil para 1,7 mil."

Cerca de duas décadas depois da introdução das políticas de *perestroika* (reestruturação) e *glasnost* (transparência), introduzidas pelo então líder do país, Mikhail Gorbachev, a restauração do Teatro Bolshoi foi um **símbolo do renascimento da cultura russa**. Contudo, de maneira simultânea o teatro tornou-se um exemplo claro dos evidentes problemas associados ao sistema de poder vertical do atual presidente Vladimir Putin, no qual a maioria dos assuntos e projetos somente funciona bem quando existe **pressão de cima**.

Um bom exemplo disso foi o fato de que, depois do fechamento do teatro em 2005, o projeto de restauração chegou a um impasse quando representantes do governo central, o então prefeito de Moscou, Yuri Luzhkov, e o arquiteto-chefe, Nikita Shanguin, se desentenderam sobre o projeto. Tanto que, em 2008, Shanguin abandonou a reforma e previu que a restauração não ficaria pronta antes de 2013 (ele errou em sua previsão, pois o Bolshoi reabriu para espetáculos a partir de 28/10/2011).

Então, em 2009, veio o forte empurrão do então presidente da Rússia Dmitri Medvedev (homem de total confiança de Vladimir Putin), que confiou a um de seus assessores mais próximos a tarefa de garantir que o teatro ficasse pronto até 2011.

Para se chegar a essa reinauguração do Bolshoi, muitos processos judiciais foram abertos contra diversos grupos envolvidos na obra, acusados de pagar diversas vezes o mesmo fornecedor. O órgão de auditoria da Rússia acusou que os custos do projeto de restauração tinham ultrapassado mais de 16 vezes a estimativa inicial!?!?

Independentemente de alguns problemas com manutenção e construção, o fato é que nos teatros moscovitas os repertórios são variados e numerosos durante toda a temporada, com interpretações modernas de trabalhos clássicos, líricos ou dramáticos.

Moscou também tem uma grande tradição circense, sendo bem famoso o seu Circo de Moscou, que envia grupos para temporadas no exterior!!!

6ª) O clima – A imagem da Rússia no exterior é, quase sempre, associada ao **intenso frio siberiano**, algo provavelmente bastante difundido pelo famoso livro *Guerra e Paz*, de Liev Tolstoi, que relatou de forma emocional o sofrimento das tropas napoleônicas durante o inverno russo. De certa forma, isso faz sentido, independentemente do livro.

Na Rússia, o frio é realmente intenso, embora o clima no país varie muito desde a zona polar até a região subtropical na costa do mar Negro, onde a temperatura média no inverno é de 15ºC – como, por exemplo, em Sotchi, que está na mesma latitude de Nice (a famosa estação de veraneio francesa), local que atrai e causa inveja para muitos outros habitantes do país.

Já em Moscou a situação é bem diferente. Tanto que em um dia de novembro de 2016, bastaram 24 h para que a temperatura despencasse de números positivos para -20º C. Aliás, nesse mesmo ano, a capital russa sofreu com um dos piores invernos dos últimos tempos, com os termômetros mostrando uma **temperatura média de -20ºC**.

O inverno na capital russa tem a duração de quatro meses. Nesse período, a neve toma conta das ruas da cidade por aproximadamente 50 dias. À noite, o acúmulo dos cristais de gelo chega a aproximadamente 40 cm – **um desafio para o serviço municipal**. Piotr Biriukov, secretário municipal de Finanças de Moscou e responsável pela organização dos serviços especiais de inverno, declarou: "Quando neva, colocamos os limpa-neve nas ruas imediatamente. Aqui em Moscou, três a cinco centímetros de neve não são um problema, e sim parte da rotina. Complicado é quando a neve é muito intensa, constante e duradoura, e os limpa-neve precisam voltar às vias a cada 15 min.

Os nossos veículos removedores podem limpar 12 km em uma hora. Além disso, eles também detectam buracos no asfalto e remetem sua localização eletronicamente ao departamento de infraestrutura da cidade.

As pás dos veículos empurram a neve para o meio-fio, de onde caminhões removedores recolhem o material acumulado para suas caçambas e o transportam para um dos 200 derretedores de neve da cidade. Cada uma dessas máquinas é capaz de transformar em água até 300 toneladas diárias de gelo.

Porém, só a manutenção desse 'batalhão' de removedores de neve, e da estrutura para derretê-la, custa anualmente para a cidade cerca de R$ 58 milhões. Por isso, o inverno, além de atrapalhar muito a mobilidade dos moscovitas, sai caro para a administração municipal."

Quem sofre muito em Moscou com a temperatura baixa são os seus moradores quando resolvem dar partida em seus carros, algo que se torna praticamente impossível se não forem usados dispositivos especiais para preaquecê-los.

Além desse problema que precisa ser solucionado, os pneus, ao rodarem no inverno, inevitavelmente lançam neve para trás, sujando os para-brisas dos carros que vêm a seguir. Daí a necessidade de grandes quantidades de água para para-brisas e de um tipo especial de fluido que não congele com a temperatura ambiente extrema. Em um dia de inverno, consome-se em torno de cinco litros do líquido, que é vendido em praticamente toda esquina da cidade.

Pois é, nossos administradores municipais não precisam lidar com neve e gelo, mas, mesmo assim, não conseguiram até hoje gerenciar de maneira eficaz as catástrofes provocadas pela precipitação exagerada de água de chuva, que causa inundações, que provocam mortes, deslizamentos e deixam muitos desabrigados.

7ª) Bicicletas – Considerando a questão climática já mencionada, por incrível que pareça a capital russa tem nos últimos anos se envolvido seriamente na ampliação do **uso da bicicleta**.

Assim, o governo municipal resolveu criar em Moscou várias ciclovias (na realidade, no início só três...) em diferentes bairros da cidade, além de construir cerca de dois mil bicicletários seguros.

Em 2012, foi construída uma ciclovia de 7,5 km de extensão na avenida Vernádskogo, no sudoeste da capital moscovita, conectando os prédios da Universidade Estadual de Moscou e os alojamentos estudantis. Ao longo desse trajeto agora já existem 12 estacionamentos com capacidade total de 216 bicicletas (o que ainda é bem pouco).

O vice-prefeito de Moscou para os Assuntos de Habitação e Bem-Estar, Piotr Birinkov, explicou: "O Distrito Administrativo Central está projetando 23 km de ciclovias, enquanto outros 11,3 km serão entregues até o final de 2013."

O governo de Moscou já disponibilizou algumas centenas de ônibus equipados com plataformas que permitem levar bicicletas, pois o total delas na capital russa já ultrapassa 6 milhões.

Atualmente já existem 45 km de ciclovias que circundam os vários parques da cidade (Górki, Kolomenskoye etc.), mas tudo indica que, até o final de 2017, Moscou terá aproximadamente 75 km de ciclovias, sendo que nos próximos quatro anos devem surgir uns 10 mil bicicletários.

Naturalmente que tudo isso parece "ridículo", ou pelo menos insignificante, quando se compara com as grandes cidades do mundo e suas ciclovias – como é o caso de Munique com 1210 km, Londres (946 km) Nova York (820 km), Amsterdã (450 km) etc.

Mas, para incrementar o uso da bicicleta, além de serem necessárias as ciclovias, para que nelas os ciclistas possam transitar em segurança, é preciso também desenvolver um amor especial pelo uso da "magrela", não apenas como um recurso para se chegar aonde é preciso de forma eficaz, mas também como um meio para se divertir e cooperar com a própria saúde e com a do planeta.

Por isso, em Moscou existem em vários meses grandes eventos, nos quais a personagem central é a bicicleta, como:

- → As bicicletas vaga-lumes, um *tour* que acontece em 23 de março. Faz parte da Hora do Planeta, quando as bicicletas são iluminadas e decoradas com cores brilhantes.

- → Em maio ocorre um evento semelhante ao *Tweed Run* de Londres, no qual inscrevem-se uns 300 participantes vestidos em traje adequado: terno xadrez, gravata, bigode – o mais puro estilo *gentleman* inglês do início do século XX.

- → Em julho, num evento que reune geralmente algo como 10 mil ciclistas, eles percorrem um itinerário cuidadosamente preparado para que passem em frente a lugares espetaculares da cidade.

- → Em agosto, no parque Sololniki, promove-se uma competição reservada apenas para mulheres, que obrigatoriamente devem estar vestidas no **estilo retrô** dos anos 1960.

Que forma inteligente de sedimentar a cultura da bicicleta e fazer com que o equipamento ganhe cada vez mais a simpatia de todos, não é?

Vale lembrar que, apenas como curiosidade, que Moscou é considerada cidade-irmã de quatro cidades brasileiras, a saber: Maceió, Brasília, São Paulo e Rio de Janeiro. Então, por que não se pensa em introduzir um projeto desses no Brasil, em particular nas cidades brasileiras que tenham entre 300 mil e 750 mil habitantes, nas quais pode ser ainda mais simples a construção de ciclovias?

8ª) Esportes – Moscou dispõe de um grande número de instalações para a prática dos mais diversos esportes (futebol, basquete, vôlei, hóquei no gelo, natação, atletismo etc.).

O mais conhecido é o complexo Luzhniki, o quarto maior de toda a Europa, no qual foi realizada a maior parte das competições dos Jogos Olímpicos de 1980 e a final da Liga dos Campeões da UEFA, temporada 2007-2008.

O futebol, disputado na primavera e no verão, e o hóquei no inverno, são os esportes mais populares da cidade.

As principais equipes esportivas de Moscou são o CSKA (clube do exército), forte no futebol, basquetebol e hóquei no gelo (cuja equipe é mais premiada do mundo); o Dínamo (que foi fundado pela polícia secreta), com times de futebol, hóquei no gelo e basquete; o Spartak (historicamente representando o povo), a equipe que mais ganhou o campeonato russo de futebol e que compete também no hóquei no gelo. O Lokomotiv e o Torpedo são outras duas equipes importantes da cidade, que competem pela principal liga do futebol russo.

Por causa do clima frio, existem muitos parques em Moscou equipados para a prática de patinação e esqui. Sendo um importante polo de esporte, Moscou organiza anualmente a Copa Kremlin, um conhecido torneio de tênis da Associação de Tenistas Profissionais e da Associação de Tênis Feminino, sendo esta uma competição muito prestigiada pelos jogadores e pelas jogadoras russas, em especial a bela russa Maria Sharapova (apesar de ela viver nos EUA).

Em Moscou tem-se agora dois clubes profissionais de rúgbi: o Slava Moscou e o R.C. Lokomotiv. Foi realizada na cidade, em 2013, a Copa do Mundo de Rúgbi.

Como em 2018 a Rússia vai organizar a Copa do Mundo de Futebol, foram preparados adequadamente para o evento em Moscou três estádios: o Luzhniki (com capacidade para 81 mil espectadores), o Spartak (para 45 mil espectadores) e o Dínamo.

A LIÇÃO DE MOSCOU

A principal lição de Moscou diz respeito ao modo como em menos de 30 anos foi possível tamanha transformação na cidade.

Como todo o país, ela viveu muitas décadas sob o jugo ditatorial do comunismo, que em nome da igualdade, incutiu no seu povo uma cultura bem diferente daquela do capitalismo. Ou seja, o moscovita perdeu a noção do que é ter **direito** à **posse** de uma casa ou de um carro; de poder escolher um entre diversos produtos, de poder votar nas pessoas de vários partidos etc.

No entanto, ao voltar a viver de forma mais democrática, os moscovitas puderam abrir os próprios negócios e desenvolver-se no empreendedorismo. Foram abertos em Moscou muitos restaurantes, construíram-se *shopping centers*, nos quais as lojas passaram a competir umas com as outras, e assim por diante.

Hoje, o mercado de Cherkixouskiy – o maior mercado da Europa – tem um volume diários de vendas de US% 40 milhões, tendo cerca de 12 mil vendedores dos mais variados países, como Índia, China, Turquia, Azerbaijão etc.

Isso não existia em Moscou nem em outras cidades russas, que eram dominadas em praticamente todos os setores pelas ações estatais.

Claro que essa não foi uma transição fácil. Afinal, foi necessária a privatização de muitos setores, em especial nos serviços de comércio, educação, transporte, saúde, entretenimento etc.

Nós, por outro lado, em alguns casos ainda insistimos que muitos serviços continuem de forma monopolística (pelo menos parcialmente), sendo responsabilidade dos governos federal, estadual e municipal.

Em Moscou nota-se ano após ano o desaparecimento da presença governamental, obviamente preservando aqueles setores que possibilitam ao presidente Vladimir Putin ter uma Rússia ainda submetida a uma verdadeira **democracia ditatorial**, onde a opinião dele vale mais do que aquela de toda a sociedade!?!?

Porém, Moscou logo percebeu que para evoluir no século XXI precisava adaptar-se e implementar práticas que fossem efetivas no mundo ocidental. Uma delas foi sem dúvida a de envolver-se mais com a EC, o que significa melhorar seus aeroportos, para que estes possam transportar mais turistas e oferecer-lhes as mais atraentes distrações – ida a bons teatros e museus, passeios por palácios, refeições em excelentes restaurantes, descanso em hotéis confortáveis etc.).

É incrível como em tão pouco tempo Moscou conseguiu adentrar na "era do cliente", ou seja, atender bem o consumidor. Isso, além de se adaptar – com incrível velocidade – à era da Internet. Basta refletir sobre as acusações de que *hackers* russos interferiram nas eleições norte-americanas de 2016, divulgando notícias maliciosas que podem ter levado a candidata Hillary Clinton à derrota – ou, visto de outra perspectiva, auxiliado e muito na vitória de Donald Trump.

Claro que se houve algo de bom no tempo do comunismo na Rússia foi a dedicação de seus jovens aos estudos e o surgimento de excelentes IESs moscovitas, que souberam também rapidamente incluir em seus currículos o ensino com ênfase nos novos modelos de gestão, na ciência da computação, nas TICs etc., o que obviamente colocou o país numa posição relevante na era digital.

Pode-se dizer que Moscou não somente conseguiu conservar muitos dos seus **tesouros**, mas também foi capaz de "modernizá-los", criando novas atrações que fazem como que a cada ano a cidade receba mais turistas estrangeiros. Estima-se que em 2017 tenham visitado a capital russa cerca de 18 milhões de turistas locais e aproximadamente 9 milhões de estrangeiros, bem mais que o número recebido por São Paulo...

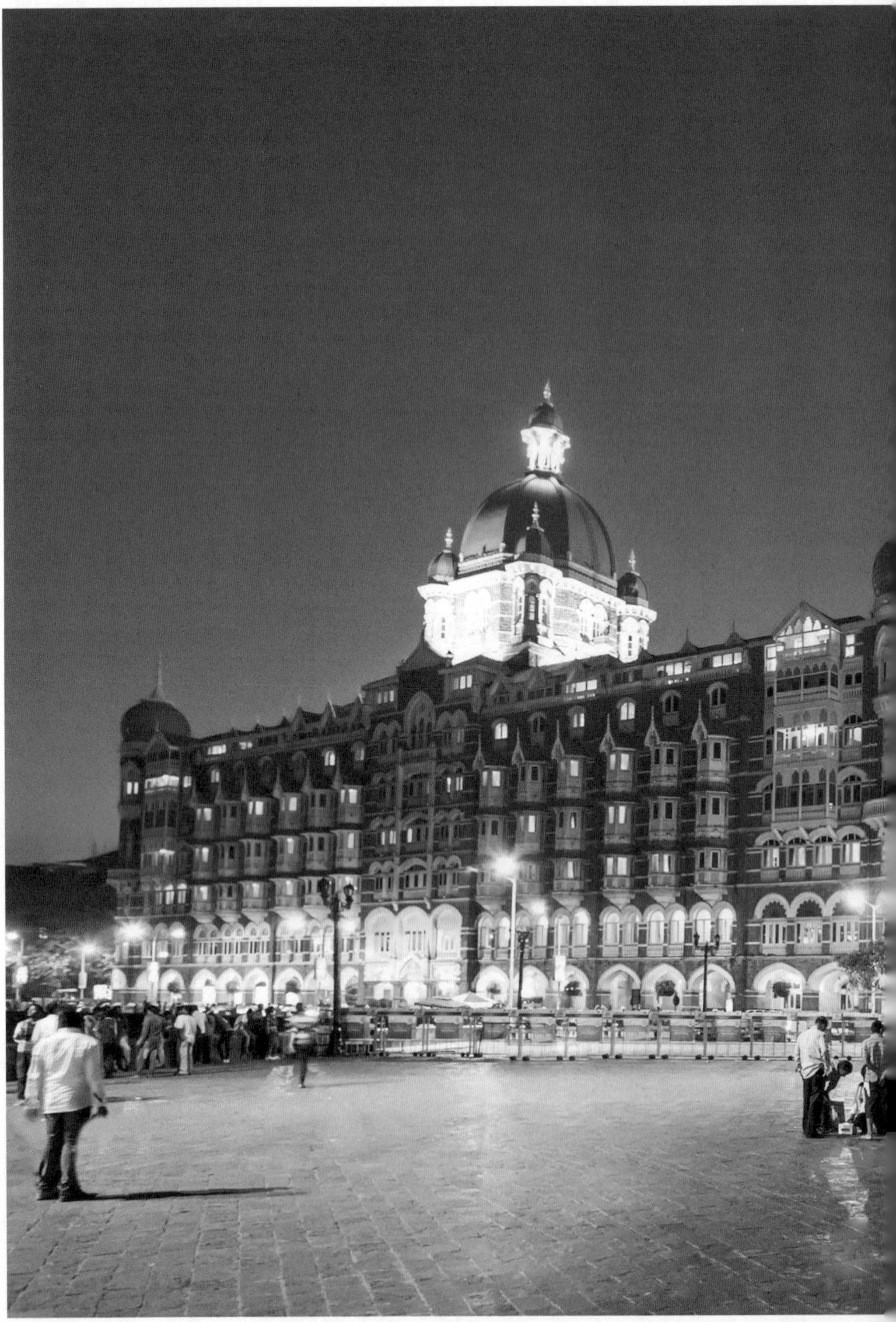
SAIKO3P / SHUTTERSTOCK.COM

O hotel Taj Mahal Palace de Mumbai.

2.26 -
Mumbai

PREÂMBULO

Todas as metrópoles do mundo têm um trânsito caótico, mas o de Mumbai realmente deixa os visitantes exasperados, em especial se estiverem dentro de um carro e levarem mais de 1 h para ir do ponto A até o ponto B (sendo que o B fica a apenas uns 3 km de distância do A).

Duas obras arquitetônicas são icônicas em Mumbai: o Portão da Índia (*Gateway of India*) – que foi construído defronte ao mar Arábico em 1911, em homenagem à visita do rei George V e da rainha Mary – e o hotel Taj Mahal Palace – que, em 2008, sofreu um ataque terrorista que deixou centenas de mortes, fazendo com que o hotel se tornasse a partir daí uma verdadeira fortaleza, tamanho o esquema de segurança adotado.

Mas existem muitos outros atrativos na cidade, e um deles é a comida local. Todo aquele que for a Mumbai tem que provar a sua culinária típica: o *roti*, o famoso pão indiano, bem fino e crocante; o *poha*, arroz com amendoim, coco e coentro; o frango *tikka masala*, que é bem picante, acompanhado do delicioso arroz indiano (bem comprido).

Afinal, bem alimentado o turista terá mais disposição para conhecer os muitos tesouros da cidade, em especial seus templos.

A HISTÓRIA DE MUMBAI

Mumbai (que já foi chamada de Bombaim) é a maior e mais importante cidade da Índia. Segundo estimativas para 2017, a população da cidade é de cerca de 20,9 milhões de habitantes, que residem em seu núcleo urbano. No que se refere à sua região metropolitana – a Grande Mumbai – estima-se que vivam ali aproximadamente 24 milhões de pessoas, o que a coloca entre as dez mais populosas do mundo!!!

Situada às margens do oceano Índico, Mumbai é a capital e também a maior cidade do Estado de Maharashtra. No passado, as sete ilhas que originaram a cidade foram habitadas por nômades, para os quais a pesca era a principal fonte de sobrevivência.

O fato é que essas ilhas sempre estiveram sob o comando de sucessivos impérios indianos. Isso antes de elas serem dominadas pelos portugueses e, posteriormente, pelos britânicos, quando a cidade passou a ser controlada pela Companhia Britânica das Índias Orientais.

A partir da metade do século XVIII, a urbanização de Bombaim foi reformulada pelos britânicos. Na ocasião, grandes projetos de engenharia civil a transformaram numa **cidade comercial** e **cosmopolita**.

Durante o século XIX, foi a vez da cidade passar por um grande desenvolvimento econômico e educacional, o que criou uma forte base para o movimento de independência da Índia, que aconteceu no início do século XX.

Quando o país se tornou independente, em 1947, a cidade foi incorporada ao Estado de Bombaim. Após o movimento Maharashtra Samyukta, em 1960, criou-se o novo Estado de Maharashtra, do qual Bombaim é até os dias de hoje a capital.

Classificada como uma **cidade global alfa**, Mumbai é atualmente o maior centro econômico e comercial da Índia, abrigando não apenas importantes instituições financeiras – como o Reserve Bank of India (banco central indiano) e a Bolsa de Valores –, como também as sedes de diversas empresas importantes.

Todos esses atributos fazem com que a cidade seja considerada **a mais rica do país**. Seu PIB estimado no final de 2016 foi de US$ 280 bilhões, sendo que a cidade é responsável por cerca de 70% de todas as transações comerciais e financeiras do país!!!

Mumbai também conta com um dos maiores e mais movimentados portos do mundo, sendo responsável por cerca de 75% de todas as operações portuárias da Índia. Isso se deve principalmente à sua modernidade e posição estratégica dentro do continente asiático.

Por conta das grandes oportunidades comerciais, e do seu nível de vida relativamente alto, a cidade se tornou de fato um importante núcleo cosmopolita. Abrigando várias comunidades e culturas, Mumbai continua atraindo imigrantes de todo o país e de vários países vizinhos.

Acredita-se que a primeira referência à ilha de Bombaim tenha sido feita pelo português Diogo Barbosa em 1516, que a teria chamado de Benamajambu. No decorrer desse século, a grafia parece ter evoluído de Mombayn (em 1525) para Mombaim (em 1563).

Sem bases científicas, uma explicação para o nome Bombaim é que ele teria se formado a partir da corruptela do português "Boa Baía".

Esta confusão teria levado os ingleses, pouco conhecedores do português, à suposição de que se tratava de um topônimo, ou seja, de uma descrição geográfica do local. Assim, o termo acabou se transformado em Bombay, no inglês.

Em 1995, o governo indiano repudiou oficialmente a versão inglesa para o nome da cidade – Bombay –, em favor da forma oficial marata, transcrita como Mumbai.

Logo no início do século XX a população da cidade ultrapassou 1 milhão de habitantes, o que a tornou a segunda maior da Índia, depois de Calcutá. Foi a partir de lá que o movimento "Deixem a Índia" (*Quit India*, no inglês) – convocado por Gandhi em 1942 em prol da independência indiana – alcançou o resto do país.

Em 1950 a cidade expandiu-se até os limites atuais, ao incorporar partes da ilha Salsete, ao norte. A presença de forasteiros começou a preocupar a etnia local, marata, o que levou ao surgimento do partido político de direita Shiv Sena, isso ainda em 1966.

No final da década de 1970, houve um grande aumento no número de construções incríveis em Mumbai. Ao mesmo tempo, ocorreu um sensível influxo de imigrantes na cidade, o que fez com que ela se tornasse a maior do país.

A cidade já passou por diversos episódios violentos, em especial em 1993, 2006 e 2008. Nesses dois últimos os atos terroristas foram praticados por terroristas islâmicos e, mais especificamente no de 2008, mais de cem pessoas morreram e pelo menos 300 ficaram feridas com certa gravidade.

Chegando aos tempos atuais, no início de 2017 a taxa de alfabetização em Mumbai ultrapassou os 91%, revelando-se significativamente maior que a média nacional – em torno de 61%.

As principais religiões presentes na cidade são o hinduísmo (69% da população), o islamismo (17%), o cristianismo e o budismo (4% cada). Há ainda parses, jainistas, siques, judeus e ateus.

A língua mais ouvida nas ruas da cidade é uma variante coloquial de hindi, chamada *bambaiya* (uma mistura de hindi, marata, inglês e algumas palavras próprias). O marata também é amplamente falado na cidade, além de ser o idioma oficial do Estado de Maharashtra. Já o inglês é bastante utilizado nas empresas e nos escritórios locais. Mas outros idiomas também são usados em Mumbai, como: tâmil, gujaráti, telugu, canarês, concani e urdu. Que **diversidade** na comunicação entre as pessoas, não é? E tudo isso num mesmo lugar.

Mumbai sofre com os problemas típicos de urbanização que afligem quaisquer outras metrópoles de crescimento rápido em países em desenvolvimento (especialmente na África, com Lagos, Nairóbi etc.). De fato, notam-se ali grandes extremos entre ricos e pobres. Embora as favelas ocupem apenas 8% das terras da cidade, que se estendem por 468 km^2, cerca de 62% de toda a população de Mumbai vive dentro delas. A pobreza infelizmente é generalizada, o que significa que essas pessoas não têm bons empregos e contam com educação e assistência médica precárias.

Ainda assim, existem locais incríveis em Mumbai, dentre os quais estão: o luxuoso hotel Taj Mahal, o vistoso prédio onde funciona a sede do governo municipal, o Portão da Índia, o prédio da Bolsa de Valores, a estação ferroviária Chhatrapati Shivaji (Victoria Terminus), o forte de Versová (constuiurdo pelos portugueses no século XVI, a mesquita de Haji Ali Dargah (construída em 1431, quando a cidade estava sob o domínio do sultanato de Gujaráti). Dessa maneira, além da imensa pobreza, o visitante de Mumbai também pode apreciar o antigo e o moderno e se deslumbrar com muita riqueza...

Há quem diga que até 2050, a Índia terá uma população superior a 1,5 bilhão de pessoas, e será o maior país do mundo com um PIB superior ao da China e dos EUA. Isso poderá ocorrer principalmente se algumas das grandes cidades indianas continuarem crescendo no ritmo atual. Isso se aplica especialmente a Grande Mumbai, que já emprega 11% da mão de obra fabril, e é responsável por 26% do rendimento industrial bruto do país e 34% dos impostos recolhidos pelo governo através de atividades financeiras. A cidade também gera 22% dos impostos extraídos do setor de serviços na Índia.

Os maiores conglomerados empresariais indianos – Reliance Industries, grupo Tata, Life Corp, Larsen & Toubro etc. – e algumas dezenas das 500 maiores empresas do mundo, de acordo com a revista *Forbes*, tem sede em Mumbai. Aliás, desde o final dos anos 1990 essa cidade vem se destacando pelo seu crescimento econômico (em alguns anos como aquele maior na Ásia). Tudo isso a transformou numa cidade bem cara para a abertura de novas atividades empresarias!?!? No que diz respeito às industrias cinematográfica e televisiva, está localizado em Mumbai o principal centro do país: Bollywood.

No âmbito do esporte, assim como acontece em todo o país, o esporte mais popular em Mumbai é o críquete. Ao lado de Londres, Mumbai é a única cidade do mundo que recebeu duas finais da Copa do Mundo de Críquete. Um dos principais times da cidade é o Mumbai Indians, da Indian Premier League, que já foi campeão nas temporadas de 2013 e 2015. Pertence a eles um dos mais antigos estádios de críquete da Índia: o Brabourne.

A cidade também é a casa do Maratha Warriors, que está na Premier Hockey League e disputa a competição de hóquei na grama. Vale ressaltar que esse é um esporte olímpico que foi introduzido em 1908 e, até 2016, a Índia já havia conquistado 8 medalhas de ouro, 1 de prata e 2 de bronze.

Nesses últimos anos o futebol também tem ganho popularidade na Índia, sendo o Mumbai City F.C., o Mumbai F.C. e o Kenkre F.C., seus principais times. Muitos jogadores brasileiros já foram contratados por equipes indianas. Um dos mais famosos de todos os tempos, o meia Zico, foi o treinador da equipe Goa F.C. no campeonato de 2016 da I-League.

Veja a seguir alguns dados sobre a atual situação social e cultural na Índia. Eles explicam como e porque Mumbai tem obtido tamanho destaque em todo o mundo, o que deveria por exemplo ser uma inspiração para São Paulo, cidade-irmã de Mumbai!!!

1º) Classes sociais – Em consonância com os princípios democráticos e seculares que fundaram a nação, a Constituição indiana de 1947 rejeitou a **discriminação** com base na casta. Assim, as barreiras sociais existentes deixaram de existir nas grandes cidades, embora ainda persistam principalmente na zona rural.

Acredita-se que as castas tenham aparecido há cerca de 3.500, quando o povo ariano chegou à região hoje denominada Índia. A primeira menção escrita a esse termo aparece num livro sagrado hindu, intitulado *As Leis de Manu* – livro sagrado dos indianos – que teria sido escrito entre 800 a.C. e 250 a.C.

Nele definiu-se casta como **um grupo social hereditário**, onde as pessoas só podem se casar com indivíduos do próprio grupo social. Este determina profissão, hábitos alimentares e vestuário, além de várias outras coisas, **induzindo à formação de uma sociedade desprovida de mobilidade social!?!?**

Acredita-se que as castas representem as partes do corpo de Brahma, o deus supremo do hinduísmo. Dessa maneira, no alto da hierarquia estão os **brâmanes,** que representam a boca de Brahma (nesse grupo estão sacerdotes, religiosos e letrados); logo abaixo temos os **xátrias**, que se originaram dos braços desse deus (são os governantes, dignitário e militares); das pernas de Brahma teriam surgido os **vaixás** (comerciantes, artesãos e camponeses); dos pés teriam vindo os **sudras** (os servos); e, finalmente, da poeira sob os pés de Brahma, começaram a existir (ou a subsistir) os *dalits* (indivíduos vistos como "intocáveis" ou "párias"), que representam a parte da criação de Brahma que é considerada não humana. Vale lembrar, entretanto, que estas são apenas as castas principais do país. Segundo estimativas, existem na Índia muitos milhares de outras castas (!?!?) entre os grupos rurais e regionais, cada qual com suas regras e rigores.

A casta dos *dalits* é constituída por pessoas (e seus descendentes) que violaram os códigos das castas às quais inicialmente pertenciam. O membro de uma casta já nasce sabendo o que pode comer (!?!?), o que pode vestir, qual profissão pode exercer e, inclusive, com quem poderá se casar. Não é nada fácil escapar das rédeas das castas. Assim, a filha de um comerciante (uma vaixá) que se atreva a desdenhar o noivo que lhe foi destinado – muitas vezes, desde a infância – pode ser expulsa de sua casta, o que significaria tornar-se uma *dalit*.

De acordo com a tradição hinduísta, e como já foi mencionado, os *dalits* são a sujeira da sociedade. Considerados impuros por natureza, eles sofrem uma segregação velada que talvez tenha surgido em função da cor da pele dos escravos. O mais interessante é que os próprios *dalits* nutrem essa crença e toleram os ultrajes e crimes que ainda são cometidos em nome da tradição. Segundo eles, a esperança é de que "suportando os ultrajes e impropérios contra eles, pacientemente, poderão, numa próxima encarnação, merecer nascer numa casta mais elevada".

O atual primeiro-ministro do país, Narendra Modi, vem tentando coibir todas as segregações e violências cometidas contra os *dalits*. Todavia, essas pessoas ainda "sofrem" com as antigas regras, dentre as quais estão as seguintes:

➢ Eles não estão autorizados a comer os mesmos alimentos servidos aos membros de outras castas.

➢ Para comer, os *dalits* devem se utilizar de louças quebradas.

➢ Eles não podem beber água da mesma fonte usada por outras castas, tampouco se servir da mesma água corrente, uma vez que isso tornaria o líquido poluído e impuro.

➢ Suas vestes são herdadas dos cadáveres ou de outros *dalits*.

➢ Eles só podem se casar com pessoas da mesma casta;

➢ Eles não podem tocar em ninguém de outra casta – de fato, nem mesmo a sua sombra pode "tocar" a sombra de outra pessoa.

➢ Eles não devem estudar.

➢ Não podem entrar em lugar algum onde esteja um membro de outra casta, nem em templos onde haja um religioso (*brâmane*) – isso, na prática, os impede de praticar sua fé, pois em todos os templos sempre há um religioso em serviço.

➢ Como profissão, lhes são reservados os serviços considerados impuros, indignos e degradantes, como: lidar com cadáveres (humanos ou de animais), fazer a limpeza de fossas e esgotos, varrer as ruas, coletar lixo de todos os tipos etc.

Resumindo: essas pessoas são tratadas como lixo e devem ser mantidas em lugares próprios para o lixo, para o que é descartável, sujo e imundo.

Assim, esses indivíduos vivem nas fossas e nos esgotos, uma vez que são considerados **a merda da sociedade**, para as quais um "puro" não deve olhar, e dos quais é fundamental manter distância.

Por conta de tudo isso, e a despeito dos esforços do governo, vários crimes ainda são praticados e tolerados pelas autoridades, em nome dos costumes. Por exemplo, no caso de serem estupradas, as mulheres *dalits* podem ser queimadas vivas. Isso por que elas são consideradas culpadas por "provocar o próprio estupro"!?!? Já nos casos de calamidades públicas (enchentes provocadas por monções, que anualmente castigam muitas regiões da Índia, inclusive as grandes cidades), os *dalits* não recebem qualquer ajuda, o que é encorajado pelo resto da população!!! Hipocritamente, considera-se isso um ato de **caridade** (!?!?), para que eles possam morrer e, assim, tenham seus sofrimentos ou carmas abreviados.

Estima-se que na Índia, cerca de 200 milhões de pessoas sejam da casta *dalit*, sendo que um grande percentual desses indivíduos "vive" em Dharavi, uma favela de Mumbai com mais de 1 milhão de pessoas.

Sem dúvida, hoje muita gente em Mumbai desenvolve um ativismo no sentido de libertar a sociedade indiana dessas crenças recalcadas e retrógradas. Contudo, pela própria força que as ideias religiosas exercem nas mentes de um grande contingente de indianos – que continuam inflexíveis, intolerantes e não olham para os outros como iguais –, até agora não se conseguiu obter pleno sucesso nessa empreitada!?!?

2º) Extravagâncias – De fato, atualmente é possível se observar muitas delas na cidade de Mumbai. Por exemplo, como já foi mencionado no primeiro volume dessa obra, o homem mais rico da Índia, Mukesh Ambani, dono de uma fortuna de US$ 27 bilhões, mudou-se para um prédio de **27 andares**. No caso, trata-se de uma torre residencial exclusiva, num bairro onde vivem apenas os moradores ricos de Mumbai. Batizado com o nome de *Antilia*, o prédio possui uma grande profusão de terraços, piscinas e jardins suspensos, que dão à edificação um aspecto meio babilônico e lembra de algum modo as construções do filme *Blade Runner*. Para o estacionamento de veículos, foram reservados seis andares, e o edifício também conta com três heliportos.

A cidade recebeu essa nova torre – cujo custo estimado foi algo próximo dos US$ 800 milhões – com uma mescla de rejeição moral, inveja e certa condenação, acreditando tratar-se de puro exibicionismo por parte da família Ambani. Aliás, há quem diga que, se assim o desejarem, Mukesh Ambani, seus filhos Isha, Anant e Akash, e outros integrantes da família, poderão viver tranquilamente em Mumbai valendo-se unicamente do heliporto, sem nunca colocar os pés no chão da cidade...

É fato que nos dias de hoje os edifícios altos são considerados necessários na cidade, em vista da falta de terrenos. Porém, esse tipo de construção está isolando cada vez mais os ricos do convívio com a população pobre, assim como afastando a todos de uma metrópole efervescente.

3º) Criatividade – Pois é, luxo e miséria convivem lado a lado em Mumbai. Mas embora a pobreza seja extremamente difundida, há um aspecto muito positivo no país: o índice de criminalidade é **baixíssimo**. É que, por outro lado, a criatividade na hora de arrumar emprego é muito bem grande.

Por exemplo, quem caminhar pelo centro de Mumbai por volta do meio--dia certamente ficará curioso ao ver centenas de indianos levando sobre a cabeça enormes pranchas cheias de vasilhas de alumínio. Não, eles não são vendedores ambulantes, como alguém poderia imaginar a princípio. Na realidade eles são *dabawalas* (carregadores de marmita), e participam de uma megaoperação inventada pelos empreendedores indianos para entregar o almoço aos empregados do comércio, dos bancos e de outros serviços na metrópole.

Na maior estação de trem de Mumbai, a Chhatrapati Shivaji Terminus, (antiga Victoria Terminus), um majestoso prédio construído pelos ingleses em 1887, mais de 820 mil pessoas desembarcam todos os dias. Nos horários de pico, os vagões ficam tão cheios que os indianos viajam como sardinhas em lata dentro deles. O aperto é tamanho, que muitos passageiros se sentam no teto dos veículos. Tal situação impede que as pessoas carreguem coisas nas mãos – como marmitas, por exemplo –, pois seria difícil se segurar ou até mesmo se proteger da pressão provocada pela gigantesca massa humana. Teoricamente, a única saída para esses trabalhadores seria almoçar em um restaurante do centro. Porém, isso consumiria quase todo o salário mensal médio do país, que é de cerca de US$ 300. Por causa disso, os criativos indianos desenvolveram o sistema de entrega de marmitas por meio dos *dabawalas*.

Funciona assim: as mulheres dos trabalhadores preparam as marmitas em suas casas, nos diferentes subúrbios da cidade, e as colocam do lado de fora do portão. Empurradores de carrinhos de mão passam e recolhem esses vasilhames e os levam para as estações dos subúrbios. Então, depois de transportadas até o centro em vagões de carga, essas "quentinhas" são retiradas por um exército de entregadores e, finalmente, chegam às mãos dos destinatários.

Terminado o almoço, uma operação inversa promove o imediato retorno dos vasilhames vazios para as respectivas casas dos trabalhadores. Todo esse serviço custa o equivalente a US$ 6 por mês e cerca de 220 mil almoços são entregues por dia por esse método. O mais incrível é que, embora as marmitas não tragam nomes nem endereços – até porque muitos entregadores são analfabetos –, o risco de alguém receber a comida do vizinho é mínimo. Aliás, o índice de erro é de **1 a cada 16 milhões de transações!?!?**

A operação se utiliza de um sistema de códigos e de uma logística que, de tão eficientes, já viraram caso de estudo sobre "a eficiência do trabalho em grupo" em alguns cursos de MBA nos EUA.

Outro emprego interessante em Mumbai é o de barbeiro. Esses profissionais cortam o cabelo das pessoas na calçada mesmo ou em "minissalões" de madeira espalhados pelas ruas.

Na cidade também existem profissões curiosas. Uma delas é a do limpador de ouvidos. Com uma bolsa cheia de cotonetes e alguns frascos de óleo, esses profissionais andam pela cidade em busca de clientes, e cobram algo próximo de US$ 0,4 pela limpeza nos dois ouvidos. Detalhe, a "operação" é feita ali mesmo, no meio-fio.

4º) Cinema – Mumbai é rica, cosmopolita e orientada aos negócios e às finanças. Nessa cidade em constante movimento, o burburinho não para e a energia é contagiante. Uma das razões para isso é o fato de Mumbai abrigar a famosa e bem-sucedida indústria cinematográfica da Índia – conhecida como Bollywood, um termo que funde o antigo nome da cidade, Bombaim, à meca do cinema mundial, Hollywood.

Vale ressaltar que a Índia é o maior produtor cinematográfico do mundo. O setor produz cerca de 25% dos filmes do mundo (ou seja, algo próximo de 1.100 por ano), e emprega atualmente mais de 7 milhões de pessoas. Uma dessas produções foi *Slumdog Millionaire* (***Quem Quer Ser um Milionário***), de 2009. Realizado com um orçamento bem baixo (US$ 15 milhões), a película foi agraciada com 8 Oscares, inclusive o de melhor filme do ano, e faturou mais de US$ 500 milhões.

5º) Contrastes sociais – Metade de toda a população de Mumbai – que como mencionado anteriormente é estimada em 20,9 milhões em 2017 – vive em favelas. Desse total, mais de 1 milhão de pessoas vive em Dharavi, uma das maiores favelas do mundo – que serviu de locação para o filme ganhador do Oscar. Praticamente todos vivem "abaixo da linha de pobreza" e dormem em barracos.

Ali é bem difícil escapar do mau cheiro proveniente dos esgotos a céu aberto e dos vapores exalados pelos lixões. A eletricidade é intermitente e somente a luminosidade dos televisores, e agora dos telefones celulares, pode ser vista no escuro. De fato, em muitos aspectos, Dharavi remete a um cenário assustador, como aquele descrito por Charles Dickens durante a 1ª Revolução Industrial, época em que os empregados das fábricas viviam em condições subumanas. Assim, quando comparados às pessoas que vivem em condomínios fechados – construções que surgiram por toda Mumbai nos últimos 20 anos –, os moradores de Dharavi (e das outras favelas) parecem viver em um outro planeta, todo devastado...

Apesar desse enorme contingente de pessoas paupérrimas, o comércio é bem desenvolvido em Dharavi. Nela existem cerca de 13 mil pequenas empresas. Juntas, elas geram por ano um PIB de US$ 1 bilhão!?!?

A pobreza também não significa que não existam muitos carros em Mumbai. Aliás, no ano de 2008 foi lançado no país o Nano, um carro que custava menos de US$ 2 mil – um preço bem menor do que o cobrado pelos carros populares do Brasil. A frota desses veículos na cidade é bem grande, e os automóveis têm idades bem diversificadas...

Dessa forma, dirigir em Mumbai é um caos. Além de se envolver em congestionamentos, o motorista deve estar preparado para encarar o incessante barulho das buzinas estridentes e um mar de vendedores de comida nas ruas.

Mas apesar do enorme contingente de indianos espalhados pelas calçadas e mergulhados na pobreza extrema, existem na cidade, como já mencionado, muitos arranha-céus luxuosos, onde vivem alguns bilionários.

De fato, nos últimos tempos vem surgindo na cidade um grupo representativo de superricos, que são chamados pelos locais de **"bollygarcas"** – um termo proveniente da junção das palavras Bollywood e oligarca. Esses indivíduos são multimilionários e, por meio de algum grande negócio ou do seu envolvimento com o trabalho filantrópico, exercem influência significativa sobre as agendas social e política do país.

Nesse grupo há três subcategorias: a das **famílias com dinheiro antigo**, ou seja, que há muito tempo são ricas; a dos **ricos instruídos** (que conseguiram sua riqueza graças à sua educação e ao seu esforço) e a dos **ricos emergentes**, que, tipicamente, são a primeira geração de empreendedores que criaram empresas de pequeno e médio porte nos setores industrial, comercial, de serviços e em setores da EC – e se deram bem com o sucesso obtido.

De um modo geral, todas essas pessoas viajam muito e são influenciadas por aquilo que veem especialmente em suas visitas aos países da Europa e aos EUA. Tanto que, quando voltam para Mumbai, elas procuram replicar as boas práticas e os bons negócios que existem nas cidades mais criativas do mundo.

6⁰) Educação – A mais importante IES da Índia é o Indian Institute of Technology (IIT), no qual já se formaram muitos dos grandes empreendedores indianos, como foi o caso de N.R. Narayana Murthy, cofundador da Infosys.

O IIT possui 23 *campi* espalhados pelas principais cidades do país. Nele inscrevem-se aproximadamente 500 mil candidatos para realizar os testes, porém, apenas cerca de 10 mil são aceitos. É tão difícil conseguir uma vaga que todos os que passam já podem ser considerados **pseudo-talentos**. Quando terminam os seus cursos, muitos se tornam profissionais extremamente talentosos, cobiçados pelas empresas indianas e de outras partes do mundo.

Aí vai a declaração de um jovem que se classificou entre os 100 primeiros: "Por toda a minha vida eu quis estar aqui. Eu sabia que se conseguisse entrar no IIT, particularmente no curso de engenharia, e se estudasse muito, conseguiria depois um excelente trabalho. Minha vida seria perfeita. Eu poderia então me casar com uma jovem bem bonita, e, mais para frente, abriria minha própria empresa. Dessa maneira, eu ajudaria no desenvolvimento do meu país e realizaria as esperanças e os sonhos de minha família.

Afinal, é por meio do trabalho árduo que serei capaz de conseguir tudo o que eu quiser. Graduar-me pelo IIT é o auge. Estarei cercado pelas melhores mentes do país, prontas para resolver problemas de maneira criativa, sem ter de seguir roteiros pré-fixados."

Um outro felizardo que conseguiu ser aprovado para o IIT explicou da seguinte forma a importância de se estudar nessa IES:

"Buscamos essa universidade por conta dos alunos que já estudam ali. Quando se coloca juntos os melhores entre os melhores, e lhes dá uma chance de solucionar problemas de maneira prática, coisas incríveis acontecem. Aprendemos uns com os outros. Meus colegas são o meu aprendizado. Nós competimos academicamente, atleticamente – estamos todos juntos nisso. Nossos predecessores são os nossos heróis. Eles elevam a meta daquilo que podemos alcançar. O IIT tem uma influência enorme sobre o progresso de nosso pais."

O IIT Bombay, fundado em 1958, é a IES mais reconhecida da Índia por causa do seu curso de engenharia. O instituto já apareceu em 30º lugar numa classificação entre as 100 melhores universidades do mundo, que oferecem o curso de engenharia civil.

Quatro outros IITs também estão classificados entre as 100 IESs *top* do mundo. O incrível em tudo isso é que o IIT é administrado com um orçamento relativamente baixo (estima-se que em 2016 tenham sido gastos US$ 84 milhões para a sua manutenção). As salas de aula são básicas, as construções são simples e os alunos consideram o seu serviço de alimentação bem precário. Aliás, alguns estudantes dizem que os seus alojamentos mais parecem pavilhões de celas de prisão que dormitórios.

O salário recebido pelo corpo docente é substancialmente mais baixo que o pago pelo setor universitário em países desenvolvidos. Apesar disso, o IIT Bombay (assim como os demais IITs) já revelou muitos alunos brilhantes que se transformaram em empreendedores notáveis.

Um gestor educacional indiano explicou esse "sucesso" dos graduados pelos IITs, salientando: "Nos processos de ensino e aprendizagem, nossos alunos são estimulados a se envolver com a resolução objetiva de problemas, a seguir uma disciplina coletiva, a desenvolver o espírito de autossuperação, a demonstrar humildade e a respeitar o mérito."

É, entretanto, enorme a diferença entre as facilidades oferecidas nas melhores IESs do mundo e aquelas das quais atualmente dispõem os alunos e os professores das IITs.

Um excelente exemplo é o da Universidade de Harvard, nos EUA, que constantemente é avaliada como uma das cinco melhores IESs do mundo. Nela, o preço para a graduação de um aluno estava por volta de US$ 260 mil, ou seja, mais de **50 vezes** o custo no IIT!?!?

É incrível que, apesar dessa enorme diferença, o IIT consiga formar tantos talentos, muitos dos quais são inclusive recrutados para trabalhar depois nos EUA.

A LIÇÃO DE MUMBAI

Não que esse seja o melhor exemplo, mas é incrível como nas favelas de Mumbai não se tem o mesmo grau de periculosidade que se verifica nas favelas das grandes cidades brasileiras. Aqui, isso acontece principalmente nos confrontos entre a polícia e os traficantes de drogas, que vivem atormentando a vida daqueles que querem apenas progredir na vida. Na maioria das vezes, os moradores são pessoas simples que acabam optando por essas comunidades pobres – ou "cidades de chegada" –, especialmente quando saem da zona rural ou de cidades pequenas para tentar um melhor recomeço.

O fato é que em Mumbai, essas comunidades se tornam produtivas e muitos itens, em especial de artesanato indiano, podem ser adquiridos ali pelos visitantes – que, aliás, podem percorrer essas favelas em razoável segurança...

Uma outra lição que a Índia nos dá é o modo como num país de muitas dezenas de idiomas, todo aquele que consegue se educar – mesmo não frequentando as melhores escolas – acaba aprendendo de alguma forma o **inglês**, o que no século XXI, **a era da globalização,** lhes possibilita evoluir na carreira. O domínio da língua inglês é muito valorizado por todas as empresas indianas, particularmente as multinacionais, e permite ao indivíduo almejar empregos fora da Índia, especialmente em países importantes como EUA, RU, Canadá, Austrália, Nova Zelândia etc.

Quando é que ao se discutir as mudanças no currículo do ensino fundamental e médio no Brasil, as pessoas irão focar nas necessidades do século XXI e perceber que uma das competências que o jovem deve ter é o **domínio total do inglês** – o **saber falar, ler** e **escrever** nesse idioma!!!

Aqui os jovens, em sua grande maioria, aprendem um pouco de inglês por conta própria. Eles são influenciados principalmente pelas músicas estrangeiras. Porém, o ideal é que eles tivessem proficiência nesse idioma, não é?

Finalmente, deve-se apontar uma semelhança entre os problemas que afligem os habitantes das cidades indianas e as brasileiras.

Na Índia, apesar das últimas ações governamentais por parte dos dois últimos primeiros-ministros – Narendra Modi (atual) e Manmohan Singh (anterior) – a discriminação por castas (especialmente nas zonas rurais), continua existindo. De modo parecido, também é possível sentir essa "segregação" no Brasil, provocada pelo poder econômico e pela desigualdade nos ganhos. Assim, aqueles brasileiros sem recursos acabam vivendo em favelas.

Também vale lembrar que no caso da Índia, há uma grande disparidade promovida pela fé religiosa. Os indianos adoram certos animais, em particular as vacas e, apesar da fome e do grande rebanho bovino, proíbe-se no país o consumo de sua carne – apesar de que já se constatam contravenções contra essa lei em muitas cidades indianas...

Já no Brasil, que possui um enorme rebanho bovino – cerca de 240 milhões de cabeças –, aproveita-se esse fato para obter uma grande receita com a exportação dessa carne para dezenas de países!!! Não se pode, entretanto, esquecer da grande quantidade de metano produzido por esse enorme rebanho, o que gera sérios inconvenientes para o meio ambiente.

Times Square é o local mais frequentado pelos turistas em Nova York.

2.27 -
Nova York

PREÂMBULO

Considerado pelos especialistas em administração municipal como o melhor prefeito de todos os tempos, Fiorello La Guardia – que comandou Nova York por três mandatos, entre 1934 e 1945 –, disse: "Tenho cinco objetivos principais a alcançar enquanto estiver no comando da cidade: 1º) Restaurar a sua saúde financeira e o controle do seu orçamento; 2º) Desenvolver um programa prudente; 3º) Limpar a administração municipal da corrupção; 4º) Estabelecer um sistema de meritocracia para os funcionários públicos e 5º) Tornar Nova York uma cidade moderna e esteticamente agradável para os seus moradores."

E não é que ele obteve sucesso em todos esses cinco objetivos?

A HISTÓRIA DE NOVA YORK

Nova York é a cidade mais populosa dos EUA, com cerca de 8,7 milhões de habitantes (estimativa no início de 2017). Ela é também o centro de uma região metropolitana (RMNY) em que vivem aproximadamente 20,8 milhões de pessoas (a maior dos EUA e terceira nas Américas, atrás somente da Cidade do México e de São Paulo).

A cidade exerce um impacto significativo em todo o planeta, e sobre os mais variados setores: finanças, comércio, mídia, artes, moda, pesquisa e desenvolvimento, tecnologia, educação e entretenimento. Isso explica o porquê de Nova York ser considerada uma **cidade criativa** – a cidade foi eleita **capital cultural do mundo do século XXI (!!!)** –, além de se encaixar perfeitamente na **categoria alfa++**, como **cidade global** de nível mais elevado.

Chamada às vezes de Cidade de Nova York (New York City), para distingui-la do Estado de Nova York, ela abriga nada menos que a sede da ONU, o mais importante órgão mundial para a discussão e solução de assuntos internacionais.

Nova York está localizada em um dos maiores portos naturais do mundo e é constituída de cinco *boroughs* (distritos administrativos): Bronx, Brooklyn, Manhattan, Queens e Staten Island.

Com cerca de 800 idiomas diferentes falados em seu território, Nova York é a cidade com a **maior diversidade linguística do mundo**. Ocupando cerca de 17.400 km², a cidade foi fundada por colonos holandeses em 1624, primeiramente como um posto de comércio. Dois anos mais tarde – em 1626 – passou a ser chamada de Nova Amsterdã.

Vale lembrar que, apesar dos holandeses terem sido os primeiros exploradores, os primeiros moradores de Nova York foram 23 judeus de origem portuguesa (!!!). Eles chegaram a Nova Amsterdã em 7 de setembro de 1654, quando a região ainda era apenas um entreposto da Companhia Holandesa das Índias Ocidentais.

Em 1664, a cidade e seus arredores foram tomados pelos britânicos, que os tornaram parte de seu império. Foi aí que a região recebeu o nome de Nova York, depois que o rei Charles II concedeu as terras ao seu irmão, o então duque de York (que no futuro se tornaria o rei James II).

Em 1702, Nova York perdeu 10% de sua população para a febre amarela – apenas a primeira entre as sete epidemias que devastariam a cidade até 1800.

No período entre 1785 até 1790, a cidade serviu como capital dos EUA. No final do século XIX e início do século XX a cidade cresceu. Hoje Nova York ostenta vários **tesouros**, dentre os quais estão alguns dos arranha-céus, monumentos e parques de maior renome do mundo.

A cidade é mundialmente conhecida por alguns detalhes interessantes: o **Wall Street**, na Lower Manhattan (parte baixa do distrito), um dos maiores centros financeiros do mundo e lar da maior bolsa de valores do planeta, a Bolsa de Nova York (!!!); a **Chinatown** (o bairro chinês), que reúne a maior concentração de chineses do Ocidente; e seu sistema de **metrô**, que, ao contrário da maioria espalhada pelo mundo, foi projetado para funcionar **24 h por dia, 7 dias por semana!!!**

Muitos pontos turísticos de Nova York se tornaram famosos mundo afora. Quase 52 milhões de visitantes nacionais e estrangeiros já passaram pela cidade em 2017. Em geral, eles sempre dão uma paradinha na chamada "encruzilhada do mundo", a Times Square. Ali se cruzam duas das mais importantes avenidas nova-iorquinas: a Broadway – com seus espetáculos teatrais que transformaram Nova York num importante centro da indústria do entretenimento (em especial nas artes cênicas) – e a Sétima Avenida – cujo apelido é *Fashion Avenue* ("avenida da moda"), a região mais cara da cidade.

Aqui vão alguns dados que esclarecem porque Nova York é uma **cidade criativa** – e em seu contexto mais amplo.

1º) Literatura – Nas décadas de 1830 e 1840, foram várias as figuras literárias norte-americanas proeminentes que viveram em Nova York. Dentre elas, destacam-se: William Cullen Bryant, Washington Irving, Herman Melville, Rufus Wilmot Griswold, John Keese, Nathaniel Parker Willis e Edgar Allan Poe. Que pessoas **talentosas**, não é?

2º) Parques – O primeiro parque ajardinado do país, o Central Park, surgiu em Nova York em 1857, a partir de um *lobby* formado pelos membros da aristocracia nova-iorquina, que reunia os comerciantes da cidade. Na realidade, com 4 km de comprimento e 850 m de largura – uma área total de 3,4 km^2 – o Central Park é composto por mais de 100 parques pequenos. Nele existem vários campos para a prática de esportes, jardins, lagos, *playgrounds* e muita área verde.

3º) Metrô – A inauguração do metrô, em 1904, ajudou a conectar as várias partes da cidade e, assim, já na primeira metade do século XX, Nova York operava como um centro mundial não apenas para a indústria, mas também para o comércio e a comunicação.

Na década de 1920, Nova York era a mais populosa área urbanizada do mundo, ultrapassando Londres. Com 10 milhões de habitantes no final de 1930, **a RMNY tornou-se a primeira megacidade da história humana.**

4º) Criminalidade – Na década de 1960, Nova York começou a sofrer com problemas econômicos e com índices de criminalidade em ascensão.

Só nos anos 1990, os números começaram a cair dramaticamente, por causa de uma forte presença policial e da adoção de estratégias muito inteligentes no combate ao crime.

5º) Atentado – Em 11 de setembro de 2001, a cidade teve um dos seus locais mais importantes atingidos por ataques terroristas, quando 2.753 pessoas morreram por conta da destruição das *Torres Gêmeas* do *World Trade Center*.

No lugar das torres destruídas, foi inaugurado em 3 de novembro de 2014 o novo *One World Trade Center*. O conjunto composto pelo *World Trade Center Memorial Museum* (inaugurado em setembro de 2012) e outras edificações, voltou a alterar o *skyline* (a linha do horizonte) de Nova York.

6º) Diversidade – Atualmente, Nova York tem uma **enorme diversidade étnica** – 40% de sua população é de estrangeiros e esta proporção só é menor que em Los Angeles e Miami –, e conta com grandes comunidades de migrantes, destacando-se a judaica, a italiana, a chinesa e a porto-riquenha. Todavia, na RMNY também encontra-se com facilidade pessoas que nasceram na Jamaica, na República Dominicana, no México, no Equador, no Haiti, na Colômbia, no Brasil, na Índia, na Guiana etc.

Também vive em Nova York uma enorme comunidade de homossexuais e bissexuais, estimada em 2016 em 640 mil pessoas, a maior do EUA.

Recorde-se que os casamentos homossexuais foram legalizados no Estado de Nova York em 24 de junho de 2011 e foram colocados em prática 30 dias depois...

7º) Empreendedorismo – Nova York possui hoje um poderoso ecossistema de *start-ups* e um significativo contingente de investidores, sendo uma das melhores cidades do mundo para que as mulheres empreendam.

Nesses últimos dez anos, especialmente a partir de 2007, Nova York não é mais conhecida apenas pelo seu enorme poder financeiro, cultural e midiático, mas também por ter se tornado um **centro tecnológico**. Nesse ano (2007), foi fundado em Nova York o *Tumblr* (plataforma de *blogs*) e a *Boxer* (que possibilita ver vídeos da Internet nos televisores); em 2008 foi a vez do *BuzzFeed* (agrega os principais *sites*); em 2009, surgiu o *Kickstarter* (plataforma de financiamento colaborativo, isto é, de *crowdfunding*) e a *Foursquare* (rede social voltada para o celular). Daí para frente outras empresas de tecnologia foram abrindo. Assim, a cidade de Nova York, logo ocupou um lugar de destaque no setor de **tecnologia**. Trata-se da terceira região (ou talvez da segunda...) dos EUA, que mais recebe investimentos de risco, os chamados fundos de *venture capital*, que financiam principalmente empresas de Internet e tecnologia. Por tudo isso Nova York ganhou um novo apelido: "Silicon Alley" ("beco do silício"), uma referência ao Silicon Valley (Vale do Silício) na Califórnia e aos becos nova-iorquinos.

Nesses últimos cinco anos pode-se dizer que na RMNY as empresas ali instaladas juntamente com as que iniciaram suas atividades nesse período receberam em média, por ano, algo próximo de US$ 2 bilhões em investimentos de risco.

Quem colaborou muito para essa atração de recursos foi o então prefeito da cidade, Michael Bloomberg, que governou a cidade entre 2002 e 2013. Ele ajudou bastante as IESs e criou um *campus* universitário voltado para a tecnologia com o objetivo de trazer de volta para Nova York o título de **capital mundial da inovação tecnológica**!!!

O fato é que Nova York já se destacava antes como um dos melhores lugares do mundo para se abrir uma *start-up* dedicada à mídia, ao comércio ou às finanças, mas sem dúvida agora existe também, um ambiente vibrante de empreendedorismo voltado para a tecnologia. Afinal, a cidade é um lugar cheio de pessoas talentosas, espertas e ávidas pelo sucesso, que têm inovado (e muito) com as suas *start-ups* de tecnologia. Assim, não há dúvida de que Nova York merece ser também chamada de Silicon Alley!!!

8º) Economia – A RMNY em 2017 alcançou um PIB de US$ 1,7 trilhão, sendo a maior economia regional dos EUA, e a segunda maior do mundo depois de Tóquio!!!

Além disso, Nova York controlava algo próximo de 35% das finanças do mundo, sendo por isso o **maior centro financeiro do planeta**.

9º) Moradia – O mercado imobiliário é uma força importante na economia da cidade. No início de 2017, o valor do conjunto de todos os bens de Nova York alcançou a incrível cifra de US$ 1,3 trilhão. Vale ressaltar que ali se encontram as propriedades mais caras dos EUA e do mundo, sendo que a mais valiosa entre todas é *Time Warner Center*, que custa algo em torno de US$ 1,5 bilhão.

Nova York sempre se notabilizou pela maneira criativa como a sua administração deu a seus habitantes – em especial os mais necessitados – a oportunidade para que tivessem acesso a moradia decente. De fato, acredita--se que nenhuma outra cidade norte-americana tenha feito tanto quanto ela. Os primeiros conjuntos habitacionais surgiram em 1935, e nos anos 1940 e 1950 centenas de edifícios revestidos com lajotas ou tijolos vermelhos, cercados por jardins, foram erguidos por todos os lados – do Chelsea ao Lower East Side, do East Village ao Harlem e ao Bronx.

Esses prédios – onde ainda hoje vivem aproximadamente 600 mil nova-iorquinos – são denominados *projects*, e 83% deles ficam a menos de 800 m de alguma estação do metrô! Eles foram erguidos pela prefeitura ou por sindicatos e associações de moradores. Os residentes pagavam por cada unidade o preço de "locação social", conforme suas rendas (honestamente declaradas), com o compromisso de deixarem essas moradias para pessoas (famílias) mais pobres, se, e quando, elas **aumentassem**.

No início esses *projects* foram bastante criticados, sendo que inclusive havia dentro deles uma segregação entre brancos e negros.

Nos anos 1950, a jornalista e urbanista Jane Jacobs costumava dizer que, por serem tão recuados e isolados no meio da quadra, esses condomínios "matavam a vida de rua". Ela afirmava que essas construções – que mesclavam residência e comércio, e eram comuns no restante de Manhattan – acabavam com as calçadas da cidade!!!

Nos anos 1960 e 1970, Nova York sofreu uma grande crise econômica, algo que quase levou a prefeitura a declarar falência em 1976. Nessa ocasião, a cidade perdeu cerca de 1 milhão de moradores e 600 mil empregos. Por causa disso, a manutenção desses conjuntos residenciais populares – considerados verdadeiros bolsões de pobreza e violência –, **piorou muito**. Já nos anos 1980, com os cortes no orçamento para a habitação promovidos durante o governo do presidente Ronald Reagan, a prefeitura de Nova York praticamente deixou de erguer edifícios.

Foi nessa época que o então prefeito, Ed Koch (1924-2013), começou a resolver o problema da crise habitacional nova-iorquina de uma **maneira criativa**: destinando milhares de propriedades e terrenos que haviam sido confiscados – por inadimplência ou abandono por parte dos proprietários – para moradias populares. Neste sentido, ele estabeleceu parcerias público--privadas, nas quais a prefeitura entrava com terrenos e deduções fiscais, e a iniciativa privada construía e mantinha os novos edifícios com o aluguel que recebia. Cerca de 250 mil unidades foram entregues em pouco mais de uma década (Koch foi reeleito duas vezes).

Porém, Nova York tornou-se outra cidade de lá para cá. Os terrenos nas mãos da prefeitura se esgotaram. A violência caiu a níveis quase europeus e a população voltou a crescer, ano após ano. Milionários chineses, russos e latinos (em especial os brasileiros) começaram a investir em propriedades na cidade, inflacionando o custo do metro quadrado, desde Manhattan até o Brooklyn. Por conta de tudo isso, embora existam leis de estabilização do aluguel – que protegem cerca de 45% dos apartamentos de locação na cidade, assegurando reajustes mínimos – há hoje uma grande **escassez** de oferta de imóveis na cidade, o que torna os apartamentos novos cada vez mais valorizados.

Nas décadas de 1990 e 2000, para evitar a repetição dos bolsões de pobreza dos velhos *projects*, adotou-se na cidade outra prática: **80/20**. Neste caso, em cada empreendimento imobiliário, 20% das unidades são voluntariamente disponibilizadas com aluguéis mais baixos e subsidiados, enquanto os 80% restantes são ofertados a valores de mercado. Como compensação, a prefeitura concedeu a essas construtoras algumas isenções fiscais, ou permitiu maior altura ou densidade.

Um desafio na criação de moradia popular é encaixá-la em vizinhanças de renda variada, onde existam mais oportunidades de emprego e boas escolas, além de infraestrutura razoável em termos de lazer, segurança e assistência médica. Com esse objetivo, iniciou-se no primeiro trimestre de 2015 a construção de cerca de 3.000 apartamentos de baixo valor nas chamadas áreas "**desejadas**". Nessas regiões, é o preço cobrado pelas demais construções que acaba compensando o que as construtoras eventualmente perdem com as unidades "**baratas**".

Todavia, têm ocorrido em Nova York alguns exageros no que diz respeito à segregação. Esse, por exemplo, foi o caso de um condomínio que projetou uma entrada separada para os moradores que ocupavam os apartamentos populares (os 20% mais baratos), o que causou um escândalo na cidade. Assim, o prefeito Bill de Blasio prometeu mudar regras de construção para **evitar** o acesso segregado. Ele dobrou seu orçamento para a habitação e pretende entregar, em cada ano do seu governo, cerca de 16 mil apartamentos subsidiados.

Por enquanto, com o preço do metro quadrado e os custos de construção cada vez mais elevados, as unidades baratas viraram objeto de loteria. Assim, no novo condomínio *AVA High Line*, de oito blocos, vizinho ao valorizadíssimo parque suspenso no Chelsea, 710 apartamentos têm aluguel de mercado e 142 são subsidiados. O aluguel de um estúdio de 48 m² fica em US$ 520 – o mesmo estúdio em valor de mercado custa US$ 3.100 por mês.

No vizinho Chelsea Park, as 51 unidades a preços populares atraíram 15 mil candidatos, o que dificultou muito o processo de locação. Para que alguém pudesse concorrer a um apartamento subsidiado, foi requerida uma vasta documentação (de ordem bancária, relativa a impostos e contas de luz, e, inclusive, de recomendação) comprovando que a renda anual do candidato estaria entre US$ 19 mil e US$ 24 mil – pouco acima do salário mínimo local, mas ainda dentro da linha de pobreza em Nova York!!!

Você não acha que Nova York está tentando resolver o problema de moradia e também o de desigualdade social de forma bem inteligente?

Ainda em relação a moradia, Nova York viveu em 2017 um outro problema com a impopularidade do nome Trump, quando alguns edifícios de luxo optaram por tirar essa palavra de suas fachadas para não ofender os inquilinos. Esse foi o caso, por exemplo, da empresa Equity Residential, que administrava três imóveis com esse sobrenome no Upper West Side, e decidiu retirar deles as grandes letras *Trump Place*.

Apesar dessa mudança, o sobrenome Trump – do atual presidente dos EUA – continua muito presente na paisagem de Manhattan. Além da famosa *Trump Tower*, onde o presidente vivia antes de ser eleito, mais de dez edifícios mantêm o seu sobrenome, como o *Trump World* e o *Trump International Hotel*.

10º) **Empregos** – A indústria de televisão e do cinema da cidade é a segunda dos EUA, depois de Hollywood, em Los Angeles.

Os setores criativos – como de novas mídias, publicidade e propaganda, *design*, moda e arquitetura – **garantem uma parcela crescente do emprego** em Nova York. De fato, a cidade tem inclusive uma grande vantagem competitiva em relação a todas as demais nos EUA. Indústrias de alta tecnologia, como: biotecnologia, desenvolvimento de *softwares*, *design* de jogos e serviços de Internet, estão em franca evolução na cidade.

Outros setores importantes de empregabilidade são aqueles de pesquisa médica e TIC, as universidades e as instituições sem fins lucrativos.

11º) **Turismo** – O turismo é uma das atividades mais importantes de Nova York. Entre os principais pontos turísticos estão o *Empire State Building*, a estátua da Liberdade, os museus (como o Metropolitan Museum of Art), o Rochefeler Center e a Times Square. Há também as produções teatrais da Broadway, as lojas de artigos de luxo ao longo da Quinta Avenida e da avenida Madison e, mais recentemente, o *One World Trace Center*, e tudo o que está ao seu redor.

Outros atrativos são os eventos como a parada de Halloween em Greenwich Village, a parada do Dia de Ação de Graças da loja Macy's, o desfile do Dia de São Patrício, além de atividades sazonais, como: a patinação no gelo no Central Park (no inverno), o Festival de Cinema de Tribeca e as apresentações gratuitas no Central Park (no verão).

Experiências especiais fora das áreas turísticas mais importantes da cidade incluem ainda visitas ao Zoológico do Bronx e ao Jardim Botânico da cidade (embora não estejam limitadas a esses lugares).

12º) **Educação** – Nova York possui **o maior sistema de educação pública e privada** dos EUA, o que abrange a oferta de ensino para cerca de 1 milhão de jovens. Isso quer dizer que é nessa cidade que se começam a formar muitos dos novos **talentos** do país.

A maior universidade da cidade é a City University of New York, conhecida como Universidade da Cidade de Nova York (fundada em 1847). Essa IES atende anualmente a um total de 270 mil estudantes em cursos de graduação e cerca de 273 mil em educação continuada e profissional. Ela está classificada entre as maiores do mundo. Já a IES mais antiga da cidade é a Universidade de Columbia (fundada em 1754), que é particular e goza de muito prestígio.

Além dessas duas, outras universidades importantes da cidade são a Universidade de Nova York, a Universidade Fordham e a St. John's University.

Em Nova York temos algumas IESs bem especializadas (e com poucos alunos...), tais como a Barnard College, uma escola superior de artes liberais (*liberal arts*), que oferece cursos somente para mulheres; a Universidade Rockefeller, voltada para o ensino e pesquisa médica de ponta; a Juilliard School, um famoso conservatório de música, teatro e dança, ou seja, para formar talentos diretamente para a EC.

13º) Comunicação – Nova York é o principal centro de comunicação de massa dos EUA, que influencia não apenas o país, mas o restante do mundo.

Três jornais diários são publicados na cidade, todos com reputação internacional. São eles o *New York Post* (o jornal mais antigo de cidade), o *New York Daily News* e o *The New York Times* (com uma circulação diária próxima de 600 mil exemplares) usado como referência, ou seja, fonte de informação por muitos outros jornais do mundo.

Outro jornal especial é o *The Wall Street Journal*, voltado especialmente para a economia e a gestão (com uma circulação diária de aproximadamente 2 milhões de exemplares é o mais lido dos EUA).

Em Nova York também são publicados jornais em outros idiomas, especialmente em espanhol, italiano, chinês, russo, polonês e grego, que possuem uma circulação bem significativa.

Existem ainda na cidade dezenas de estações de rádio, além dos quartéis-
-generais das emissoras de televisão WABC, CBS, NBC e FOX.

14º) Aeroportos – A RMNY possui três grandes aeroportos que em 2016 movimentaram quase 132 milhões de passageiros (em conjunto). Eles são: o aeroporto internacional John F. Kennedy (JFK), que recebeu 56,8 milhões de passageiros; o aeroporto internacional de Newark (EWR), em Nova Jersey, com 42 milhões de passageiros e o aeroporto La Guardia (LGA) que atendeu cerca de 33 milhões de passageiros, a grande maioria em voos domésticos.

Existe ainda um outro importante aeroporto na RMNY, em Teterboro, além de cinco aeroportos de menor porte, que servem primordialmente a aviação regional. A cidade também é servida pela **maior frota de helicópteros do mundo**.

15º) Mobilidade – Por causa dos grandes congestionamentos, particularmente em Manhattan, e de um excelente sistema de transportes público (em especial, de metrô), seis em cada dez habitantes de Nova York usam o transporte público ou vão a pé para o trabalho – mais de 55% da população em Nova York **não possui carro**(!!!), e até mesmo o bilionário Michael Bloomberg (seu ex-prefeito) usava o metrô e os trens para ir trabalhar – e, assim, reforçam a "**cultura pedestre**" da cidade!!! Esse hábito a diferencia sensivelmente do que predomina em outras grandes metrópoles norte-americanas (especialmente Los Angeles), onde o que predomina é "**a cultura do automóvel**".

Todavia, a despeito de sua boa mobilidade, Nova York também está buscando um trânsito mais seguro. E quem quer ter um trânsito mais seguro deve necessariamente inspirar-se no que ocorre na Suécia, em particular na sua capital, Estocolmo. Aliás, a busca para erradicar acidentes graves na Suécia começou quase que por acaso! Em 1967, a fim de se enquadrar nos padrões viários de seus vizinhos – Finlândia e Noruega – o governo local mudou o sentido da direção da esquerda para a direita. Com isso, e para total surpresa dos planejadores de transporte, os índices de mortalidade despencaram imediatamente. Então surgiram algumas questões:

➤ Seria devido à maior atenção dos motoristas?

➤ Teriam os baixos limites de velocidade facilitado a mudança?

➤ Teria o público aderido à campanha de conscientização?

O fato é que os responsáveis pelo que é hoje considerado o conjunto de ruas mais seguras do mundo passaram 50 anos tentando descobrir as respostas. Jan Söderström, que em 1967 era um engenheiro de trânsito novato e que acabou se tornando um dos líderes da campanha *Vision Zero* no país – aprovada pelo Parlamento sueco em 1997 para eliminar mortes e ferimentos graves no trânsito –, comentou:

"Foi em 1967 que percebemos pela primeira vez a importância de medidas inteligentes no trânsito. Também notamos que isso não pressupunha o uso de qualquer ciência avançada. Com o desenvolvimento do *Vision Zero*, obtivemos resultados expressivos. Em 2013, em todo o país, tivemos 264 mortes no trânsito, menos da metade do número registrado em 1997. O índice de mortalidade no trânsito em Estocolmo é, atualmente, de 1,1 morte por 100 mil habitantes. Já o índice nacional é de 2,7 mortes por 100 mil habitantes – o **mais baixo no mundo**."

Os pilares do modelo sueco incluem a **redução dos limites de velocidade padrão** e a **expansão de controles automatizados**. Funcionários do governo sueco disseram que a colocação de barreiras e a introdução de rotatórias na realidade poderiam aumentar a probabilidade de acidentes e ferimentos leves para alguns usuários; por outro lado, acidentes graves nesses locais **praticamente zeraram**. Isso foi parte de um pacto social entre o Estado e os cidadãos: quando a população seguiu as leis mais básicas de trânsito, os engenheiros puderam projetar ruas seguras contra todas as fatalidades.

É bem verdade que as mortes no trânsito diminuíram em grande parte do planeta por conta de melhorias no atendimento de emergência e na segurança dos veículos, entre outras coisas. Porém, lugares que implantaram programas semelhantes ao *Vision Zero* têm obtido um sucesso assombroso. Entretanto, apesar dos ganhos significativos em termos de segurança, os planejadores ainda se deparam com um enigma: **o que funciona em cada lugar e por quê?**

A maior prioridade para o prefeito Bill de Blasio, desde que assumiu o mandato em 2014 foi adotar o *Vision Zero*. Desse modo, sua equipe assumiu o desafio de traçar soluções locais a partir de um modelo internacional.

O prefeito ressaltou, entretanto, que para obter melhorias mais significativa do que as que já foram alcançadas em várias cidades norte-americanas onde projetos análogos ao do *Vision Zero* já foram implementados, tornava--se imprescindível dar toques específicos no projeto em Nova York. Estes, entretanto, requeriam a aprovação dos legisladores estaduais, que não pareceram muito entusiasmados com as ideias...

Especialistas em transporte disseram que era difícil imaginar Nova York repleta de rotatórias, em especial nas ruas congestionadas de Manhattan. Tanto que esse item nem apareceu no plano de ação *Vision Zero* da gestão Blasio. Mas surgiram outros problemas a serem enfrentados, pois a implantação de canteiros com plantas e cadeiras ao longo dos gramados e das esplanadas para pedestres se tornou motivo de zombaria. Embora no país escandinavo a instalação de vasos com plantas tenha se mostrado um eficaz "alerta" de trânsito – para que os motoristas reduzissem a velocidade –, a administração Blasio ficou bastante indecisa se valia a pena adotar plenamente os métodos testados e aprovados pelos suecos.

Também existem divergências quanto aos dois modos de se pensar sobre a importância da responsabilidade individual dos motoristas e pedestres no trânsito. Os suecos presumem sempre a **imperfeição humana**. Assim, a mitigação de seus efeitos cabe em grande parte a engenheiros de trânsito.

A abordagem sueca vai contra o modelo de segurança no trânsito em vigor nos EUA, que se baseia em educação, controle e engenharia, dando ênfase quase igual aos três fatores.

Mesmo assim a prefeitura de Nova York acredita que pode alcançar o êxito da Suécia no que se refere a veículos como caminhões de entrega, táxis e ônibus. Na Suécia, quase todos os ônibus escolares e veículos do governo são equipados com "bafômetros" que impedem que motoristas alcoolizados sequer deem partida no carro. Aliás, cerca de um terço de táxis suecos já possuem essa tecnologia, e lá um estudo comprovou que 99,7% dos seus motoristas se mantinham sóbrios durante o horário de trabalho.

Na Suécia, o objetivo foi aprimorar ao máximo as medidas de segurança que já estão em vigor há mais de 20 anos. Com isso foram estabelecidos limites mais baixos de velocidade, novas barreiras foram colocadas em divisões de pistas, o trajeto de rodovias foi redesenhado etc. Além disso, outras formas de se eliminar os perigos no trânsito continuam a ser pesquisadas. Por exemplo, a fim de reduzir os índices de mortalidade de pedestres e ciclistas, que não diminuíram com a mesma rapidez que as mortes de motoristas, as autoridades suecas estão pesquisando um tipo de pavimentação que absorve energia!

O plano de Nova York também prevê maior controle policial de limites de velocidade, a ampliação de estacionamentos e a instalação de "caixas-pretas" que gravem dados em táxis. Fora isso, uma série de "zonas arteriais" terá o limite de velocidade reduzido de 50 km/h para 40 km/h.

Será que ao terminar o seu mandato o prefeito Bill de Blasio já verá bons resultados do seu *Vision Zero*?

Ainda no âmbito do transporte, não se pode deixar de descrever o que foi feito com as **ciclovias nova-iorquinas** sob o comando de Janette Sadik--Khan, que durante cinco anos foi a secretária de Transportes da cidade. Neste sentido, ela – que foi apelidada por seus admiradores de "JSK" [referência ao famoso ex-presidente dos EUA, John Fitzgerald Kennedy (JFK)], mas também era chamada pelos inimigos de Chaka Khan [associação à "exagerada" cantora *funk* dos anos 1970] – tornou-se uma **unanimidade** entre a população, como uma das pessoas que mais transformaram a cidade de Nova York.

Desde que foi nomeada, em 2007, pelo prefeito Michael Bloomberg, ela dobrou a quilometragem de ciclovias na cidade para um total de 800 km e transformou dezenas de ruas em praças para pedestres, incluindo uma situada bem no meio da Times Square.

Numa entrevista para Gisele Regatão, publicada pelo jornal *Valor Econômico* em 1/3/2013, Janete Sadik-Kahn explicou: "Ciclovias e bicicletas são uma importante forma de se trazer equilíbrio para as cidades. Quando se olha o modo como elas crescem e florescem, em muitos casos nota-se que você pode mudar o papel do asfalto e priorizar maneiras mais eficientes de locomoção. Assim, um ônibus pode levar **40 pessoas**, enquanto um carro geralmente leva **uma**.

Você pode desenhar uma cidade para que o caminhar se torne mais fácil, o que é bom para a saúde e ajuda a diminuir o impacto ambiental de emissão de dióxido de carbono (CO_2). Também é muito fácil pintar ciclovias, facilitando a locomoção das pessoas sobre duas rodas e tornando a cidade mais segura para todos.

Acredito que uma das nossas maiores conquistas tenha sido a melhoria da segurança nas ruas de Nova York. Aliás, os últimos cinco anos têm sido **os mais seguros** na história da cidade, desde que os dados começaram a ser coletados em 1910. Além disso, tivemos a adição de 450 km de ciclovias nos últimos cinco anos.

Em todos os setores que visavam obter melhor mobilidade obtivemos progresso. As nossas ruas estavam 'congeladas' no tempo por quase 50 anos. Tínhamos de pensar em como fazer os carros se moverem o mais rápido possível do ponto A até o ponto B.

Em Nova York, **mais da metade dos residentes não tem carro!!!** Um **terço** dos moradores **se locomove a pé**, **um terço** usa o sistema de **transporte público** e **um terço utiliza o carro**, o que é admirável, principalmente numa época em que as pessoas têm tantos carros, como é o caso nas maiores cidades brasileira.

Acho que já existe um entendimento de que o mundo dos pedestres é importante para o funcionamento e a atratividade da cidade, bem como para sua vitalidade econômica, uma vez que os pedestres **gastam mais** do que as pessoas que dirigem ou usam transporte coletivo.

É preciso investir na criação de espaços públicos atraentes, porque, nos dias de hoje, as empresas podem mudar para qualquer lugar; as pessoas podem viver em qualquer lugar e existe uma disputa mundial em termos de 'quem consegue ser mais verde', e essa é uma ótima competição!!!

Existem muitas cidades nos EUA, e no mundo, que estão investindo de forma massiva em ciclovias e sistemas de transporte valendo-se das bicicletas, pois sabem que isso é positivo para sua própria sustentabilidade."

De fato, o que foi feito em Nova York deveria ter sido um excelente exemplo para São Paulo, porém, o ex-prefeito Fernando Haddad aparentemente não soube replicar esse modelo da forma correta...

16º) Ritmo acelerado – Nova York é uma cidade altamente ativa. Na linguagem norte-americana, quando se diz **"em um minuto nova-iorquino"** (*"in a New York minute"*) se quer dizer "imediatamente" (algo parecido é dito no Brasil no que se refere a São Paulo, indicando que os paulistanos também estão sempre em movimento, trabalhando muito...).

Os residentes de RMNY geralmente referem-se a ela como "A Cidade" (*"The City"*) e usam muito o acrônimo NYC (abreviação de New York City).

Nova York possui muitos cognomes. O mais famoso deles é "A Grande Maçã" (*"The Big Apple"*), uma expressão que se tornou mundialmente conhecida. Outros apelidos incluem "Gotham", "A Cidade Nua" (*"The Naked City"*), "A Capital do Mundo" (*"The Capital of the World"*) e "A cidade que nunca dorme" (*"The city that never sleeps"*), uma expressão imortalizada pelo cantor Frank Sinatra em sua famosa canção *New York, New York*.

A multiculturalidade de Nova York lhe proporciona um sabor internacional, além do estereótipo de que os EUA são uma **"nação de imigrantes"**. Diga-se de passagem, o governo municipal emprega milhares de tradutores capazes de traduzir um total de 180 idiomas!!!

17º) Arquitetura – O *design* da cidade de Nova York não se destaca apenas pelos seus altos edifícios. Um bom exemplo disso é a estátua da Liberdade, inaugurada em 1886. O monumento foi construído em 1884, na França. Em seguida ele foi desmontado e transportado em navios para ser finalmente remontado em Nova York. Assim como representou a primeira imagem para os muitos imigrantes que chegaram a Nova York até a década de 1970, essa estátua continua a brindar todos os que se aproximam da cidade nos dias de hoje.

18º) Arte – Nova York é o berço de muitos estilos artísticos (especialmente, na área de literatura, drama e música), que posteriormente se espalharam pelos EUA e pelo resto do mundo.

A maioria das melhores e mais conhecidas peças norte-americanas foram criadas e/ou estrearam na cidade, para depois serem apresentadas em outras regiões do mundo.

Por exemplo, no seu famoso Theater District, na temporada 2014-2015, foram 37 estreias, sendo que depois dos canadenses e britânicos, **os brasileiros representam o terceiro maior público estrangeiro** a prestigiá-las.

Aqui vão quatro desses espetáculos:

- *An American in Paris* – Um espetáculo com incríveis números de dança e algumas músicas conhecidas dos irmãos Gershwin.
- *The Book of Mormon* – Dos criadores da série de TV *South Park*, trata-se de uma comédia musical repleta de humor negro e pesado, em que se conta a história de dois jovens mórmons na África e, ao mesmo tempo, se brinca com sexualidade e religião.
- *Fun Home* – É a história de uma cartunista lésbica que, no auge de sua descoberta sexual, vê seu pai se suicidar por também ser *gay*!?!?
- *Something Rotten* – Uma comédia genial que segue a trajetória de dois irmãos que lutam para fazer uma peça de sucesso que consiga desbancar a grande popularidade de um tal William Shakespeare.

Em Nova York há muitas organizações musicais de renome internacional, dentre as quais estão a Orquestra Filarmônica, uma das mais reconhecidas do mundo, e a Metropolitan Opera Association, uma importante companhia de ópera.

Muitos concertos liderados por artistas conhecidos internacionalmente são apresentados no Carnegie Hall, localizado perto do Central Park.

Milhares de artistas moram em Nova York. Lá eles vendem suas obras de arte – esculturas, pinturas, fotografias e outras criações – para museus, empresas e pessoas interessadas (geralmente colecionadores...). Esses indivíduos fazem parte da classe criativa da cidade e, muitos deles, possuem estúdios onde criam suas obras de arte. Esses espaços incluem pavilhões e depósitos ociosos, ou seja, estruturas que foram abandonadas pelas indústrias que se mudaram para os subúrbios.

19º) **Museus** – Nova York possui diversos tipos de museus. O Metropolitan Museum of Art é o maior museu dos EUA. Ele possui mais de dois milhões de obras de arte, que representam culturas dos últimos cinco milênios. De fato, são tantas obras que, mesmo ocupando quatro quarteirões inteiros, o museu só tem espaço suficiente para mostrar uma pequena parcela delas por vez!!!

Muitos museus especializaram-se em obras de artes modernas, com o Museum of Modern Art (MoMA), em Manhattan, e o Guggenheim Museum.

O Frick Collection possui coleções de pinturas que datam desde o século XIV até o século XIX. Já o American Museum of Natural History é o maior museu de história natural do mundo.

Muitos outros museus estão espalhados pela cidade em universidades e pontos turísticos. Esse é o caso de:

- → **Whitney Museum**, que inaugurou uma espetacular instalação em 2015, no badalado bairro Meatpacking.
- → **Neue Galerie**, que tem no seu acervo o quadro que Gustave Klimt pintou de Adele Bloch-Bauer, retratado no filme *Dama Dourada*.
- → **The Rubin Museum of Art**, no qual se pode apreciar mostras sobre altares sagrados e espaços de devoção de religiões orientais.
- → **Museum of Moving Image**, dedicada exclusivamente a fantoches como os mostrados nas séries de TV *Vila Sésamo* e *Muppets*, além de desenhos, roteiros, *storyboards* e experiências interativas.
- → **Children Museum of the Arts**, uma pérola para as crianças a partir de 2 anos!!!

20º) **Esportes** – Em contraste com as outras grandes cidades dos EUA, onde o futebol norte-americano é o esporte de preferência, o mais famoso em Nova York é o **beisebol**.

Nova York possui duas equipes ligadas à MLB: o New York Yankees (maior vencedor da MLB com 27 títulos) e o New York Mets, que é membro da Liga Nacional.

A RMNY possui ainda três times de basquete – o New York Knicks e o Brooklyn Nets, que disputam a NBA, e o time de basquete feminino, o New York Liberty, que joga na WNBA.

Além disso, existem três times de hóquei sobre o gelo: o New York Rangers, New York Islanders e o New Jersey Devils; dois times de futebol norte-americano, o New York Giants e o New York Jets; e dois times de futebol, o New York Red Bulls e o New York City, sendo que o primeiro joga em Nova Jersey e o segundo no estádio dos Yankees, no Bronx.

Não se pode esquecer de mencionar a famosa equipe de futebol dos Kosmos, onde atuaram grandes craques do passado, como Pelé, Carlos Alberto, Beckham etc., e que voltou a competir, embora em ligas menores.

Outro grande evento esportivo anual que traz muitos turistas para a cidade é a disputa do US Open, um dos quatro torneios do *Grand Slam*.

Outro acontecimento importantíssimo é a Maratona de Nova York, criada em 1970. Para a corrida de 2017, agendada para o dia 5 de novembro, as inscrições foram de 17 de janeiro a 17 de fevereiro, sendo cobrado US$ 358 por cada uma de suas 50 mil vagas!!! Vale lembrar que essas vagas foram divididas em cotas para o público em geral e para agências de turismo, sendo que as inscrições individuais foram distribuídas após a execução de sorteios – que geralmente se fazem necessários.

Todo aquele que participa da Maratona de Nova York, e passa pelos seus cinco distritos, acaba visualizando seus principais pontos turísticos. O corredor vê paisagens novas e recebe o apoio da população que assiste ao evento nas ruas.

O fato é que os participantes desse tipo de maratona sentem seu fluxo sanguíneo se alterar, a frequência cardíaca aumentar e o corpo ficar bem mais quente – mudanças que realmente provocam alterações no corpo humano e afetam a relação entre indivíduo e ambiente. E talvez seja justamente essa percepção distinta que faz com que tanta gente viaje para participar de corridas longe de casa. (Você consegue imaginar quantos turistas vêm para a cidade só para participar dessa atividade?)

Aliás, o "**maratonismo**" tornou-se uma das modalidades mais populares de turismo esportivo. Na verdade, há muitas corridas clássicas disputadas tanto por atletas profissionais quanto por amadores, sendo que as mais tradicionais são as que integram a World Marathon Majors (Berlim, Boston, Chicago, Londres, Nova York e Tóquio). Porém, além dessas há ainda alternativas bem exóticas, seja pelo percurso – como a Maratona da Muralha da China –, seja pela temática – como a Maratona do Vinho, que ocorre na serra gaúcha, atravessando os municípios de Bento Gonçalves, Monte Belo do Sul e Garibaldi, ou a *Super Heroes Half Marathon Weekend* (algo como "Meia Maratona dos Super-heróis"), realizada na Disney, em Anaheim, no Estado da Califórnia.

Claro que cada corrida traz uma experiência. Assim, quem participa da Maratona do Deserto de Petra, na Jordânia – cujo percurso fica "envolvido" em cores quentes –, sente o clima árido e observa uma paisagem desértica. Já na Maratona Internacional da Patagônia, as cores são frias por se tratar de uma região com muita neve, mas o trajeto também é exótico e bonito.

Quem já participou de uma maratona fora do lugar em que vive tem de fato a sensação de que conseguiu aliviar a sua tensão e cuidar melhor do corpo e da mente!!! É isso que estimula muitas pessoas a viajarem e, no caso da Maratona de Nova York, ela tornou-se um incrível fator de impulso de sua **visitabilidade**!!!

Toda cidade deveria pensar em ter uma maratona criativa, para divertir os participantes amadores, misturados aos profissionais, e criar aquele ambiente de quebra de recordes!!!

21º) Entretenimento – Uma moda que está se difundindo bastante é o aproveitamento do topo – dos *rooftops* – de hotéis e prédios comerciais. Eles estão sendo ocupados de forma inteligente com bares e restaurantes que ostentam agradáveis espaços ao ar livre, com sofás, pufes, mesas e ombrelones.

O que provoca maior sensação de vertigem é o *Skylark Roof Deck*, próximo da Times Square, no qual ao se chegar perto das paredes de vidro tem-se a impressão de estar prestes a despencar sobre Manhattan. Já o mais alto ainda é o *Bar 54*, que, como indica o nome, fica no 54º andar do Hyatt Times Square, onde não se escuta nenhum barulho da rua, apenas a música manipulada pelo DJ. O *rooftop* mais badalado é o *Le Bain*, no hotel The Standard, vizinho do *High Line*. Ele fica aberto o ano inteiro, sendo que no inverno ganha uma cobertura plástica. Nele, o pessoal adora se esparramar nos pufes para ver o pôr do sol e comer crepe. Existe ainda um *rooftop* bem novo, o *Azul*, no terraço do hotel Hugo, no Soho.

22º) **A volta por cima** – O principal símbolo do renascimento da Lower Manhattan é o edifício *One World Trade Center*, uma torre de quase 542 m de altura, ou seja, exatos 1.776 pés, numa referência ao ano da independência dos EUA.

Depois de levar sete anos para ficar pronto, ele é considerado um dos prédios mais **seguros do mundo**. O edifício, que fica bem ao lado das impressionantes crateras das antigas *Torres Gêmeas* – hoje Memorial 9/11 – custou a incrível cifra de US$ 4 bilhões, e é um símbolo do poder econômico dos EUA.

No seu 102º andar está o *One World Observatory*, que desde a sua abertura em maio de 2015, até o fim de 2016, recebeu cerca de 4 milhões de visitantes, cada um pagando US$ 34 para poder ingressar nele. A parte chata é que para se poder entrar nele é preciso enfrentar uma triagem tão severa quanto a de um aeroporto, afinal, o prédio é considerado um alvo potencial de terrorismo e conta com um forte esquema de segurança.

O elevador não é panorâmico, mas exibe em 46 s de subida, a evolução da paisagem de Nova York desde o século XVI. Tudo sob uma trilha sonora que prepara o viajante para o clímax: a vista do observatório. O pôr do sol é um dos horários mais disputados. Lá em cima há um bar, o *One Mix*, e um restaurante. Ambos naturalmente são pagos à parte.

No bar pode-se acompanhar um *show* com artistas locais, ao custo de US$ 50 por pessoa, que dá direito a dois drinques. Já a *Date Night* ("noite do namoro"), com duas taças de *prosecco* e trufas de chocolate, sai por US$ 89. Como se pode ver, tudo é cobrado. Assim vão se desenvolvendo os negócios na EC.

Próximo a essa torre está o polêmico *Oculus* – uma estrutura branquíssima em forma de pomba que abriga um *shopping center* de luxo, o *Westfield World Trade Center*. Foram sete anos e US$ 4 bilhões em dinheiro público para essa construção.

No projeto inicial do arquiteto Santiago Calatrava, as asas da pomba deveriam se mover. Porém, por conta de atrasos e do alto custo envolvido, desistiu-se de criar esse efeito. Dentro da estrutura há três andares de lojas, inclusive uma filial do mercado gastronômico Eataly, além de uma estação de metrô onde chegam os trens oriundos de Nova Jersey.

É surreal descer do metrô, sair repentinamente dentro do *shopping* Westfield e dar de cara com uma bandeira dos EUA fincada numa parede de pé direito bem alto, entre lojas como Lacoste, Kate Spade, Moleskine, Aldo, Apple, Aesop etc.

Espera-se que anualmente circulem por essa nova atração de Nova York mais de 20 milhões de visitantes e que, assim, todos os altíssimos gastos realizados nessas obras sejam rapidamente amortizados pelos turistas, em especial os estrangeiros.

23º) Compras – Muitos turistas vão a Nova York especialmente para fazer compras. Foi isso o que aconteceu com a maioria dos 926 mil brasileiros que estiveram na cidade em 2015. Eles foram às centenas de excelentes lojas especializadas que existem em Nova York e certamente gastaram mais de US$ 1 bilhão.

É natural entender que a visitabilidade a uma cidade é bastante estimulada se nela houver a possibilidade de se fazer boas compras, e nesse quesito Nova York é provavelmente imbatível.

24º) *Boroughs* – Quem for a Nova York e quiser escapar do tumulto de Manhattan, deve visitar o **Brooklyn**, o mais populoso distrito da cidade, e aproveitar muitas "surpresas" ali escondidas, inclusive o clima *vintage* de Coney Island.

A Industrial City é um reflexo do tipo de renovação que vem dominando o Brooklyn nos últimos tempos, a ponto de alguns locais já preverem que esse *borough* será "a próxima Manhattan". É o mesmo movimento que, nos últimos 20 anos, popularizou a área anteriormente industrial de Dumbo, logo abaixo da ponte Brooklyn.

Não é de hoje que turistas encaram a travessia de 2 km da ponte, caminhando ou pedalando. Porém, o mais pitoresco é ir ao Brooklyn pela água, a partir do Píer 11, a bordo do *East River Ferry*. E, depois de ter passeado em Dumbo, uma rápida viagem de metrô leva o visitante a Williamsburg, um local meio *hipster*, meio *pop*, que merece esse deslocamento...

Tudo começou nos anos 1970, quando artistas chegaram a esse antigo reduto operário, atraídos pelos baixos aluguéis – algo que já não existe mais, depois da "gourmetização"...

Vários famosos integraram essa onda, sendo que alguns deles ainda podem ser avistados durante uma caminhada de fim de semana – de Winona Ryder a Peter Dinklage (o Tyrion Lannister da famosa série de TV, *Game of Thrones*), e de Genne Simmons a Barbra Streissand.

O legal no Brooklyn é ver o lado mais tranquilo de Nova York, onde o intenso trânsito, o barulho das buzinas e os arranha-céus dão lugar à arte de rua e aos prédios baixos de tijolinho.

Por sinal, é ali que se tem a tranquilidade para dar uma entradinha num café ou tomar uma cerveja – aliás, a mais nova-iorquina de todas é feita justamente nesse *borough*, mais especificamente na Brooklyn Brewery (que abre para visitas gratuitas aos sábados) –, isso, naturalmente, depois de circular pelas lojas bacanas da região.

Nos dias de hoje, ir a Coney Island já faz parte dos roteiros turísticos, apesar de a longa viagem de metrô (60 min) a partir de Midtown ser um "inconveniente" para os mais apressados...

Famosa pelo entretenimento à beira-mar desde o fim do século XIX, Coney Island parece uma península desprendida do restante de Nova York – e do tempo. Sem dúvida, é ali, na parte sudeste do Brooklyn, que a *Big Apple* ganha ares de balneário de férias. No verão, a areia fica lotada de visitantes e o calçadão ganha graça e movimento com a presença de vários parques de diversões.

Na hora da fome, mais uma vez é a tradição que fala mais alto. Assim, uma boa ideia é ir até a *Nathan's Famous*, que desde 1916 serve os mais famosos *hot-dogs* da região.

A novidade em Coney Island fica por conta da reabertura em 2017 do Nova York Aquarium, com a exibição *Ocean Wonder: Sharks*, na qual pode-se ver 115 espécies marinhas, entre tubarões e raias.

Se em Manhattan se tem o Central Park, no Brooklyn fica o seu maior "concorrente". Trata-se do Prospect Park, que foi criado há mais de 150 anos. Nele as pessoas têm espaço para fazer piqueniques, preparar churrascos, pedalar nas ciclovias, jogar nas quadras esportivas, visitar o zoológico, divertir-se no carrossel, passear num lago com pedalinhos, assistir a um festival de artes gratuito no verão, visitar o jardim botânico, frequentar feiras de produtos orgânicos, fazer passeios a cavalo e dar uma passadinha numa feirinha gastronômica – a *smorgasborg* –, com umas 100 barracas de comida de rua (*pizza*, hambúrgueres, *pretzels* etc.).

Se alguém quiser ir a um bom museu, a sugestão é o Brooklyn Museum, que ocupa cinco andares de um prédio. Lá está um acervo com peças do Egito antigo, da arte africana, de pinturas europeia, de artes decorativas e obras contemporâneas.

Mas certamente o que mais atrai os chocólatras (e quem não é um pouquinho?) é a novidade do Brooklyn, ou seja, o seu *Chocolate Tour*. Trata-se de um passeio de 4 h em que a pessoa vive sob **a intensa perspectiva do cacau**!!! Dentro de um ônibus climatizado, com vídeos explicativos, o guia leva seus clientes para visitar lojas e fábricas, onde a degustação de chocolates é o ponto alto.

Tudo começa pela loja *Jacques Torres*, cujo *chef* confeiteiro (que dá nome ao negócio) é conhecido com Mr. Chocolate, o que dispensa apresentações. O fato é que ninguém que participe desse *tour* pode deixar de provar as sementes de romã cobertas com chocolate amargo (60%).

Daí se vai para a doceria *The Chocolate Room*, do simpático casal Naomi e Jon, que abandonaram a carreira artística para dar vida a um bolo que, inclusive, já foi eleito como uma das melhores sobremesas de chocolate dos EUA!!!

A próxima parada é a *Raaka*, uma fábrica artesanal que ocupa um antigo galpão portuário. O mais incrível é que ela negocia diretamente com produtores de cacau orgânico de países como Peru e Madagascar. O resultado são barras de chocolate com interessantes adições de leite de coco, menta, *maple* etc.

E, por fim, chega-se a *Hi-hac*, a mais antiga chocolataria do Brooklyn, que tem uma loja na Industry City, na qual se pode degustar trufas incríveis!!!

Como é, será que na próxima vez que você for a Nova York vai dar uma escapadinha até o Brooklyn? Sem dúvida é uma boa ideia, mas não esqueça que também existem atrações imperdíveis no **Queens**, viu!?!?

O Queens é o maior e mais étnico dos distritos (*boroughs*) de Nova York, onde há muita coisa interessante para se fazer – inclusive dar uma volta ao mundo usando apenas uma linha de metrô!!!

Quando o assunto é área verde, o Queens é imbatível. Está ali o Flushing Meadows Corona Park, que guarda uma série de endereços bacanas o suficiente para merecer um dia de passeio. Nele, por exemplo, estão localizados: o maior lago de Nova York, onde se pode pescar ou andar de caiaque; um centro de recreação com quadras esportivas e academias; um complexo com piscina olímpica e um rinque de patinação no gelo; o Queens Museum of Art (cujo destaque é o modelo em miniatura dos cinco *boroughs* nova-iorquinos); o único zoológico da cidade, com ursos andinos; e exibições interativas de ciência no New York Hall of Science. E do outro lado da rua fica o jardim britânico. É muito entretenimento e muita diversão!!

Um belo avanço para um terreno que há menos de 80 anos não passava de um lixão para despejo de cinzas industriais. O parque nasceu para sediar a Exposição Mundial de 1939, e 25 anos depois, a segunda edição da feira de Nova York deixou como herança a escultura *The Unisphere*, um globo metálico com altura equivalente a um prédio de 12 andares, que se tornou o símbolo do Queens.

Outra fama desse *borough* se deve ao torneio anual de tênis, US Open (uma competição do *Grand Slam*), que acontece no centro nacional Billie Jean King, na porção norte desse parque.

E não para por aí: mais um ícone dos esportes locais que marcou presença nas proximidades é o time de beisebol de Nova York Mets, em cujo estádio Citi Field são oferecidas *tours* guiados (pagos) e a oportunidade de conhecer um museu (*hall* da fama) que fica aberto nos dias de jogo.

Agora, se a ideia é seguir os passos dos ilustres moradores que já passaram pelo Queens, deve-se rumar para Corona, uma vizinhança a oeste do parque.

Por ali, engrossando o veio artístico da região, circularam Ella Fitzgerald, Martin Scorsese e Louis Armstrong – este último, um ídolo do *jazz* que morou com a esposa na 107th Street por quase 30 anos, até a sua morte em 1971.

A sua casa foi transformada em um museu. Nele se pode aprender sobre a vida e a obra do músico. Ali encontra-se exibida a mobília original, além de uma coleção de fotos, instrumentos e manuscritos de Armstrong.

A mesma pluralidade que o Queens manifesta no campo das artes pode ser percebida também na composição étnica de seus moradores – tanto que ele já foi considerado **o lugar mais diversificado do mundo** pelo *Guinness Book*. De fato, calcula-se que quase 50% de sua população seja de estrangeiros. É irônico pensar que ninguém menos que o atual presidente dos EUA, Donald Trump – que prometeu uma "caça" aos imigrantes ilegais – nasceu justamente no Queens, no bairro de Jamaica Estates...

E, como mencionado anteriormente, uma simples viagem pela linha 7 do metrô (de cor roxa) é praticamente uma volta ao mundo. Isso porque cada estação dá acesso a um "minimundo", com estabelecimentos, idiomas e costumes típicos de povos, como: italianos, irlandeses, alemães, poloneses, gregos, filipinos, porto-riquenhos, mexicanos... Não é por acaso que o trem que faz esse trajeto é conhecido como International Express!!!

A Chinatown do Queens, no bairro de Flushing, chega a ser até mais autêntica que a de Manhattan, visto que os turistas ainda não chegaram aí em peso... Nela, pipocam restaurantes que parecem ter vindo diretamente das mais recônditas partes da China – onde, provavelmente, falar inglês seja uma exceção!!!

Depois de alcançar fama local, o *Xi'an Famous Food* ampliou suas fronteiras e abriu filiais em Manhattan e no Brooklyn, mas nada se compara a provar os *nooddles* (macarrão chinês) no modesto endereço original, nos subterrâneos da *Golden Shopping Mall* – uma meca improvável, mas muito verdadeira para os amantes da comida chinesa.

E no Flushing ainda há espaço para outras delicias gastronômicas de outros países da Ásia, desde a Índia até Taiwan. E tudo isso acontece, porque Nova York é, afinal, a **capital do mundo**!!!

A LIÇÃO DE NOVA YORK

Claro que as grandes metrópoles do mundo podem e devem se inspirar em Nova York para incrementarem a sua visitabilidade.

E os exemplos incríveis que a cidade oferece para São Paulo vão desde a forma como se opera o metrô – que funciona 24/7!!! – até o modo como ela se tornou uma indiscutível líder mundial no tocante as artes cênicas – isso apesar de estarmos vivendo nessa era digital em que as pessoas conseguem "divertir-se" olhando vídeos, novelas, competições esportivas etc., nas suas televisões, nos seus computadores ou *smartphones* ou "distrair--se" com os *videogames*.

Na capital paulista, foram inaugurados nesses últimos anos excelentes teatros com ótimos espetáculos. Um bom exemplo é o sucesso de *Wicked* – que conta a história da Bruxa Má –, apresentado em 2016, que indica que aquele público brasileiro que vai a Nova York para assistir lá as peças de sucesso, está, em boa parte, na própria capital paulista, e certamente está ávido e muito propenso a assisti-las em São Paulo. Os empreendedores da EC devem, portanto, trazer as outras peças que são apresentados em Nova York para São Paulo, pois certamente virão assisti-las brasileiros de outros Estados e, inclusive, pessoas de países vizinhos, com o que ganhará muito a economia paulistana!!!

A roda-gigante *Orlando Eye*, com 122 m de altura, a mais alta da costa leste dos EUA.

2.28 - Orlando

PREÂMBULO

Quem vai para Orlando, especialmente para os seus parques, tem sempre aquela dúvida: **como aproveitá-los da melhor maneira, como adulto, adolescente ou criança?**

E a resposta é: **em todos eles há diversão para todas as idades!!!** Afinal, enquanto no Magic Kingdom os "criativos" da Disney fizeram "morar" as princesas, as fadas, os piratas, espalhando energia por toda parte, no Animal Kingdom, a intenção foi oferecer aos visitantes a possibilidade de contato com a vida natural. No Hollywood Studios, convive-se com "luz, câmera e ação" e se tem acesso à montanha-russa roqueira, a brinquedos que ganham vida, a uma galáxia distante (e a muito mais...). No Epcot Center, por sua vez, estão representadas as culturas de 11 países, em pavilhões temáticos individuais (o *World Showcase*) e, a cada ano que passa, surgem novidades. Esse é o caso, por exemplo, da ampliação ocorrida no pavilhão norueguês, que, para encantar os visitantes criou uma atração especial com as princesas Elsa e Anna, da animação *Frozen*.

No caso do Universal Studios, a empresa também continua modernizando seus parques. Desde a década de 1990, ela tem apostado num parque inspirado nos clássicos e *blockbusters* (filmes de sucesso) do cinema, como *E.T.*, *Tubarão*, *Terremoto* e *King Kong*. Em 2010, a Universal também abriu o *Islands of Adventure*, para atrair os visitantes para o mundo mágico de Harry Potter!!!

A HISTÓRIA DE ORLANDO

Antes de ser conhecida como Orlando, a cidade se chamava Jernigan. Isso por causa de Aaron David Jernigan, o proprietário de uma grande área onde hoje se localiza a cidade.

A quem diga que o nome Orlando tenha surgido a partir de 1857, mas existem diversas outras versões apoiadas por historiadores. A mais comum, que inclusive conta com o apoio das autoridades governamentais, é de que o nome tenha se originado de um soldado chamado Orlando Reeves, que morreu em 1836 durante um suposto ataque dos índios seminoles, quando estava de sentinela num campo militar próximo de onde fica o lago Eola.

Mas também há os que dizem que Orlando Reeves nunca existiu (!?!?) e apontam outro motivo que levou a cidade a ser chamada assim. Segundo essa crença, ali teria vivido o poderoso rancheiro Orlando Savage Rees, que não apenas conviveu com os seminoles, mas os enfrentou em duras batalhas. Na época, esses índios eram acusados de roubar seu gado e incendiar suas plantações de cana de açúcar.

A região começou a se desenvolver bastante no período entre 1875 e 1895, depois de se transformar em um centro de produção cítrica. De fato, Orlando somente se tornou uma cidade no ano de 1885.

Por causa das fortes geadas que ocorreram na região no período de 1894 e 1895, muitos dos "barões dos citros" resolveram deslocar suas plantações mais para o sul do Estado da Flórida, o que obviamente provocou um declínio no progresso da cidade.

No início do século XX, Orlando começou novamente a se desenvolver quando habitantes oriundos de outras cidades da Flórida, e do restante dos EUA, passaram a construir ali suas residências. Isso aconteceu não apenas por causa do clima agradável, mas pelos preços praticados ali, bem mais acessíveis que os de Miami.

Durante a 2ª Guerra Mundial (1939-1945), criou-se em Orlando uma base militar e após o seu término, muitas instalações da Marinha e da Força Aérea, bem como outros centros de treinamento permaneceram aí, mas posteriormente boa parte deles foi fechada...

Sem dúvida o momento crucial para o desenvolvimento de Orlando ocorreu em 1965, quando Walt Disney anunciou seus planos de construir ali o Walt Disney World, depois de ter descartado as regiões de Miami e Tampa, principalmente pela ocorrência anual de furacões. Não que Orlando esteja livre desse tipo de fenômeno climático, mas a sua exposição é bem menor do que nas regiões costeiras.

Esse *resort* para o entretenimento abriu para o público em 1971, e daí houve uma explosão populacional em Orlando e em sua região metropolitana, que inclui os condados de Orange, Seminole, Osceola e Luke.

Como resultado, o turismo se tornou o fator central da economia dessa área. Atualmente, existem na Grande Orlando muitos parques temáticos e diversas opções de entretenimento, **como em nenhum outro lugar do mundo!!!**

Outro fator que impulsionou o grande desenvolvimento de Orlando foi a construção em 1962 do seu aeroporto – Orlando Jetport –, precursor do atual aeroporto internacional. Ele foi construído numa parte da base da Força Aérea, que foi desativada após a 2ª Guerra Mundial.

Logo no início da década de 1970, quatro grandes empresas aéreas programaram voos para a cidade: Delta Airlines, National Airlines, Eastern Airlines e Southern Airways. Hoje são muitas dezenas de companhias aéreas internacionais que pousam seus aviões em Orlando.

Atualmente, o centro histórico da "Velha Orlando" está no que se chama Downtown Orlando, que inclui a rua Church, localizada entre as avenidas Orange e Garland.

O desenvolvimento urbano e o surgimento do *central business district* ("distrito central de negócios") no centro da cidade indicam claramente a evolução de Orlando. Lá, desde 1988, quando foi construído o maior prédio da cidade – *The Sun Trust Center*, com 134 m –, os edifícios não podem exceder os 441 pés (cerca de 134 m) de altura.

Na Grande Orlando tem-se a maior população de porto-riquenhos da Flórida. Estima-se que no início de 2017 vivessem em Orlando apenas 285 mil pessoas, porém, na Grande Orlando são cerca de 2,7 milhões de moradores, dos quais acredita-se que 27% sejam hispânicos. Aliás, em Orlando, somente 75% dos residentes falam o inglês em casa, e 19% utilizam o espanhol como primeira língua.

Além dos hispânicos, hoje cerca de 1% dos habitantes da região metropolitana tem o português como primeira língua, o que demonstra que é bem grande o número de brasileiros que vive na Grande Orlando. Além disso, há também uma grande e ativa comunidade judaica em Orlando.

No que diz respeito à comunidade LGBT, uma grande parcela da população (pouco mais de 5,1%) se declara dentro dessa categoria, o que torna a Grande Orlando uma das regiões com a maior percentagem entre as cidades dos EUA. Destaque-se que em junho, bem próximo do Walt Disney World, realiza-se na cidade o grande evento *Gay Days*, com a presença de milhares de pessoas. Já no mês de outubro, acontece ali o concorrido festival do *Orgulho Gay*!!!

Vejamos a seguir algumas características que fazem de Orlando uma **cidade criativa** – e em seu mais amplo sentido.

1ª) Turismo e atrações – A intensa visitação a Orlando se deve principalmente ao desejo por parte dos turistas de se divertirem e se alegrarem em suas atrações. A cidade, que é um dos destinos líderes na recepção de visitantes em todo o mundo, é chamada de "**capital mundial dos parques temáticos**". Na Grande Orlando estão o Walt Disney World Resort – um complexo que tem diversas atrações como Magic Kingdom, Epcot, Disney's Hollywood Studios, Disney's Animal Kingdom, Typhoon Lagoon, Blizzard Beach e Disney Springs; o Universal Orlando Resort – um *resort* multifacetado constituído pela Universal Studios Florida, Universal City Walk e Islands of Adventure; e o Sea World Orlando é um parque enorme no qual o visitante convive com muitos animais marinhos e pode divertir-se tanto na água como no solo, nos vários "brinquedos" que estão ali a sua disposição...

Além disso, há o Complexo I-Drive 360, que inclui a enorme *Orlando Eye* (uma roda gigante panorâmica em que o visitante fica a 122 m de altura), o museu de cera Madame Tussauds e o Sea Life Aquarium; fica aí também o *Skyplex*, que abriga a montanha-russa vertical mais alta do mundo, a *Skyscraper*, com 174 m de altura, além de várias outras atrações.

Não se pode esquecer também do parque aquático Wet'n Wild, uma atração bem popular na cidade.

Por causa de todas essas opções Orlando e seus arredores receberam, somente em 2016, cerca de 62 milhões de pessoas do mundo todo, dentre os quais estiveram aproximadamente 900 mil brasileiros (!!!), além de muitos visitantes domésticos. Espera-se que no final de 2017 venham para a região de Orlando cerca de 68 milhões de visitantes, dispostos a gastar ao longo de sua permanência aproximadamente de US$ 40 bilhões.

Todavia, para se manter toda essa visitabilidade, nos últimos três anos os parques procuraram se modernizar e apresentar **novas atrações**.

Neste sentido, a Disney inaugurou o *New Fantasyland*, a maior ampliação da história do Magic Kingdom. Há ainda uma nova atração do Epcot Center, baseada no filme *Frozen*, além de uma área temática inspirada no filme *Avatar* (2009), no Animal Kingdom.

A Universal, por sua vez, abriu no Island of Adventure, o brinquedo *Skull Island: Reign of Kong*, com base no filme *King Kong*, de 2005. Já em 2017, surgiu na cidade um novo parque aquático, o Volcano Bay, que tem como cenário diversos cartões-postais de ilhas tropicais.

O Sea World ganhou o *Antarctica – Empire of the Penguin*, o maior investimento já feito pelo grupo Sea World, e a montanha-russa *Mako*, de aproximadamente 60 m de altura.

Mas não foram só os parques que receberam megainvestimentos. Também investiu-se bastante para que outros visitantes – principalmente os adultos, que desejam ouvir música e bebericar – tivessem acesso a diversas opções de entretenimento.

Esse é o caso, por exemplo, do *Dr. Phillips Center for The Performing Arts*, no centro de Orlando, um prédio de arquitetura ousada que é palco de espetáculos de *jazz*, ópera, balé e música *pop*; e do *Mango's Tropical Café*, uma balada com restaurante e *shows* à la Caribe, situado na International Drive.

De fato, essa tendência de agradar os adultos está ficando tão forte que até mesmo a Disney e a Universal já começaram a investir pesado em atividades semelhantes em suas "**cidades da diversão**", com o oferecimento de novas áreas de entretenimento fora dos próprios parques.

A Disney, por exemplo, conta com a sua *Disney Springs*, um complexo com restaurantes e lojas que se revela uma verdadeira "cidade do entretenimento".

A Universal criou a *CityWalk*, a "cidade da diversão", com oito restaurantes. O canal esportivo NBC também inaugurou seu próprio megarrestaurante, o *NBC Sports Grill & Brew*.

A grande lição de Orlando para todas as cidades que desejam incrementar sua visitabilidade é o seu **dinamismo**. É assim que Orlando tem mantido seu elevado fluxo de turistas e, inclusive, feito com que periodicamente muitos que ali já estiveram retornem para conhecer e vivenciar novas aventuras.

É incrível que uma cidade receba praticamente dez vezes mais visitantes por ano que um país inteiro como o Brasil!!! Quem diria que Orlando se transformaria nesse ímã para tantos turistas, não é mesmo!?!?

2ª) Um sonho – Deve-se recordar que Walt Disney foi taxado de louco por muita gente quando, ainda na década de 1960, começou a comprar terrenos em Orlando para realizar seu grande projeto. Afinal, que interesse poderia ter alguém por tanta terra pantanosa e selvagem na Flórida?

Hoje, entretanto, ao caminhar pelas alamedas do Magic Kingdom, ninguém imagina que aquilo tenha sido um lugar tomado por crocodilos e muita lama. Aliás, nos dias de hoje, se alguém quiser reviver esse passado precisará andar uns 45 km a partir do centro de Orlando para alcançar um ambiente similar. Vale lembrar que todo o Estado da Flórida é uma região pantanosa.

3ª) Hospedagem – Em termos de hospedagem, existem atualmente em Orlando centenas de hotéis, para todos os gostos e bolsos!!! Dezenas deles possuem espaços extraordinários para que o visitante possa relaxar e repor todas as energias eventualmente consumidas durante as andanças pelos parques. Esse é o caso, por exemplo, do Four Seasons, que dispõe de 18 salas para tratamento de pés inchados (e noites maldormidas...); do Grand Floridian Resort and Spa, o sofisticado hotel da Disney; e do Ritz Carlton, que mais parece um palácio. Isso para destacar apenas três deles.

Porém, além de bons hotéis e restaurantes, uma cidade que deseja receber bem os visitantes do exterior deve, primordialmente, abrigar um excelente aeroporto. Orlando tem tudo isso!!! Aliás, é difícil imaginar que outra cidade do mundo possa sobrepujá-la, exceto, talvez, por Las Vegas (que também é apresentada no livro).

4ª) Compras – Quase todas as pessoas que vão aos EUA – em especial os *shopaholics* (viciados em compras) – acabam sendo atraídas pelas ofertas de diversos produtos. Isso acontece por conta dos preços desses artigos, que geralmente são bem menores que os praticados nos países de origem dos turistas.

Orlando tem diversos *shoppings* com centenas de lojas, além de *outlets* e grandes centros de vendas de eletrônicos, artigos esportivos e, inclusive, produtos da própria Disney em sua loja localizada no centro da cidade, a World of Disney.

5ª) Convenções – O setor de convenções também se desenvolveu muito em Orlando, afinal, as pessoas gostam de ir a eventos de trabalho, negócios ou mesmo voltados para atualização e aprendizado. Porém, nas horas de lazer eles querem divertir-se um pouco, o que nesse local se tornou-se muito fácil, considerando as diversas opções já citadas.

Isso fez com que o Orange County Convention Center fosse tremendamente expandido em 2004, tornando-se o 2º maior complexo de convenções (em espaço) nos EUA, atrás apenas do McCormick Place, de Chicago.

6ª) Economia – Diferentemente do que muitos podem imaginar, Orlando não vive apenas do turismo. De fato, a cidade é também um **importante centro industrial** e **tecnológico**. Segundo estimativas, no fim de 2016 ela empregava mais de 70 mil pessoas, que, por sua vez, geravam uma renda de US$ 15,8 bilhões.

A Grande Orlando é um *cluster* de inovação de reconhecimento nacional nos setores de mídia digital, tecnologia agrícola, aviação, *design* de *software* e setor aeroespacial. Mais de 180 empresas internacionais, representando cerca de 25 países, têm instalações na Grande Orlando.

Na cidade fica um dos mais importantes parques tecnológicos dos EUA, o Central Florida Research Park, que abriga 150 empresas e emprega cerca de 12 mil pessoas. Ali são desenvolvidos inclusive programas de treinamento e simulações para o setor militar, sendo que no fim de cada ano, realiza-se no Orange County Conservation Center a mais importante conferência do mundo no que se refere a simulação e modelagem.

Além da Lockheed Martin, que tem uma grande fábrica para a produção de sistemas para mísseis, peças para a aeronáutica etc., estão também instalados na Grande Orlando escritórios e laboratórios de empresas de engenharia, como: Siemens, Veritas/Symantec, General Dynamics, General Electric (GE), Mitsubishi Power Systems, Hewlett-Packard, AT&T, Boeing, Northrop Grumman, Raytheon Systems e muitas agências e centros de treinamento, tanto da Marinha como da Força Aérea dos EUA.

Não se pode esquecer que Orlando está bem próxima da Patrick Air Force Base, da Cape Canaveral Air Force Station e do Kennedy Space Center, locais em que foram executados muitos lançamentos de astronautas, e que podem ser visitados pelos turistas.

Em Orlando está a sede da organização Darden Restaurants, que reúne grandes nomes do setor de alimentação, como a Olive Garden e a LongHorn Steakhouse, e é a maior operadora de restaurantes do mundo, em termos de receita.

7ª) Artes – Uma área muito desenvolvida na Grande Orlando é aquela que engloba os setores típicos da EC, ou seja, **filmes, televisão** e **entretenimento**, e, em especial, a indústria dos jogos eletrônicos.

Isso é fomentado principalmente pela presença de grandes nomes, como: Universal Studios, Disney's Hollywood Studios, Full Sail University, UCF College of Arts and Humanities, Florida Interactive Entertainment Academy, Ripley Entertainment Inc., e outras empresas de entretenimento e IESs focadas nesses setores.

Orlando é conhecida também como a "Hollywood do leste", pelo grande número de estúdios ali localizados na Grande Orlando. Na realidade o pico da produção cinematográfica foi nos últimos anos da década de 1990, sendo que no final da 2ª década do século XXI ela declinou um pouco.

Talvez o momento mais importante da história de produção de filmes na cidade tenha sido a implosão da prefeitura para a realização do filme *Lethal Weapon 3* (*Máquina Mortífera 3*).

Atualmente Orlando é um grande centro de produção de *shows* para a televisão e comerciais. Em 2011, o produtor de filmes Marlon Campbell construiu na cidade o A-Match Pictures e Angels Media Studios. Disney, Universal e Nickelodeon produziram muitos filmes na cidade, valendo-se inclusive de certos incentivos que eram oferecidas pelo governo do Estado da Flórida. Aliás, Orlando é um lugar adequado para se fazer filmes com pequeno orçamento, principalmente se a ideia é aproveitar o cenário da cidade, que também é conhecida como "**a cidade formosa**".

Não se pode esquecer do efeito que gera na cidade o Florida Film Festival – um dos mais respeitados nos EUA –, que acaba atraindo produtores de filmes do mundo todo, sendo que alguns deles acabam até se estabelecendo em Orlando.

Quem for a Orlando também pode se divertir muito com música e com as artes cênicas, isso porque na sua área metropolitana existem muitos teatros e casas de espetáculos como: Orlando Shakespeare Theater, Mad Cow Theatre, Ice House Theatre, Central Florida Ballet, Orlando Ballet etc. Vale também ressaltar que tanto a University of Central Florida (UCF) como no Rollins College, com seus respectivos departamentos de teatro, atraem um grande contingente de jovens artistas e espectadores.

Os que quiserem ver alguns dos espetáculos já apresentados nos teatros da Broadway, em Nova York, devem dirigir-se ao Bob Carr Performing Arts Center, que foi bastante renovado.

Na cidade acontece também o Orlando International Fringe Theater Festival, que conta com a participação de grupos vindos de todas as partes do mundo.

No que se refere à música popular norte-americana, foi em Orlando que surgiram grupos de *rock* como Backstreet Boys, NSync e O-Town, que mais tarde se transformaram em sucessos nacionais e mundiais. Também vieram de Orlando grupos de *rock* alternativo, como: Matchbox Twenty, Seven Mary Three, Alter Bridge e Trivium.

8ª**) Esporte** – Orlando tem duas equipes em duas das maiores ligas profissionais norte-americanas: o time de basquete da NBA, o Orlando Magic; e o time de futebol da MLS, o Orlando City SC, onde joga o brasileiro Kaká.

Além desses times, vale ressaltar que partir de 2016 a equipe feminina do Orlando Pride entrou para a competição organizada pela National Women's Soccer League.

Anualmente, o Camping World Stadium recebe um grande público que vem para assistir três importantes confrontos entre equipes universitárias de futebol norte-americano. Esses eventos são denominados *Citrus Bowl*, *Russell Athletic Bowl* e *Cure Bowl*.

Atletas famosos do passado (e do presente) tiveram e têm Orlando como um lar, destacando-se entre eles o jogador de basquete Shaquille O'Neal, os golfistas Tiger Woods, Mark O'Meara e Arnold Palmer (aliás, a cidade tem muitos bons campos de golfe), o jogador brasileiro de futebol Kaká, os jogadores de beisebol Carlos Peña, Frank Viola e Barry Larkin, além de outros esportistas.

9ª) Ensino – Na educação deve-se salientar que fica em Orlando a University of Central Florida (UCF). Ela é pública e seu *campus* universitário recebe o maior número de matrículas nos EUA. Também estão em Orlando a universidade estadual pública Florida A&M College of Law e as faculdades Valencia e Seminole.

Além dessas há mais de duas dezenas de IESs particulares na cidade, sendo que algumas estão justamente voltadas para setores da EC, como a Connecticut School of Broadcasting, a International Academy of Design & Technology, e a Le Cordon Bleu College of Culinary Arts, entre outras.

10ª) Informação – Orlando é um importante centro de mídia dos EUA, possuindo várias redes de TV, inclusive três estações públicas, uma delas operada pela UCF. Existem também quatro canais que apresentam sua programação em espanhol, afiliadas a UniMás, Telemundo, Univision etc. No que se refere ao rádio, mais de duas dezenas de estações transmitem na Grande Orlando (tanto em AM como FM).

O principal jornal de Orlando é o *Orlando Sentinel*, que, aliás, é o 2º em circulação no Estado da Flórida, tendo inclusive uma edição em espanhol, *El Sentinel*. Também têm boa aceitação os jornais *Orlando Business Journal* e *Orlando Weekly*.

11ª) Mobilidade – No que se refere a transporte, uma curiosidade sobre Orlando é o fato de ela ser a 2ª cidade grande dos EUA a ser cortada por uma estrada interestadual, a I-4, que começa em Tampa e termina em Daytona Beach. Esse tipo de situação só havia acontecido antes em Austin, no Estado do Texas.

Ela é a principal via de acesso aos subúrbios, ao centro da cidade e aos parques temáticos. Assim, apesar de todas as melhorias e ampliações feitas nessa via, o tráfego nela é com frequência pesado, havendo nas horas de pico grandes congestionamentos.

Naturalmente, há na cidade muitas outras vias expressas, inclusive a que leva ao aeroporto internacional, a Beachline Expressway.

O aeroporto internacional de Orlando é o 2º mais movimentados do Estado da Florida, ficando atrás apenas do existente em Miami. Segundo estimativas, ele recebeu em 2016 cerca de 41 milhões de passageiros.

Mas Orlando tem ainda outros dois aeroportos: o internacional de Sanford, para voos de jatos executivos, treinamento e pequenos aviões; e o Orlando Executive Airport.

Também é possível chegar a Orlando por trem, usando para isso o Amtrak, um sistema ferroviário que disponibiliza linhas especiais com chegadas e partidas para Miami e Nova York. Desde 2010 fala-se bastante sobre uma possível conexão via TAV entre Orlando e Tampa (e posteriormente com Miami), mas até o momento são apenas planos.

E não se pode esquecer dos ônibus que atendem especialmente a Grande Orlando no transporte de média e longa distância. São veículos confortáveis de que dispõe a Greyhound Lines, que tem uma grande estação rodoviária no centro da cidade.

A LIÇÃO DE ORLANDO

Que lição se pode tirar de Orlando que seja útil para uma cidade brasileira no sentido de ampliar a oferta de opções de entretenimento para moradores e visitantes?

Bem, para começar, Orlando é a cidade-irmã de Curitiba e a capital paranaense – que aliás, já faz parte da RCC – e poderia incluir em seus planos futuros a abertura de alguns parques temáticos. Um bom exemplo seria um mini Epcot, centrado especialmente nos países que têm significativa presença de descendentes em solo nacional!!!

É claro que dificilmente alguma cidade brasileira poderá se transformar em uma Orlando (se bem que para chegar ao estado atual ela também precisou de mais de cinco décadas...). Porém, são muito válidos os exemplos de cidades como Olímpia, no Estado de São Paulo, que montou um grande *resort* repleto de diversões para toda a família, aproveitando águas quentes naturais. Ela que já recebe uma média de 6.000 pessoas por dia, o que movimenta muito a sua economia. Esse também é o caso na cidade de Gramado, no Estado de Rio Grande do Sul, que possui várias atrações interessantes, como, por exemplo, a *Snowland*, um lugar onde as pessoas podem esquiar em qualquer época do ano. É preciso mencionar ainda o parque Beto Carrero, no município de Penha, no Estado de Santa Catarina, que recebeu 2,1 milhões de visitantes em 2016.

Infelizmente nem todos os parques de diversões vão bem no Brasil. Vinhedo, no Estado de São Paulo, comemorou muito quando em 1991 foi inaugurado no município o parque Hopi Hari. Afinal, ele tinha tudo para ser uma grande atração, pois, inclusive, fica próximo de São Paulo, de onde poderia vir uma grande contingente de visitantes, assim como de Jundiai e Campinas.

A ambição era ser uma "Disney brasileira", mas diversos problemas de gestão – e inclusive um acidente em 2012, no qual uma adolescente faleceu ao cair de um brinquedo – acabaram agravando a situação. Apesar de o parque receber em média 80 mil visitantes por mês (a alta temporada vai de setembro a janeiro), o faturamento – que chegou a ser de R$ 100 milhões – foi caindo, ao ponto de a receita em 2014 ter sido de R$ 67 milhões e de R$ 63,5 milhões em 2015. Em agosto de 2016 o parque entrou na justiça com pedido de recuperação judicial e em 2017 divulgou-se que as suas dívidas ultrapassavam R$ 700 milhões inclusive estando aí R$ 250 milhões investidos pelo Banco Nacinoal de Desenvolvimento Econômico e Social (BNDES)!?!?

Aliás no dia 12 de maio de 2017 o parque fechou as portas por tempo indeterminado, por falta de dinheiro para cobrir os custos operacionais que ultrapassavam R$ 2 milhões por mês.

Claro que a situação não é a mesma em todos os parques do país. Felizmente temos diversos parques temáticos saudáveis, como é o caso do Beach Park, que fica próximo de Fortaleza, ou então do complexo hoteleiro em Caldas Novas, o Hot Park, no Estado de Goiás.

Uma vista panorâmica de Paris, com destaque para a torre Eiffel.

2.29 - Paris

PREÂMBULO

Sem dúvida, entre todas as grandes capitais do mundo, Paris é um dos cenários mais vistos nos filmes. Isso acontece por conta de sua grande variedade no que se refere a cenários naturais, que reúnem desde conglomerados futuristas – como o Centro Georges Pompidou – a edificações medievais situadas ao lado do rio Sena.

Aliás, vale ressaltar que a pioneira e poderosa indústria cinematográfica nasceu na França (bem antes do surgimento de Hollywood nos EUA). Ali, desde o início do século XX, foram filmadas películas que posteriormente seriam vistas não apenas nas cerca de 400 salas de cinema nacionais, mas também em tantas outras espalhadas pelo mundo todo.

Além dos cineastas franceses, muitos outros profissionais realizaram seus filmes em Paris, dentre os quais estão o franco-suíço Jean-Luc Godard, o italiano Bernardo Bertolucci – especialmente com o filme *O Último Tango em Paris* –, Claude Charbol, Louis Malle, os norte-americanos Quentin Tarantino, Woody Allen, Richard Linklater, o espanhol naturalizado mexicano, Luis Buñuel Portolés entre outros.

De fato, muitos artistas também se tornaram famosos com seus filmes rodados em Paris, embora certamente nenhum deles supere a fama alcançada por Juliette Binoche!!!

A HISTÓRIA DE PARIS

Paris é a capital francesa e também a cidade mais populosa do país. Além disso, ela é a capital da região administrativa da Ilha de França (Île-de-France), ou seja, da região parisiense.

A cidade se situa nos meandros do rio Sena – no centro da bacia parisiense, entre os confluentes dos rios Marna e Sena, rio acima, e dos rios Oise e Sena, rio abaixo –, numa encruzilhada entre diversos itinerários comerciais, terrestres e fluviais, e no centro de uma rica região agrícola. Por causa disso, a capital francesa se tornou ainda no século X uma das principais cidades francesas, sendo beneficiada com a construção de diversos palácios, ricas abadias e uma belíssima catedral.

O nome da capital vem dos parísios, um povo gaulês que habitou a região antes da chegada dos romanos. Após conquistarem a região, no século I, eles batizaram o "assentamento" à margem esquerda do Sena como *Lutetia Parisiorun*). Assim surgiu um modesto vilarejo romano, onde viveram em seu apogeu cerca de 5 mil habitantes. Foi o rei Clovis I que fez de Paris a capital do reino da França, por volta de 506 d.C. Então, ao longo do século XII, Paris se tornou um dos principais centros europeus de artes e ensino.

Por volta de 1328, a população parisiense já era estimada em 200 mil habitantes, o que a tornava a maior da Europa. Porém, em 1348, uma fração significativa dela seria dizimada pela **peste negra**. Ainda no século XIV, foi erguida uma muralha por Carlos IV (1371-1380), que englobava os atuais 3º e 4º *arrondissements* (divisões administrativas).

Com a fixação na cidade dos reis da França, e naturalmente da corte (que incluía grande parte da nobreza francesa), a cidade ganhou mais importância política e econômica, e não parou mais de crescer. No início do século XIV, Paris se tornou **a cidade mais importante para o mundo ocidental!!!**

Então já no século XVII, Paris se revelava capital da maior potência política europeia; no século XVIII, tornou-se o centro cultural da Europa e, no século XIX, se transformou na capital da arte e do lazer, a meca da *belle époque*.

Assim, sua arquitetura, seus parques, suas avenidas, seus museus, suas IESs, seus restaurantes etc., em especial no século XXI, a tornaram a cidade mais visitada do mundo, com mais de 38 milhões de visitantes estrangeiros somente em 2016. Paris tem hoje cerca de 2,6 milhões de habitantes, entretanto, na Grande Paris vivem atualmente mais de 13 milhões de pessoas.

Voltando ao passado, em 14 de julho de 1789, como uma etapa da Revolução Francesa, houve a tomada da Bastilha, um evento importantíssimo que acabaria levando para a guilhotina o rei Luís XVI, em 21 de janeiro de 1793 – que poucas semanas depois seria seguido no cadafalso por outras 1.119 pessoas, dentre as quais estavam figuras importantes, como a rainha consorte Maria Antonieta, o advogado e político Georges Jacques Danton, o fundador da química atual, Antoine Lavoisier, o advogado Maximilien François Robespierre, entre outros.

A Revolução Francesa não foi um período favorável ao desenvolvimento da cidade. Tanto que, nessa época, poucos monumentos foram edificados. Em 1800 viviam na cidade cerca de 548 mil habitantes, porém, em meados do século XVIII esse número de pessoas seria ultrapassado pelo de Londres, que se tornaria a cidade mais populosa do mundo na ocasião.

Em 2 de dezembro de 1804 – depois de tomar o poder em 1799 –, Napoleão Bonaparte foi sagrado imperador da França pelo papa Pio VII, na catedral de Notre-Dame, e transformou Paris na capital do seu império.

Durante as guerras napoleônicas – que no início foram vitoriosas – esse império se expandiu. Todavia, com as subsequentes derrotas (com centenas de milhares de mortos, tanto do lado francês como dos vencedores), houve a queda do império. Isso aconteceu entre 1814 e 1815, sendo que esse fato trouxe a Paris exércitos de ingleses e cossacos, que, aliás, acamparam em Champs-Élysées.

Paris, nas três décadas seguintes, teve uma forte expansão populacional com o proletariado trabalhador fixando-se de forma bem miserável nos bairros centrais. Assim, no ano de 1832, outra peste – dessa vez um **surto de cólera** – matou 32 mil pessoas em Paris. Nessa ocasião, vale ressaltar que 80% dos corpos foram jogados numa vala comum. Talvez por essa razão a sociedade da época tenha sido descrita de maneira tão dramática por escritores como Honoré de Balzac, Victor Hugo e Eugène Sue.

Na década de 1830 Paris já contava com cerca de 640 mil habitantes. Essa elevada densidade demográfica – de 100 mil pessoas por quilômetro quadrado – favoreceu, é claro, o surgimento de severos focos epidêmicos.

Apesar de tudo isso a cidade continuou crescendo, até alcançar o *Mur des Fermiers Généraux*. Então, sobre o local do atual *boulevard périfhérique* (bulevar periférico, ou rodoanel) – uma via expressa de 35 km, que constituiu uma fronteira "artificial" entre a cidade e as comunidades limítrofes – foi construída a última muralha de Paris, entre 1840 e 1844. Seu nome era *Enceinte de Thiers*. Em 1860 foram anexadas as comunas e os bairros delimitados pela mesma, surgindo assim a Paris intramuros, cujos acessos viários eram feitos pelos portões de Paris ou pelas autoestradas e rodovias nacionais que ali se entroncavam.

Com a chegada do segundo império, Paris se transformou radicalmente num período de 20 anos, passando de uma cidade de **estrutura medieval** – com construções antigas e insalubres, e praticamente desprovida de grandes eixos de circulação – a uma **cidade moderna**!!!

A Paris dos dias de hoje tem muito da cidade de Napoleão III, cujas ideias sobre urbanismo e habitação se mostraram bem precisas. Todavia, o grande remodelador da cidade ao longo de 17 anos (entre 1853 e 1870) foi George Eugène Haussmann (1809-1891), conhecido como barão Haussmann e apelidado de **"o artista demolidor"**. Foi ele quem planejou uma nova cidade, modificando e criando novos parques parisienses; e construindo vários edifícios públicos, como a L'Opéra (projetado pelo arquiteto Charles Garnier).

O plano criado por Haussmann estabeleceu uma grande reformulação em um dos extremos dos Champs-Élysées, que se tornou uma "estrela" a partir da qual nasceram 12 avenidas amplas ao redor do Arco do Triunfo.

Ali, sobre os escombros da antiga cidade, foram erguidas entre 1860 e 1868 grandes mansões. Haussmann também melhorou o sistema de distribuição de água e criou uma grande rede de esgotos, iniciando em 1861 a instalação de um sistema de canalização entre La Villette e Les Halles, uma obra supervisionada pelo engenheiro Belgrand.

Em 1º de janeiro de 1860, uma lei é promulgada, permitindo que Paris anexe várias comunas vizinhas (ou municípios). Nessa época a capital francesa passou a contar com vinte *arrondissements* (em vez dos doze até então). Ou seja, a cidade se expandiu de uma área de 3,44 km^2 para 78 km^2, o que "facilitou" o seu crescimento urbano ininterrupto desde o fim do século XIX até o século XX.

Durante a *belle époque* – de 1900 a 1913 –, a expansão econômica de Paris se revelou bastante significativa e a cidade já contava com mais de **100 mil empresas**. Entre 1900 e 1913, centenas de cinemas forma abertos em

Paris, além de numerosas lojas de departamentos, o que contribuiu muito para o seu engrandecimento.

A cidade também passou a ser conhecida como **"Cidade Luz"**. Aliás, deve-se destacar que, para isso, contribuíram muito as duas "exposições universais" ali realizadas: a de 1889, em comemoração ao centenário da Revolução Francesa, quando foi inaugurada a torre Eiffel (projeto de Gustave Eiffel, bastante criticado na época), e que recebeu 28 milhões de visitantes; e a de 1900, que recebeu 53 milhões de visitantes. Nessa ocasião foram inauguradas a primeira linha do metrô de Paris, o Grand Palais, o Petit Palais e a ponte Alexandre III!!!

Para poder crescer e reduzir seus custos, a indústria parisiense se deslocou em grande parte para os subúrbios. Assim surgiu o chamado *banlieue rouge* (subúrbio vermelho).

Bem, além da *belle époque*, Paris também vivenciou os chamados "anos malucos", caracterizado pelo apogeu de sua influência cultural sobre as outras cidades (e os demais países) do mundo. Isso aconteceu principalmente graças ao que acontecia no entorno dos bairros de Montparnasse e de Montmartre, que acolheram artistas famosos, como Picasso, Matisse, Braque e Fernand Léger etc.

No que se refere a grandes destruições, em 1910 a cidade sofreu bastante com a grande cheia do rio Sena, que certamente provocou a mais grave inundação de sua história. O prejuízo na época foi de mais de 3 bilhões de francos (moeda da época). Durante a 1ª Guerra Mundial (1914-1918), Paris foi poupada de combates diretos, embora tenha sofrido alguns bombardeios e também tiros de canhão. Todavia, pode-se dizer que os ataques foram esporádicos e exerceram sobretudo um caráter psicológico sobre a população.

Já nos períodos entre o fim da 1ª Guerra Mundial (1918) e o início da 2ª Guerra Mundial (em 1939), desenvolveu-se na cidade uma crise social e econômica. Então, em resposta à crise habitacional, o poder público votou a lei Loucheur, criando o programa *Habitation à Bon Marché*, de moradias a um preço social.

Já no decorrer da 2ª Guerra Mundial (1939-1945), Paris foi declarada uma "cidade aberta". Assim, desde a batalha da França, mais especificamente em 14 de junho de 1940, ela foi ocupada pelos nazistas. Mais uma vez pode-se dizer que eles a pouparam. Nessa época, o governo francês do marechal Philippe Pétain, instalou-se em Vichy, e Paris deixou de ser a capital francesa para se tornar a sede do comando militar alemão na França (!?!?)

Todavia, com a aproximação das tropas aliadas, a resistência francesa desencadeou em 19 de agosto de 1944 uma insurreição armada. Esta promoveu a liberação de Paris, em 25 de agosto de 1944. Desse modo, com a entrada na cidade da 2ª divisão blindada do general Leclerc, este ordenou ao capitão Raymond Dronne que atravessasse as linhas inimigas com a sua nona companhia!!!

Por sua vez, o general alemão Von Chalitz capitulou e deixou de executar as ordens de Adolf Hitler, que ordenara que a cidade fosse destruída. Assim, em mais uma ocasião, Paris acabou sendo relativamente poupada de combates...

Vejamos agora alguns detalhes interessantes que provam que Paris é de fato uma cidade bastante criativa.

1º) Administração – Nessas últimas quatro décadas, Paris teve apenas quatro prefeitos: Jacques Chira (1977-1995), que deixou o cargo quando foi eleito presidente do país; Jean Tiberi (1995-2001); Bertrand Delanoë (2001-2014); e agora Anne Hidalgo, que ocupa o cargo desde 5 de abril de 2014.

O que mais se destacou dos predecessores foi Bertrand Delanoë, isso por conta de seu anseio público no sentido de reduzir o espaço do automóvel na cidade em benefício de pedestres e do transporte público. Por meio de grandes manifestações culturais como a *Nuit Blanche* ("Noite Branca"), ou simplesmente lúdicas como a *Paris Plages* ("Praias de Paris"), ele conseguiu animar a vida parisiense.

Embora durante seu mandato tenham ocorrido na cidade grandes conflitos sociais, sendo o estopim, as enormes **divergências** raciais, de um modo geral, a gestão do prefeito Bertrand Delanoë, foi bastante prolífica e criativa. Ele, por exemplo, introduziu na cidade um sistema de compartilhamento de bicicletas, o *Vélib*, outro de automóveis elétricos, e um programa-piloto que, no lugar dos tradicionais cortadores de grama, utilizou "ovelhas" para aparar o gramado dos vários jardins da cidade.

2º) A praia de Paris – Desde de 2002, a via Georges Pompidou – que ladeia a *Rive Droite* (margem direita do rio Sena) – é ocupada por uma "praia": a *Paris Plages*. Nessa ocasião o local fica bloqueado e uma "praia instantânea" surge a partir dos seguintes ingredientes: 6,5 mil toneladas de areia, 250 guarda-sóis azuis, 350 cadeiras reclináveis, 800 cadeias de praia,

250 espreguiçadeiras, 40 redes, 200 mesas, quatro quiosques de sorvete, oito cafés e 800 m de cerca de madeira. A montagem envolve anualmente 250 pessoas, e 450 indivíduos são usados na manutenção diária do local.

Assim, durante algumas semanas – de julho a agosto, o verão parisiense – o rio Sena transforma-se numa **praia**. Trata-se de uma "Riviera urbana", com um vaivém de pseudojogadores de vôlei de praia, de engenheiros de castelos de areia, de dançarinas de samba, tango e *break*, de músicos de *rock*, *jazz* e *soul*, e de gente tomando sol – numa festiva demonstração da enorme diversidade humana.

3º) **Compartilhamento de bicicletas** – Dois anos depois que surgiu na capital francesa a possibilidade de as pessoas utilizarem bicicletas para trafegar pelas ruas da cidade, o negócio já não parece mais tão ruim para a prefeitura de Paris. Em julho de 2007, as negociações entre a empresa JC Decaux e a prefeitura de Paris chegaram a um bom termo. Assim, foram introduzidas na cidade 20,6 mil bicicletas em 1.200 mil *bornes* (estações de retirada/entrega), para a livre utilização – os *velos en libre-service* (VLS). Tudo isso mediante o pagamento de (no mínimo) € 3,5 milhões por ano para a cidade por parte da empresa JC Decaux, que por sua vez adquiriu o direito de explorar 1.628 painéis publicitários (*outdoors*) na cidade.

Foi um excelente golpe político e promocional para o prefeito Bertrand Denaloë, pois, sem gastar nenhum dinheiro da prefeitura, ele conseguiu oferecer aos parisienses (e aos turistas) um enorme lote de bicicletas. Além disso, surgiu a possibilidade de a prefeitura obter inicialmente uma receita anual entre € 15 e € 20 milhões com o aluguel das magrelas do programa *Vélib*.

Para o usuário, de posse de um cartão de crédito, é possível desbloquear uma *bike* em qualquer estação, o que facilita principalmente a vida dos estrangeiros. Ao efetivar a compra, a pessoa recebe um *e-mail* confirmando o pagamento e também um número PIN. Este deve ser digitado para destravar a bicicleta em qualquer posto *Vélib*, que, aliás, funciona 24 h por dia, sete dias por semana!!! E a devolução da bicicleta pode ser feita em qualquer estação de locação que integra o sistema.

4º) **O calçadão de Paris** – Apesar das controvérsias e de anos de disputas políticas, em junho de 2013 Bertrand Delanoë fechou quase 2,5 km da via expressa na *Rive Gauche* ("Margem esquerda") e inaugurou o *Les Berges*, um calçadão à beira do rio onde estão localizados jardins flutuantes, restaurantes e áreas de jogos. Na época o prefeito anunciou com satisfação: "O ar rançoso da avenida está sendo soprado para longe, dando lugar a um ambiente ao ar livre onde todos poderão descansar, relaxar e se divertir."

Evidentemente, e como sempre, nem todos ficaram satisfeitos. Esse foi o caso, por exemplo da subprefeita do abastado 7º *arrondissement*, Rachida Dati, filha de um pedreiro marroquino. Ela comentou: "Fui contra, pois *Les Berges* custou € 40 milhões e com essa quantia poderíamos cuidar melhor de 27 mil crianças cujas mães não encontram vaga em creches; ou então melhorar o transporte público, como é o caso do metrô, no qual não se tem investido nos últimos tempos. Esse novo espaço não tornou Paris mais aprazível. Nesse momento, Paris não precisa de mais prazer, mas de facilidades para que as pessoas possam chegar ao trabalho!?!?"

Como se pode perceber, Paris é bem parecida com São Paulo. Na capital paulista, enquanto alguns gostaram do fechamento da avenida Paulista nos domingos, ou da criação de ciclovias pelo ex-prefeito Fernando Haddad, muitos paulistanos detestaram essas iniciativas. Isso aconteceu por motivos diversos, seja por conta de contratempos pessoais ou por considerar-se que tais novidades representavam um desperdício de recursos. Assim, neste sentido, nem todos na capital francesa concordaram com as inovações de Delanoë. Porém, vale lembrar que uma **cidade criativa** é aquela em que são introduzidas leis ou regras que busquem sua própria sustentabilidade, particularmente no combate à poluição.

5º) Recuperação – A atual prefeita Anne Hidalgo, por sua vez, tem investido mais na recuperação de prédios abandonados, transformando-os em locais mais agradáveis. Em uma ação conjunta em que ela contou com a adesão das prefeituras de Madri, Atenas e a Cidade do México, foi assinado um compromisso cujo objetivo é banir a circulação de automóveis utilitários, caminhões e ônibus com motores movidos a diesel.

Anne Hidalgo explicou: "Com essa iniciativa, certamente conseguiremos diminuir os níveis de poluição do ar. A poluição nas cidades é um grande problema e requer ações ousadas. Por isso convocamos as montadoras para se unirem a nós. A frota a diesel precisa ser substituída por veículos movidos a eletricidade, a hidrogênio ou que sejam híbridos. Aqui em Paris já existem outras restrições contra o diesel, pois a partir de julho de 2017, caminhões e ônibus fabricados antes de 2006 não poderão entrar em zonas de grande circulação no período entre 8h e 20h, e o mesmo valerá para automóveis produzidos antes de 2001."

6º) Dados institucionais e geográficos – Como capital política e intelectual da França, Paris é a sede do governo francês, de um arcebispado, das principais empresas, de uma universidade que congrega uma terça parte de todos os estudantes franceses, de muitos museus e imponentes bibliotecas. Ela também é o principal centro industrial e comercial da França, graças à importância do seu mercado de consumo, à convergência das vias de comunicação e à concentração das estradas. Aliás, o marco zero das rodovias francesas é simbolizado por um pedestre que está diante da catedral de Notre-Dame.

No limite exterior do rodoanel de 35 km de extensão, estão as regiões onde se localizam o seu heliporto (15º *arrondissement*) e as duas zonas arborizadas ao leste, o Bois de Boulogne (846 hectares, no 16º) e o Bois de Vincennes (995 hectares, no 12º *arrondissement*).

A ausência de uma organização administrativa que gerencia de maneira clara e objetiva a Grande Paris, à parte de todas as considerações históricas e políticas, continua sendo um dos maiores problemas dessa "aglomeração parisiense". De fato, entrou em vigor em 1º de janeiro de 1968 uma lei que reorganiza a região parisiense, de modo que Paris se tornou, ao mesmo tempo, um departamento e uma comuna.

O departamento de Paris não tem nenhuma subdivisão senão a única comuna que a compõe!!! Essa comuna é dividida em 20 *arrondissements* que foram criados a partir da extensão territorial de 1860, em substituição aos 12 antigos *arrondissements* que existiram de 11 de outubro de 1795 até 1860.

Os 20 *arrondissements* de Paris estão distribuídos segundo uma espiral que se desenrola no sentido horário, a partir de um ponto central da cidade localizado no Louvre (1º *arrondissement*). É assim que os números mais baixos correspondem a *arrondissements* mais centrais, enquanto os de números mais elevados àqueles que estão mais distantes do centro. Cada *arrondissement* é administrado por um conselho com funcionamento semelhante ao conselho municipal, porém, com poderes mais limitados.

O que não se pode esquecer é que o rio Sena é o que centraliza Paris; é o seu "**coração líquido**", ou seja, para os parisienses é uma bússola, um modo para se localizar.

7º) A bússola parisiense – O rio Sena é descrito pelos franceses com a palavra *fluide*, que tem implicações filosóficas. Parece até que às águas do Sena sussurram algo do tipo: "Renda-se à impermanência e ao fluxo."

Em suas águas ele já viu "navegar" desde brinquedos de plástico a bitucas de cigarros, de garrafas de vinho vazias a corpos (esses últimos, só de vez em quando).

Mas o rio foi recuperado. Nas décadas posteriores à 2ª Guerra Mundial, a poluição reduzira a cinco o número de espécies de peixes que conseguiam sobreviver nele, porém, a partir dos anos 1960, as rígidas regulamentações implementadas sobre o que se podia despejar no rio (ou não) permitiram revivê-lo. Assim, a contagem de espécies passou de cinco para 32, dentre as quais estão a parca, o lúcio e o silurídeo – um peixão (o maior capturado até hoje tinha 2 m) feioso como o Quasímodo, com boca de aspirador, pele borrachuda cor de lama e olhinhos redondos esbugalhados. Os silurídeos comem outros peixes, patos e até mesmo os pombos azarados que passam no rio para beber água e ficam ao alcance daquele bocão sorrateiro...

8º) A economia – Durante muito tempo falou-se na rivalidade entre Paris e Londres no campo econômico. John Ross, num artigo publicado na prestigiada revista *The Economist*, declarou que Paris perdeu a sua competitividade econômica para Londres há muito tempo, salientando: "Nós não nos consideramos mais em competição com Paris, pois esse combate nós já ganhamos. Agora nos medimos em comparação a Nova York."

Tudo isso, entretanto, poderá voltar a mudar a partir de 2017, visto que o RU saiu da UE. Assim, certamente muitas instituições financeiras deverão se transferir de Londres para uma grande capital europeia, e tudo indica que seja Paris...

9º) Hospedagem – Uma outra consequência do grande aumento do número de viajantes e de turistas na capital francesa é, desde o fim do século XIX, o surgimento de numerosos hotéis, em parte devido às exposições universais.

Dentre os mais luxuosos, estão o hotel Ritz (de 1898), na praça Vendôme, e o hotel Crillon, que abriu suas portas no lado norte da praça da Concórdia (de 1909). Mas existem vários outros endereços (e de todos os tipos e preços). Vejamos alguns:

O Hilton Opera, é um hotel elegante instalado num edifício de arquitetura *arte noveau* ao lado da estação Saint Lazare do metrô, com quartos amplos e banheiro de mármore. É uma ótima escolha para quem não precisa economizar, visto que o preço das diárias parte de € 520.

O Seven é um hotel *design* onde cada quarto ostenta uma decoração diferente, sendo que alguns deles contam com luzes de neon e banheiro com paredes de vidro. Ele fica próximo ao Quartier Latin, e oferece diárias a partir de € 90.

O Legend é um hotel dos mais baratos, cujos quartos compactos e bem decorados são divididos em oito categorias. Ele oferece boa localização, estando próximo ao bairro do Saint-Germain (metrô Saint-Placide), com diárias a partir de € 70.

De fato, em menos de uma década (a última), Paris testemunhou um aumento de cerca de 50% no número de leitos em hotéis, inclusive os de luxo. Por causa disso, os prédios mais antigos estão se remodelando por completo, como é o caso do Plaza Athénée, do Ritz e do Crillon. Os hotéis *três chic* da capital francesa também resolveram apostar em mimos fora do óbvio para conquistar os hóspedes.

O Four Seasons George V, por exemplo, criou um menu de atividades gratuito que inclui *city tour* com caminhada ao amanhecer, *workshops* de flores, degustação de vinhos na *cave* do hotel (conduzida por um *sommelier*) e *cocktail classes* com Grégory Hazoc, seu *barman* estrelado.

O Mandarin Oriental, por seu turno, oferece dois menus de piqueniques para os seus hóspedes, um francês e outro asiático, e também indica os lugares mais aprazíveis da cidade para tal propósito. Já o pequeno e discreto hotel La Reserve, que ocupa uma antiga mansão no começo da Champs-Élysées, oferece todas as bebidas não alcoólicas do frigobar e os *snacks* do quarto **sem custo**!!! Finalmente, o hotel The Peninsula, tem até secador de esmalte em suas acomodações. Isso sem contar a frota de carros BMW, Mini Cooper e Rolls-Royce para levar seus hóspedes para passeios pela cidade sem custo adicional!!!

Como se vê, o *mon Dieu* (meu Deus!) pouco mimo é bobagem atualmente em quase todos os hotéis de Paris...

O maior setor econômico de Paris continua sendo o **turismo de lazer**, que, além de nos próprios hotéis, traz muito movimento aos cafés, serviços de transporte e restaurantes. O turismo profissional (de negócios) também é muito significativo. São muitas as conferências, feiras, exposições que acontecem ali, como é o caso do famoso Salão do Automóvel de Paris. A capital francesa também é o lugar onde acontece o maior número de **congressos internacionais**. De fato, em 2016, os cinquenta principais centros culturais da cidade receberam mais de 85 milhões de visitantes.

É verdade que a concorrência no turismo de negócios está cada vez mais acirrada, pois vários eventos têm sido transferidos para cidades como Madri, Barcelona, Berlim, Viena, Milão etc. Entretanto, pelo fato de possuir uma rede hoteleira bem diversificada, como já exemplificado, e inclusive um grande número de hotéis de três e duas estrelas (maior que a de outras grandes capitais), Paris tem resistido muito bem. Isso pelo fato de a cidade ainda se beneficiar de sua reputação nos setores de moda, artigos de luxo, perfumes e gastronomia.

Vale lembrar, entretanto, que nesse final da 2ª década do século XXI, têm surgido outras ofertas de hospedagem, como a proporcionada pelo Airbnb. Isso sem dúvida está solapando essa condição aparentemente vantajosa da capital parisiense.

10º) Educação – Estima-se que no ano escolar de 2016 cerca de 300 mil alunos tenham estudado nas escolas públicas parisienses. Deles, aproximadamente 160 mil cursavam o primeiro grau, e o restante, o 2º grau. Vale ressaltar que as instituições líderes da cidade no ensino secundário são: o Lycée Louis-le-Grand, o Lycée Henry-IV, e o Lycée International de Saint-Germain-en-Laye, que têm destaque nacional e internacional pela qualidade do seu processo de ensino e aprendizagem.

Já no ensino superior, havia em 2016 cerca de 620 mil estudantes na Île de France, ou seja, mais de um quarto do total francês, com muitos alunos vindos de outras cidades do país e também do exterior. De fato, desde o século XII, Paris se revelou um dos grandes centros intelectuais da Europa, principalmente no que se refere aos campos da teologia e filosofia.

A Universidade de Sorbonne, que viveu e se desenvolveu no pé da montanha Saint-Genevieve, na margem esquerda do Sena, surgiu no ano de 1257.

A partir do século XVIII começaram a se desenvolver as escolas especializadas em determinadas profissões, o que deu origem às grandes IESs atuais, como a École Polytechnique e a Escola Normal Superior de Paris, ambas fundadas durante a Revolução Francesa.

Outra universidade famosa é a Universidade de Paris, cuja data de fundação é simbolicamente mantida no ano 1.200, quando Filipe Augusto concedeu uma condição especial para a corporação (mestres e aprendizes). A Universidade de Paris moderna, como a conhecemos nos dias de hoje, foi fundada no século XIX, e é formada por seis faculdades: Direito, Medicina, Farmácia, Literatura, Teologia e Ciências. No século XX, o número de estudantes dentro dela cresceu fortemente e, após a revolta dos estudantes em maio de 1968 – da qual a Sorbonne foi o epicentro –, a Universidade de Paris se reorganizou em treze estabelecimentos autônomos (que englobam os *campi* Paris I a Paris XIII), cada um especializado num domínio relativamente delimitado.

O maior centro universitário francês fica dentro da área circundada pelo rodoanel de Paris, onde estão localizadas as Universidades Paris I a VII, bem como a Universidade Paris-Dauphine – embora esta última fique um pouco mais afastada do centro. O Quartier Latin conserva sua importância, mantendo as antigas instalações da Universidade de Sorbonne, da Escola Normal Superior de Paris e do Colège de France. Num escopo mais abrangente, a região mais utilizada para tal finalidade é a *Rive Gauche*, onde estão a Sciences PU; Assas (Universidade de Paris, Faculdade de Direito); Jussieu (Universidade de Paris, Faculdade de Ciências), EHESS etc.

Existe uma certa tendência no sentido de estender o bairro universitário para o leste, incluindo assim o 13º *arrondissement*, onde fica inclusive a Biblioteca Nacional da França, e diversos prédios universitários foram inaugurados. Paris também abriga a École Nationale Supérieure d'Arts et Métiers, nas proximidades da praça da Itália, desde 1912. A partir dos anos 1960, também foram criadas universidades nos subúrbios, sendo a mais antiga a de Nanterre, em 1964.

O fato é que tem ocorrido na França um movimento no sentido de descentralizar o ensino. Ou seja, já nos anos 1990 muitas IESs foram transferidas da capital para outras cidades. Esse foi o caso, por exemplo, da Escola Nacional de Administração, que foi para Estrasburgo, e também de algumas **escolas normais superiores**, que mudaram para Lyon. Entretanto, a maioria das IESs de prestígio ainda se encontra em Paris. Durante a mesma época, várias grandes *écoles* também abandonaram o centro de Paris, principalmente em busca de espaços maiores. Assim, o Plateau de Saclay, no sul de Paris, se tornou um polo bem importante e tem agora no seu vasto território uma universidade (Universidade Paris XI), a Grande École d'HEC (HEC, desde 1964 e Polytechnique em 1976), bem como importantes laboratórios públicos e privados.

A cidade de Paris possui sete escolas superiores prestigiosas com forte ligação com a EC, sendo que quatro delas se dedicam às artes aplicadas: École Boulle (produção de móveis); École Estienne (artes gráficas, especialmente a encadernação), École des Ingénieurs de la Ville de Paris, e a École Supérieure de Physique et de Chimie Industrielles de la Ville de Paris. Outra escola bastante conhecida de Paris é a École du Brauil, focada em horticultura.

11º) Arquitetura – No que se refere a esse quesito, deve-se recordar que a maioria dos soberanos franceses, desde a Idade Média, se empenhou em deixar sua marca arquitetônica na cidade. Vale lembrar que Paris nunca foi destruída, como ocorreu nos casos de Londres, com o grande incêndio de 1666, e de Lisboa, com o terremoto de 1755. Por causa disso, Paris acabou elaborando um estilo harmônico. Nela, as marcas do passado remoto que estão presentes no traçado de certas ruas convivem lado a lado com uma infraestrutura moderna. Como já foi dito, a atual organização da cidade deve muito às obras de Haussmann, realizadas durante o segundo império. Foi ele quem abriu a maioria das vias de circulação que existem hoje, como o *boulevard* Saint-Germain e o *boulevard* de Sebastopol, entre outros.

Costuma-se associar Paris ao alinhamento de imóveis de uma mesma altura, distribuídos ao longo de avenidas ladeadas por árvores, cujas fachadas são ornamentadas por lindas flores, especialmente em suas varandas. Dessa maneira, existem na capital francesa, e há muito tempo, regras estritas de urbanismo, em particular em relação aos limites de altura de seus edifícios!!!

Atualmente, a construção de novos prédios com mais de 37 m de altura não é autorizada em várias regiões de Paris, exceto em situações excepcionais. E, diga-se de passagem, em muitos bairros esse limite de altura é ainda mais restrito. A torre *Montparnasse*, com 210 m de altura, foi desde 1973 o imóvel mais alto da cidade (e até da França). A *Tour AXA* (antiga *First*) foi renovada e atingiu agora 231 m de altura. Essa situação, entretanto, pode mudar mais ainda... Existem planos para a construção de vários outros edifícios em La Défense: a *Phare Tower* (com 300 m); a *Tour Signal* (301 m), a *Tour Generale* (318 m) e o ambicioso projeto *Hermitage Plaza* (323 m).

Paris conta com cerca de 6.120 vias públicas e privadas, sendo que algumas delas são bem curiosas. Esse é o caso da avenida Foch, no 16º *arrondissement*, que é a mais larga de Paris, com 120 m. Já a avenida de Selves (no 7º *arrondissement*) é a mais curta, com apenas 110 m de comprimento.

Por sua vez, a rua mais longa de Paris é a *Vaugirard*, com 4.360 m, que vai do 6º ao 15º *arrondissement*. A *Rue des Degrés*, em contrapartida, localizada no 2º *arrondissement*, é a mais curta com 5,75 m de extensão. Já a *Rue du Chat-qui-Pêche* (no 5º *arrondissement)* é oficialmente a mais estreita da cidade, com uma largura máxima de 1,8 m (existem outras fontes, porém, que consideram a *Sentier des Merisiers*, no 12º *arrondissement*, como a mais estreita, com menos de um metro; ou ainda a *Passage de la Duée*, no 20º *arrondissement*, que é ladeada por uma paliçada e mede 80 cm de largura)!?!? A rua com declive mais acentuado da cidade é a *Gasnier-Guy* (no 20º *arrondissement*) com uma inclinação de 17%. Com certeza não é uma boa pedida para se andar de bicicleta, especialmente na subida, não é mesmo?

A arquitetura contemporânea é representada em Paris pelo Centro Georges Pompidou, um edifício dos anos 1970 que abriga o Museu Nacional de Arte Moderna, bem como a Biblioteca Pública de Informação, de acesso livre.

Não menos importantes em termos arquitetônicos são o Instituto do Mundo Árabe, aberto em 1987, e as importantes realizações idealizadas pelo presidente François Mitterrand: a Biblioteca Nacional da França no novo bairro Paris Rive Gauche, a Ópera Bastille e a célebre pirâmide do Louvre, obra do arquiteto Ieoh Ming Pei, erigida no pátio principal do Museu do Louvre.

12º) Atrações, artes e turismo – No sentido moderno, o termo "turismo" não atingiu seu significado mais pleno antes do surgimento da ferrovia, que ocorreu ao longo dos anos 1840. A partir daí uma das primeiras atrações da cidade foi uma série de exposições universais ocorridas desde 1855!!! Essas ocasiões também serviram para a edificação de muitos novos monumentos em Paris, dentre os quais o mais famoso foi, sem dúvida, a torre Eiffel.

Essas construções, juntamente com os embelezamentos promovidos na capital francesa durante o segundo império, contribuíram de maneira significativa para transformar a própria cidade numa verdadeira atração. Contudo, se Paris é hoje em dia a capital mais visitada do mundo, ao mesmo tempo ela é classificada como uma das menos acolhedoras e mais caras do planeta (!?!?)

As principais atrações turísticas da cidade são: a torre Eiffel; a avenida Champs-Élysées, uma das mais largas e famosas avenidas do mundo; o Centro Georges Pompidou; o Arco do Triunfo (construído por Napoleão Bonaparte em 1806, em homenagem às vitórias francesas e aos que morreram no campo de batalha); o Museu do Louvre, famoso por possuir importantes obras de arte, como o quadro *Mona Lisa* (de Leonardo da Vinci); Montmartre, nova área histórica da cidade onde se localiza a basílica de

Sacré Coeur (famosa também pelos seus cafés, estúdios e clubes noturnos, como o *Moulin Rouge*); a catedral de Notre-Dame, famosa construção no estilo gótico que data de 1163, erigida no centro da cidade; o Panteão, uma antiga igreja, famosa por abrigar os restos mortais de vários franceses famosos; o Museu de Arte e História do Judaísmo; o Museu de Orsay, que no passado foi uma estação de trem, mas hoje abriga uma importante coleção de arte impressionista; o cemitério de Père-Lachaise, onde estão enterradas pessoas famosas, como: Oscar Wilde, Jean-François Champollion, Edith Piaf, Charlie Chaplin, Allan Kardec, entre muitos outros; o Hôtel National des Invalides, museu e necrópole militar; La Défense, o centro financeiro de Paris, localizado a oeste da cidade; o palácio de Versalhes, na cidade de Versalhes, construído por Luís XIV (também chamado de "Rei Sol") para abrigar toda a corte e representar todo o seu poder, a sua glória e riqueza; a Disneyland Resort Paris, um complexo de entretenimento do conglomerado Disney; e o L'Hôtel de Ville, sede da prefeitura de Paris, que além de possuir uma arquitetura francesa peculiar, esbanja luxo e riqueza em cada detalhe.

Paris é uma cidade em que as pessoas gostam também de celebrar e aproveitar o dia em locais públicos, no gramado do campo de Marte, aos pés da torre Eiffel, às margens do rio Sena, promovendo inclusive piqueniques com amigos, saboreando queijos e vinho, e aproveitando o seu tempo livre de maneira bem agradável.

O resultado dessa bem-vinda ocupação dos espaços públicos é um astral delicioso que toma conta da cidade nos meses quentes do ano. Assim, Paris encarna como nenhuma outra capital a *joie de vivre*, expressão francesa que resumidamente significa "alegria de viver".

Entre as atrações estão a *Nuit Blanche*, durante a qual permite-se ao público assistir gratuitamente a diferentes expressões da arte contemporânea através da cidade, ocorrendo o evento na noite do primeiro sábado para o primeiro domingo de outubro!!! Mas Paris acolhe ao longo do ano diversas outras festividades.

No fim de janeiro, por exemplo, acontecem nas ruas do 13º *arrondissement* as celebrações do Ano Novo chinês; o cortejo tradicional do Carnaval de Paris acontece no mês de fevereiro; no final de fevereiro é realizado o Salão Internacional da Agricultura; em março acontece o Salão do Livro; ao fim de abril ou início de maio, a Feira de Paris, na qual se relembra como eram as multidões nos tempos medievais, a Maratona de Paris também ocorre no mês de abril nas ruas da cidade.

A Parada *Gay* acontece em junho. Em julho, mais especificamente no dia 14, ocorre o tradicional desfile militar na Champs-Élysées e a queima de fogos de artifício nos jardins do Trocadéro. Já a Parada Techno se realiza em setembro.

Outubro é o mês da Feira Mundial de Automóvel, que ocorre nos anos pares, alternando com a Feira Mundial da Motocicleta, nos anos ímpares. Nesse mesmo mês acontece a Feita Internacional de Arte Contemporânea.

Também em outubro – no 2º sábado – o bairro de Montmartre se reencontra com o seu passado vinícola na Festa da Colheita. E, para terminar as atrações desse mês, há ainda a Bienal de Paris, uma das mais antigas manifestações de arte da cidade. Ela foi fundada por André Malraux, em 1959.

Bem, aí estão algumas das manifestações culturais e festividades, mas em **Paris tem muito mais, viu?**

No âmbito artístico e cultural, Paris tem ocupado nos últimos séculos um lugar bastante privilegiado, e isso em termos mundiais!!!

Nasceram na cidade movimentos artísticos como o impressionismo, o surrealismo e o fauvismo, além de importantes figuras da arte e do pensamento, como René Descartes, François Marie Arouet (ou simplesmente Voltaire), Victor Hugo, Émile Zola, Alexandre Dumas (filho), Edgar Degas, Claude Monet, Jean-Paul Sartre, Jean Renoir, Louis Malle, Henri Cartier Bresson, Simone de Beauvoir e Edith Piaf, só para citar alguns nomes cujas contribuições foram importantes para a humanidade.

Paris, também acolheu inúmeros artistas estrangeiros, desde Leonardo da Vinci até Vincent van Gogh, de Pablo Picasso a Luis Buñuel, ou ainda escritores renomados como Ernest Hemingway, Gabriel Garcia Márquez, Mario Vargas Llosa, Samuel Beckett, Julio Cortázar, Francis Scott Fitzgerald, Oscar Wilde etc.

Os monumentos mais célebres de Paris datam de épocas diversas, e, com frequência, eles se encontram no centro ou então próximos das margens do rio Sena. Os cais do rio Sena que ficam entre a ponte Sully e a ponte Bir-Hakeim, constituem uma das mais belas paisagens fluviais urbanas e, inclusive, fazem parte do patrimônio mundial da Unesco.

Ali se encontram, de leste a oeste, a catedral de Notre-Dame, o Grand Palais, o Louvre, a torre Eiffel e muitas outras edificações relevantes. Ou seja, Paris foi sempre acrescentando monumentos incríveis com o passar do tempo. Assim a capela da Sorbonne no coração do Quartier Latin, foi erguida no início do século XVII; o Louvre, residência da realeza, foi embelezado ainda no século XVII e retocado muitas vezes desde então.

O Hôtel des Invalides, com seu famoso domo dourado, foi erigido por Luís XIV no fim do século XVII nos subúrbios da cidade. Ele estava ansioso por oferecer um hospital para soldados feridos. O prédio abriga desde 15 de dezembro de 1840, as cinzas de Napoleão Bonaparte e, desde 2 de abril de 1861, também guarda sua sepultura.

O Panteão, edificado no fim do século XVIII próximo à Sorbonne, tornou-se sob a Revolução Francesa um templo civil onde os franceses ilustres estão enterrados. Ao longo do século XX, os melhores arquitetos do país semearam as ruas de Paris com suas criações, como foi o caso de Guimard, Charles Plumet e Jules Lavirotte, verdadeiras referências de *art noveau*. Eles foram seguidos pelas realizações de Robert Mallet-Stevens, Michael Roux-Spitz, Dudok, Henri Sauvage, Le Corbusier, Auguste Perret etc., durante o período entre as duas guerras mundiais.

Mais recentemente o Museu do Quai Branly, projetado por Jean Nouvel e dedicado às artes e civilizações da África, Ásia, Oceania e Américas, foi inaugurado em 2006, vindo a enriquecer ainda mais a diversidade arquitetural e cultural da capital francesa. Recentemente, em 2015, ficou pronto o edifício que abriga a Fundação Louis Vuitton, obra do famoso arquiteto Frank Gehry, na qual estão reunidas as obras da coleção particular de Bernard Arnoult (dono da grife Louis Vuitton) e onde acontecem também mostras de arte contemporânea. Existe ali uma programação de filmes e concertos, além de um delicioso café-restaurante e uma lojinha local.

O eixo histórico de Paris tem início no pátio do Louvre, com um alinhamento de edifícios e vias de comunicação que partem do centro da cidade rumo ao oeste. De fato, ele começa na estátua de Louis XIV (no Louvre) e continua através do jardim das Tulherias, da praça da Concórdia e da Champs-Élysées, terminando no Arco do Triunfo, no meio da praça Charles de Gaulle (antiga praça de l'Étoile).

A partir dos anos 1960, a perspectiva do eixo foi estendida mais para o oeste, por conta da construção do bairro de negócios de La Défense, onde se encontram os novos grandes arranha-céus de Paris. O toque final desse projeto veio em 1989, com a construção do Grande Arco de La Défense.

Por causa de sua altura, a torre *Montparnasse* e a basílica de Sacré Coeur – ambas no topo da colina Montamartre – são marcos importantes nos arredores da praça Tertre, pontos de referência no horizonte parisiense. Aliás, a praça de Tertre abriga muitos pintores e caricaturistas, e é um dos locais mais emblemáticos de Paris, recebendo grandes contingentes de turistas.

Paris tem muitos parques e jardins. Alguns deles são bem antigos, como o Jardim das Tulherias, criado no século XVI na margem direita do rio Sena. O Jardim de Luxemburgo, na margem esquerda do rio Sena, surgiu a partir de 1625, dentro de uma área privada do castelo construído por Marie de Médici. O Jardim das Plantas foi criado por Guy de La Brosse, o médico de Luís XIII, para o cultivo de plantas medicinais. Posteriormente ele se transformou no primeiro parque público de Paris.

No segundo império os jardins parisienses ganharam sua atual fisionomia. De fato, a criação de espaços verdes foi uma faceta importante da política de ventilação e aeragem da cidade, cuja população crescia e se amontoava em ritmo acelerado.

Sob a direção do engenheiro Jean-Charles Alphand e do paisagista Jean-Pierre Barillet Deschamps, surgiu na cidade um novo conceito de jardim – o *bois* (bosque). Assim, o Bois de Boulogne e o Bois de Vincennes, que costumavam ocupar áreas externas de Paris, foram remanejados. Hoje ambos ocupam o extremo oeste e o extremo leste de Paris, respectivamente, e representam os maiores espaços verdes da cidade.

Durante o segundo império muitos jardins foram reformados e outros planejados. Várias praças também foram criadas. Os parques Monceau, Montsourise e Buttes-Chaumont foram concebidos por esse engenheiro de Napoleão III. Mais recentemente, ou seja, a partir da década de 1980, vários espaços verdes foram criados em terrenos desativados. Este foi o caso do parque da Villette, inaugurado pelo arquiteto Bernard Tschumi, no local dos antigos matadouros de Paris, sendo hoje o maior parque intramuros da cidade.

No decorrer da década de 1990, também foram criados os parques Belleville, Bercy, André-Citroën, Georges Brassens entre os principais.

A periferia da cidade, ao longo da antiga linha férrea circular, foi igualmente embelezada por jardins. No século XXI o parque mais importante de Paris se chama Jardins de Éole.

E, por incrível que possa parecer, tanto as pessoas que vivem em Paris quanto seus visitantes adoram visitar os cemitérios que ali existem!?!? Quando surgiram em 1804, sob a tutela de Napoleão I, os principais cemitérios parisienses se situavam na periferia da cidade. Aliás, muitas igrejas de Paris também possuíam seus próprios cemitérios, entretanto, no fim do século XVIII, eles foram fechados por questões de insalubridade. Em 1786, todas as ossadas dos cemitérios paroquiais foram retiradas e transferidas para dentro das antigas pedreiras subterrâneas que existiam no exterior das portas meridionais de Paris. A entrada para o ossuário municipal fica na praça Denfert-Rochereau, no 14º *arrondissement*. Atualmente essas pedreiras são conhecidas como as "catacumbas de Paris".

O fato é que desde que foram englobados, todos esses antigos cemitérios se tornaram oásis de tranquilidade bastante apreciados, e bem próximos de uma cidade vibrante. Um grande número de figuras famosas encontra-se sepultado no cemitério de Pére Lachaise, sendo que os demais cemitérios importantes são o de Montamatre, de Montparnasse, de Passy e as catacumbas de Paris.

Novos cemitérios foram criados na cidade no início do século XX, fora dos seus limites, sendo que os maiores são: Saint Quen, Pantin, Ivry e Bagneux.

Sem dúvida, uma grande atração para quem está em Paris são os seus museus, e a região de Île-de-France possui a maior oferta museográfica da França. Existem cerca de 100 museus na Paris intramuros, aos quais deve-se acrescentar outros 110 museus da região.

Mas é na diversidade das obras abrigadas nesses museus que toda sua riqueza se sobressai. O museu mais antigo, de maior área e maior coleção é o Museu do Louvre, que já alcançou uma visitação anual de praticamente 9 milhões de pessoas, sendo assim o mais **frequentado do mundo**!!! Outros de renome são o Museu Nacional de Arte Moderna (dentro do Centro Georges Pompidou) e o Museu d'Orsay, dedicado essencialmente ao impressionismo. Ambos também recebem milhões de visitantes anualmente.

Nas proximidades de Paris, fica o palácio de Versalhes, edificado por Luís XIV. Esse local serviu como residência para os reis da França ao longo dos séculos XVII e XVIII, e atrai igualmente milhões de visitantes por ano. Vale ressaltar que o palácio e o parque de Versalhes estão incluídos na lista dos patrimônios mundiais da Unesco, desde 1979.

Esses museus se encontram sob diversos estatutos administrativos: o título mais célebre é o de museu nacional, isto é, atribuído àqueles que pertencem ao Estado francês. Outros dependem de ministérios, como é o caso do Museu do Exército (no Hôtel des Invalides) e do Museu Aeroespacial (no aeroporto de Le Bourget), que pertencem ao Ministério da Defesa.

Existe ainda o Panteão, onde repousam "os grandes homens e mulheres" da nação francesa, como Victor Hugo, Jean Moulin, Jean Jaurès, Marie Curie etc. Há outros museus que pertencem ao Institut de France ou a particulares. O município de Paris possui (e administra) 14 museus e espaços de caráter cultural. Dentre eles, o mais conhecido é o Museu Carnavalet, cujo foco é a história de Paris. Ele está localizado nas proximidades da casa em que viveu Victor Hugo e também das catacumbas.

Paris também se destaca por suas salas de espetáculo e suas óperas. Nesse último caso, as maiores da cidade são a Ópera Garnier e a Ópera da Bastilha, que oferecem um repertório variado, englobando desde o clássico até o moderno. Existem também salas de espetáculo e os teatros. Dentre os principais estão a Comédie-Française, o Théâtre de L'Odéon, o Théâtre Mogador e o Théâtre de la Gaîté Montparnasse. Vale ressaltar que alguns deles servem igualmente como salas de concerto.

Diversos nomes de peso do cenário musical francês, tais como Edith Piaf, Maurice Chevalier, George Brassens e Charles Aznavour, encontraram sua glória em espaços renomados como a Bobino, Olympia, La Cigale e o Le Splendid. Na Salle Pleyel acontecem numerosos concertos sinfônicos; na Salle Gaveau, prevalece a música de câmara, e no Maison de Radio France, os concertos abrangem uma grande variedade musical.

O New Morning é um dos clubes parisienses em que são oferecidos concertos de *jazz*, porém, ali também são apresentadas músicas de outros gêneros. Outros locais bastante badaladas são o Le Zénith, no bairro da Villette, o Palais Omnisports, no bairro de Bercy, o Stade de France, em Saint-Denis e no Parc des Princes, nos quais ocorrem concertos para grandes públicos.

Atualmente, grande parte da diversão noturna de Paris acontece em boates, mais ou menos seletivas, em que atuam alguns dos melhores DJs do mundo.

Um fato interessante é que, nesses últimos anos, a capital parisiense tem assistido a uma debandada de casas noturnas para os subúrbios externos do *Périphérique* – o anel viário que contorna os 20 *arrondissements* que compõem o centro da cidade. Esse é o caso, por exemplo, de Montreuil, onde uma nova geração de baladeiros se instalou com o intuito de criar uma alternativa de diversão mais animada e barata que os clubes parisienses!!! Aliás, essa "transferência" entre cidade e periferia começou ainda em 2009, quando uma manchete do jornal francês *Le Monde* classificou Paris de **"a capital europeia do tédio"**.

Numa tentativa de reviver o charme noturno da cidade, Eric Labbé, dono de uma loja de discos que se transformou em divulgador de bailes, abriu uma petição *on-line* em que solicitava às autoridades municipais o afrouxamento da severa legislação sobre ruídos, assim como o aprimoramento do transporte público após a meia-noite. Assim, jovens parisienses de classe média criaram coletivos informais de música e artes para se apresentarem regularmente nos subúrbios em que viviam operários e imigrantes!!!

Eric Labbé, que se tornou responsável pelas relações públicas da boate *Zig Zag*, no 8º *arrondissement*, comentou: "Existe um lado aventureiro em ir além da *Phéripheríque* para festejar."

E, de fato, os organizadores desses festivais suburbanos criaram um ambiente mais aberto e de espírito livre do que o existente no mundo das boates exclusivas – e caras – de Paris! Em geral, esses encontros são realizados nos fins de semana e, as que ocorrem nos meses de primavera e verão, aproveitam o ar livre e a luz natural.

Muitos desses eventos são gratuitos, e mesmo no caso dos que cobram ingresso, os valores ficam bem abaixo do que se paga para entrar numa boate parisiense. O público dessas festas é formado, em boa medida, pela juventude da classe média do centro da capital francesa (e, inclusive, por turistas...), que se sente especial para ir a bairros que normalmente não frequenta. Aliás, essa sensação de aventura faz parte da atração, segundo alguns baladeiros.

Esses bailes têm surgido com bolhas de som e energia em bairros negligenciados nos arredores de Paris. Assim, o *6B*, por exemplo, um centro de artes que ocasionalmente funciona como clube noturno (instalado em um antigo prédio industrial em Saint Denis, um bairro no norte de Paris onde o desemprego é de quase 20%, o dobro da média nacional), tem atraído abastados fãs de música eletrônica. Já os que moram perto da *6B* destacam que esse espaço acabou se transformando numa espécie de colmeia, e, assim, está atraindo cada vez mais gente para o bairro. Isso, por sua vez, vem provocando mudanças urbanas na região.

No que se refere a moradia, não se pode esquecer que nas últimas duas décadas muitos parisienses já começaram a fugir dos aluguéis caros e buscar refúgio na periferia. Essas pessoas levaram consigo galerias vanguardistas, microcervejarias e centros de artes, abandonando assim as avenidas urbanizadas que existem no centro de Paris. Ainda não está claro o quanto essa migração afetou quem já morava nos subúrbios, mas o fato é que sociólogos já têm assinalado uma crescente elitização em áreas específicas, como

Montreuil. Por conta disso, em 2013, o jornal francês *Liberation* destacou a preocupação por parte de seus moradores em relação ao aumento dos preços de moradia na região.

Como se nota, o **entretenimento** – um dos importantes setores da EC – está se difundindo com o auxílio de muitos parisienses, que têm se espalhado pelos municípios que fazem parte da Grande Paris. Por seu turno, a prefeitura da cidade já começou a coordenar ações junto aos municípios vizinhos no sentido de incentivar o crescimento coletivo. A ideia é flexibilizar mais a apresentação da música eletrônica para que não ocorra uma **fuga** em massa desse público para os subúrbios e, com ele, as receitas também desapareçam!!! A cidade já criou inclusive o Conselho da Música Eletrônica, para estimular os cidadãos a relaxarem e a se divertirem mais com a música ruidosa...

Quando o assunto é cinema, Paris conta atualmente com quase 400 salas de exibição (a maior concentração *per capita* do mundo). E, além da quantidade, elas se distinguem também pela variedade no que oferecem: algo como 450 a 500 filmes diferentes estão em cartaz por semana (!!!), o que atrai um público anual de mais de 35 milhões de espectadores.

Todavia, alguns grupos de grande porte têm se tornado cada vez mais dominantes, o que leva à fragilização cada vez maior do cinema independente. E vale lembrar que desde os anos 1990, mais desses complexos – os chamados *multiplexes*, que abrigam num só lugar entre dez e vinte salas de cinema – têm sido inaugurados. Atualmente, a maior sala de cinema de Paris é a *Le Grand Rex*, com 2.800 assentos, isso desde que o Gaumont Palace, da praça de Clichy, foi demolido em 1973. Todas as demais salas parisienses possuem menos de 1.000 lugares e muitas têm, em média, 200 assentos.

13º) Os cafés e a gastronomia – Após as longas caminhadas pelas cidades e seus pontos icônicos, o turista que vai a Paris precisa se alimentar, dormir e "descansar". E, para relaxar e descansar um pouco, nada melhor que dar uma paradinha num dos charmosos cafés parisienses, com mesas nas calçadas e, por vezes, garçons mal-humorados.

Por conta de sua atmosfera peculiar, esses cafés rapidamente se tornaram parte integrante da cultura francesa, em especial a partir da abertura do *Café Regence* no Palais Royal, em 1688, e um ano mais tarde do *Café Procope*, na margem esquerda do rio Sena. Eles ganharam popularidade ao longo do século XVIII e podem inclusive ser considerados como os primeiros "terraços de café" de Paris.

A expansão, entretanto, só começou quando surgiram as calçadas--bulevares em meados do século XIX. Alguns desses espaços são mesmo apenas cafeterias, enquanto outros servem todo tipo de pratos e bebidas, sobretudo **vinhos**. É bom lembrar que mesmo no verão parisiense os vinhos não são desbancados pela cerveja (que não é servida tão gelada nem tão cremosa como no Brasil).

Alguns cafés são verdadeiras instituições locais, como os icônicos e centenários *Café de Flore* e o *Les Deux Magots*, vizinhos no *boulevard* Saint--Germain e frequentados no passado por escritores, intelectuais e artistas. De fato, a despeito de as redondezas do *arrondissement* de Saint-Germain representarem uma adorável síntese do estilo de vida parisiense, muitos vão até lá apenas pelo prazer de visitar os tais cafés e se sentar nos lugares outrora ocupados por Jean-Paul Sartre, Simone de Beauvoir, Ernest Hemingway, Pablo Picasso etc.

Já no que se refere a restaurantes, esse conceito surgiu durante a Revolução Francesa, e foi criado pelos ex-cozinheiros de príncipes e nobres. De fato, acredita-se que o primeiro estabelecimento semelhante aos restaurantes dos dias de hoje tenha sido o *Paris La Tour d'Argent*, fundado em 1582 por um certo Rourtaud. O mais curioso é que esse local foi vital para que se começasse a usar o "garfo" na França!?!?

O primeiro restaurante, na acepção moderna da palavra, foi aberto em Paris no ano de 1765, na antiga *Rue des Poulies* (*Rue du Louvre*). Ele pertencia a um comerciante de caldo de carne chamado Boulanger (que, aliás, teria inventado o "cardápio" e a própria palavra "restaurante").

Em 1782, Antoine Beauvilliers, cozinheiro do príncipe de Condé e *officier de bouche* ("criado de mesa") do conde de Provença, abriu a *Grande Taverne de London*, na *Rue de Richelieu*. Este foi verdadeiramente o primeiro "grande restaurante" de Paris, que permaneceu sem rival por mais de 20 anos.

Porém, foi a partir da Revolução Francesa que a expansão dos restaurantes ganhou amplitude. Na ocasião, a fuga dos nobres da capital deixou muitos cozinheiros desempregados, ao mesmo tempo em que chagaram à cidade cada vez mais pessoas vindas do interior, e que não tinham suas famílias para alimentá-los. Assim, por volta de 1789 já havia nos arredores do Palais Royal cerca de **100 restaurantes**, todos frequentados pela alta sociedade. Trinta anos depois o número de restaurantes chegava a cerca de **3.000**!!!

A reputação culinária de Paris tem suas fundações nas diversas origens de seus habitantes. Com a chegada da ferrovia em meados do século XIX, e a Revolução Industrial que se seguiu, muita gente veio para a capital trazendo consigo toda a diversidade gastronômica das mais diferentes regiões do pais e criando assim vários restaurantes de especialidades regionais, como o *Chez Jenny*, para a cozinha alsaciana e o *Aux Lyonnais*, para a cozinha de Lyon.

Por sua vez, a chegada de um número crescente de imigrantes também promoveu uma maior diversidade culinária na capital francesa. Hoje se encontram em Paris não apenas um grande número de estabelecimentos especializados em comida francesa, mas cozinhas do Oriente Médio, da Ásia, da África, da Oceania e das Américas.

Muitos dos melhores restaurantes de Paris estão atualmente nos grandes hotéis. Se até pouco tempo atrás um restaurante de hotel não seria a escolha mais "adequada" para se ter uma refeição inesquecível, atualmente essas hospedarias de luxo descobriram que um *chef* estrelado pode conquistar pelo estômago muitos hóspedes...

Para isso, vários desses hotéis oferecem menus a preços bem simpáticos na hora do almoço, incluindo dois ou três pratos por preços a partir de €28. Dessa maneira, os restaurantes dos super-hotéis, como o Four Seasons, o Mandarin Oriental etc., são excelentes opções para um almoço estrelado que não leva ninguém à falência.

Esse também é o caso do adorável *Le Lulli*, comandado pelo *chef* Clément Le Norcy, no Grand Hôtel du Palais Royal, que tem um *Champagne Bar* ao lado. Já o hotel The Peninsula tem na sua cobertura o restaurante *L'Oiseau Blanc*, comandado pelo *chef* Sidney Redel, e oferece uma vista fabulosa para a torre Eiffel. O hotel Prince de Galles, por seu turno, ostenta uma estrela do *Guia Michelin* com o *La Scène,* que é dirigido pela *chef* Stéphanie Le Quellec, tem um menu especial para o almoço. Refeições cheias de esmero e elegância também são preparadas no *Canopée*, do hotel Marignan. Nele, o *chef* de origem portuguesa Felipe de Assunção – considerado no quesito gastronomia, *Meilleur Ouvrier de France* ("melhor artesão da França"), um prémio extremamente prestigiado no país – apresenta criativas releituras de pratos franceses, que justificam uma saborosa parada após um dia de boas caminhadas nos arredores de Champs-Élysées.

Mas, se o que se procura é algo que não esteja envolto em tanto buchicho e que seja bem francês, um ótimo endereço é a charmosa *Rue de Nil*, no 2º *arrondissement*, local de casas como *Frenchie, Terroirs d'Avenir* todas com excelente custo-benefício.

Essa proposta também se aplica no pequeno *Le Charolais*, atrás do *Marché d'Aligre* no 12º *arrondissement*, que oferece clássicos da cozinha francesa por menos de € 17. Já no gostoso *Caillebotte*, no 9º *arrondissement*, o menu francês sai por menos de € 20 no almoço e o prato do dia por € 15.

Ir ao supermercado mais próximo, comprar queijos e vinhos e se juntar aos que estão ao ar livre aproveitando a vida também é uma opção bem divertida. Os piqueniques também são uma boa maneira de economizar, uma vez que, apesar das recomendações, Paris é um lugar **caro**!!! Nos mercados, uma cerveja custa em torno de € 3,5, quase o mesmo preço de um refrigerante ou de uma taça de vinho, por isso é possível comer e beber bem mesmo abrindo mão dos restaurantes mais luxuosos e gastando pouco.

A comida de rua, vendida em quiosques, também é **boa** e **barata**!!! Além dos crepes, há *paninis* (sanduiches quentes) muito gostosos que valem uma refeição. Nas *brasseiries* (restaurantes rápidos), também existem opções de pratos do dia (€ 8) e menus fixos, com um preço único que inclui entrada, prato principal e sobremesa (€12, em média). Outra opção irresistível da Cidade Luz são os *boulangeries* (padarias), nas quais se pode comprar uma garrafa de vinho, uma baguete e uma boa porção de queijo *brie* gastando apenas € 12, e montar seu próprio sanduíche para ser digerido no belo gramado adornado pela torre Eiffel.

Toda essa variedade sem dúvida faz de Paris um dos principais centros gastronômicos do planeta, com um número de pratos equivalente ao número de atrações.

14º) Esportes – No que se refere ao entretenimento alavancado pelos esportes, convém lembrar que Paris foi sede dos Jogos Olímpicos duas vezes, em 1900 e 1924. Em 2017 Paris foi escolhida novamente para sediar os Jogos Olímpicos em 2024.

A cidade também abrigou duas finais da Copa do Mundo de Futebol, em 1938 e 1998 (vencendo o Brasil na final, naquela triste partida em que o nosso melhor jogador, Ronaldo, mostrou-se totalmente apático, como se estivesse não "acordado"...), assim como do Campeonato Europeu em 2016 (quando Portugal venceu a França em 10/7/2016).

Apesar de a tradicional competição ciclística *Tour de France* nem sempre começar em Paris, é nela que a prova termina. Aliás, desde 1975, o encerramento desse evento ocorre na Champs-Élysées.

Paris também é sede do torneio de Roland Garros, um dos quatro torneios mais importante de tênis mundial que leva muita gente a viajar para a capital francesa. E no torneio de 2017, o tenista espanhol Rafael Nadal cravou de forma ainda mais profunda o seu nome na história desse esporte. Assim no dia 11 de junho ele conseguiu vencer o torneio pela **décima vez,** derrotando na final o suíço Stan Wawrinka por três sets a zero. Muito feliz, Rafael Nadal declarou: "Não sei se algum outro tenista vai conseguir algo melhor do que eu já fiz no *Grand Slam* de Paris!!!" A cidade também organiza a competição Master 1000 de Paris.

Entre os principais clubes desportivos da capital francesa, destacam-se a equipe de futebol Paris Saint-Germain Football Club (que já foi diversas vezes campeã nacional e representa o país na mais importante competição interclubes da Europa, a Champions League); a equipe de basquete Paris Basket Racing e a equipe de rúgbi Stade Français Club Athlétique des Sports Généraux, além de times de vôlei e handebol.

Em tempo, deve-se ressaltar a popularidade do handebol masculino, pois, em 2017, a França sagrou-se novamente campeã mundial, no torneio realizado no país em janeiro. Aliás, agora ela é pentacampeã mundial e bicampeã olímpica nesse esporte.

A LIÇÃO DE PARIS

Bem, depois de todas essas informações, de fato dá para notar claramente que Paris é uma cidade notadamente **criativa**, e que provoca diferentes efeitos sobre as pessoas. Ela arranca suspiros, sorrisos, olhares hipnotizados e cria uma felicidade instantânea, tão logo os olhos de seus visitantes se fixem sobre qualquer um dos seus muitos cartões postais.

É como se a capital francesa fosse a cidade dos sonhos e do romantismo, onde tudo foi projetado com perfeição: a sua arquitetura, as suas cafeterias, os seus monumentos, museus, cafés, bistrôs etc. E justamente por isso que, para muitos, ela é o **lugar mais lindo e inspirador do mundo**!!!

No seu último livro, *Paris é uma Festa*, o autor Ernest Hemingway enfatizou: "Paris é uma lembrança que o acompanhará pelo resto de sua vida, onde quer que você esteja, porque Paris é uma festa ambulante."

Paris é aquela cidade em que todo ano acontecem coisas incríveis, especialmente no que se refere a exposições e feiras, que atraem muitos milhões de visitantes. Estes se somam para consagrar a cidade como aquela que recebe mais turistas no mundo.

Porto Alegre, que é cidade-irmã de Paris, devia procurar imitar algumas coisas que deram tão certo na capital francesa, transformando-se num **ímã da visitabilidade**.

Aí vão dois exemplos do que aconteceu em Paris, somente em 2016.

Em primeiro lugar, no dia 23 de setembro de 2016 foi inaugurada no Centro Georges Pompidou a surpreendente exposição *A Traição das Imagens*, uma abordagem inédita da obra do grande pintor belga, René Magritte, um dos principais artistas da arte moderna e um dos maiores nomes do surrealismo.

Assim, mais de uma centena de quadros e documentos desse "filósofo" maior da arte moderna, foram exibidos em cinco salas temáticas, por ordem analógica e não cronológica, revelando a sua ambição de expressar pensamentos da forma mais vibrante possível.

Os trabalhos de Magritte são sempre racionais e rigorosos, nunca se mostrando fortuitos, aleatórios ou arbitrários. São como fórmulas matemáticas, cujas soluções já vêm embutidas nas próprias imagens.

O curador da mostra *A Traição das Imagens*, Didier Ottinger declarou: "De fato, a obra de René Magritte é muito mais complexa do que se estivesse apenas sob as forças psíquicas irracionais do automatismo, do sonho e do inconsciente. Magritte não é um poeta, não cria enigmas; ele não fabrica onirismos, não brinca com o fantástico, não flerta com o simbolismo. Seu motivos são cruéis: objetos do cotidiano, guarda-chuvas, cortinas, sombras, palavras, corpos em pedaços, chamas.

Ele foi o mestre da '**imagem que trai**', pois enquanto pensamos que ela é o espelho do objeto, é apenas a indicação dele, sua ideia, seu simulacro. A arte da imitação do mundo real não lhe escapou. De fato, ele a descobriu por completo. Cada trabalho de Magritte é um ardil para os olhos, e uma ironia para o cérebro.

Nenhum deles é ou significa o que parece. Nem à primeira vista, nem depois. Na verdade, é no terreno movediço e incerto onde se instalam as ilusões – em meio às desconexões e aos descartes – que cabe ao espectador inventar suas telas...". Mas e você, caro(a) leitor(a), já admirou a arte de Magritte? Ela o fez rir, com aquele riso iluminador e libertador da ironia socrática!?!?

Em segundo lugar, vem o Mundial do Automóvel, nome oficial do mais antigo e visitado salão do setor no planeta. O Salão do Automóvel de Paris 2016, cuja abertura ocorreu em 1º de outubro, chegou à sua 119ª edição em clima de otimismo, com vendas em alta na Europa.

Depois das quatro edições anteriores que estiveram voltadas para veículos mais econômicos, para combustíveis alternativos e a conexão com a Internet, nessa edição o novo protagonista foi o **veículo autônomo**. Assim, nada menos do que 19 montadoras e fornecedores apesentaram as suas novidades, ou seja, carros dirigidos por computador – uma realidade, que segundo os mais otimistas, já pode chegar ao público nas ruas até o fim de 2018!?!?

Dessa maneira, o evento em 2016, focou-se na preocupação das montadoras em realizar sua própria revolução digital, de forma a lhes garantir um futuro!!! E nada foi mais importante do que mostrar o máximo de tecnologia embarcada, e cujo símbolo foi o **automóvel autônomo**!!!

Os muitos milhares de visitantes e fãs de automóveis incríveis puderam testemunhar os investimentos que estão sendo feitos em veículos inteligentes, isto é, que dispensam o condutor e são, de acordo com os seus fabricantes, **mais seguros**!!!

Assim, a norte-americana Tesla, do bilionário Elon Musk, procurou mostrar que será capaz de apresentar um veículo sem motorista já em 2018, e aí exibiu a sua tecnologia Auto Pilot.

Já a coreana Hyundai, bem mais comedida, estava prevendo a comercialização do carro autônomo por volta de 2030. Mantendo-se entre os dois extremos, a maioria das outras montadoras prometeu oferecer os automóveis autônomos por volta de 2021.

Porém, o otimismo foi evidente uma vez que empresas de tecnologia como Google, Tesla e Uber, têm muitos bilhões de dólares para investir em pesquisa e desenvolvimento (P&D) o que está obrigando todas as demais montadoras tradicionais a se apressarem para não desaparecerem no mercado.

A corrida agora é para decidir qual será a montadora que terá o primeiro veículo sem condutor trafegando comercialmente pelas ruas. Claro que existe uma série de dificuldades de ordem legal que estão impedindo que os testes sejam realizados em rodovias dos EUA e em países da Europa.

Enquanto a revolução dos automóveis autônomos ou semiautônomos vai se concretizando, nesse Salão de Paris, duas tendências se confirmaram. A primeira é a multiplicação dos lançamentos de **veículos elétricos**. Neste sentido, a montadora alemã Volkswagen, apresentou seus dois maiores sucessos, o *Passat* e o *Golf*, agora movidos a **eletricidade!!!**

Apesar de estar com a reputação abalada (há pouco tempo a empresa se tornou alvo de um escândalo provocado por fraudes na informação de emissões poluentes em seus motores a diesel), a Volkswagen prometeu que seus veículos terão uma autonomia de 600 km.

A segunda tendência (de uma onda que já veio ganhando forma desde 2014), é a que envolve o uso de SUVs (*sport utility vehicle*, em inglês). Finalmente após anos de resistência eles conquistaram a Europa. Assim, diversos veículos 4 x 4 foram apresentados e seguramente se tomarão cada vez mais presentes nas estradas e ruas europeias.

Todas as cidades que querem ser criativas precisam viver intensamente e estar voltadas para eventos nos quais se apresentem novidades tecnológicas para que as pessoas saibam com o que irão conviver no futuro – esse é o caso do carro autônomo –, ou então conviver com uma reapresentação de um dos expoentes da arte moderna – como Magritte –, que estabeleceu uma relação entre a sua pintura e a arte conceitual.

Em Paris isso acontece durante todos os meses e repete-se ano após ano, com eventos espetaculares voltados para a moda, para o *design*, para a celebração do chocolate com o mais importante encontro do mundo desse setor, discutindo o que se pode fazer do cacau, e assim por diante.

É isso que Paris ensina a todas as cidades que desejam ser mais **criativas**.

Assim, por exemplo, uma cidade espetacular como já é São Paulo, deveria ter algo similar ao Centro Georges Pompidou – que foi inaugurado em 31 de janeiro de 1977, e completou em 2017, seu 40º aniversário, sendo um complexo cultural relativamente recente.

Ao ter completado quatro décadas, o centro é um estrondoso sucesso de público, com filas **diárias** que podem facilmente superar uma hora de espera para assistir suas sessões de dança, ver suas exposições, ou apresentações de filmes – um repertório multidisciplinar que prova que seu criador foi de fato um **visionário**.

Esse centro foi imaginado no fim da década de 1960 pelo então presidente da França, Georges Pompidou, que enfrentou muita oposição e desconfiança de uma parte da opinião pública antes de concretizar esse espaço que acolheria sua própria visão das artes. Na ocasião ele disse: "Desejo de forma entusiasmada, apaixonada que Paris tenha um centro cultural – **policultural** – como somente se criou nos EUA, que alcançou grande sucesso, que fosse ao mesmo tempo um museu e um centro de criação, onde as artes plásticas se avizinhassem com a música, o cinema, os livros e a pesquisa audiovisual."

A disputa mundial pelo projeto, do então denominado Centro Beaubourg, terminou em 1971, quando os vencedores foram conhecidos entre os 681 candidatos: os jovens Renzo Piano e Richard Rogers – que se tornariam mais tarde estrelas mundiais da arquitetura –, e Gianfranco Franchini.

O projeto do trio era tão iconoclasta quanto a proposta que Georges Pompidou desejava construir no centro de Paris: um gigantesco espaço de arquitetura pós-industrial, marcado por tubos de aço coloridos e uma escada panorâmica que percorria toda a fachada.

Na época, Renzo Piano comentou: "Será um edifício que demolirá a imagem de que um local de cultura dá medo!?!? Aqui as pessoas desfrutarão da possibilidade de respirar a cidade numa forma extraordinariamente livre!!!"

Infelizmente a reação inicial de uma parte da opinião pública a tamanha modernidade que emergiria no centro da capital francesa foi clara: "**Não! Isso não dever ser construído!!!**"

Porém, Georges Pompidou não se abalou e prosseguiu em seu projeto que só seria concluído após a sua morte, graças a outro personagem político, o então presidente, Jacques Chirac – um impulsionador das artes –, que ameaçou se demitir se as obras não fossem retomadas após a sua paralisação.

Nos 40 anos do Centro Georges Pompidou, exposições e eventos de artes plásticas aconteceram concomitantemente com festivais e espetáculos de música, dança, leituras, vídeo e cinema.

Na sua biblioteca, estudantes do mundo inteiro fazem fila para estudar, até nos sábados e domingos à tarde!!! De fato, mais de 3,5 milhões de pessoas visitam o centro todos os anos, com picos que chegam a 5,2 milhões de visitantes, como aconteceu em 2013.

Aí está um grande desafio que o prefeito João Doria Jr. poderia abraçar: construir em São Paulo um completo cultural semelhante ao Georges Pompidou (ou então, ao MoMA de Nova York ou à Tate Modern de Londres), que pudesse trazer tantos turistas para a cidade como esses "templos de arte".

Coma sua habilidade, ele certamente conseguiria a adesão de centenas de pessoas abastadas. Estas, por sua vez, poderiam não apenas colaborar com doações em dinheiro para a sua construção, mas também patrocinar salas de arte, cedendo por algum tempo obras de sua propriedade.

Por outro lado, algumas instituições e organizações que lidam com eventos voltados para as artes cênicas e visuais, a moda, a música, o cinema, o *design*, o artesanato e a televisão, poderiam ser deslocadas para esse novo centro. Além disso, poderia também ser aberto um grande concurso para o projeto desse complexo cultural, o que envolveria especialmente todos os arquitetos brasileiros, bem como os estudantes de arquitetura que estivessem se formando em nossas faculdades de arquitetura. Estes, por sua vez, teriam a oportunidade de utilizar toda a sua criatividade em seus trabalhos de conclusão de curso!!!

Além disso, se buscaria o apoio da comunidade para a divulgação da importância desse complexo valendo-se do *marketing* digital.

Estamos numa nova época em termos de financiamento coletivo – o *crowdfunding* –, o que poderia também ser uma fonte de recursos complementar. Neste caso, os colaboradores receberiam o título de beneméritos e teriam o direito de participar de certos eventos futuros gratuitamente.

Precisamos cada vez mais de cultura, de uma nova e pujante EC, mas isso somente acontecerá se tivermos locais como esse com o qual estamos sonhando... De fato, é um sonho grandioso, mas temos muita gente inteligente que e capaz de torná-lo realidade, não é?

O distrito financeiro de Pequim (Beijing).

2.30 -
Pequim

PREÂMBULO

Pequim, que até os Jogos Olímpicos de 2008 era mais conhecida pelos brasileiros como Beijing (ambas com fonética bem similar no idioma oficial chinês, o mandarim), está localizada no extremo norte da planície chinesa do norte, nos limites do planalto da Mongólia. De fato, essa cidade já teve vários nomes – Chi, Yu-chou, Zhongdu, Chung-tu, Dadu, Daido e Peip'ing (que significa "paz do norte) – e abriga uma das sociedades mais antigas do mundo.

A cidade de Pequim conta com diversos locais incríveis e pontos históricos que não se pode deixar de visitar. Esse é o caso, por exemplo, da Cidade Proibida. Construída para abrigar a família imperial (o que aconteceu durante 500 anos), essa cidade-palácio só era acessível para o imperador, sua família e os serviçais.

Outro lugar incrível é o Mercado Noturno, no qual estão enfileiradas uma sequência de barraquinhas que comercializam espetinho com verdadeiras iguarias locais – aranhas, cobras, escorpiões e casulos do bicho da seda –, que deixam a todos os visitantes perplexos pela "estranheza".

Também não se pode deixar de visitar o palácio de Verão, uma minicidade proibida, à beira do lago Kunming. A estrutura foi erigida pela dinastia Qing há cerca de 850 anos, e conta com um longo corredor de 700 m de comprimento, construído pelo imperador Quian Long para que as pessoas pudessem caminhar protegidas das chuvas de verão, sem perder a maravilhosa vista para o lago.

A HISTÓRIA DE PEQUIM

Pequim, capital da República Popular da China (RPC), é uma das metrópoles mais populosas do mundo, com cerca de 24 milhões de habitantes no fim de 2017. O município de Pequim é composto por 14 distritos urbanos (mais subúrbios), e dois condados rurais. Localizada no norte do país, a cidade é cercada pela província de Hebei, com exceção do município vizinho de Tianjin, ao sudoeste, sendo governada diretamente pelo governo nacional chinês.

Depois de Xangai, a cidade, cuja história remonta há mais de três milênios, é a 2ª maior do pais no que se refere à população urbana. Além de um centro **cultural** e **educacional**, Pequim tem sido também o centro **político** do país, e há mais de 800 anos. A cidade é a sede da maioria das grandes empresas estatais chinesas e um importante polo de rodovias nacionais, vias expressas, ferrovias tradicionais e redes ferroviárias de alta velocidade. De fato, segundo a *Encyclopedia Britannica*. "Poucas cidades no mundo permaneceram por tanto tempo como sede política e centro cultural de uma área tão grande como a da China."

Além dos seus palácios, a cidade é famosa por seus templos, portões, parques, jardins, túmulos e por suas muralhas. Seus tesouros artísticos e suas universidades também a transformaram num centro cultural no país, ou seja, **numa cidade verdadeiramente criativa!!!**

Na verdade, Pequim possui sete patrimônios mundiais da humanidade classificadas pelo Unesco: a Cidade Proibida (construída entre 1406 e 1420), o Templo do Céu (1420), o palácio de Verão, os túmulos imperiais das dinastias Ming e Qing, o Zhoukoudian (pequena aldeia a 50 km do centro de Pequim, onde existe uma enorme caverna, na qual se descobriram vestígios do "homem de Pequim"), a Grande Muralha e o Grande Canal. Outro local importantíssimo é a praça da Paz Celestial (*Tian'anmen*), que pegou fogo duas vezes durante a dinastia Ming e foi finalmente reconstruída em 1651.

Em termos históricos, os mongóis – sob o comando de Gengis Khan – arrasaram Zhongdu em 1215, e então a reconstruíram como a Grande Capital. Em 1403, o terceiro imperador Ming, Zhu Di, que subiu ao trono depois de uma longa guerra civil em que matou o próprio sobrinho, declarou Beijing a capital do seu império, ou seja, a "capital do norte". Isso segue uma tradição da Ásia Oriental no que se refere aos nomes de suas capitais. Assim, os nomes Tóquio (no Japão) e Pyongyang (na Coreia do Norte) querem dizer, respectivamente, "capital do leste" e "capital do oeste".

Com uma história tão longa e esplendorosa, entre o início e o fim do século XVII os chineses tiveram de enfrentar períodos de turbulência marcados por guerras e humilhações. Tudo isso representou muita tristeza e lamentação, em especial com a derrota sofrida pelo país na guerra do Ópio, em 1842.

Após a instauração da República da China em 1911, estabeleceu-se novamente a capital em Nanjing (Nanquim), e Beijing passou a ser chamada de Beiping. Todavia, em 29 de julho de 1937, a cidade de Pequim (ou seja, Beijing) foi ocupada pelo Japão durante a 2ª Guerra Sino-Japonesa. Ao longo dessa ocupação, que durou até a rendição do Japão na 2ª Guerra Mundial (em 15 de agosto de 1945), a cidade serviu como capital do governo provisório da China, ou seja, como um estado fantoche responsável por comandar a nação ocupada.

Em 31 de janeiro de 1949, durante a Guerra Civil chinesa, as forças comunistas entraram em Pequim sem que houvesse confrontos violentos. No dia 1º de outubro do mesmo ano, o Partido Comunista Chinês (liderado por Mao Tsé-tung) anunciou em plena praça da Paz Celestial a criação da RPC.

Como capital da nação, Pequim tem sofrido uma intensa agitação política nos últimos 30 anos. Por exemplo, em maio e junho de 1989, aconteceram na praça da Paz Celestial vários protestos que terminariam num massacre de milhares de estudantes por parte do exército chinês – que atuava sob ordens diretas dos dirigentes comunistas. O fato é que, ainda hoje, esse acontecimento é objeto de polêmicas, sendo contestado nacionalmente por se tratar somente do desejo de obtenção de mais liberdade política pelos manifestantes.

Sem dúvida, todos esses acidentes de percurso estão sendo reparados. Valendo-se de seu incrível **"capitalismo comunista"**, a China está recuperando seu esplendor imperial!!! De fato, nessa era posterior ao líder Mao Tsé-tung, pode-se dizer que a principal manifestação no país começou a se desenhar a partir das reformas aprovadas em dezembro de 1978, todavia, o grande massacre só ocorreria 11 anos depois.

No dia 15 de abril de 1989, o que se iniciou com um ato para rememorar a morte de Hu Yaobang, um líder comunista simpático às reformas democráticas, evoluiu para um questionamento do próprio regime. Nesse movimento, os manifestantes exigiram maior **abertura econômica** e uma democracia nos moldes ocidentais e, durante o protesto, exibiram uma réplica da estátua da Liberdade (aquela na chegada a Nova York) de 9 m de altura, numa clara defesa das ideias políticas associadas aos EUA.

Isso irritou bastante as mais importantes figuras do PCC, entretanto, os manifestantes continuaram a obter mais e mais apoio para suas reivindicações, amealhando mais de 1 milhão de pessoas. Na ocasião, houve grande apoio da população de Pequim, que ajudou não apenas construindo barricadas contra as tropas do Exército que chegaram à praça da Paz Celestial, mas esvaziando os pneus dos carros dos militares e também buscando convencer os soldados a não reprimirem seus compatriotas.

Depois de diversas tentativas infrutíferas de brecar as manifestações, o líder supremo do país, Deng Xiaoping, mandou agrupar as tropas experientes e fiéis a ele e enviá-las à praça na noite de 3 de junho. Assim, apoiados por muitos tanques e viaturas blindadas, os soldados convergiram sobre a praça da Paz Celestial e pelas avenidas que se estendiam a leste e a oeste, literalmente passando por cima das barricadas e **esmagando** quem caísse diante deles ou tentasse deter seu avanço.

Com suas armas automáticas, os militares atiravam aleatoriamente na direção das pessoas que estavam nas proximidades, nos que se moviam nos prédios vizinhos e em todos que tentassem se aproximar deles!!! Esse massacre durou toda a madrugada, deixando um número de vítimas fatais estimado em **algumas centenas**, embora jamais revelado oficialmente!?!?

No Ocidente, o fim dos protestos da praça da Paz Celestial foi marcado pela imagem de um chinês solitário bloqueando a passagem de uma fila de tanques, já depois da desocupação da praça. Durante meia hora, esse rapaz impediu o avanço de 16 tanques, movendo-se como um toureiro cada vez que eles tentavam contorná-lo.

Existe uma série de versões contraditórias sobre a identidade e o destino desse manifestante, que acabou sendo batizado de "**o rebelde desconhecido**" ou de "**homem dos tanques**". Uma dessas histórias conta que ele teria sido preso e executado!!! Afirma-se ainda que os estudantes e professores que sobreviveram ao massacre passaram a ser procurados pela polícia chinesa.

Aqueles que não conseguiram fugir do país terminaram na prisão e, mesmo depois de libertados, continuaram a ser tratados como "inimigos do regime".

O fato é que, dentro do PCC a repressão aos estudantes passou a ser defendida como um elemento necessário à **manutenção do governo e do processo de implementação do socialismo**.

Os manifestantes foram taxados de contrarrevolucionários, acusação equivalente à de alta traição em um regime que nasceu de uma revolução. Depois de 4 de junho de 1989, nenhum movimento pró-democracia de proporções relevantes voltou a surgir na China, com exceção de alguns protestos mais significativos em Hong Kong, nos últimos anos, que luta por uma autonomia maior, especialmente na escolha de seus dirigentes governamentais.

Referências a esse massacre não são permitidos na imprensa oficial chinesa e é a imprensa internacional que fustiga a China com menções sobre o episódio sempre que se chega a 4 de junho, apesar de que as autoridades comunistas se comportam como se o massacre na praça da Paz Celestial jamais tivesse existido.

Nos anos mais recentes, especialmente no século XXI, Pequim tem constantemente apresentado problemas sérios. Um deles é a questão dos grandes **congestionamentos**. Afinal, apesar de a maioria da população usar a bicicleta, o número de proprietários de automóveis aumentando de forma significativa e já corresponde a alguns milhões. Outro problema é a grande imigração de chineses de outras regiões do país para a capital Pequim. Esse movimento inclusive se intensificou quando a cidade foi escolhida para sediar os Jogos Olímpicos de 2008, ocasião em que o governo fez novos e incríveis investimentos visando melhorar a infraestrutura da cidade e, principalmente, mostrar ao mundo instalações esportivas de primeira linha. A cidade tem ainda de enfrentar a contaminação do ar.

Além desses, outro problema sério é a **escassez de água** na região norte do país. Em Pequim encontra-se o término do Grande Canal da China, que nasce em Hangzhou. Ele foi construído há mais de 1.400 anos, não apenas como uma rota de transporte, mas também como parte do projeto de transferência da água do sul (da bacia do rio Yangtze).

No que se refere à população de Pequim, cerca de 14 milhões de moradores ganharam o direito de residir permanentemente na cidade, a partir de uma autorização do sistema *hukou*. Enquanto isso, mais de 9 milhões de moradores receberam autorização para viver em outros lugares, uma vez que não eram elegíveis para receber alguns dos benefícios sociais oferecidos pelo governo municipal de Pequim.

Todavia, a despeito dessas restrições e de uma taxa de crescimento populacional natural de apenas 0,47% em 2016, a cidade tem crescido continuamente por conta da migração. Em termos de origem, cerca de 96% da população de Pequim é composta por chineses da etnia *han*, o que mostra que **não existe ali quase nenhuma diversidade**. Das minorias étnicas que viviam ali até o final de 2016 – e representavam cerca de 1 milhão de pessoas –, destacavam-se os manchus, os huis, os coreanos, os mongóis e os tujias.

O que mais impressiona, entretanto, é o número de estrangeiros que vivem na cidade, incluindo estudantes, viajantes de negócios e turistas. Vale lembrar que embora sejam 230 mil indivíduos, eles não são considerados residentes registrados.

Em termos de economia, a cidade de Pequim é um dos maiores e mais importantes centros financeiros na China, sendo historicamente um reduto industrial. Atualmente, cerca de 74% do seu PIB vem da atividade terciária (setor de serviços).

De acordo com a revista norte-americana *Fortune*, Pequim abriga nos dias de hoje as sedes de algumas dezenas das 500 maiores empresas mundiais – perdendo apenas para Tóquio nesse quesito!!! –, e mais de 100 das maiores empresas chinesas.

A zona financeira de Pequim fica na área de Fuchengmen, e vale ressaltar que as atividades financeiras são um importante motor da economia de Pequim. Ficam ali quase 900 organizações financeiras, responsáveis por 16,4% da economia da cidade. Isso é mais do que ocorre em qualquer outra cidade da China. O centro comercial da cidade está concentrado principalmente na área central de Guomao, onde há diversas empresas, escritórios comerciais e *shopping centers*.

Foi somente depois das reformas econômicas de Deng Xiaoping que a região urbana de Pequim cresceu de maneira significativa. A zona de Guomao tornou-se uma grande área comercial, tal como Wangfujing e Xidan, enquanto Zhongguancun – conhecida como "Vale do Silício chinês" – se transformou no centro da indústria eletrônica do país.

Do mesmo modo, a área de Yizhuang, na parte sudoeste da periferia da cidade, tem muitas indústrias ligadas não somente à TIC, mas também voltadas para produtos farmacêuticos e petroquímicos. A cidade tem ainda outros parques industriais importantes, como aqueles que estão em Yongle e Tianzhu.

Vejamos a seguir mais alguns dados importantes sobre Pequim, que explicam de maneira clara o quanto a China evoluiu, destacando especialmente todo o poder cultural que tem o povo chinês.

1º) Meritocracia – Como já foi dito, a China enfrentou guerras e encarou a derrubada de dinastias e a fragmentação do seu território, porém, nunca deixou de ser a China ou o Zhong Guo ("**império do centro**" ou "**país do meio**"), como os chineses costumam chamar sua nação.

O território foi unificado pela primeira vez entre os anos de 221 e 207 a.C., na dinastia Qin, que, aliás, inaugurou o sistema de governo que sobreviveria até 1911.

A maior parte desses cerca de 2.100 anos foi marcada pela sofisticação e prosperidade, que colocaram a China entre as maiores economias do mundo – na realidade, o país já ocupa o 1º lugar – e permitiram o surgimento de **invenções** que de certa forma revolucionariam a história da humanidade (papel, papel-moeda, tinta, pólvora, impressora, seda etc.).

O concurso público e a ideia de uma burocracia estatal profissional na China vem desde o início do império, sob a inspiração da filosofia confuciana, que, aliás, há quase 26 séculos vêm determinando a vida política e o comportamento privado dos chineses. Confúcio (551-479 a.C.) defendia o preenchimento dos cargos civis do Estado pelo **critério de mérito**, não de parentesco ou por indicação política.

Os exames imperiais foram oficializados na dinastia Tang (618-907) e se mantiveram por quase todas as dinastias que se seguiram. Como curiosidade, a palavra "**mandarim**" – que batizou a língua falada pelos dirigentes das dinastias Ming (1368-1644) e Qing (1644-1912), e que até hoje é o idioma oficial do país – vem do nome atribuído aos burocratas nesses exames, que formavam a elite civil da sociedade.

2º) Invenções – Grande parte do esplendor da civilização chinesa ocorreu na dinastia Tang, quando o Ocidente estava mergulhado na Idade Média. A reprodução da palavra escrita, por exemplo, se tornou possível com o desenvolvimento de um sistema de impressão que utilizava blocos de madeira, inventado pelos chineses cerca de 700 anos antes de Gutemberg criar sua "máquina de impressão" em 1440. A partir daí a dinastia Tang experimentou uma verdadeira explosão de **criatividade artística e literária**, ao mesmo tempo em que essa invenção permitiu que a China passasse a exercer grande influência sobre outras regiões da Ásia, como o Japão, a Coreia e o Vietnã. Aliás, há um exemplar do primeiro livro impresso na China em 868 d.C., que faz parte do acervo do Museu Britânico.

O período Tang também viu o surgimento da ópera chinesa, da pólvora e do papel-moeda, que só viria a ser adotado no Ocidente a partir do século XVII. Porém, muitas das invenções chinesas são anteriores ao período de ouro Tang. O papel, por exemplo, foi desenvolvido por Cai Lun no início da era cristã e, no século III, os chineses já haviam entendido o princípio magnético que levaria à criação da bússola, usada na navegação a partir do século XI. A seda começou a ser produzida na China 2.600 a.C., e a tinta surgiu na mesma época do papel. Os chineses foram ainda os primeiros a criar pipas, que na sua origem eram pedaços de seda fixados a estruturas de bambu e destinados à diversão das crianças.

3º) Navegação – O império do centro também teve seu grande navegador, Zheng He (1371-1435), que dispunha de recursos tecnológicos muito mais avançados que os utilizados por Pedro Álvares Cabral e Cristóvão Colombo. Ele esteve na África, no Oriente Médio, em diversas regiões da Ásia e na Austrália. Aliás, alguns estudiosos acreditam que ele esteve inclusive na América, mas essa tese é vista com cautela pelo próprio governo chinês.

Muçulmano, Zheng He tinha o nome de Ma He quando foi capturado pelas tropas Ming que conquistaram Yunnan, no sudoeste da China, onde ele havia nascido. Castrado, ele se tornou um eunuco e adotou o nome Zheng He.

Depois de estudar no Colégio Central do Império, foi nomeado almirante e liderou expedições muito maiores do que aquelas que trouxeram portugueses e espanhóis à América. Uma única viagem que realizou em 1405, por exemplo, teve a participação de 27 mil homens, divididos em 317 navios (recorde-se que a expedição que trouxe Cabral ao Brasil tinha 13 embarcações nas quais havia no total de 1.500 homens).

4º) Comemorações – Para quem nasceu e cresceu em um país cristão, no qual a Páscoa e o Natal são as datas mais sagradas, é bem estranho notar que 25 de dezembro em Pequim é um dia normal de trabalho e a Páscoa passa totalmente despercebida. Os chineses de um modo geral não celebram o Natal, apesar de usarem o dia como um pretexto para confraternizar-se com amigos. O Ano-Novo, por sua vez, não chega para eles em 1º de janeiro, mas sim em algum dia entre os meses de janeiro ou fevereiro, em data definida de acordo com o calendário lunar.

Os chineses usam o calendário gregoriano utilizado pelo Ocidente apenas para questões civis, mas seguem o lunar para definir suas datas festivas. Por esse sistema, criado há mais de 2.600 anos antes de Cristo (a.C.), o Ano-Novo chinês cai em algum dia entre 21 de janeiro e 19 de fevereiro.

Os anos são representados por animais e a lenda mais comum sobre a origem desse sistema diz que Buda convidou todos os animais da Terra para uma festa, mas apenas doze compareceram na seguinte ordem: rato, touro, tigre, coelho, dragão, cobra, cavalo, carneiro, macaco, galo, cachorro e porco. Em agradecimento, Buda batizou doze anos com os nomes dos animais, que formam os ciclos do calendário e o zodíaco chinês. O ano de 2017 é aquele do **galo**, e as festividades de comemoração do Ano-Novo começaram em 28 de janeiro.

A comemoração do Ano-Novo é a mais importante data da China. Ela não paralisa quase tudo somente em Pequim, mas em todo o país e por quase uma semana, quando acontece o maior deslocamento simultâneo de pessoas no mundo, superior à peregrinação de muçulmanos a Meca. No período de 30 dias antes e depois do feriado são realizadas quase 2,8 bilhões de viagens na China, o que coloca o sistema de transportes do país à beira do colapso.

Para encontrar seus familiares, as pessoas se deslocam de trem (muitas usando os TAVs), ônibus, carro, avião e barcos, muitas vezes em condições precárias. Mas essa mobilidade toda provoca um "turismo" interno incrível!!!

O vermelho é a cor para as celebrações de Ano-Novo, por ser associada à felicidade e à prosperidade, quando a seção de roupas íntimas dos supermercados fica tomada por calcinhas, sutiãs, cuecas, meias vermelhas etc., que serão usados para receber o novo ano!!!

O feriado de Ano-Novo também é chamado de Festival da Primavera, para marcar a chegada da nova estação para os chineses, apesar das temperaturas negativas que ocorrem especialmente nas cidade do norte, como é o caso de Pequim.

O país, e mais especificamente a cidade de Pequim, só volta a funcionar plenamente ao fim de uma semana de feriado – se bem que as comemorações do Festival da Primavera continuam e só terminam no 15º dia novo ano, quando ocorre a primeira lua cheia.

Essa data é motivo para outra celebração de proporções chinesas, o Festival da Lua, no qual a comida ocupa lugar de destaque. Aí as lojas e as supermercados são invadidos por versões sofisticadas do bolo da lua, um bolo redondo com a superfície trabalhada em relevo que é o principal símbolo das celebrações pela chegada de lua cheia (em São Paulo, pode dizer que algo relativamente parecido acontece com a chegada do Natal, quando quase todos acabam comprando um *pannetone*).

Nos dias anteriores ao feriado há uma "**febre**" de compra de bolos de lua, que nesses últimos anos são apresentados em embalagens cada vez mais sofisticadas, nas cores vermelha e dourado, e vendido por preços cada vez maiores. Com recheios tão diferentes como pasta de feijão, sementes de lótus, ovos ou geleia de frutas, os bolos da lua fazem parte da tradição chinesa há séculos e existem diferentes versões sobre sua origem.

Uma das mais populares conta que os doces foram o veículo de comunicação dos rebeldes chineses na derrubada da dinastia Yuan, que foi comandada pelos invasores mongóis entre 1280 e 1368. Segundo a lenda, na noite da primeira lua cheia, os líderes da rebelião fizeram centenas de bolos redondos, nos quais colocaram instruções (!!!) para que os chineses atacassem os mongóis e, assim, conseguiram expulsá-los e dar início à dinastia Ming (1368 a 1644).

5º) **Transporte** – Pequim tem um interessante e bem desenvolvido sistema de transporte. Assim, a cidade está conectada por ligações rodoviárias com todas as outras regiões da China, como parte da **rede rodoviária nacional**. Nove vias expressas servem a cidade, assim como onze autoestradas nacionais. O transporte urbano de Pequim é dependente dos cinco anéis viários concêntricos que cercam a cidade, sendo que a área da Cidade Proibida marca o centro geográfico desses rodoanéis, que na realidade têm uma forma mais retangular do que anelar.

O aeroporto internacional de Pequim (PEK), a cerca de 20 km do centro, é atualmente o principal da cidade e o segundo mais movimentado do mundo em número de passageiros (94 milhões em 2016), depois do aeroporto internacional de Atlanta (EUA), o Hartsfield-Jackson. Depois das reformas que sofreu por ocasião dos Jogos Olímpicos de 2008, o aeroporto passou a ter três terminais, sendo o de número 3 um dos maiores do mundo.

O PEK é o principal *hub* da Air China, além de ser um dos principais centros aeroviários para a China Southern e a Hainan Airlines. Esse aeroporto permite sair de Pequim e chegar a praticamente todas as cidades chinesas com cerca de 1 milhão de habitantes.

O metrô de Pequim começou a operar em 1969, e, em 2011, contava com 17 linhas, 227 estações e uma rede de 456 km, sendo já naquela época um dos mais extensos e mais movimentados sistemas do planeta. Ele não para de crescer e o projeto do governo chinês é que em 2020, existam 30 linhas, 450 estações e uma extensão de 1.050 km. Quando ele alcançar essa meta, 95% dos residentes dentro do 4º anel viário estarão no máximo a 15 min a pé de uma estação de metrô. **Isso que é oferecer um bom transporte público, não é?**

Contudo, apesar do natural crescimento econômico da China nos últimos 40 anos, a "magrela" ainda não foi destronada como principal meio de locomoção. As bicicletas comuns – assim como suas primas, as elétricas – continuam a transportar milhões de pessoas. Na China existem atualmente cerca de 580 milhões de bicicletas, mais de um terço de todas as existentes no mundo, e, só em Pequim, o número de magrelas é de aproximadamente 9 milhões. Seus condutores, por sua vez, protagonizam façanhas incríveis de equilíbrio, levando outras pessoas na garupa ou então objetos volumosos (inclusive animais de porte respeitável).

É verdade que nas grandes cidades como Pequim e Xangai, os ciclistas estão sendo cada vez mais ofuscados pelo crescente número de carros, mas a sua presença é ainda significativa, por isso nas universidades, nas ruas comerciais, nos edifícios de apartamentos e nos prédios comerciais, existem enormes estacionamentos para magrelas. Em outros locais públicos, esses estacionamentos existem e são pagos, porém, com valores irrisórios.

Para evitar o agravamento do caos no trânsito em Pequim, existem vias separadas para bicicletas, ao lado das destinadas para carros. Entretanto, isso não impede o encontro de ciclistas, motociclistas, carros e pedestres nos cruzamentos, como evidente desvantagem para os desprovidos de **quatro rodas** e maior ainda para os que não possuem **nem ao menos duas**!!!

Não se pode deixar de citar que em Pequim também rodam triciclos não motorizados, que fazem as vezes de **"modernos riquixás"**, com condutores pedalando bravamente para transportar seus passageiros. Em Pequim, muitos desses veículos funcionam como táxis normais e são inclusive usados na hora de pico do trânsito. A sua desvantagem é a lentidão, pois com o passageiro, é difícil o condutor conseguir andar com uma velocidade média superior a 15 km/h.

No outro extremo da velocidade, vejamos o que a China fez em relação ao TAV. Antecipado em seis meses, o trem-bala chinês entrou em funcionamento em 30 de junho de 2011, ligando as cidades de Pequim a Xangai – num percurso de 1.318 km – a uma velocidade média de 330 km/h, em aproximadamente 5 h (vale ressaltar que o TAV chinês tem quebrado recordes de velocidade – ele já alcançou 484 km/h!!!).

A data do início das operações se deu um dia após o 90° aniversário do PCC, o que exibiu assim o seu orgulho pelas grandes realizações no comando do país. O trem-bala chinês que liga Pequim a Xangai tem três classes: segunda, primeira e executiva. Na mais econômica, as poltronas são até reclináveis e há mais espaço para as pernas do que aquele da classe econômica dos aviões. Na executiva, cujo **preço inicial foi fixado em algo próximo de R$ 839,00**, o passageiro viaja no primeiro vagão, com visão privilegiada para a cabine de comando, que fica separada por uma porta de vidro.

Espera-se que o trem-bala abocanhe parte dos passageiros dos voos entre Xangai e Pequim, apostando-se na maior **previsibilidade** (tempo de viagem), no **conforto** (acomodado em uma poltrona de couro que reclina até a posição horizontal, conta com tela individual para filmes e janelas amplas), na **segurança** (embora já tenha ocorrido um acidente grave em 23 de julho de 2011, quanto um trem-bala colidiu com outro perto da cidade de Wenzhou e provocou dezenas de mortes) e na **comodidade** (é possível usar o celular e a *Web* durante o percurso).

Foram necessários **apenas 39 meses** para se construir essa ferrovia percorrido pelo TAV de alto padrão e reconhecido mundialmente, ligando Pequim com Xangai, se bem que não se deve esquecer de que na obra trabalharam cerca de 115 mil empregados. Esse é um grande feito para os governantes da China. E, como em todas as composições de alta velocidade, o novo trem chinês traz estampados os caracteres da palavra "**harmonia**". Este símbolo, aliás, se transformou na marca do governo do presidente chinês Hu Jintao, que propôs a criação de uma "**sociedade harmônica**".

É notável a rapidez com a qual a China foi ampliando sua rede de TAVs, mas também é espetacular o aprimoramento da tecnologia chinesa adquirida inicialmente em *joint-ventures* (união de empresas) com as principais fabricantes mundiais do setor.

Mas apesar do TAV, a China não deixou de lado as ferrovias tradicionais, tanto que no seu Plano Quinquenal para o período de 2011 a 2015, foi liberado um investimento de US$ 432 bilhões em todo o seu sistema ferroviário com a construção de 30 mil km de novas linhas. E esse planejamento foi cumprido: o país chegou a 2015 com 120 mil km de trilhos, quatro vezes mais que os cerca de 30 mil km existentes no Brasil.

É incrível como na China os desafios de infraestrutura são superados e as soluções aparecem, não é mesmo?

6º) Supercidade – Há décadas, o governo da China tenta restringir o tamanho de sua capital Pequim, através de rigorosas medidas para emitir uma nova autorização de residência. E agora, o governo chinês parece estar desenvolvendo um plano bem ambicioso, ou seja, um projeto para fazer de Pequim o centro de uma nova supercidade com **130 milhões de pessoas**. A megalópole se estenderá por 212 mil km^2 (mais ou menos uma área quadrática, com 460 km de lado...) e com isso se deverá remodelar toda a economia do norte da China.

O professor Liu Gang, da Universidade de Nankai, em Tianjin, que assessora os governos locais explicou: "Essa supercidade será a vanguarda de nossa reforma econômica. Ela refletirá as visões e preocupações dos nossos líderes governamentais sobre a necessidade de **integração, inovação** e **proteção ambiental**." A nova região ligará as instalações de pesquisa e cultura criativa de Pequim à cidade portuária de Tianjin e ao interior da província de Hebei.

Em junho de 2015, o governo municipal de Pequim anunciou uma parte do projeto, prometendo transferir para o interior grande parte de sua burocracia, assim como algumas fábricas e hospitais, num esforço para compensar os estritos limites de residência na cidade, reduzir os congestionamentos e espalhar empregos bem remunerados para áreas menos desenvolvidas.

Isso deverá impulsionar o progresso nessa região, também chamada de **Jing-Jin-Ji** (Jing de Bei**jing**, Jin de Tian**jin** e Ji de Yan**jiao**). Assim, ela poderá acompanhar o desenvolvimento de outros cinturões econômicos mais prósperos da China, como o delta do rio Yangtze, ao redor de Xangai, e Nanquim, no centro do país. Diferentemente de outras áreas metropolitanas que cresceram de forma orgânica, Jing-Jin-Ji seria uma criação deliberada.

A peça principal para o seu desenvolvimento é a expansão do TAV, para colocar as grandes cidades a uma hora de viagem umas das outras. Entretanto, tudo indica que a construção de novas estradas e ferrovias ainda levará anos. Por isso, para muitas pessoas, a criação da supercidade significará, durante uns bons anos, **apenas mais gasto de tempo no transporte**.

Todavia, incentivadas pelas políticas de residência relativamente mais flexíveis e pelas moradias mais baratas oferecidas na província de Hebei, muitos chineses já se mudaram para os subúrbios, como, por exemplo, o de Yanjiao, que cresceu dez vezes em uma década e em 2015 já tinha **720 mil habitantes**. Yanjiao continua sendo, porém, uma cidade-dormitório para Pequim – repleta de torres de apartamentos idênticas de 25 andares cada uma, mas com poucos serviços.

Os seus moradores se mostram **insatisfeitos** com a falta de escolas, de hospitais, com o baixo número de cinemas, com a carência de áreas verdes (ali só existem dois parques pequenos) e com o número insuficiente de terminais de ônibus. Outro problema é a drenagem das ruas da cidade, que ficam alagadas quando chove. O fato é que sem a cobrança de impostos sobre imóveis, as cidades chinesas dependem da venda de terrenos públicos para obter alguma receita. Por isso, cidades como Yanjiao não têm recursos para financiar novas escolas, estradas ou linhas de ônibus.

Em contrapartida, eles acreditam que em breve os problemas de transporte serão solucionados, pois um metrô e um trem leve estão programados para entrarem em operação no máximo em três anos. Além disso, uma nova ponte para Pequim já está em construção.

Apesar de todos esses problemas, vários fatores estão permitindo transformar Jing-Jin-Ji em realidade. O primeiro e mais importante é que, quando o presidente Xi Jinping apresentou seu ambicioso plano de reformas econômicas em 2013, ele o baseou na integração da região e, como tal, tem investido nele. O plano atribui **papéis econômicos** específicos para as cidades e, desse modo, Pequim deverá se concentrar em **cultura** e **tecnologia**; Tianjin será uma base de **pesquisas industriais** e para as cidades menores da província de Hebei o governo chinês irá transferir muitas **pequenas indústrias** que hoje funcionam na capital chinesa.

Infelizmente, por conta de um estranho acidente ocorrido em 13 de agosto de 2015, Tianjin ficou conhecida no mundo todo, quando terríveis explosões ocorreram numa depósito de produtos químicos e deixaram mais de 115 mortos e 750 feridos, dos quais muitos gravemente.

Wang Jun, historiador do desenvolvimento de Pequim, comentou: "Para que essa região de Jing-Jin-Ji tenha sucesso é fundamental melhorar a sua infraestrutura, mas também será imprescindível uma completa reformulação da atuação dos governos, incluindo a instituição de impostos territoriais e a permissão para que os governos locais os administrem. Só assim essas cidades poderão se tornar mais do que simples provedoras, em especial de força de trabalho para a capital chinesa. Esse é um projeto de enorme complexidade. Porém, se der certo, mudará todo o desenvolvimento do norte da China!!!"

7º) Os Jogos Olímpicos e o choque cultural – O governo chinês liberou enormes somas financeiras para que os Jogos Olímpicos de Verão e as Paralimpíadas de 2008 em Pequim fossem elogiados por todos.

Estima-se que tenham sido gastos mais de US$ 45 bilhões para melhorar a infraestrutura do país – novas linhas de metrô, ampliação do aeroporto, construção de diversos estádios com arquitetura excepcional (como o Ninho de Pássaro, onde foi a abertura e o encerramento dos Jogos, com capacidade para 91 mil pessoas, sentadas e teto retrátil etc.) para o evento.

E uma das despesas mais curiosas foi, sem dúvida, o grande esforço para reformar 5.000 banheiros públicos e adequá-los conforme os hábitos ocidentais. A maioria deles estava nos *hutongs* (as construções mais antigas da cidade), onde as casas não tinham banheiros como os que utilizamos no Ocidente, e a privacidade não era um valor favorecido pela arquitetura.

De fato, para os ocidentais, o principal problema em Pequim são os **sanitários**. No lugar dos familiares vasos há apenas um buraco no chão emoldurado, com louças para o apoio dos pés. Assim, a trivial ida ao banheiro transformou-se em um dos choques culturais mais embaraçosos que os ocidentais poderiam ter na China. Embora sejam considerados por alguns como mais higiênicos, eles têm a desvantagem de exigir uma flexibilidade e força muscular que parecem ausentes nos turistas ocidentais, não acostumados à posição de cócoras!!!

Mas o desconforto físico não é nada perto de outro embaraço: **a falta de privacidade**. Dentro dos banheiros de alguns restaurantes chineses, os sanitários não têm sequer portas, e são separados apenas por uma baixa divisória de madeira. Isso significa que enquanto tenta se equilibrar no seu desajeitado agachamento, você ainda pode receber a companhia de outra pessoa. Felizmente, os banheiros para homens e mulheres são separados, o que evita constrangimentos ainda maiores.

Por causa disso, desde 2004 o governo chinês investiu algo como US$ 14 milhões por ano nesse quesito, o que possibilitou oferecer aos visitantes cerca de 5.000 banheiros públicos com vasos sanitários e secadores de mãos (e com suprimento de papel higiênico e sabonete), o que diminuiu o eventual desconforto de cerca de 1 milhão de turistas estrangeiros. Os quase dois milhões de chineses que vieram de outras partes do país também foram brindados com essa "novidade sanitária"!?!?

Em termos de resultados, em 2004, a China já havia se revelado a maior surpresa dos Jogos Olímpicos de Atenas, quando alcançou o excelente 2º lugar na classificação geral, com 32 medalhas de ouro, apenas três a menos que os EUA). Ao retornarem para casa, os vice-campeões olímpicos tiveram uma recepção de heróis e passaram a ser tratados como verdadeiros *pop stars* (celebridades) pela imprensa local.

Então, em 2008, o desempenho chinês foi melhor ainda em Pequim, quando eles ficaram em primeiro lugar, conquistando 98 medalhas (48 de ouro, 21 de prata e 29 de bronze) e terminando à frente dos EUA, que conquistou um total de 111 medalhas, mas somente 36 de ouro. Com isso, além de ter alcançado a condição de **superpotência global no campo econômico**, a China também chegou ao **topo no campo de esportes**.

8º) Insetos – No seu livro *China – O Renascimento do Império,* a jornalista Cláudia Trevisan contou muito bem o quanto os chineses valorizam os insetos, em especial as lutas de grilos. Essa cultura em torno desses pequenos insetos surgiu há mais de mil anos na China. Em todas as cidades, especificamente em Pequim, existem muitas feiras para a venda de grilos e gafanhotos, nas quais também são oferecidas gaiolas e caixas para carregá--los. Na Internet, em muitos *sites*, têm-se orientações sobre a alimentação, saúde e fortalecimento das habilidades dos insetos para lutar.

Em Pequim há uma grande feira de animais, com uma seção dedicada apenas a grilos, gafanhotos e congêneres, na qual a trilha sonora é o canto incessante desses insetos. O barulho que eles produzem é a principal causa da atração que exercem sobre os chineses e os turistas estrangeiros, sendo que o ideograma que significa grilo é formado pelos sinais "inseto" e "música"!!!

Estima-se que existam na China mais de 15 milhões de pessoas (!!!) dedicadas à criação de grilos ou gafanhotos. A luta é o principal motivo da popularidade desses insetos, e os chineses, em especial os mais velhos, compram grilos lutadores e os **treinam** para enfrentar os insetos de outras pessoas!?!?

Os grilos machos se atacam quando colocados no mesmo ambiente, ou seja, numa caixa de pequenas dimensões, o que reduz consideravelmente a plateia que acompanha esse combate. A luta não é proibida, mas as apostas são, assim, algumas pessoas sempre acabam presas no final.

O apaixonado pela luta de grilos geralmente está disposto a pagar altos preços, mesmo sabendo que eles vivem poucos meses. Há grilos que custam algo próximo de US$ 1 mil, mas outros são vendidos por valores bem menores, sendo que aqueles que só cantam podem ser comprados por US$ 10!!!

9º) Cirurgias plásticas – Um fato incrível no país é a quantidade de **chinesas** (um número enorme) e **chineses** (um número menor) que têm se submetido a cirurgias plásticas para obter uma aparência mais ocidentalizada. A alteração mais comum é o arredondamento dos olhos, se bem que mudanças no nariz e lipoaspiração também são bastante procuradas.

Outra curiosidade é que os chineses acompanham com muito fervor os concursos de beleza (disputas como o Miss Universo, Miss Ásia, Miss China, Miss Turismo etc.), cuja audiência é de centenas de milhões de espectadores não somente pelos aparelhos de TV, mas com outros equipamentos, como os *smartphones*.

De fato, a paixão pelos concursos de beleza foi tanta que em 2004 criou-se a primeira competição exclusivamente para mulheres que fizeram **cirurgia plástica**. Para concorrer as candidatas tinham de comprovar que sua beleza não era apenas uma concessão da natureza, mas que em parte foi conquistada com o auxílio do bisturi. São muitas as clínicas de Pequim (e de outras cidades) que oferecem esse serviço.

E como graças a sua nova aparência as vencedoras (e finalistas) desse concurso conseguiam sucesso na carreira profissional, isso foi estimulando ainda mais chinesas a realizarem plásticas, algumas tão "estranhas" quanto cortar a membrana na parte inferior da língua para que se possa ter uma melhor pronúncia em inglês!?!?

10º) Pirataria – Na China, a pirataria não acontece no submundo, não está confinada a vendedores ambulantes obrigados a fugir nas ruas das cidades brasileiras nas quais acontecem as famosas batidas, com os vendedores recolhendo os seu produtos e correndo para se esconder. Pelo contrário, as **cópias** de produtos de marcas celebradas mundialmente, como Nike, Prada, Cartier, Dior, Rolex, Louis Vuitton, Gucci etc., são vendidas em versões pouco sofisticadas de *shopping centers* que recebem todos os dias muitos milhares de compradores chineses e estrangeiros.

De fato, os mercados de produtos falsos integram o roteiro turístico de Pequim e a qualidade de muitas das "**cópias**" disponibilizadas costuma até levantar a suspeita de que os produtos talvez sejam verdadeiros (!?!?), fruto de **desvios** ocorridos nas muitas linhas de montagem industrial instaladas no país.

Aliás, grande parte dos produtos é vendida com etiqueta e certificado de garantia, parecendo-se demais aos originais, até nos detalhes como botões, correias, detalhes de metal etc. O preço é a única diferença óbvia. Lamentavelmente essa prática é o **oposto** do que se espera na EC, onde o entendimento é de que o detentor da propriedade intelectual de cada marca deveria ser remunerado e não o contrário, quando só os "piratas" ganham.

Na verdade, os chineses têm demonstrado uma histórica habilidade para fazer cópias. Eles são capazes de reproduzir quase tudo, incluindo-se roupas, bolsas, sapatos, tênis, tacos de golfe, óculos e até obras de arte. Em Pequim, quem for ao Mercado das Pérolas, poderá comprar canetas, relógios, malas, bolsas e produtos eletrônicos com os logos de marcas famosas, embora sua originalidade seja contestável. Talvez o único produto legítimo nesse local sejam as pérolas.

Em outro centro comercial famoso, o Yashow, que fica próximo das embaixadas, o consumidor poderá adquirir tênis, casacos, roupas infantis e esportivas etc, porém, verá nas portas de vidro cartazes em que se alerta em chinês e inglês que a venda de produtos falsificados é **crime**!!! O fato é que se isso fosse levado a sério, **esse *shopping center* ficaria certamente vazio**...

Empresas do mundo todo têm reclamado do governo chinês sobre a venda de cópias falsas!?!? Estima-se que na China (e fora dela), os detentores de direitos autorais tenham perdido só em 2016 algo próximo de US$ 12 bilhões, em especial pelo *e-commerce* e por meio de *sites* como o Alibaba – o que permitiu ao seu proprietário Jack Ma entrar para a lista dos bilionários, com uma fortuna estimada em US$ 31,5 bilhões no ano de 2017!?!?

Entretanto, apesar do discurso oficial, o fim da pirataria não está bem visível no horizonte chinês. Isso porque o setor tem um peso muito considerável na economia do país: estima-se que em 2016 essa prática tenha movimentado mais de US$ 80 bilhões. O fato é que a indústria da falsificação gera empregos diretos e/ou indiretos para centenas de milhares (talvez milhões) de pessoas, o que é muito importante para um país que precisa criar oportunidades de trabalho para uma enorme multidão a cada ano. Vale lembrar que a população da China se aproxima de 1,4 bilhão de habitantes.

Diante desse cenário, as autoridades chinesas resistem em combater apropriadamente a pirataria. Inclusive, em algumas situações quando se cansam de tantas queixas contra as falsificações, os chineses lançam mão de um argumento histórico (e com uma boa dose de ironia): depois de terem inventado o papel, a tinta, a pólvora, a impressora, os fogos de artifício etc., sem nunca receberem um centavo em *royalties* do Ocidente, por que teriam agora de pagar pelo uso das invenções ocidentais!?!?

Deve-se porém destacar que a cidade de Pequim é hoje líder mundial de registro de marcas e desenhos industriais. Se antes o *slogan* era *Made in China*, agora os chineses já podem usar o *"Criado na China"*. Há de fato muitos indícios em Pequim que se está abandonando a pirataria e a indústria de montagem de produtos concebidos no exterior, partindo-se para uma estratégia industrial para agregar valor e as muitas patentes obtidas pelos chineses são indicadores da pujança da sua economia do conhecimento.

Nesses últimos anos a China tem solicitado repetidamente registro para centenas de milhares de patentes, superando os EUA, e boa parte delas vem de Pequim, o que a caracteriza mais ainda como um **cidade criativa!!!**

11º) Educação – O que realmente demonstra a quantidade de talentos em Pequim é o fato de que, no início de 2017, estimava-se que 32,7% dos moradores da cidade já tivessem algum tipo de **educação universitária**.

Pequim abriga um grande número de IESs, incluindo várias que estão entre as melhores do mundo, como a Universidade de Tsinghua e a Universidade de Pequim. Naturalmente, por causa do *status* de Pequim como capital política e cultural da China, a maioria das melhores universidades chinesas (cerca de 60) está localizada ali. Isso justifica o grande número de estudantes estrangeiros (milhares) vindos tanto de países vizinhos como de outros continentes que se matriculam nessas IESs chinesas. Uma parte significativa desses estudantes aprende a falar o mandarim – e até mesmo a escrevê-lo – uma vez que permanecem em Pequim por alguns anos.

A Universidade de Pequim foi fundada em 1898 e está localizada no distrito de Haidian, sendo considerada por muitos especialistas em educação como a melhor IES da China. Seu moderno *campus* está espalhado por 275 hectares e ostenta belos lagos, passarelas lindíssimas, uma mistura interessante de arquitetura antiga e contemporânea e um deslumbrante investimento em instalações de pesquisa, com salas de aula modernas e ótima infraestrutura.

Em 2016 a universidade tinha cerca de 34 ml estudantes e um corpo docente de 3.100 professores. O custo anual para cursá-la era de aproximadamente US$ 2,6 mil, e cerca de 25% dos seus estudantes recebiam alguma ajuda financeira. A universidade oferece algo como 110 cursos de graduação, 280 programas de mestrado, 230 programas de doutorado, um programa de medicina de oito anos e 36 outros programas de pesquisa e pós-doutorado. Os principais são na área de ciência básicas e aplicadas (especialmente em Matemática e Química), ciências sociais e gestão.

A Universidade de Pequim desempenhou um papel central na história da China. O ex-presidente Mao Tsé-Tung trabalhou na sua biblioteca, onde começou a estudar o marxismo sob a influência de dois professores.

Foi a partir da Universidade de Pequim que o governo chinês montou a liga de universidades de primeira linha – a C9 League –, imitando o que já existe nos EUA: a Ivy League, constituída pelas universidades: Brown (Rhode Island), Columbia (Nova York), Cornell (New York), Dortmouth (New Hampshire), Harvard (Massachussetts), Pennsylvania (Pensilvânia), Princeton (Nova Jersey) e Yale (Connecticut).

De fato o governo chinês alocou grandes verbas não somente para a Universidade de Pequim, mas para outras IESs, colocando em prática um plano que evoluiu no sentido de transformar o sistema chinês no maior (e se possível, no melhor...) **sistema de ensino superior do mundo**, com cerca de 32 milhões de alunos. O objetivo é direcionar seu foco para a conservação de energia, proteção ambiental, biologia, energias renováveis, ciência dos materiais, TI, manufatura avançada e setores da EC (como *design*, *software*, pesquisa e desenvolvimento etc.), procurando formar a maior quantidade de **talentos** para se destacar nessas indústrias.

Outro dado importantíssimo, é que na China se tem cuidado com muita atenção do desenvolvimento dos níveis de ensino infantil, fundamental e médio. O número de escolas da China é impressionante. São cerca de 130 mil jardins de infância, aproximadamente 550 mil escolas de ensino fundamental, 70 mil escolas de ensino médio e 3.500 escolas técnicas profissionalizantes. Claro que uma parcela delas está na região metropolitana de Pequim.

E claro que isso demonstra o quanto o governo chinês considera **a educação como a chave** para o sucesso do século XXI, tanto no **comércio mundial** quanto no **crescimento da renda** e na **inovação** de modo geral (em especial no caso da EC, que, fundamentalmente, só evolui na maioria de seus setores graças à inovação!!!).

A LIÇÃO DE PEQUIM

A principal lição de Pequim para outras cidades, particularmente as não chinesas, está no modo como o seu governo **planeja**, **realiza** (quase sempre) no tempo previsto (muitas vezes até antes), dentro do orçamento inicial e (com exceção de poucos casos) sem quaisquer desvios irregulares de recursos públicos, todos os projetos idealizados.

Apesar de ser criticada por ter apenas um partido, não havendo assim no país uma democracia, o fato é que se tem conseguido na China trocar em certos intervalos de tempo toda a alta cúpula de governo por outros líderes competentes. Ao longo de seus mandatos, todos os eleitos têm levado a nação a alcançar grandes avanços, principalmente no que diz respeito à grande melhoria na qualidade de vida em suas cidades, proporcionando às pessoas que ali vivem melhor **habitabilidade, empregabilidade, mobilidade, visitabilidade e sustentabilidade**.

Se de um lado não existe em Pequim uma grande **diversidade** (o que talvez lhe ajudasse a impulsionar mais alguns setores da EC), por outro nota-se a presença de muita gente **talentosa**, a existência de diversos **tesouros** e um ambiente de trabalho apoiado pela **alta tecnologia** (basta observar o avanço chinês na conquista do espaço, na mobilidade entre as suas cidades usando TAVs e especialmente o destaque que conseguiram algumas de suas empresas na Internet (como Alibaba, Baidu etc.).

Em Pequim, busca-se como já foi dito inicialmente copiar e em seguida melhorar bastante, oferecendo ao mercado e aos consumidores do mundo todo produtos excelentes e a preços menores que os da concorrência. Assim foram surgindo na cidade e no país negócios que se tornaram muito rentáveis e possibilitaram (segundo a revista *Forbes*) a existência na China em 2016 de 251 bilionários, sendo Wang Jianlin, o mais rico deles, com uma fortuna superior a US$ 33 bilhões (estimativa de maio de 2017), amealhada a partir do seu progresso comercial no setor imobiliário. Os chineses já estão em 2º lugar no mundo dos bilionários, ficando atrás somente dos EUA, que ostentam 540 deles (segundo a mesma revista).

Hoje existem na China muitas pessoas abastadas, que despontaram principalmente nos últimos 25 anos e inclusive se tornaram grandes consumidores de artigos de luxo de marcas ocidentais. Aliás, foi graças aos consumidores chineses que muitas marcas conseguiram reverter a suas vendas em queda no resto do mundo e, por isso, foram se estabelecer em quase todas as metrópoles chinesas. Todavia, essa riqueza exagerada de alguns não é bem vista pelo governo chinês.

Em dezembro de 2016 o governo chinês anunciou que uma taxa extra de 10% iria incidir na compra de marcas de carros de luxo, como Ferrari, Aston Martin, Rolls Royce etc. Isso aconteceu para dar mais significado à campanha do presidente Xi Jinping que visa reprimir a ostentação de riqueza. Na realidade, essa taxa começou a ser cobrada de todos os compradores de automóveis que custarem mais de US$ 190 mil. De acordo com a explicação do porta-voz do governo, esse imposto extra tem como objetivo "**guiar para um consumo razoável**", reduzir as emissões e economizar energia.

É pouco provável que essa medida diminua a disposição dos chineses mais ricos de comprar um Bentley ou um Lamborghini. Considerando que esses veículos já pagavam alíquota de importação de 35%, imposto sobre valor agregado, imposto sobre emissões variáveis e, em 2017, com mais esse imposto de 10% na compra de veículo de luxo, a China se tornou um dos países mais caros para se comprar um carro importado.

Claro que isso pode também ser visto como uma estratégia para forçar a compra dos carros nacionais (!?!?), mas sinaliza também uma postura mais dura por parte de Pequim com o setor de bens de luxo!!!

E só a título de curiosidade, Pequim é a cidade irmã do Rio de Janeiro...

Em Praga, na República Tcheca,
a histórica ponte Charles.

2.31 - Praga

PREÂMBULO

Praga é simplesmente linda!!!

Com todas as suas ruas bem identificadas, é muito fácil "turistar" pelo centro da cidade, em caminhadas que até os mais sedentários conseguem encarar. Mas, se for preciso, pode-se utilizar o transporte público, e passear de ônibus, de metrô ou até mesmo de *tramvaj* (algo como um bonde).

Em termos de segurança, o transeunte pode sentir-se bem à vontade em andar pelas ruas de Praga e admirar sua belíssima arquitetura, sem se preocupar com assaltos a mão armada, sequestros relâmpagos ou qualquer outro "crime da moda". Porém, como em qualquer grande cidade do planeta, não existe 100% de segurança. Assim, é preciso ter cuidado com os batedores de carteira e prestar atenção aos alertas espalhados por todo o transporte público...

Um dos grandes atrativos na cidade é a *pilsen*, um tipo de cerveja clara que foi criada há muitos séculos numa cidade da República Tcheca. Aliás, por causa dela os locais se tornaram os maiores consumidores de cerveja do mundo. Assim, todo aquele que for a Praga deve aprender a dizer: *"Jeden pivo, prosím"* (algo como: "Uma cerveja, por favor").

A HISTÓRIA DE PRAGA

A história da humanidade deixou suas marcas na arquitetura, nos costumes e na própria política de Praga, a capital e maior cidade da República Tcheca. Seu grande valor histórico foi reconhecido pela Unesco, que, em 1992, declarou o centro da cidade como **patrimônio da humanidade**.

Entre os locais que mais bem representam a passagem do tempo na cidade está o mosteiro de Strahvov. Erguido na colina de Petrin por volta de 1143, ele pertence atualmente à ordem de São Norberto, assim como na época de sua fundação.

Durante as décadas em que a então Tchecoslováquia esteve sob o jugo dos russos – entre 1945 e 1989 – os frades norbertinos foram expulsos e as dependências do mosteiro transformadas para que o local se tornasse um "museu" de literatura!!!

Somente no início década de 1990, após a Revolução de Veludo, os frades puderam retornar ao mosteiro e, felizmente, encontraram o patrimônio intacto. Nos dias de hoje, as dependências que integram o mosteiro – a capela de São Roque, a igreja de Nossa Senhora da Assunção (do século XVIII), a riquíssima biblioteca barroca e a galeria de pinturas – encontram-se abertas ao público, sendo que, anualmente, centenas de milhares de turistas percorrem esses espaços.

Da colina de Petrin, é possível vislumbrar boa parte da capital tcheca e de suas construções ornamentadas por telhados que ostentam uma cor avermelhada. Vale ressaltar que Praga é, na verdade, um conjunto de quatro "cidades", conhecidas como: Nova, Pequena, Velha e a do Castelo.

Até 1784, apesar do intercâmbio que havia entre as quatro comunas por meio do rio Moldava, todas funcionavam de maneira independente. Com o tempo Praga foi unificada, transformando-se numa só cidade. Nessa nova configuração as zonas da cidade foram numeradas. A região central, por exemplo, é denominada Praga 1. Todavia, a antiga divisão das "cidades" continua sendo referência não apenas para os seus habitantes, mas também para os turistas.

Praga é famosa por representar um dos grandes centros culturais do mudo, associado a grandes nomes, como os compositores Antonín Leopold Dvořák e Bedřich Smetana, e dos escritores Franz Kafka, Rainer Maria Rilke e Jaroslav Hašek.

Entre os seus museus vale destacar o Museu Nacional, de 1818, além dos museus técnico, judaico, etnográfico e de literatura. A preciosa coleção do rei Rodolfo II está conservada na galeria de arte do castelo de Praga. E desde 1967, a cada quatro anos a cidade recebe a exposição Quadrienal de Praga, o maior evento dedicado à arte cenográfica no mundo.

Entre as indústrias instaladas na cidade destacam-se as de engenharia pesada, precisão, construção civil, maquinário, material ferroviário, produtos químicos e farmacêuticos, de artes gráficas e editoriais, e alimentícia.

Vejamos a seguir alguns detalhes interessantes sobre a criativa cidade de Praga!!!

1º) Boemia – Quem for a Praga acabará compreendendo muito bem o significado da palavra **boêmio**. Esse termo define tanto uma pessoa festeira, quanto os povos de uma região específica da Europa central, que costumavam ser chamados assim em referência ao estilo de vida dos ciganos que habitavam essa área no século XV. Entretanto, na República Tcheca esses dois significados se cruzam há pelo menos **oito séculos**!!!

2º) Pontos turísticos – Praga é a cidade que abriga o Pražský hrad, ou castelo de Praga, cujos primeiros registros de construção datam do ano de 880 d.C., e serve de morada para o presidente do país. Segundo o *Guinness World Records,* trata-se do maior castelo do mundo, com uma área de mais de 72 mil m². Ele é belíssimo durante o dia, mas suas dependências tornam-se ainda mais exuberantes e apreciadas à noite, quando as luzes acesas dão aos seus prédios e às suas torres um brilho dourado.

A construção fica na colina de Hradcany, às margens do rio Vltava (ou Moldava), cuja extensão é de 440 km. Seu leito atravessa a capital da República Tcheca, um país que soube conservar muito bem suas belas construções erguidas a partir do século IX.

Uma grande movimentação na frente do castelo de Praga indica a proximidade da troca da guarda, um evento que, assim como no caso do que acontece no palácio de Buckingham (Londres), atrai bastante a atenção dos turistas. Estes, depois de acompanharem esse interessante evento, podem caminhar até um pátio que dá acesso a dez pontos históricos, dentre os quais está a impressionante catedral de São Vito, a maior igreja da República Tcheca. De fato, ela é tão grande que não cabe inteira no enquadramento de uma foto. Desde o primeiro tijolo, colocado em 1344, sob o comando do imperador Carlos IV, foram sete séculos para que ela fosse terminada, em 1929.

Seu interior preserva relíquias dos santos e reis tchecos, enterrados ali desde a Idade Média com suas joias e outros pertences. Um dos túmulos mais importantes é o de são Venceslau, que tem uma capela própria. No caminho até ela, pode-se admirar o mosaico veneziano de 1370 que preenche toda a parede lateral.

Outro local a que se tem acesso a partir do pátio do castelo é o Beco de Ouro: uma rua repleta de antigas casinhas, onde, segundo a lenda, alquimistas buscavam encontrar a tal "partícula de Deus" (aquela que teria dado origem ao universo). Foi ali que, séculos mais tarde, Franz Kafka (1883-1924) se estabeleceu para escrever suas obras. A entrada ao complexo do castelo é gratuita, mas o acesso para outros locais é cobrado, sendo que os preços variam de US$ 3 a US$ 28.

Staré Město é a área mais antiga e turística de Praga. Ela fica do outro lado do rio Moldava. Para chegar até lá basta caminhar pela famosa ponte Carlos, que começou a ser construída no século XII, e hoje serve de palco para artistas e também como pano de fundo para *selfies* e fotos de casamento.

Na torre do prédio da antiga prefeitura está o **relógio astronômico**. Ele atrai muita gente, em especial quando indica horas cheias, quando é possível assistir à *performance* de vários bonecos que se revezam nas janelinhas acima dele ou ao seu lado.

Para os que gostam de ir às compras, a Cidade Velha de Praga tem sua "própria" Paris, pelo menos quando o assunto é moda e artigos de luxo. Trata-se da rua Parizka, onde há uma concentração de lojas de grife, como Prada, Hermés, Gucci, Ermenegildo Zegna etc.

Na rua Republiky fica a torre da Pólvora, uma construção em estilo gótico remanescente da muralha medieval que cercava a Cidade Velha. Para alcançar o topo é preciso ter disposição para subir 186 degraus (são 44 m de altura), algo que todo turista em boas condições de saúde acaba fazendo.

O bairro judeu Josefov é o local onde cresceu Franz Kafka. Ali está um museu dedicado às suas obras e aos seus documentos pessoais. Placas douradas incrustadas nas calçadas registram os nomes de moradores que se tornaram vítimas do holocausto, o genocídio de judeus europeus em campos de concentração nazistas durante a 2ª Guerra Mundial.

A sinagoga Velha Nova, a mais antiga da Europa, de 1170, e o cemitério Antigo recebem atualmente milhares de turistas. O interessante é que para visitá-los os turistas precisam desembolsar cerca de US$ 10. Vale destacar que, em Praga, a visitação a quase todos os locais históricos e bens culturais é **cobrada**, o que rende bastante aos cofres públicos. Dá para perceber como a **EC** é importante?

É interessante notar que, a despeito de possuir muitas igrejas góticas, a cidade também abriga a **quarta maior população de ateus do planeta**!!!

A região mais pitoresca de Praga é Malá Strana (Cidade Pequena), com suas casas medievais em cujas ruas transitam simpáticos bondes vermelhos. Quase tudo por ali está a uma distância "caminhável", aliás, como já foi mencionado, uma das coisas mais agradáveis em Praga é poder percorrê-la a pé e em segurança, "devorando-a" com os olhos.

Nesses passeios, uma sugestão é reparar nos detalhes dos produtos vendidos nas suas lojinhas. Um bom exemplo são as joias feitas com a granada tcheca, uma pedra vermelha-escura; outra opção são os tradicionais fantoches artesanais do país. Também é possível reparar nas figuras entalhadas nas portas, relacionadas a misteriosas lendas locais: urso preto, ovelha, lagosta etc.

Já na hora de descansar, uma boa pedida é visitar um dos cafés locais – principalmente nos meses quentes do ano, quando os donos colocam as mesinhas nas calçadas – e curtir o evidente alto-astral da cidade.

A ilha de Kampa, na Malá Strana é uma outra paradinha muito gostosa para o turista, pois tem-se ali um romântico parque do século XVI no qual está um pequeno museu de arte moderna e um muro com o rosto pintado de John Lennon – o Beatle que se tornou um herói pacifista para os tchecos quando foi assassinado em 1980.

O próximo passo é atravessar a ponte Carlos, a mais famosa e borbulhante de Praga, sempre repleta de turistas que transitam pela Staré Město, a Cidade Velha, seja a pé, de bicicleta, de *Segway* ("um patinete motorizado", ou em carros *vintage* dos anos 1920.

Duas das mais importantes igrejas da cidade: a de Nossa Senhora Vitoriosa, onde está o famoso menino Jesus de Praga (que tematiza nove entre dez estatuetas das lojas de lembranças) e a igreja de São Nicolau, cujo órgão com mais de 4 mil tubos já foi dedilhado por Mozart.

Finalmente, vale a pena visitar a Nové Město (Cidade Nova), que nem é tão nova assim, pois tem edifícios do século XIV), que circunda todo o conjunto mais antigo, cuja transição é quase imperceptível.

A espinha dorsal da cidade é a praça Venceslau, que já testemunhou importantes momentos da história tcheca, como a celebração da criação da Tchecoslováquia em 1918 (dissolvida em 1993) e a anunciação do fim do comunismo.

Lamentavelmente, agora essa importância foi obscurecida pelo comércio globalizado e pelas diversas redes internacionais de *fast-food* que ali se instalaram.

3º) Escultura – Entre as opções divertidas e culturais que se têm em Praga, uma delas é observar as diversas esculturas do checo David Černý que estão espalhadas pela cidade. O atrevido artista ficou bastante conhecido no mundo quando, ainda estudante, pintou de **rosa** um tanque soviético que estava num memorial à 2ª Guerra Mundial. Foi um ato pela **paz**, mas que lhe rendeu uma breve prisão!!!

Quase à beira do rio Moldava há uma obra do escultor tcheco David Černý que é dedicada ao mais célebre escritor de todos os tempos no país, Franz Kafka. Aliás, ali também fica o museu Franz Kafka.

Já a estátua *Piss*, também de Černý, tem duas figuras de bronze mecanizadas fazendo xixi no mapa da República Tcheca. Ela é cômica e inteligente. Também da para ver mais uma obra de Černý, na rua Charvátova, chamada *Metamorphosis*, que é uma cabeça de Franz Kafka de 45 t composta por pedacinhos de aço que se movimentam e fazem com que ela rotacione.

Na ilha de Kampa há uma outra obra de Černý chamada *Babies*, um conjunto de estátuas de três bebês gigantes engatinhando. O interessante é que, no lugar dos rostos, cada um deles traz apenas um código de barras. Isso é um protesto ao comunismo, cuja repressão faria os jovens crescerem sem a sua identidade definida.

4º) Arquitetura – Hoje, as esculturas de Černý se mesclam de forma singular com o conjunto arquitetônico de conto de fadas da capital da República Tcheca, que rivaliza com o de Paris entre os mais fotogênicos da Europa. Eles dão um toque de século XXI ao gótico, ao renascentista e ao *art noveau* da cidade!!!

Nesse quesito, a Praga de hoje mescla fachadas renascentistas às linhas duras da arquitetura socialista. Nela também há muito espaço ocupado por prédios *art noueau*, o que não significa que não se notem ali projetos bem contemporâneos. Um bom exemplo disso é a *Casa Dançante*, um suntuoso edifício da década de 1990, projetado pelo arquiteto tcheco Vlado Milunić com a colaboração do arquiteto canadense Frank Gehry, erguido sobre os escombros dos bombardeios da 2ª Guerra Mundial. Ela fica na Nové Město, e tem uma torre de vidro curvada inspirada em um casal de dançarinos – mais precisamente a dupla Fred Astaire e Ginger Rogers. Aliás, o restaurante do seu terraço chama-se *Ginger & Fred*.

Nessa parte de Praga, o que chama bastante atenção é um muro colorido, pintado e repintado por muitas gerações, mas que ostenta de forma recorrente um rosto em especial: o de John Lennon. Aliás, o nome do ex-Beatle também dá nome a um café-bar que fica adiante do *pub* de mesmo nome.

De fato, a capital tcheca possui um dos mais belos e conservados patrimônios arquitetônicos da Europa. Isso se deve principalmente ao fato de ela ter sofrido, relativamente, poucos danos estruturais durante as duas guerras mundiais.

5º) Gastronomia – Um local recomendado é o restaurante *Lokál*, que possui cinco filiais na cidade, e nele não tem como se decepcionar com os seus vários pratos típicos com toques criativos e ingredientes frescos e sazonais. Dentre eles destacam-se o delicioso *steak tartar*, acompanhado de pães fritos.

Se ao caminhar pelas ruas da Cidade Velha o objetivo for uma paradinha para um lanche ou mesmo algo doce, não há como resistir a um prato com salsichas nem ao famoso *trdelník* , uma espécie de rosca doce recheada com doce de leite!!!

6º) Cerveja – Além de ser o coração do então reino da Boêmia, que existiu entre o século XIII e XX, antes de dar lugar a Tchecoslováquia, o país sempre investiu na produção de cervejas, desde os antigos mosteiros até as fábricas atuais. Bebe-se muita cerveja nesse país. De fato, os tchecos são os maiores consumidores da bebida no mundo – cada habitante ingere, em média, 143 litros por ano (e vale ressaltar que essa marca já foi de 165 litros, e só caiu um pouco por causa da elevação no custo de vida).

E encontrar cerveja boa e barata não representa nenhuma dificuldade em nenhum lugar da República Tcheca. Pela tradição dos séculos de exis-tência, algumas merecem atenção especial. Esse é o caso, por exemplo, da cidade de Pilsen, que fica a 100 km de Praga, onde a fábrica Pilsener Urquell produz a bebida de mesmo nome, uma cerveja leve e clara que nasceu na Idade Média, e hoje é exportada para o mundo inteiro.

O visitante da cidade também não pode deixar de fazer o *tour* guiado pela U Fleků, uma cervejaria na cidade que fabrica a bebida há mais de 500 anos. A entrada custa a módica quantia de US$ 8 por pessoa, com degustação **ilimitada** para beber *pivo* (cerveja) à vontade.

A receita da cerveja negra São Tomás foi criada no século XIII pelos monges agostinianos de um mosteiro em Praga, hoje sede do luxuoso hotel Augustine, o único local que a comercializa.

Também vale a pena visitar a famosa estância termal de Karlovy Vary, a 200 km de Praga. Lá é possível inclusive **mergulhar na cerveja**, uma vez que em alguns *spas* a bebida é utilizada nos tratamentos estéticos.

No tocante a uma cervejaria artesanal a melhor opção pode ser tomar um *pint* (um copo com quase meio litro) da U Dobrenských, que produz cervejas aromáticas usando ervas como sálvia e tríbulo.

E para uma noitada no mesmo clima moderninho, a grande pedida é ir a *Moet Factory*, uma mistura de galeria de arte, balada, teatro, bar, cinema e casa de *show*!?!? **E você sabe quem é o proprietário?** Ninguém menos que o David Černý, responsável em parte pela classificação de Praga de ser uma cidade criativa!!!

7º) Transporte – Praga tem três grandes estações ferroviárias e um bom aeroporto, o internacional de Václav Havel, com um tráfego estimado em 2016 de 13 milhões de passageiros. Além disso, a cidade conta com uma grande rede de transportes públicos, que contribuiu para se tornasse um atraente centro na Europa Central.

8º) Educação – Praga é o centro educacional do país, possuindo diversas IESs. A mais famosa – e a mais antiga da Europa Central – é a Universidade de Carlos, fundada no século XIV. Também merece destaque a Universidade Técnica de Praga, fundada no século XVIII. Mas além dessas duas, o sistema de ensino superior da cidade é apoiado pela Academia de Ciências, que contribui para o desenvolvimento de diversas áreas de pesquisa.

Praga também possui escolas de arquitetura, artes, música, cinema e dança, áreas cruciais para se ter talentos na EC, não é?

9º) Esporte – Os tchecos gostam muito de esporte. Embora o destaque seja o futebol, eles também adoram o hóquei no gelo e já revelaram grandes jogadores de tênis. Dentre os mais famosos tem-se a Martina Navratilova, que acabou se mudando para os EUA. Ela é a maior vencedora e premiada jogadora do tênis de todos os tempos, com 1442 vitórias na carreira, um recorde absoluto entre homens e mulheres.

Entre os homens, não se pode deixar de citar Ivan Lendl (que também se naturalizou norte-americano em 1992). Ele foi um dos mais bem-sucedidos jogadores dos anos 1980 e início de 1990, com 1.071 vitórias, e ocupou durante um bom tempo o 1º lugar no *ranking* da ATP.

Nesses últimos anos o grande nome tcheco do tênis é Tomáš Berdych, que já ocupou o 4º lugar no *ranking* da ATP.

A LIÇÃO DE PRAGA

Caro(a) leitor(a), em 2016 Praga tinha uma população estimada de 1,6 milhão de habitantes, mas, nesse mesmo ano, recebeu cerca de 8,5 milhões de turistas, entre estrangeiros e domésticos. Você tem alguma dúvida de que a capital tcheca é uma **cidade criativa**?

Mas no que a cidade de Praga poderia nos inspirar no sentido de ampliar a **visitabilidade** das cidades brasileiras? Obviamente não se pode concorrer com Praga no que se refere aos seus prédios históricos, alguns construídos antes do próprio descobrimento do nosso País, mas poderíamos promover grandes festas da cerveja (como já ocorre em Blumenau) e, assim, estimular a venda de cervejas produzidas verdadeiramente de forma artesanal, programando eventos gastronômicos regados com muita *pivo*.

Aliás, o ideal mesmo seria disponibilizar nesses eventos outras opções interessantes além de uma boa variedade de cervejas, como artesanato, muitas comidinhas típicas brasileiras etc., de modo a estimular os visitantes a ficarem alguns dias na cidade. Também seria interessante repetir esses eventos e festivais em alguns dos feriados mais bem colocados no calendário anual.

No Estado de São Paulo, especificamente, muitas cidades são candidatas a promover prolongadas festas da cerveja, como Ribeirão Preto, São José do Rio Preto, Barretos etc., não é?

Uma vista da cidade do Rio de Janeiro a partir do seu monumento icônico - o Cristo Redentor.

2.32 - Rio de Janeiro

PREÂMBULO

O *designer* francês Chafik Benazzouz está à frente de um centro de *design* localizado na subida do morro do Cantagalo, um local que reúne religiosidade e residência artística. Ele explica, de maneira muito interessante, a grande importância do Rio de Janeiro em sua vida e na vida de todos os que moram na cidade, dizendo:

"Nasci na Normandia, na França, em 1970. Aos 17 anos mudei para Paris, onde estudei arquitetura e *design*. Em 2000 visitei o Brasil pela primeira vez e fiquei apaixonado pelo Rio de Janeiro. Decidi então me estabelecer na cidade e trabalhar nela. Eu amo o Rio de Janeiro, pois esta é uma cidade que o convida a viver a **espiritualidade**, permitindo-lhe a desconexão parcial do estresse urbano. Seja tomando um banho de mar ou caminhando numa trilha na Pedra da Gávea. Aqui são muitas as possibilidades para que seus moradores apreciem o seu próprio momento, o que independe do nível social dessas pessoas.

Já viajei bastante pelo mundo, mas não vi em nenhuma outra cidade a espiritualidade que existe aqui, onde diferentes religiões têm a permissão de se expressarem. Acredito que a cidade deveria **exportar** essa liberdade de cultos, pois isso ajuda a **construir a fraternidade**! E foi por essa razão que batizei de **abadia** (!?!?) o meu centro de *design*, uma vez que nele as pessoas têm a oportunidade de trabalhar, residir e meditar. Com ele, meu objetivo foi criar uma comunidade internacional para artistas do mundo todo. Ali os seus integrantes têm como objetivo utilizar o *design* para desenvolver o **humanismo** e a **fraternidade** como ferramentas de transformação social."

A HISTÓRIA DO RIO DE JANEIRO

A cidade do Rio de Janeiro nasceu de uma feitoria instituída por Gonçalo Coelho em 1503. Seu nome surgiu do fato de o navegante ter achado que a baía de Guanabara fosse o estuário de um rio.

Entretanto, a fundação da cidade é celebrada tendo como base o dia **1º de março de 1565**, data em que Estácio de Sá expulsou definitivamente os franceses do local. Sediados nas instalações da feitoria erguidas no início do século XVI, os estrangeiros haviam permanecido por dez anos, explorando o pau-brasil.

A instalação da cidade ocorreu sobre e ao redor do morro do Castelo, um lugar não apenas privilegiado no âmbito da defesa, mas também mais salubre que o sítio existente na foz do rio Carioca.

No início do século XVIII, a cidade do Rio de Janeiro conseguiu um acesso direto às Minas Gerais. Isso aconteceu por meio de uma estrada aberta pelo bandeirante Garcia Paes. Por conta disso, ela se tornou o porto de despacho para Portugal de todo o ouro coletado nos arraiais mineiros, e continuou a exportar o açúcar produzido na região. Assim, em 1763, ela se tornou a sede do governo-geral da colônia, uma atribuição que, até então, coubera a Salvador. Vale lembrar que, entre 1808 e 1822, o Rio de Janeiro serviu como sede da corte de dom João, que havia fugido de Portugal por causa da eminente invasão do país pelas tropas napoleônicas.

A partir da chegada do príncipe regente (futuro dom João VI) e de mais de 10 mil membros da corte portuguesa, a cidade viveu grande desenvolvimento e se transformou de fato na capital do império português.

Durante a permanência de dom João VI no Rio, foram construídos ali muitos edifícios públicos importantes, como: Academia da Marinha, Real Horto, Escola Médica, Escola Central de Engenharia, Instituto Histórico e Geográfico Imperial, Observatório Imperial etc.

Com a independência proclamada em 1822 a cidade se tornou capital do novo país, cujo comando ficou nas mãos de dom Pedro I. Houve a partir daí uma grande expansão da cidade. Isso aconteceu por conta da exportação de minérios e de produtos agrícolas. Em 1835 começaram a navegar os barcos a vapor, e em 1868 as carruagens foram substituídas pelos primeiros bondes. Surgiram construções importantes como o Paço Imperial, o Museu Nacional – instalado na antiga residência imperial –, o Museu Histórico

Nacional, a Biblioteca Nacional e o Palácio do Catete, além de riquíssimas igrejas. Todas essas edificações contam a história do Rio daquela época.

Em 1889 o período do império chegou ao fim e o Rio de Janeiro se transformou na capital do Brasil República. Ao longo da primeira década do século XX a cidade passou por profundas reformas urbanas. Entre as várias obras realizadas, houve a ampliação do porto, a abertura e o alargamento das ruas – para permitir maior luminosidade e circulação de ar – e a derrubada dos casarões antigos que haviam se transformado em cortiços. Também foi construída a avenida Central (atual Rio Branco) e vários edifícios públicos, como o Teatro Municipal e o Museu de Belas Artes, além de sedes de empresas, jornais, lojas finas e cinemas.

Assim, o Rio de Janeiro logo se tornou a capital política e cultural do País; um centro irradiador de cultura e poder. Sua hegemonia, entretanto, foi desfeita com a inauguração de Brasília em 1960, que se transformou na nova capital brasileira.

O Rio de Janeiro, entretanto, continuou lindo (!!!), e hoje é a sede do governo do Estado do Rio de Janeiro. Segundo dados divulgados pelo IBGE, em 30 de agosto de 2016 a população na cidade era de quase 6,5 milhões de habitantes, e, na região metropolitana (RMRJ), de mais de 12,33 milhões de pessoas.

Além das famosas praias de Copacabana, Ipanema, Leblon, Leme e Barra da Tijuca, a cidade tem muitos atrativos para os turistas, como: a floresta da Tijuca (considerada **a maior floresta urbana do mundo**), o Jardim Botânico (com palmeiras plantadas na época do Brasil império) e o aterro do Flamengo. A cidade recentemente sofreu muitas mudanças, e entre elas estão as diversas instalações inauguradas para recepcionar os turistas que vieram para acompanhar os Jogos Olímpicos do Rio de Janeiro em 2016, dentre as quais vale destacar o Centro de Visitantes Paineiras.

Situado no caminho dos que desejam chegar à estátua do Cristo Redentor; ele também é um ponto de encontro para os frequentadores do Parque Nacional da Tijuca. O Centro ocupa agora o antigo hotel Paineiras, e está incrustado na floresta a 465 m de altitude em relação ao nível do mar.

O antigo hotel Paineiras havia sido inaugurado pelo imperador dom Pedro II, e, em seus tempos gloriosos, hospedou desde estrelas de cinema (como a atriz francesa Sarah Bernhardt) a presidentes do País (como Washington Luís Pereira de Souza, Café Filho e Getúlio Vargas). O local também serviu de concentração para a seleção brasileira de futebol e equipes locais (como Vasco, Flamengo etc.), para a seleção brasileira de basquete, vencedora do Campeonato Mundial de 1963 realizado na cidade (equipe da qual eu participei).

Esse hotel encerrou suas atividades em 1982 e passou 34 anos abandonado!!! Ao longo desse período a umidade causada por infiltrações e pela própria floresta que cercava o prédio deteriorou a construção. A arquiteta Juliana Neves, da Kube Arquitetura, responsável pela reforma, explicou:

"A cobertura havia caído, o piso de tábua corrida estava destruído. Aproveitamos ao máximo os materiais originais para manter os elementos arquitetônicos e evitar a descaracterização do prédio. Parte das tábuas corridas foi recuperada e reaproveitada no revestimento da bilheteria; o piso de azulejo hidráulico foi mantido no alpendre, onde ficam o bar *Paineiras* e a lanchonete *Naturê*, com vista para a floresta, o hipódromo da Gávea e a praia do Leblon. Já no restaurante *Mirante Paineiras*, conseguimos manter os azulejos usados desde a época da inauguração. A reforma durou 11 meses."

A criação do Centro de Visitantes foi um alívio para os que visitam o Cristo Redentor. Vale lembrar que esse monumento tem capacidade para receber 1.500 pessoas ao mesmo tempo, contudo, na alta temporada o número de visitantes praticamente dobra, o que provocou filas imensas. Assim, os turistas tinham de esperar por duas horas, de pé e debaixo do sol, para embarcar numa das *vans* que as levava ao topo do Corcovado. Esses visitantes antes ficavam nas "ruínas" do antigo hotel.

Como o Cristo Redentor está situado no Corcovado, tornou-se vital pensar melhor nessa visitação, de modo que ela causasse o menor impacto possível no próprio Parque Nacional da Tijuca. Neste sentido, a reforma e reabertura do hotel vieram muito a calhar, uma vez que foi possível criar um sistema em que o turista embarcasse em *vans* que o levariam até o Centro de Visitantes, onde receberia uma senha para seguir até o monumento. Durante esse período, ele poderia visitar a loja, a exposição interativa sobre o parque e, inclusive, fazer uma refeição na lanchonete, no bar ou até mesmo no restaurante.

Pois é, finalmente os turistas do mundo todo passaram a ser tratados de forma adequada ao visitar esse grande monumento!

E não há dúvida de que após os Jogos Olímpicos a cidade do Rio de Janeiro se tornou bem mais **atraente** e oferece melhor qualidade de vida para os seus munícipes. Isso ocorreu em parte por causa da melhoria no transporte público, quando entrou em funcionamento a ampliação do metrô carioca, com a abertura da Linha 4, que liga Ipanema à Barra da Tijuca.

Porém, a despeito de todas as melhorias, o principal é que o "**desastre tão anunciado**" felizmente não se confirmou e os Jogos Rio 2016 foram realmente **um sucesso indiscutível**. De fato, não aconteceu nenhuma violência e a cordialidade brasileira virou o jogo. A autoestima do nosso povo, tão testada e machucada nos últimos anos, foi revigorada, e o Brasil, independentemente de limitações e falhas pontuais, fez bonito. O País soube mostrar ao mundo uma excelente imagem do Rio de Janeiro, com marcantes exemplos de tolerância, superação e alegria.

Mas, voltando a questões técnicas, essa Olimpíada deixou um grande legado (!?!?) para o Rio de Janeiro. Além do aprimoramento nos transportes, foi possível implementar diversas outras melhorias, com o embelezamento da cidade e a inauguração de museus e outras atrações que devem incrementar a **visitabilidade** do Rio de Janeiro, tanto por brasileiros como estrangeiros.

Foi muito bom ter a oportunidade de apresentar ao mundo todo – através dos Jogos Olímpicos – tanta coisa positiva que se tem não apenas na "Cidade Maravilhosa", mas também em outros locais do Brasil!!!

Muitos brasileiros – incluindo muitos intelectuais – acreditam que somos o País da "meia-boca", no qual o planejamento nunca funciona (!?!?) como deveria, seja no âmbito público ou privado. Nosso lema básico é: "Não fazer hoje o que pode ser feito amanhã." Temos uma arma secreta e poderosa: o **jeitinho brasileiro** (que lá fora é chamado de *brazilian way*). Acreditamos que sempre é possível usá-lo para resolver os problemas à medida que eles vão surgindo.

Isso, aliás, foi comprovado na chegada das delegações dos países, especialmente aquela da Austrália, que se recusou a ficar instalada na Vila Olímpica, uma vez que os apartamentos apresentavam muitos defeitos!!! **E o que se fez para resolver?** Com uma rapidez incrível e uma eficácia invejável, foram arregimentados na última hora **600 trabalhadores** para fazer um mutirão e consertar as falhas!?!?

Pois é, cultivamos a "gambiarra" com certo orgulho, resultado de nossa engenhosidade e criatividade que possibilitam soluções alternativas sem o uso de peças originais (sempre mais caras)!?!? Assim, o serviço ficou meia--boca. Mas tudo bem, pois a maioria já concordou que, no Brasil, pedir que tudo saia perfeito e entregue na hora certa, tal e qual foi contratado, é **esperar demais!!! Afinal, estamos no Rio de Janeiro e não em Zurique, não é mesmo?**

Destacaremos a seguir algumas características incríveis do Rio de Janeiro, sendo que algumas delas passaram a existir justamente pelo fato de a cidade ter aceitado a dura incumbência de sediar os Jogos Olímpicos.

1ª) O Cristo Redentor – Mundialmente identificado com a imagem do Brasil, o monumento do Cristo Redentor completou em 2011, em 12 de outubro, 80 anos de idade!

A ideia de instalar uma estátua de Jesus Cristo no Rio de Janeiro data do século XIX e é creditada a um europeu, o padre francês Pedro Maria Boss. Houve um concurso e, dentre os vários projetos apresentados havia inclusive um em que a estátua de Jesus trazia um globo nas mãos. No entanto, o projeto vencedor foi o do Cristo com os braços abertos, creditado ao brasileiro Heitor da Silva Costa.

O monumento começou a ser edificado em 1926 e foi inaugurado em 1931, com a presença do então presidente Getúlio Vargas. Foi essa obra que, simbolicamente, inseriu o Rio de Janeiro em quase todos os roteiros de viagem turísticas, cujos folhetos trazem sempre a imagem da estátua.

Nas festividades que celebraram os 80 anos do Cristo, foi inaugurado no topo do Corcovado o busto do engenheiro e arquiteto Heitor da Silva Costa (1873-1947) com uma placa informando que ele foi o "autor do projeto e o construtor do monumento". Nas celebrações sete aviões da Esquadrilha da Fumaça sobrevoaram o Corcovado; um bolo de oito metros foi cortado e mais de 30 artistas nacionais, além da cantora norte-americana Stacey Kent, participaram do *show* da Paz, no aterro do Flamengo.

Essa comemoração foi o início de um ano de atividades que incluíram a escolha de uma música-tema dos 80 anos, a realização de uma regata e a exposição *Cristo Redentor para Todos*, que foi feita em várias cidades do Brasil e, inclusive, em outros países, com a instalação de 25 réplicas da estátua, com 3,8 m!

Vale lembrar que a estátua do Cristo Redentor não é apenas o ponto turístico mais visitado no Rio de Janeiro, mas também um santuário católico, o qual deve ser usado também para essa finalidade. E toda cidade deve lutar para ter um ícone como este, com o qual a cidade se identifique como sendo um local cheio de fé, paz e felicidade.

De braços abertos sobre a baía da Guanabara, e com suas linhas filiadas ao estilo *art déco*, a estátua do Cristo Redentor paira a 709 m de altitude, sendo que só a estátua ostenta 30 m de altura. Ela é feita de cimento e revestida de pedra-sabão (o mesmo material usado pelo escultor barroco Aleijadinho) e, definitivamente, tem um pé na Europa. Afinal, coube a Paul Landowski, um escultor francês de origem polonesa, a criação da cabeça e das mãos dessa obra de arte.

Deve-se recordar que a estátua do Cristo Redentor foi inaugurada no dia do aniversário do responsável pela abertura da primeira rota para escalar o Corcovado: o imperador Pedro I, que nasceu no dia 12 de outubro de 1798. Mesmo sem uma intenção turística declarada, dom Pedro I estimulou muito a visitação do local. A área foi posteriormente cercada e ganhou um mirante chamado de Chapéu de Sol (que já não existe mais), que abrigaria o primeiro telégrafo do País. O seu filho, Pedro II, foi quem ordenou o replantio da floresta da Tijuca, que na época estava dominada pelo plantio do café.

Há três maneiras de se subir até o Cristo Redentor: numa combinação de **carro e *van***; de **trem**; ou **a pé**, pela trilha. Quem vai de carro até a estátua, percorre uma estrada bem turística dentro do Parque Nacional da Tijuca, passa pelo mirante Dona Marta, um ponto privilegiado do qual é possível ver o monumento de frente. Em seguida, o motorista passa na frente do reinaugurado hotel Paineiras (onde deixa o carro) e pega uma *van* que o levará até o monumento.

Caso o turista opte pelo trem, ele deve se dirigir à estação Cosme Velho, fora dos limites do parque da Tijuca. De lá o percurso turístico dura cerca de 25 min. Contudo, a forma mais **aventureira** – e **cansativa** – de se chegar ao Cristo Redentor é a pé, caminhando por uma trilha. Essa opção é usada por uma minoria de visitantes, que percorrem o caminho que sai de trás do Casarão do parque Lage (ainda dentro do parque da Tijuca), vizinho ao Jardim Botânico e à lagoa Rodrigo de Freitas. Em média, leva-se 2 h 30 min para se chegar ao fim do percurso. Há quem diga que dom Pedro II costumava subir por ali.

Embora existam diversas setas amarelas para indicar o percurso correto, alguns "aventureiros" ainda teimam em abrir trilhas alternativas. De qualquer modo, o início do trajeto é bem suave, quase uma caminhada. O explorador cruza por três vezes um riozinho, até chegar a um ponto em que o percurso fica bem mais íngreme e surge a necessidade de se usar as mãos para se agarrar às pedras e às árvores. Por conta disso, a administração do parque colocou algumas correntes para tornar a subida mais segura.

Praticamente todos os turistas que chegam ao Rio de Janeiro acabam visitando o monumento do Cristo Redentor, e isso inclui celebridades como o papa João Paulo II (em 1980); *lady* Di (em 1991); o dalai lama, líder espiritual tibetano (em 1992); o ex-presidente paquistanês Pervez Musharraf (2004), a famosa cantora norte-americana Beyoncé (2010) e o ex-presidente dos EUA, Barack Obama, com a mulher Michelle e suas duas filhas (em março de 2011). Interessante mencionar que, embora a visita do então presidente norte-americano ao Brasil tenha sido muito rápida (passou apenas um sábado e domingo no País), ele encontrou um tempinho para se fotografar diante do cartão-postal brasileiro.

Realmente, a estátua do Cristo Redentor é uma grande atração para os turistas que visitam o Rio. Mas ela ficou ainda mais atraente quando, em um concurso internacional (informal e popular) promovido pela New Open World Foundation, no qual votaram mais de 100 milhões de pessoas, foi anunciada em 7 de julho de 2007, em Lisboa (Portugal), como **uma das novas sete maravilhas do mundo** (Você sabe quais são as outras seis? Seja mais curioso e utilize alguma ferramenta de busca para saber em que seleta companhia encontra-se a nossa estátua).

No Brasil, existem em muitas cidades outras estátuas de Cristo, como em Taubaté (no Estado de SP) e Cornélio Procópio (no Paraná). O objetivo delas é o mesmo: dar **boas-vindas**, **proteção** e **abertura**!!!

Aliás, toda cidade deveria ter pelo menos um ponto icônico que servisse de cartão-postal e, quando possível, transformá-lo em atração turística. Isso rende muito para seus moradores, que podem lucrar promovendo visitas e criando artigos que celebrem a sua existência. É crucial possuir um símbolo de reconhecimento que permita uma convocação mais fácil para qualquer outro evento que ocorra no município. Assim, caro prefeito, se a sua cidade não tem ainda algo desse tipo, trate de inventá-lo e/ou construí-lo e, quem sabe, passará a contar com um imã que atraia milhares de turistas.

Que **"força"** a estátua do **Cristo Redentor** dá para a **EC**, não é mesmo?

2ª) Edificações culturais – No mundo todo, sabe-se que edificações para espetáculos teatrais e musicais demoram muito para ser construídas ou reformadas e, quando abrem (ou reabrem), muitas são inauguradas sem estar totalmente finalizadas.

Esse foi o caso da Cidade das Artes, o complexo cultural situado na Barra da Tijuca (zona oeste do Rio de Janeiro), que foi **"inaugurada"** em

3 de janeiro de 2013, ainda inacabada. De fato, havia muito a ser feito ao longo do ano, após a celebração.

Para entender melhor todo o processo, é preciso lembrar um pouco da história da Cidade das Artes. O seu projeto arquitetônico é de autoria do arquiteto francês Christian de Portzamparc, criador da *Cité de La Musique*, em Paris, e vencedor do prêmio Pritzker, em 1994. Aliás, esse seu projeto no Rio foi agraciado em 2008 com o International Architecture Awards.

Em 2002, o então prefeito do Rio de Janeiro, Cesar Maia, apresentou uma proposta para a Cidade da Música. O projeto havia sido elaborado por Portzamparc, sua construção custaria **R$ 80 milhões** e tudo ficaria **pronto em 2004**! As mudanças necessárias no projeto original levaram a várias outras configurações e, obviamente, a um significativo aumento nos custos.

Porém, na época, por conta dos gastos que teriam de ser feitos com as instalações para os Jogos Pan-Americanos de 2007, o projeto da Cidade da Música foi deixado de lado!!! Isso, entretanto, não impediu que em 2008, dias antes de encerrar seu terceiro mandato, o prefeito Cesar Maia "**inaugurasse a obra**" ainda inacabada, com um concerto da Orquestra Sinfônica brasileira, somente para convidados.

Em 2009, depois de ficarem quase dez meses paradas, as obras foram retomadas, já na gestão do prefeito Eduardo Paes. A partir daí, segundo a prefeitura seriam necessários mais R$ 50 milhões para garantir o término, e sua inauguração foi estipulada para 2010. Em 2012, foi anunciada a mudança no nome da obra, que passou a ser chamada de Cidade das Artes, e também foi informado que a edificação ficaria a cargo de uma organização social. O edital chegou a ser lançado, mas acabou suspenso após um questionamento do Tribunal de Contas do Município. A partir daí a prefeitura assumiu a sua gestão.

Houve então a **segunda inauguração** (!?!?), dessa vez para o público e com a apresentação do *Rock in Rio – o Musical*. Na ocasião utilizou-se novamente o esquema de abertura parcial, visto que apenas a grande sala estava disponível e o restante seria terminado posteriormente. Importante lembrar que as áreas de cinema e restaurante ainda precisavam ser licitadas, portanto, a probabilidade era de que a inauguração total só ocorresse no final de 2013.

Assim, entre o início e a conclusão da obra passaram-se mais de dez anos, foram gastos R$ 600 milhões (mais de sete vezes o planejado no início) e realizadas várias inaugurações parciais.

O lado positivo de tudo isso é que, apesar de todos os contratempos, o Rio de Janeiro conta agora com mais um belíssimo espaço para incrementar a sua **EC.**, e cujos detalhes são bem interessantes. A grande sala, por exemplo, tem duas configurações: a primeira no modo ópera, com 1.300 lugares; a segunda, no modo sinfônica, com 1.650 lugares. Ou seja, um mesmo local é capaz de receber um contingente significativo de pessoas, que irão se acomodar em poltronas amortecidas (revestidas com tecido acústico), em um local que possui piso flutuante, palco móvel, regulagem acústica, forro móvel e vários camarotes, alguns deles móveis. Ou seja, a obra demorou para ficar pronta e gastou-se bastante para concluí-la, mas o Rio de Janeiro tem hoje a sua **Cidade das Artes**!

Inicialmente, foi o produtor cultural Emílio Kalil que presidiu a Fundação Cidade das Artes até o início de 2017. Ele precisou não apenas buscar recursos financeiros – já que o orçamento da prefeitura do Rio de Janeiro era insuficiente –, mas também para garantir uma **programação atraente** para conquistar espaço no circuito cultural brasileiro. Emílio Kalil explicou: "Só para operar a Cidade das Artes são necessários R$ 26 milhões por ano, e estou falando somente da manutenção; não me refiro à programação. A obtenção de recursos é um dos grandes desafios na administração pública. Um dos caminhos que busquei no Theatro Municipal de São Paulo (e, depois, no Rio de Janeiro) foi a criação de uma sociedade de amigos do teatro, formada por empresários e amantes das artes. Esse grupo me ajudou muito na busca de recursos para financiar a vinda de grandes artistas e renomados espetáculos. Farei a mesma coisa na Cidade das Artes e espero que, em breve, tenhamos grandes concertos no nosso teatro, além de atraentes espetáculos na sala de ensaio e *workshops* (oficinas) bastante disputadas nas outras instalações. Tudo ao mesmo tempo!!!"

O que falta muito no Brasil, são pessoas com o talento e a capacidade de Emílio Kalil para dirigir nossos complexos culturais. Com isso, torna-se difícil não apenas mantê-los, como também atrair grandes públicos capazes de gerar-lhes receitas por meio da compra de ingressos!!!

Quem se preocupa com a **EC** e os bens culturais, não pode se esquecer da importância que representam os museus para uma grande visitação à cidade onde estão instalados. É isso o que ocorre, por exemplo, em Paris, Londres, Berlim, Madri, São Petersburgo, Amsterdã, só para citar algumas capitais europeias que possuem importantes museus.

Neste sentido, é preciso saudar com profunda alegria a inauguração do Museu de Arte do Rio (MAR), que ocorreu no dia 5 de março de 2013. Situada na zona portuária da cidade, essa nova instituição museológica carioca é na verdade um complexo formado por dois prédios – o palacete Dom João VI (de 1916) e um edifício do início da década de 1940 –, que agora tem como marca arquitetônica uma **grandiosa cobertura ondulada** feita com 800 toneladas de concreto. É essa estrutura que une as duas construções, e cria a impressão de que uma pequena fração do oceano flutua no alto do museu, um símbolo que contribuiu para enfatizar o próprio nome da instituição.

O elemento de 1.700 m² é um grande destaque da obra dos arquitetos Thiago Bernardes, Paulo Jacobsen e Bernardo Jacobsen, responsáveis pelo projeto arquitetônico.

De fato, essa ideia surgiu somente depois de um primeiro conceito não concretizado de unir os dois prédios com uma segunda fachada, que remeteria a uma rede. Porém, quando a "onda" apareceu nos esboços dos arquitetos, ela, inevitavelmente, se transformou numa homenagem ao famoso arquiteto brasileiro Oscar Niemayer (1903-2012).

3ª) Jogos Olímpicos e as Paralimpíadas – Apesar das frustrações com muitos dos nossos resultados esportivos, e de alguns problemas de última hora (particularmente no que diz respeito ao mau comportamento de alguns nadadores dos EUA), o Brasil organizou essas competições no Rio de Janeiro em 2016 de maneira bem eficiente, gastando menos que os britânicos e chineses, respectivamente nos Jogos de 2012 e 2008.

De fato, os Jogos terminaram sem um incidente sequer relacionado a **terrorismo**. Isso foi o resultado de uma ótima combinação: 1º) A eficiência e o rigor dos serviços de inteligência e das autoridades de segurança antes e durante os Jogos e 2º) A incapacidade de grupos terroristas para recrutar militantes no Brasil, em quantidade e qualidade suficientes para representar alguma ameaça.

Ao descrever o legado positivo e o incremento da economia da cidade durante os Jogos Olímpicos e as Paralimpíadas, o então prefeito do Rio, Eduardo Paes, salientou: "O Rio de Janeiro aproveitou a oportunidade de realizar os Jogos para tirar do papel antigos e novos projetos de **infraestrutura, mobilidade** e **renovação urbana**!!! A cada R$ 1 investido em instalações esportivas, outros R$ 5 foram gastos em melhorias que impactaram positivamente na vida dos moradores da cidade. A candidatura previa a realização de **17** projetos do legado, mas fomos bem além e entregamos **27**.

Ao longo dos 2.500 dias entre o Rio de Janeiro de 2009 (confirmação dos Jogos na cidade) e o de 2016 (realização do evento), os cariocas ganharam um centro revitalizado (sem o elevado de concreto que impedia o encontro dos moradores com o mar); 200 novos quilômetros de BRT; o VLT e o metrô; áreas de lazer (como os parques Madureira e Radical de Deodoro), que recuperaram a periferia; obras de saneamento e urbanização na zona oeste; reservatórios para se combater alagamentos históricos na zona norte. Os cariocas ganharam ainda um moderno centro de tratamento de resíduos, dando com isso fim ao lixão de Gramacho

No que se refere à baía não chegamos à meta olímpica que era de tratar 80% do esgoto lançado nela, mas subimos de 25% para mais de 50% de saneamento. O fato é que o Rio não está perfeito, ainda são muitos os desafios. Os Jogos, afinal, jamais seriam capazes de proporcionar as condições para solucionar todos os problemas aqui existentes, mas, com certeza, ajudaram a melhorar as condições de vida na cidade. Foram atraídos muitos investimentos, e velhas promessas puderam ser transformadas em realidade.

E para quem eventualmente não tenha notado os avanços, talvez por desconhecer o Rio de anos atrás, basta conversar com um morador de Santa Cruz, no extremo oeste. Este levava duas horas até o seu trabalho na Barra da Tijuca e, desde 2012, graças ao BRT Transoeste, teve esse tempo reduzido pela metade!!!

Também é possível ouvir o relato de alguém da praça da Bandeira, cujo imóvel, antes dos piscinões costumava ser invadido pela água da chuva, com prejuízos constantes. Outra forma, é conversar com os moradores de Deodoro, que agora têm saneamento na porta de casa e não correm mais riscos com o esgoto a céu aberto. Ou seja, essas obras garantiram mais tempo livre, mais economia e mais saúde.

Graças às PPPs e às concessões para a realização desses Jogos, o Rio conseguiu transferir para a iniciativa privada **80%** dos custos com os estádios e as operações. Vale lembrar que a proporção nos Jogos de 2012 em Londres foi inversa, ou seja, **82%** dos gastos contaram com recursos públicos.

Com arenas simples, porém funcionais, conseguimos o fato inédito de reduzir em 35% as despesas previstas na ocasião da candidatura. Apenas o estádio olímpico londrino custou o mesmo que a soma das 20 instalações de parques olímpicos da Barra da Tijuca e de Deodoro, o campo de golfe e a adaptação do estádio Engenhão.

Com soluções inovadoras para financiar os Jogos, a prefeitura do Rio conseguiu concentrar recursos próprios na ampliação da rede de escolas e unidades de saúde. Saíram dos cofres municipais R$ 732 milhões para os estádios, isto representa pouco mais que 1% dos R$ 65 bilhões investidos em educação e saúde nesse período!!! A criatividade também foi usada para evitar que as arenas virassem 'elefantes brancos'.

Com o conceito pioneiro de arquitetura nômade, após o evento diversos estádios serão transformados em escolas e ginásios nas áreas mais pobres da cidade. Os Jogos foram organizados de maneira responsável, tanto em termos de prazo quanto de custo, e com muitas obras entregues para a população – esses são os legados que os Jogos Olímpicos deixaram para os cariocas.

De acordo com a análise feita por institutos de pesquisa, chegou-se à conclusão de que a Olímpiada provocou impactos positivos na economia da cidade. Assim, o comércio aumentou em 70% na zona sul em comparação com os anos anteriores. Na Barra da Tijuca, no centro e na zona norte, as vendas aumentaram em 30%, com destaque para a Barra, cujo comércio aumentou em 45%. Em outros pontos da zona oeste, o aumento no comércio foi de 20%.

Os hotéis registraram uma ocupação de 94% no período da Olímpíada. A cidade recebeu aproximadamente 1,17 milhão de turistas, sendo 410 mil deles estrangeiros. O país que mais nos enviou turistas foram os EUA, seguidos por Argentina e Alemanha, sendo que cada estrangeiro gastou em média R$ 424,62 por dia na cidade. Já entre os turistas brasileiros, 43% vieram do Estado de São Paulo, seguidos pelos gaúchos e mineiros, e cada um gastou R$ 310,42 diariamente, em média.

O metrô do Rio registrou durante a Olimpíada seu recorde histórico de passageiros, ao levar 1,12 milhão de pessoas no dia 17 de agosto de 2016. Durante todo o período dos Jogos Olímpicos, o metrô transportou 13,9 milhões de passageiros nas três linhas, que agora estão sendo usadas pelos cariocas."

Contudo, nem todo mundo se mostrou tão positivo. O professor Vladimir Kuhl Teles, afirmou que a promoção da Olímpiada no Brasil foi apenas uma **diversão bem cara**!!!

É claro que ele fez uma análise bem simplista, mirando somente no dinheiro gasto pelos turistas. Neste sentido, o professor explicou: "Após calcular todos os efeitos diretos e indiretos na economia, pode-se dizer que, de cada R$ 100 gastos por um turista internacional, a cidade do Rio de Janeiro se beneficiou com apenas R$ 45 líquidos. De acordo com os valores de orçamento divulgados, o custo da Olímpiada no Rio foi de mais de R$ 39 bilhões, entre investimentos públicos e privados, e nesse caso, para que se tivesse um retorno equivalente, zerando a conta, os turistas deveriam ter deixado durante os Jogos algo próximo de R$ 84,4 bilhões. Entretanto, o valor gasto dessas pessoas foi muito, mas muito menor ...."

A questão é que não se pode, de maneira alguma, equacionar dessa forma os benefícios dos Jogos Olímpicos, pois todas as melhorias feitas no transporte, por exemplo, trarão vantagens para os moradores da cidades e por muitos anos no futuro, bem como ajudarão a divulgar o País no mundo todo, o que seguramente aumentará o fluxo de turistas para o Rio de Janeiro de maneira significativa nos próximos anos.

4ª) Ecologia e tecnologia – Sem dúvida o Rio de Janeiro conseguiu encerrar com **chave de ouro** a 31ª Olímpiada de verão.

Empenhado em organizar da melhor maneira possível os primeiros Jogos Olímpicos da era moderna na América do Sul, o Brasil fez de tudo para enfrentar os desafios, e correspondeu às expectativas ao entregar ao mundo um evento maravilhoso à moda do Brasil, cujo sucesso deixará uma profunda marca brasileira na história dos Jogos.

Criou-se assim um **modelo Brasil** para as nações em desenvolvimento que vierem a sediar o mesmo evento. Foi, de fato, uma Olímpiada original e criativa. Durante a magnética cerimônia de abertura, os anéis olímpicos formados por árvores, as mudas plantadas pelas delegações e as imagens da floresta amazônica projetadas no telão exploraram ao máximo o conceito de **Olímpiada verde**.

Além disso, foram incorporadas aos Jogos do Rio várias novidades de alta tecnologia: a realidade virtual, que foi usada em várias *performances* da cerimônia de abertura; o credenciamento dos atletas, que foi feito em nuvem; as imagens aéreas em tempo real que foram utilizadas para a segurança dos Jogos; e, nas provas de tiro, o próprio alvo eletrônico que evoluiu para um sistema a laser.

Fatos como estes refletiram plenamente a ideia de **Olímpiada da inovação**. Foi um evento de emoções em que cerca de dez mil atletas provenientes de mais de 200 países e regiões competiram sob o espírito de "**mais rápido, mais alto, mais forte**", independentemente de obterem sucesso ou fracasso em suas disputas.

A experiência olímpica deixou um legado que deveria se perenizar. Pela primeira vez no Brasil uma grande massa de visitantes foi estimulada a usar o transporte público para se movimentar pela cidade toda. Para isso, os visitantes compraram um cartão especial de transporte e receberam orientações intensivas, tanto nas estações quanto pela Internet.

E não é preciso sediar Jogos Olímpicos para se criar uma estrutura como essa. Afinal, um passe de transporte que inclua também atrações (!) é o **básico do básico** para quem quer conquistar mais turistas. Estes, por sua vez, não englobam somente estrangeiros. Muitos brasileiros se queixam durante suas viagens (ou até deixam de fazê-las) por não encontrarem facilidades como essas...

O uso de dados nos Jogos Olímpicos foi enorme, superando ao ocorrido na Copa do Mundo de Futebol de 2014, quando os usuários de *smartphones* transmitiram 10 vezes mais dados do que até então, por meio da Internet móvel. **Em 2016**, brasileiros e estrangeiros enviaram no total **255 terabytes** (TB) de dados – o equivalente a 486 milhões de fotos –, contra apenas **24 TB** durante a Copa do Mundo **de 2014**.

A Anatel (Agência Nacional de Telecomunicações) explicou: "É como se cada uma das 7,5 milhões de pessoas que compraram ingressos para assistir às competições no Rio de Janeiro, tivesse enviado 80 fotos!!!

Sem dúvida a vinda ao País de tantas centenas de milhares de jornalistas, de muitas autoridades, de milhares de atletas (centenas deles excepcionais), e, como isso, a possibilidade de mostrar para o mundo a nossa linda Rio de Janeiro e um País livre de terrorismo, foi maravilhoso!!!

O presidente do Comitê Paralímpico Brasileiro (CPB), Andrew Parsons, declarou após o encerramento da Paralimpíada: "Apesar de não termos alcançado a meta de ficarmos entre as cinco nações mais bem colocadas, estamos muito satisfeitos com o desempenho dos nossos atletas. Era uma meta, não uma promessa!!! Terminamos na **8ª posição geral**, com 72 pódios (14 medalhas de ouro, 29 de prata e 29 de bronze), sendo que em 2012 em Londres nós conquistamos apenas 43 medalhas (21 de ouro, 14 de prata e 8 de bronze), e terminamos em sétimo lugar.

Tivemos no Daniel Dias o nosso grande nome. Ele conquistou 9 medalhas (4 de ouro, 3 de prata e 2 de bronze), e com isso chegou a 24 pódios na sua história olímpica. Certamente em Tóquio, em 2020, teremos um desempenho melhor ainda, pois tudo indica que teremos mais recursos para treinar os nossos atletas nesse próximo ciclo paralímpico."

Não menos ufanista foi a declaração do presidente do Comitê Rio-2016, Carlos Arthur Nuzman, que enfatizou: "Podemos dizer de cabeça erguida que cumprimos a nossa missão. E há um conjunto de fatores que nos levam a essa conclusão, entre eles o enorme legado que esse evento nos deixará. Esses certamente foram os Jogos mais econômicos da história. Nos 110 anos de Jogos Olímpicos na era moderna tivemos marcas importantes, de cidades que inclusive foram capazes de mudar a direção do que poderia (ou deveria) ser feito, e, com isso, alavancar o seu progresso. O Rio soube aproveitar essa oportunidade. Ela é hoje uma nova cidade, e isso nos orgulha."

5ª) **Reconexão urbana** – Após os Jogos de 2016, nota-se que muita coisa precisou ser feita no Rio de Janeiro (embora pareça também que muitas outras ficaram somente nas promessas...).

Um dos grandes ganhos da cidade do Rio de Janeiro ao se preparar para sediar os Jogos Olímpicos e a Paralimpíada foi o rés do chão, que acabou sendo **reapropriado pelo pedestre**. Após décadas de distanciamento, a baía de Guanabara e a malha urbana do centro carioca **reconectaram-se**.

A partir do AquaRio, caminha-se pela orla Luiz Paulo Conde (ou simplesmente orla Conde) até a praça Mauá. De lá contorna-se o morro de São Bento, passa-se pela Candelária e pela praça Quinze até o torreão do Albamar, tudo em vias de pedestres à beira de água e somente compartilhadas, em parte, pelo novo bonde.

Nos dias em que funcionou como *boulevard* Olímpico, quando hordas de populares ocuparam essa região do centro do Rio de Janeiro, percebeu-se a importância do espaço público como lugar de **livre vivência e convivência**. Contudo, se o calçamento parece tenaz e permanente, a vitalidade da orla Conde não é garantida a longo prazo (e talvez nem a médio), apesar de a prefeitura planejar aí a instalação de dezenas de quiosques.

Todas essas obras foram financiadas pela venda de Cepacs (títulos de permissão do aumento do potencial construtivo em edificações, feitas pela iniciativa privada). Agora que os Cepacs foram vendidos, vive-se um momento crucial, embora a grande maioria dos terrenos continue desocupada no início de 2017.

O caráter de ocupação da zona portuária não está ainda definido e o prefeito Marcelo Crivella vai ter que estabelecer isso corretamente!!!

O fato é que, embora se tivesse prometido na região central uma cidade para pedestres (o que realmente aconteceu...), a maior parte das verbas municipais destinou-se à região da Barra da Tijuca, onde foi instalado o maior número de equipamentos esportivos para os Jogos Olímpicos.

Enquanto num dos lados do Rio de Janeiro pensou-se em uma cidade mais compacta e valorizou-se a infraestrutura e o patrimônio existentes, na zona oeste foram feitas novas vias expressas, ampliou-se o número de faixas de carros nas avenidas existentes e potencializou-se uma antiga matriz de desenho urbano, em que a vida da calçada não tem vez. Esse espraiamento da infraestrutura urbana pela baixada de Jacarepaguá teve como subtexto o **desejo imobiliário de valorização de terras**. E o maior símbolo dessa especial "estratégia público-privada" foi a Vila Olímpica, que já assumiu o seu nome definitivo e correto: **"Ilha Pura"**, ou seja, mais um condomínio segregacionista e antiurbano, um clube cercado por longos muros e uma portaria repleta de seguranças prontos para proteger os 31 prédios com seus 3.604 apartamentos avarandados.

Como se sabe, do Parque Olímpico somente está planejada a desmontagem da arena de handebol (que será reconfigurada para dar origem a quatro escolas municipais) e do estádio de natação. Permanecerão de pé o Centro de Tênis, as Arenas 1, 2 e 3, o velódromo e a imensa e sinuosa aleia central do Parque Olímpico, que é o parque em si. Todas essas mudanças serão alvo de um processo de licitação que permitirá a uma única entidade converter esses equipamentos para fins educacionais e comerciais, podendo explorá-los por 25 anos.

Caberá, portanto, ao prefeito Marcelo Crivella impedir que ocorra um desastre com o futuro do Parque Olímpico. Há quem argumente que o lado positivo do período olímpico para as zonas oeste e norte do Rio de Janeiro foi a sistematização do transporte com os BRTs. A Transcarioca, por exemplo, atende a vários bairros dos subúrbios, requalificando vias que há décadas estavam abandonadas. O seu problema é que, mesmo ainda recente, os seus ônibus já ficam superlotados em horários de pico!?!?

Já a Transolímpica e a Transoeste têm trechos úteis e diversas estações em áreas ermas, prontas para o início de empreendimentos futuros.

Caberá a Marcelo Crivella a conclusão da Transbrasil – o corredor de ônibus fundamental para organizar a miríade de linhas que passa pela avenida Brasil. A grande obra em termos de transporte público de alta capacidade foi a Linha 4 do metrô, que liga a Barra da Tijuca à zona sul e a todo o sistema metroviário existente. Todavia, o projeto executado tem uma desconfiável peculiaridade: a Linha 4 é, na verdade, uma extensão da Linha 1.

Ou seja, se na primeira estação em funcionamento (Jardim Oceânico) entrasse todo o contingente de pessoas que se desloca diariamente da zona oeste em direção ao centro, não haveria espaço para ninguém mais que estivesse nas estações intermediárias da zona sul poder embarcar nos vagões. De fato, isso só não está acontecendo pelo fato de a integração do BRT Transoeste com a Linha 4 do metrô ser a mais cara do Rio de Janeiro – R$ 7 –, em função de um acordo entre a prefeitura e o Estado!?!?

Assim, para economizar, muitas pessoas escolhem trajetos mais demorados e menos confortáveis, o que nos leva à óbvia dedução de que tal escolha é feita justamente pelos cariocas de menor poder aquisitivo. De tal modo, os moradores mais ricos do Leblon e Ipanema estão conseguindo usufruir do metrô na porta de casa. Não surpreende, portanto, a ninguém que embarque nas estações Antero de Quental, Jardim de Alá e Praça Nossa Senhora da Paz, que existam ali corredores superdimensionados (escandalosamente mais largos que o necessário...) e detalhes em aço escovado.

6ª) **Economia** – Talvez a melhor forma para "desempatar" o placar – e descobrir se a promoção dos Jogos Olímpicos pelo Rio de Janeiro em 2016 foi ou não positiva para a cidade – seja acompanhar o raciocínio do economista Jean-Pascal Gayant, da Universidade de Mans, na França, autor do livro *Economie du Sport* (*Economia do Esporte*), que se revela nitidamente cético em relação às práticas do Comitê Olímpico Internacional (COI).

No seu livro, a sua conclusão é inapelável: do ponto de vista financeiro, organizar os Jogos Olímpicos ou uma Copa do Mundo de Futebol **não vale a pena**!!! Esse é o motivo pelo qual, ao longo do século XXI, a ideia de sediar grandes eventos esportivos tem sido recusada por cidades como Boston, Hamburgo, Estocolmo, Oslo etc., mas, lamentavelmente, abraçada com entusiasmo por países emergentes, como África do Sul, Brasil, China, Rússia e até mesmo o Catar.

No caso específico dos Jogos Olímpicos, Atenas, que os organizou em 2004, até agora está enfrentando dificuldades. Além da economia grega ter entrado numa grave recessão após os Jogos de 2004, hoje, o que se vê em sua capital são diversas estruturas degradadas e sem uso.

Nas palavras de Jean-Pascal Gayant: "Quaisquer que sejam as estimativas prévias de orçamento, é muito difícil realizar os Jogos sem gastar algo entre € 10 bilhões e € 12 bilhões. Foi esse o caso em Londres (2012) e em Pequim (2008), cujas estimativas prévias foram de US$ 55 bilhões. Se bem que a Olimpíada é um evento cujos custos são bem difíceis de estimar e, no caso da China, inclusive de verificar depois...

Com o passar do tempo muitos governos municipais, estaduais e nacionais ficaram bem conscientes de que os custos são sempre muito importantes para os resultados econômicos que, no final das contas, após os Jogos são relativamente modestos, nulos ou até negativos.

É sintomático que os Jogos Olímpicos sejam sempre **defendidos** por alguns setores sociais específicos: as empreiteiras, que realizam obras públicas; empresas de eventos; empresas de comunicação; e pelo movimento esportivo. Entretanto o custo precisa ser absorvido por todos, e quando são consultados pondera-se que o custo-benefício é mais **desfavorável** do que **favorável**!!!

Um caso cristalino do prejuízo econômico recente foi a realização dos Jogos Olímpicos de Inverno de 2014, em Sotchi, na Rússia: além de os gastos de recursos terem superado os € 50 bilhões, houve múltiplos casos de corrupção.

Em contrapartida, com a realização dos Jogos, Barcelona passou de 11ª cidade turística da Europa para a 5ª posição, e se tornou muito apreciada em todo o mundo. Essa foi, sem dúvida, uma herança positiva. De fato, Barcelona valeu-se muito dos Jogos para ralizar uma **verdadeira renovação urbana**. Entretanto, houve poucas situações equivalentes até aqui. Assim, se o Rio de Janeiro vai ter um grande legado isso é uma incógnita...

A verdade é que cidades que organizaram Jogos Olímpicos, como Los Angeles (em 1984), Seul (1988), Atlanta (1996), Sidney (2000), Atenas (2004), Pequim (2008) e Londres (2012) não obtiveram os resultados de Barcelona.

Alguns economistas até já sugeriram ao COI que os Jogos fossem realizados sempre nas mesmas cidades (!!!), criando-se desse modo um circuito com três ou quatro megalópoles mundiais que poderiam rentabilizar as construções já feitas para as competições.

Numa outra hipótese, a solução seria imaginar candidaturas conjuntas de várias cidades. Os melhores estudos sobre o tema mostram que os Jogos Olímpicos **não são fator de crescimento econômico**. Talvez eles até sirvam para melhorar a autoestima de uma população (ou de um país) ou até como um grande projeto federativo. Mas não são um bom negócio para quem os organiza.

Em Londres, por exemplo, foi possível revitalizar uma região que estava degradada, mas o preço disso foi um aumento do custo do metro quadrado que acabaria expulsando da região boa parte da população de baixa renda. Esta precisou se transferir para lugares bem mais distantes (e baratos) na periferia da cidade...

Parece que o mesmo se repetiu no Rio de Janeiro, onde para construir a infraestrutura para os Jogos, destruiu-se um número significativo de habitações precárias... Talvez isso se traduza numa renovação urbana, mas nem todos saíram ganhando, não é?

Pode até se dizer que a renovação urbana do Rio tenha sido acelerada por causa dos Jogos; que de fato a cidade melhorou em diversos pontos, mas não aconteceu nada que tenha beneficiado a todos!?!? Aliás, para sustentar essa 'avaliação' de que os Jogos Olímpicos frequentemente não deixam um legado positivo, basta observar o que aconteceu com o complexo de Helliniko, uma instalação erguida para os Jogos Olímpicos de Atenas em 2004, no qual foram disputadas provas de hóquei sobre a grama, *softbol*, canoagem e outras modalidades esportivas.

Na época, a construção custou € 88 milhões (algo próximo de R$ 290 milhões), mas, em fevereiro de 2017, transformou-se num campo de refugiados, **certamente o mais caro do mundo!?!?**

Mas por que isso acabou acontecendo? Bem, uma boa razão é que o complexo foi erguido como **uma estrutura permanente** para receber esportes que não existiam na Grécia antiga, **nem são praticados na Grécia moderna!!!**

Por anos, ninguém se interessou pela área até que em 2014, dez anos depois dos Jogos, a empresa Lambda Development ganhou o direito de investir no local e de aproveitar, sobretudo, o terreno do antigo aeroporto internacional, localizado na mesma região.

A promessa da organização foi de construir casas de luxo e criar um novo bairro, praticamente à beira-mar. Mas, até 2017, em vista da crise econômica que fez o PIB grego encolher 20%, nada foi feito. Desde 2016, por solicitação da ONU foram erguidos ali muitos barracões, ocupados por refugiados sírios e afegãos, que estão bloqueados na Grécia e impedidos de ir para os destinos de sua preferência (ou desejados), como Alemanha, os países escandinavos ou o RU.

Não se pode esquecer que desde 2015, mais de 1 milhão de refugiados passaram pela Grécia em sua tentativa de alcançar os países do norte da Europa. As esplanadas que outrora estiveram repletas de lojas de apetrechos olímpicos e com enormes cartazes das multinacionais, hoje são usadas por refugiados e pelos corvos que vagam pelo local. As traves dos campos servem de varais para secar roupa; o campo de hóquei sobre a grama se transformou no *playground* das crianças afegãs; o estádio que no passado foi usado para a prática do *softbol*, está tomado pelo mato e completamente irreconhecível. Desde o fim dos Jogos, o local nunca mais foi utilizado para práticas esportivas. E provavelmente **nunca será**, já que o atual plano da empreiteira que comprou a área é **derrubar tudo!!!**"

Certamente o que está acontecendo nas instalações esportivas das Olimpíadas de Atenas, assim como as imagens do Maracanã **abandonado** (com o gramado morto e as instalações deterioradas) e da piscina enlameada do Parque Olímpico do Rio de Janeiro – que se tornaram memes na Hungria –, fez com que os artigos do cientista político húngaro Tomás Boros levassem o Comitê Olímpico Húngaro a abandonar a ideia de apresentar a candidatura de Budapeste para a realização dos **Jogos de 2024**.

Tomás Boros comentou: "No movimento *Momentum* – integrado principalmente por jovens com alto padrão de educação, que inclusive já trabalharam ou estudaram em outros países da Europa Ocidental –, e por pessoas que se opunham à candidatura, usou-se o Rio de Janeiro como exemplo dissuasivo para convencer os cidadãos húngaros de que **organizar os Jogos no país acarretaria um desastre financeiro.**"

E agora, para piorar tudo, no início de março de 2017 o Ministério Público Financeiro da França encontrou **indícios concretos de corrupção** envolvendo a escolha do Rio de Janeiro como sede dos Jogos de 2016. Segundo o órgão, pagamentos milionários foram feitos a integrantes do COI antes da seleção da cidade, apontando o envolvimento do empresário brasileiro Arthur Cesar Menezes Soares Filho, (conhecido fornecedor de serviços para o Estado do Rio de Janeiro, preso em 2017 pela operação Lava-Jato).

Só faltava isso para denegrir os primeiros Jogos Olímpicos realizados na América do Sul, não é?

E para complicar mais ainda, em julho de 2017, a Autoridade de Governança do Legado Olímpico, divulgou um relatório no qual os gastos com os Jogos Olímpicos superaram em muito a previsão incial de R$ 28,9 bilhões, chegando a R$ 48 bilhões!?!?

A LIÇÃO DO RIO DE JANEIRO

E, como se não bastasse tantos problemas com a segurança pública e a corrupção nos diversos setores da administração municipal (principalmente na estadual...) a cidade que tem o **turismo** como carro-chefe de sua economia, elegeu um prefeito que **odeia Carnaval** e, inclusive, se mostrou incapaz de desempenhar suas funções como anfitrião do evento.

Pela primeira vez no Rio de Janeiro, desde a inauguração do Sambódromo em 1984, um prefeito em início de mandato não entregou a chave da cidade ao Rei Momo, como manda a tradição. Assim, na sexta-feira (24/2/2017), os convidados para o evento ficaram esperando mais de duas horas pelo prefeito Marcelo Crivella, em plena Marquês de Sapucaí, mas ele não apareceu – alegou que a sua mulher estava doente. Na ocasião, entrou em cena a secretária municipal da Cultura, Nilcemar Nogueira, que fez a entrega da chave, aplacando um pouco o mal-estar.

Pois é, a maior festa popular da cidade – um evento que atraiu mais de 1,1 milhão de turistas e faz cerca de 4 milhões de foliões saírem nas centenas de blocos que animaram o Carnaval de Rio de Janeiro, proporcionando a injeção de aproximadamente R$ 4 bilhões em sua economia – terminou sem que o prefeito sequer pisasse no Sambódromo. Aliás, ele também não deu o ar da graça nem nos hospitais para visitar os feridos nos acidentes que ocorreram com os carros alegóricos de duas escolas de samba no desfile de 2017.

Em contrapartida, uma atitude totalmente diferente foi tomada pelo prefeito de Salvador – cidade integrante da RCC na categoria música –, Antônio Carlos Magalhães Neto. Ele esteve presente nos diversos eventos do Carnaval da cidade e comentou alegremente o aumento do número de turistas em 2017 na cidade.

Ele salientou: "Conseguimos manter o volume de patrocínio para a festa graças a uma estratégia adotada pela prefeitura, de oferecer o máximo de entregas possível. As vendas de camarotes e o surgimento de novos blocos registraram um crescimento de 10% em relação a 2016. Em 2017, abrimos mais espaço nas ruas para os foliões com o aumento das atrações sem cordas. Além disso, ampliamos o pré-Carnaval no sábado e domingo; criamos a festa na Barra, na terça-feira; a abertura da folia na quarta, com um baile na praça; e o encontro dos trios na Barra na quinta-feira!!!"

Que diferença nos comportamentos dos prefeitos de Salvador e do Rio de Janeiro, não é mesmo? Enquanto o prefeito dos soteropolitanos aproveita-se cada vez mais do Carnaval para gerar através dele muitos empregos temporários, o dos cariocas – que oferecem a mais animada celebração do País e, por isso mesmo que ela atrai tantos turistas domésticos e internacionais – o abomina e não participa da folia carnavalesca, simplesmente por não gostar da festa.

No que se referte ao resultado do Carnaval carioca em 2017, vale ressaltar que há 33 anos não acontecia tamanha festa nos subúrbios de Oswaldo Cruz e Madureira, onde quem domina é a escola de samba da Portela. Depois de todo esse tempo, ela finalmente voltar a conquistar o título no grupo especial, depois de ter vencido pela última vez em 1984, na inauguração do Sambódromo.

A maior campeã de todos os tempos agora tem 22 vitórias, e ressurgiu no topo pelas mãos do criativo carnavalesco Paulo Barros e pela força de uma comunidade que, como diz o samba-enredo, "**se relaciona com o azul e branco como se fosse uma religião**".

Sem dúvida, o grande protagonista dessa participação brilhante foi Paulo Barros, que entrou para a galeria dos grandes artistas da festa ao criar o inesquecível "Carro do DNA" na Unidos da Tijuca, em 2004, e ganhou para ela os títulos de 2010, 2012 e 2014. Vale lembrar que Barros surpreendeu a todos em 2010 com a sua comissão de frente, que, utilizando-se de truques de ilusionismo, trocou várias vezes de roupa em plena avenida, e em poucos segundos.

A Portela, uma escola tradicional, com dificuldade de vencer em tempos modernos contratou um carnavalesco capaz de leva-la às vitórias do passado. E no seu segundo ano ele conseguiu isso. Quem prestou atenção ao desfile notou que o estilo Paulo Barros estava em todas as alegorias. As fantasias tinham a cara da Portela dos bons tempos, com muitas plumas, muito brilho e bastante azul e branco.

Desde a escolha do enredo, ficou claro que o apelo à tradição faria parte de estratégia. Inicialmente o título seria "Foi um rio que passou em minha vida, e meu coração se deixou levar", um trecho do hino de amor portelense, mas foi mudado por questões de direitos autorais. Paulo Barros não salvou a Portela da nostalgia eterna. Agregou seu valor a um estilo clássico que sempre terá apelo emocional e capacidade de seduzir os jurados!!!

Infelizmente a Portela não vai contar com Paulo Barros em 2018, pois ele não resistiu e aceitou uma oferta para trabalhar em outra escola de samba, a Vila Isabel...

Sem dúvida, a grande lição que o Rio de Janeiro dá para o mundo não está apenas no seu Carnaval (que agora conta com o "pré" e o "pós"), mas no modo como aproveita bem a música, um dos importantes setores da EC.

Porém, se o Carnaval carioca é, sem dúvida, o mais **portentoso do planeta**, não se pode esquecer do festival *Rock in Rio*, que é chamado por alguns de o "**Carnaval carioca do 2º semestre**".

Quem criou o *Rock in Rio*, em 1985, foi o publicitário Roberto Medina, que posteriormente o levou para a Europa. Várias edições do evento foram organizadas em Lisboa e Madri, e mais recentemente em Las Vegas (nos EUA), em 2015.

Em 2017, entre os dias 15 e 24 em setembro, ocorreu na Cidade do *Rock* mais uma edição do *Rock in Rio*. Estima-se que desde a sua criação cerca de 8 milhões de pessoas já tenham se divertido nas várias edições desse evento. O festival pela sua amplitude atrai muitos turistas que, por sua vez, movimentam hotéis, restaurantes e o comércio em geral, o que gera muitos empregos (algo próximo de 20 mil) bem remunerados, antes e durante o festival.

Assim, o Rio de Janeiro deveria ter todos os anos mais que um único evento do tipo *Rock in Rio*. De fato, todas as cidades brasileiras deveriam se inspirar nele e ter algo desse tipo acontecendo em seus territórios!!!

Por enquanto, o que o Rio de Janeiro (assim como São Paulo, Salvador e outras cidades nas quais o Carnaval atrai muita gente...) descobriu foi uma forma de protelar a folia carnavalesca com desfiles de blocos que vão além da quarta-feira de Cinzas.

Na "Cidade Maravilhosa", somente no sábado (4/3/2017) desfilaram 36 blocos. Só o bloco das Poderosas, liderado pela cantora Anitta, atraiu mais de 400 mil pessoas (em 2016, o público chegou a 200 mil pessoas), com uma festa bem eclética que teve axé, forró, *funk* e sertanejo.

Anitta subiu no trio elétrico às 9 h 30 min e, contando com a participação de convidados como Nego do Borel, Pablo Vittar, Aviões do Forró, do humorista Marcos Majela, das atrizes Thaila Ayala, Isabella Santoni e Monique Alfradique (rainha do bloco), eles cantaram e dançaram por mais de 4 h!!!

Vale lembrar que esse mesmo Carnaval que arrastou multidões no Rio de Janeiro, deixou também montanhas de lixo para trás. Entretanto, o que para alguns é apenas algo descartável, para outros é **fonte de renda**!!! Em 2017 o grande bloco dos catadores voltou às ruas e, no período entre o pré-Carnaval até o fim do pós-Carnaval conseguiu recolher cerca de **70 toneladas** só de **latinhas de alumínio**.

Pelos menos 23 cooperativas de catadores atuaram na folia carioca e conseguiram receber muito material reciclável. Por exemplo, cada quilo de latinhas de alumínio foi vendido por cerca de R$ 4, o que permitiu que muitos catadores conseguissem faturar algo próximo de R$ 3.500 – uma quantia muito significativa.

A cidade do Rio de Janeiro tem tudo para investir mais em iniciativas culturais, uma vez que foram inaugurados nela muitos museus modernos e ela continua atraindo muita gente para o seu Carnaval.

Na região do porto também foram feitas importantes transformações e espera-se que, apesar da crise financeira em que vive tanto a cidade como o Estado do Rio de Janeiro, sejam investidos nos próximos dez anos no projeto Porto Maravilha – que abrange uma área de 5 km² – cerca de R$ 10 bilhões.

Aliás nessa região do Porto Maravilha, foi inaugurado no fim de 2016 o espetacular AquaRio que tem diversos superlativos ao longo dos seus cinco andares como: os 28 tanques, nos quais estão 4,5 milhões de litros de água e onde vivem 3 mil animais marinhos de 350 espécies.

É verdade que o custo médio do ingresso no AquaRio é de R$ 60, porém isso não deve afastar os milhares de visitantes que desejão ver as suas atrações como o tubarã-lambaru, o maior de sua espécie, com 4m de comprimento e 400kg.

Ali já estão o Museu de Arte do Rio de Janeiro (MAR) e o Museu do Amanhã, entre outras atrações muito interessantes. O Rio de Janeiro já tem um certo destaque na publicidade e propaganda, na moda e na tecnologia.!! Historicamente, o Rio de Janeiro já é um irradiador de tendências, e seu *life style* segue forte no imaginário nacional, com marcas como Osklen e Farm. Apesar da desaceleração da economia brasileira em 2015 e 2016, a **EC** foi responsável em 2016 por 14% da renda formal gerada na cidade.

Quem for a Roma não resiste e acaba indo ao Coliseu que recebe uma visitação de 4,5 milhões de pessoas por ano.

2.33 - Roma

PREÂMBULO

De acordo com um a famosa lenda, Roma foi fundada por dois irmãos, Rômulo e Remo, que cresceram sob os cuidados de uma loba (!?!?). Um dia Rômulo matou o irmão e, então, foi aclamado como um deus!!!

A cidade, construída às margens do rio Tibre, foi então batizada em sua homenagem. Acredita-se que Roma tenha sido fundada em 753 a.C., ou até mesmo antes disso. O que explica em parte a razão pela qual ela possui tantos **tesouros**. E um dos bens mais incríveis de Roma é sua água. Desde os tempos do império romano, a cidade se distinguiu pela imponência de seus aquedutos e suas termas.

Estima-se que hoje ainda existam cerca de **2 mil fontes** em Roma. Algumas são modestas, outras guardam grande valor artístico e, quase sempre, elas estão circundadas por outras edificações históricas, nem sempre estando acessíveis aos turistas. Em certos casos estão escondidas no interior de jardins e vilas particulares. Todavia, basta um passeio pelo centro histórico da cidade para ver muitos exemplares que se encontram ao ar livre. A maior e mais famosa é obviamente a *Fontana di Trevi*, mas existem muitas outras, monumentais.

Roma também está repleta de "bicas", que ali são chamadas de *nosoni*, ("narigões" em português, talvez em alusão à sua forma). Elas são de grande utilidade pública, pois oferecem de maneira gratuita água potável e fresquinha não apenas para os romanos, mas também para os turistas.

A HISTÓRIA DE ROMA

Roma é uma cidade e uma comuna especial da Itália, e é chamada de *Roma, Capitale*. De fato, ela é a capital do país, da província homônima e também da região de Lácio. Ocupando uma área de 1.285,3 km², e abrigando uma população de cerca de 3 milhões de habitantes, ela é a maior cidade da Itália e a quinta mais populosa da UE. Vale ressaltar que a área urbana de Roma se estende bem além dos limites administrativos da cidade, com uma população estimada de aproximadamente 4,2 milhões de pessoas. Não se pode esquecer, entretanto, que ainda no século II Roma chegou a alcançar 1,6 milhão de habitantes, que ocupavam 50 mil residências.

Localizada na porção centro-ocidental da península itálica e cortada pelo rio Tibre, Roma é a única cidade do mundo que tem no seu interior um país inteiro: o enclave do Vaticano. Roma é uma das cidades mais importantes da humanidade e sua influência é ímpar no desenvolvimento histórico e cultural dos europeus, tanto em termos temporais – ocorrida ao longo do milênio –, quanto estruturais – na construção da civilização ocidental.

Sua história abrange mais de dois mil e setecentos anos, desde a sua lendária fundação em 753 a.C. Desse modo, Roma é uma das mais antigas cidades **continuamente ocupadas** da Europa, sendo, por essa razão, conhecida como "**a cidade eterna**" – uma ideia expressa por poetas e escritores da Roma antiga.

Roma já foi sucessivamente a capital do reino de Roma, da República Romana e do império romano. Desde o século I, a cidade é a sede do papado e, no século VII tornou-se a capital dos Estados Pontifícios, que duraram até 1870. Em 1871, Roma foi considerada a capital do reino da Itália e menos de um século mais tarde, em 1946, tornou-se a capital da República italiana

Atualmente, Roma é considerada uma cidade global e, por extensão, uma **cidade criativa**. Isso ocorre por diversos motivos, entre eles o fato de abrigar obras de muitos artistas famosos, dentre os quais: Michelangelo, Bramante, Bernini, Rafael, Caravaggio, Carracci, Cortona e Borromini, que contribuíram muito para a sua arquitetura, com os mais diversos estilos. Por isso mesmo ela está sempre entre as cidades mais visitadas do mundo. Vale ressaltar que já há um bom tempo o seu centro histórico foi considerado pela Unesco como um patrimônio mundial.

"**Roma é amor**" é, sem dúvida, um dos **palíndromos** mais significativos para os que vivem ou visitam a cidade, em especial os românticos, sonhadores e apaixonados. E, com a devida licença aos gramáticos, vale repetir que a frase pode, de fato, ser lida tanto da esquerda para a direita como ao contrário, sem jamais perder seu belo significado. Isso vale para qualquer lugar: nos becos, nas praças, nos monumentos, nas pontes, nos cafés etc. Esse sentimento emerge ao se passar de mãos dadas entre suas ruínas, ou admirar o pôr do sol do topo das sete colinas, com o horizonte projetando as mil cúpulas.

E o que dizer da sensação de se casar nas pequenas igrejas de bairros como Trastevere e Campo dei Fiori. Esses, aliás, são alguns exemplos irrefutáveis de que Roma é *con amore*!!! Não por acaso, essa cidade é amada intensamente pelos mais famosos diretores de cinema que buscam realizar ali seus filmes, por causa da enorme quantidade de pontes românticas que existem ali. Um dos passeios mais bonitos é a caminhada até o mirante do monte Píncio, a vista mais querida dos romanos, e talvez a mais bela.

Do alto do *Parco di Villa Borghese* (parque da Vila Borguese), a vista da *Piazza del Popolo* (praça do Povo) é de embargar a voz. Um dos caminhos que levam até o topo, a *Salita del Pincio*, tem irresistível estilo neoclássico – foi encomendada por Napoleão Bonaparte para enfeitar aquela que, na época, era a segunda cidade mais importante do império francês, depois de Paris!!!

Menos conhecido pelos turistas que o Píncio, o morro do Gianicolo possibilita uma das mais espetaculares vistas panorâmicas da cidade. O lugar apareceu no início do filme *A Grande Beleza*, de Paolo Sorrentino (2013). Cercado por símbolos do Renascimento, é inolvidável para quem conseguir aí ver o pôr do sol. Isso, aliás, já seria suficiente para fazer do lugar o ponto mais romântico da capital, porém, tem mais... Sua grande *Fontana dell'Acqua Paola*, cristalina e brilhante à luz da lua, dobra o índice de lirismo do cenário.

Outro passeio interessante é a caminhada ao longo da *Via Garibaldi*, passando pelas estátuas de Giuseppe e Anita Garibaldi ou pela igreja de San Pietro in Montorio, leva até o Trastevere, onde se pode jantar num restaurante tipicamente romano. Aliás, Trastevere é um bairro labiríntico e encantador, que também foi retratado no cinema, dessa vez no filme *Para Roma, com Amor*, de Woody Allen (2012).

De Aventino, outra das sete colinas da cidade, mas que fica fora do circuito mais clássico, pode-se admirar uma fantástica vista que inclui a majestosa cúpula da basílica de São Pedro, no Vaticano. Em tempo, esse é outro lugar homenageado na película *A Grande Beleza*. Além do mais, ali do lado está a *Piazza dei Cavallieri di Malta*, onde encontra-se o "*buco di*

Roma". Essa é uma referência a um dos mais famosos buracos de fechadura do mundo (no portão de um convento), uma vez que ao se olhar através dele, vê-se perfeitamente enquadrada a cúpula da basílica de São Pedro.

Os olhos dos apaixonados sempre encontram cantinhos propícios ao romance, até mesmo nos lotados clássicos da visitação, como é o caso da escadaria de Trinità dei Monti, na *Piazza di Spagna*. Ou quem sabe na *Via dei Fiori Imperiali*, que margeia ruínas e tem em suas extremidades o Coliseu e a coluna de Trajano. Iluminados à noite, esses cartões-postais ganham uma atmosfera mágica.

Todavia, o maior exemplo de ponto romântico, sempre inundado de visitantes, é mesmo a *Fontana di Trevi*. Ela se transformou em ícone por conta do mais abusado banho da história do cinema, protagonizado por Anita Ekberg (1931-2015) no famoso filme de Frederico Fellini, *La Dolce Vita*.

Roma está repleta de sugestões para os iniciados, mas poucos sabem que no lado direito da fonte principal há um pequeno vaso retangular – *La Fontanina degli Innamorati* (Fonte dos Enamorados) – com dois pequenos bicos de água!!! Diz a lenda que os casais que bebem dessa água são fiéis e felizes para sempre...

Na verdade, tradições desse tipo são encontradas aos borbotões em Roma. Na ponte Mílvia, por exemplo, os jovens romanos apaixonados perpetuaram o costume de prender cadeados nos postes e atirar as chaves no rio Tibre, enquanto se beijam e prometem **amor eterno**. Por causa dessa prática, vários desses postes já caíram no rio por excesso de peso. O enamorados, entretanto, não desistem, e continuam indo até essa ponte, como que atraídos pelo hino do amor.

Em Roma existem terraços com vistas incríveis e perfeitas para se desfrutar um aperitivo durante a *happy hour*. Entre eles, a *terraza* do hotel Bernini Bristol, de onde se pode observar a cúpula da basílica de São Pedro. Outra opção é o *Aroma*, restaurante do hotel Palazzo Manfredi, bem em frente ao Coliseu, e muito frequentado pelo famoso ator norte-americano Richard Gere.

Roma, entretanto, não se destina apenas aos caçadores de cartões-postais. A cidade é também um prato cheio para os viajantes *cult*, ou seja, aqueles mais interessados em visitar museus, galerias, palácios e caminhar por bairros que abriguem certos elementos que vão além do óbvio!!! Neste sentido, um local que desperta bastante curiosidade é o *Coppedè*, um complexo de edifícios residenciais no Quartiere Trieste, entre a *Piazza Buenos*

Aires e a *Via Tagliamento*. Embora um pouco escondido, trata-se de um verdadeiro tesouro romano. Ele foi desenhado pelo arquiteto Gino Coppedè e conta com palácios da década de 1920 que homenageiam diversos estilos arquitetônicos, do neoclássico ao grego antigo, numa mescla que obviamente acabou resultando em uma fusão bem fantasiosa. Chegando à *Piazza Míncio*, e olhando para os prédios no seu entorno, o visitante se sente como se tivesse adentrado um vilarejo digno dos contos de fadas!!! Ali, por causa da miríade de detalhes ecléticos, cada fachada merece ser observada bem de perto.

Já o moderno bairro EUR é outro complexo que merece uma boa olhada, embora por razões bem distintas. Ele foi construído na década de 1930, por Benito Mussolini para sediar a Exposição Universal de Roma (EUR), um evento que, aliás, acabou não se realizando por causa da eclosão da 2ª Guerra Mundial. O bairro reflete piamente o auge do período fascista, com as suas majestosas estruturas brancas que combinam elementos clássicos e modernos, às vezes com um apelo um tanto futurista para a época.

O prédio mais representativo do local é o *Palazzo dela Civiltà Italiana*, conhecido como "Coliseu Quadrado", por causa de suas 216 janelas, em formato de arco, devidamente encaixadas num cubo. Atualmente funciona ali a sede da grife Fendi, onde os visitantes podem entrar gratuitamente na sua parte mais bonita, o térreo. Os outros andares são liberados somente no caso de exposição.

O turista que privilegia bons programas, sem filas colossais, vai acertar em cheio se for à Centrale Montemartini, no bairro Ostiense-Garbatella. Trata-se de um dos museus mais originais de Roma, com centenas de esculturas antigas espalhadas por uma usina de energia elétrica inativa desde 1963.

Já mais conhecida, a Galleria Borghese fica num dos parques mais bonitos da cidade, o Villa Borghese, e é perfeito para os amantes da arte. Esse palácio foi construído entre 1613 e 1616, e abriga obras de Leonardo da Vinci, Bernini, Rafael e Caravaggio.

Também entre as excelentes atrações com menos turistas por metro quadrado estão os Museus Capitolinos – os mais antigos museus públicos do mundo. Localizados na *Piazza del Campidoglio* (desenhada por Michelangelo), eles foram criados em 1471 e hospedam uma incrível coleção de obras antigas, além da estátua equestre original montada pelo imperador Marco Aurélio.

Após essa visita o turista e seus acompanhantes deveriam fazer uma parada na encantadora *terrazza di Palazzo Caffarelli*, um local onde a melhor pedida é sem dúvida beber um café e deliciar-se com a linda vista do Fori Imperiale de Roma.

Não se pode deixar de destacar que, nas margens do rio Tibre, o castelo de Sant'Angelo tem uma vista arrasadora, além de ser um museu cuja coleção de arte reúne todos os períodos romanos. Ele foi construído para ser o mausoléu do imperador Adriano, porém, ao longo de quase 2 mil anos o prédio serviu como prisão e refúgio para papas!!! Um detalhe bem curioso: os pontífices usavam o *Passetto di Borgo*, uma passagem secreta fortificada que ligava o castelo ao quarto do papa, atravessando, portanto, as muralhas do Vaticano!?!? Essa é sem dúvida uma construção bem curiosa, que pode ser vista pelo Google Maps. Ela, inclusive, foi descrita no livro *Anjos e Demônios*, de Dan Brown.

E o banho de cultura pode prosseguir por alguns dos inebriantes palácios da cidade, como o Palazzo Colonna, que tem uma das maiores coleções particulares de Roma, amealhada pela família Colonna ao longo de mais de 400 anos.

A Galleria Colonna possui obras de Ghirlandaio, Tintoretto, Carracci e Guido Reni. No seu *Salone Grande*, uma bala de canhão está estranhamente posicionada em uma escada de mármore desde 1849, quando o palácio foi atingido por revoltosos liderados por Giuseppe Garibaldi.

Curiosidades do mesmo calibre fazem o charme de mais um palácio-museu, a Galleria Spada. O lugar abriga uma vasta coleção de arte e os visitantes ficam perplexos ao deparar com a **perspectiva** de Borromini, uma galeria que parece maior por causa de um truque no tamanho de suas colunas – uma verdadeira pérola da ilusão de ótica.

Naturalmente, a capital da Itália não abandonou os amantes de arte moderna, que poderão dirigir-se à *Galleria Nazionale d'Arte Moderna*, que tem um acervo estelar, incluindo Cézanne, Duchamps, Monet, Pollock, Rodin, Van Gogh etc. Essa galeria fica no *Valle Giulia*, uma área verde que abriga a Faculdade de Arquitetura de Roma e outros prédios históricos, um local bastante convidativo para um passeio. E há um templo mais recente do modernismo na cidade: o *Maxxi (Museo Nazionale dele Arti del XXI Secolo)*, um prédio portentoso e muito moderno que foi projetado pela arquiteta anglo-iraquiana Zaha Hadid (1950-2016)!!!

De tanto passear por Roma os visitantes podem até ficar com a sensação de que Deus mora lá!?!? Não só pela influência óbvia do Vaticano, mas pela aura geral suscitada pela grande quantidade de igrejas-museu, cada qual recheada de séculos de história!!! E são várias as maneiras de se transformar essa energia numa experiência inesquecível. Uma delas é se aventurar no *"tour* das sete igrejas"*, um percurso de aproximadamente 26 km, feito a pé, que inclui as sete basílicas da cidade. A saída se dá na "mãe de todas as igrejas do mundo" a basílica de São Giovanni in Laterano (São João do Latrão), onde acredita-se estar sepultada a cabeça de são Paulo.

De lá o cortejo segue por outras seis igrejas impressionantes que são uma verdadeira aula de história sobre o mundo cristão: basílica de São Paulo Extramuros, basílica de Santa Maria Maior, basílica de São Lourenço Extramuros, basílica de Santa Cruz de Jerusalém e o Santuário de Nossa Senhora do Divino Amor. E acaba, claro, no centro da cristandade: a basílica de São Pedro.

Para além da tradição peregrina, Roma está repleta de igrejas nas quais se tem a possibilidade de contemplar uma arte tão deslumbrante que só pode mesmo alcançar o *status* de divina. Na San Pietro in Vincoli (São Pedro Acorrentado), está o *Moisés* de Michelangelo, uma das esculturas mais famosas da humanidade, tão perfeita que teria feito o autor bater nela com o seu martelo e gritar: "**Por que não falas?**"

A igreja San Clementi, a poucos metros do Coliseu, existe desde o século I. Ela tem lindos afrescos da Idade Média e, curiosamente, é pouco visitada!?!? Embaixo dela estão as ruínas de uma casa romana do século II e, no seu pátio existe um pequeno templo dedicado ao deus Mitra. Outra que fica alheia às multidões é a igreja de Santa Maria dos Anjos e dos Mártires, que, em parte, foi erguida sobre os restos das termas de Diocleciano. A fachada não é nada suntuosa, porém, vale lembrar que cada um de seus tijolos data de mais de 1.700 anos. O interior, decorado com mármore rosa, é espetacular: Essa igreja foi projetada por ninguém menos que Michelangelo. Há ainda a basílica de Santa Maria della Vittória ostenta uma beleza barroca, e abriga a obra-prima de Bernini: a escultura *Êxtase de Santa Teresa*.

Mas essa jornada religiosa pode também contemplar outras duas grandes religiões monoteístas, representadas por monumentos impressionantes, como: a Grande Sinagoga e a mesquita de Roma. É possível visitar ambas, respeitando-se, é claro, os ritos celebrados na sexta-feira e no *shabbat*, além obviamente, os horários de abertura. Nos últimos anos, houve um crescimento significativo da comunidade muçulmana em Roma. Esta, aliás, tem imigrantes de mais de cem países diferentes, oriundos de países do norte da África e do Oriente Médio. Como consequência deste aumento dos praticantes locais da fé islâmica, essa comunidade conseguiu se organizar para promover a construção da maior mesquita da Europa, projetada pelo arquiteto Paulo Portoghesi e inaugurada em 21 de junho de 1995.

Várias instituições de educação religiosa importantes também estão em Roma, como a Pontifícia Università Lateranense, o Instituto Pontifício Público, a Pontifícia Università Gregoriana e o Pontifício Instituto Oriental.

Os antigos romanos costumavam dizer: *"Mens sana in corpore sano"* ("Mente sã em corpo são"). Neste sentido, eles deixaram para seus conterrâneos modernos – e também para os muitos visitantes (cerca de 14 milhões por ano) – uma cidade cheia de áreas arborizadas e parques. Neles pode-se praticar esportes ao ar livre e, ao mesmo tempo, apreciar muitos séculos de história!!! Um bom exemplo é o *Parco di Villa Ada*, que ostenta uma bela lagoa e conta com o maior perímetro para corridas na cidade.

Antiga residência dos reis da Itália, esse parque oferece diversos percursos para esportistas, cujas extensões variam entre 720 m a 4,5 km, sendo um ótimo lugar para se andar de bicicleta ou até mesmo para jogar futebol em seus gramados perfeitos.

Outra opção é o charmoso *Parco di Villa Borghese*, frequentado por uma turma *fitness* mais chique, preocupada em manter os cabelos em ordem para as *selfies*. Localizado no centro de Roma, esse local está repleto de monumentos e obras de arte, prontinhos para serem admirados entre um exercício e outro. A entrada é pelo pórtico monumental da praça *San Paolo del Brasile*, uma homenagem dos romanos à cidade mais italiana do Brasil – a **capital paulista**.

Apesar da significativa oferta de áreas verdes em Roma, o melhor lugar da cidade para se praticar esportes é o *Parco degli Acquedotti*, na *Via Appia Antica*. Trata-se de um dos maiores parques urbanos da Europa com mais de 240 hectares, onde história e natureza caminham de mãos dadas há séculos e é possível caminhar, correr ou pedalar entre as ruínas dos aquedutos. O percurso é plano, bem fácil de encarar e conta com campos de futebol e de rúgbi, além de quadras de tênis e um campo de golfe. Bastante fotogênico, o local já apareceu bastante em filmes como *La Dolce Vita* e *A Grande Beleza*, e até mesmo na série de TV, *Roma*. Vale ressaltar que, nesses últimos anos, o *Parco degli Acquedotti* virou ponto de encontro de corredores de toda a Europa, sendo que nele são organizadas concorridas competições.

Fora dos muros antigos, já no bairro Gianicololense, uma ampla área verde pode ser encontrada na *Villa Doria Pamphili*, onde são diversas as opções para treinamento físico. Isso acontece graças aos equipamentos públicos instalados perto da entrada de *Via Vitellia*. No local também existem armários para os usuários guardarem suas bolsas, além de banheiros públicos com duchas. O interessante é que, depois dos exercícios os visitantes podem desacelerar admirando obras de arte, como a *Fonte do Cupido* e o *Jardim Secreto*.

Corredores bastante experientes frequentam o *Parco di Villa Glori*, que fica no charmoso bairro de Parioli. Ele é famoso pelas subidas superacentuadas de 100 m, que, inclusive, foram usadas nos treinos do campeão italiano de atletismo Pietro Mennea, medalhista de ouro nos 200 m nos Jogos Olímpicos de 1980, em Moscou. Esse parque foi aberto na década de 1920 em memória aos mortos italianos na 1ª Guerra Mundial (1914-1918).

Trata-se de um cenário onírico, com pinheiros, carvalhos e oliveiras meticulosamente alinhados, onde esquilos correm de um lado para o outro, e pôneis podem ser alugados para um passeio. Obras de artistas contemporâneos, como Uncini, Canevari, Castagna, Dompé e Staccioli, também estão expostas em seu interior.

Todo aquele que for um amante da história moderna tem que ir ao *Parco di Villa Torlonia*, em cujo centro fica a mansão em estilo neoclássico que serviu de residência oficial para Benito Mussolini. Lá é possível visitar o *bunker* (refúgio subterrâneo) que ele mandou construir para se proteger dos bombardeios na 2ª Guerra Mundial. O percurso passa por dois obeliscos egípcios – que foram levados até a cidade ainda no império romano.

No antigo centro histórico de Roma há diversos pontos onde se pode alugar uma bicicleta, com diárias que vão de € 10 a € 15. E os *bikers* podem aproveitar bastante essa área da cidade, uma vez que em grande parte ela é fechada para os automóveis. E há percursos inesquecíveis, como o que vai do Coliseu até a *Piazza Venezia*, passando na *Via dei Fori Imperiali*, com a exuberante vista dos foros romanos.

Outra opção é continuar até a *Piazza del Popolo*, passando pela *Via del Corso* e sair explorando as ruazinhas laterais. É tudo muito bonito!!! Mas é bom levar um cadeado e uma corrente para prender a sua bicicleta durante as paradas para admirar o esplendor romano. Não é por acaso que já em 1948, nessa mesma região foi rodado o filme *Ladrões de Bicicletas*....

Em Roma, entre uma rua tortuosa e outra, nota-se claramente os turistas com pescoço esticado procurando enxergar o que está por trás das vitrines chiquérrimas das lojas italianas. Trata-se do "*tour*-fashionista"! O mais consagrado é aquele que segue pelo centro histórico, na área do "tridente", formada pela *Via dei Condotti*, *Via Borgognona*, *Via Frattina* e a área adjacente à *Piazza di Spagna* – cercada por joalherias e grifes famosas. Lojas da Fendi, Valentino, Bulgari, Prada, Armani, Versace, Ferragamo, Cavallli, Gucci, estão por ali, enfileiradas como monumentos, revelando ao mundo o incrível poder da moda italiana.

Porém, todas as ruas ao redor da *Via dei Condotti* e da *Piazza di Spagna*, incluindo a bela *Via del Babuíno* que leva até a *Piazza del Popolo*, também abrigam lojas que comercializam artigos e luxo.

Os *saldi*, ou seja, as liquidações na Itália, acontecem em janeiro e julho, quando verdadeiras hordas de turistas, principalmente asiáticos e russos, entram em transe e formam enormes filas em frente das lojas. Por seu turno, a maioria dos famosos brechós de Roma fica em volta do *Campo dei Fiori*, *Via dei Giubbonari* e *Via del Governo Vecchio*. E agora, a *Via del Boschetto*, no belo bairro de Monti, é o novo *point* dos amantes do *vintage* ("o velho ressuscitado")

Por ali, há pequenas lojas encantadoras, nas quais podem ser encontradas pérolas realmente originais. Já a admirada alfaiataria italiana é, merecidamente, uma opção e tanto para os viajantes com um pouco mais de tempo. Assim, eles podem encomendar camisas feitas de maneira exclusiva. Um dos alfaiates mais famosos de Roma é o Bracci, na *Via dei Funari*, perto do Ghetto Ebraico, mas existem muitos outros. Por tudo isso, Roma é reconhecida como uma das **capitais mundiais da moda**, ficando atrás apenas de Milão, Nova York e Paris, mas à frente de Londres.

Mas a cidade também possui uma agitada vida noturna, embora com liturgias bem codificadas. Assim, a noite romana começa bem cedo, por volta das 19 h, e sempre com o típico aperitivo, o *apericena*. Existem bons lugares para apreciá-lo por toda a cidade. Cada romano tem o seu, e, curiosamente, se mostra mais fiel a esse restaurante que ao próprio time de futebol.

De modo geral, a vida noturna de Roma gravita pelos bairros históricos, sendo que a região com maior concentração de barzinhos de aperitivo fica entre a *Piazza Novona*, a *Via del Governo Vecchio*, o *Vicolo del Fico* e a *Via dellla Pace*, lugares que atraem muitos jovens.

Depois do aperitivo, que vai até as 21 h 30 min ou 22 h, a balada continua. E, nesse quesito, também é bom prestar atenção aos rituais. Apesar de possuir muitos restaurantes, bares, *pubs*, clubes e discotecas, a verdadeira vida noturna de Roma acontece mesmo **ao ar livre**, nas ruas e nas praças.

Quando começa a primavera e até que o inverno chegue, congelando tudo, as praças viram bares a céu aberto. Elas são os pontos de encontro dos romanos, mas também são aproveitadas pelos visitantes. Afinal, são lugares perfeitos para se tomar vinho ou cerveja com os amigos, que se sentam nas mesas nas calçadas ou até nas escadarias de algum palácio histórico. É por isso que no verão as ruas da cidade se tornam palcos de concertos, *shows* e outros eventos.

Entre os lugares mais conhecidos para seguir noite adentro está a *Piazza della Madonna dei Monti*, perto da *Via dei Serpenti*. Durante o dia ela mais parece uma pracinha secundária entre os gloriosos prédios históricos de 1500. À noite, entretanto, ela se transforma e é invadida por multidões de jovens italianos e estrangeiros.

O bairro boêmio por excelência é Trastevere, cheio de cafés, restaurantes, barzinhos, *pubs* e clubes. Mas quem quiser aproveitar um ambiente mais internacional deve ir até *Campo dei Fiori*. E nessa maravilhosa praça que se encontram os muitos estrangeiros que vivem em Roma, principalmente os norte-americanos, os canadenses, os britânicos e, sem dúvida, os brasileiros. Alí pode-se tomar um drinque sentado embaixo da estátua de Giordano Bruno, erguida no local em que ele foi queimado vivo no ano de 1600, acusado de heresia pela Igreja Católica. Olhando ao redor, é possível apreciar os prédios e a atmosfera quase irreal do lugar, com uma vista sensacional do *Palazzo Farnese*, um lindo prédio renascentista hoje ocupado pela embaixada da França.

E, para aqueles menos abastados – geralmente os estudantes –, a opção é San Lorenzo, hoje um dos bairros mais modernos e animados de Roma, com uma *vibe hipster*. Próximo da Universidade La Sapienza, tem-se muitos lugares que nas noites quentes atraem muitos jovens, que conversam, bebem e gesticulam, inclusive nas escadarias das IESs.

O centro da vida noturna nessa área é a *Piazza dell'Immacolata*, lotada de jovens e cercada por becos repletos de barzinhos. Todavia, além de bares e restaurantes, San Lorenzo tem bibliotecas, galerias de arte contemporânea, centros culturais e clubes com música ao vivo, principalmente de *jazz*.

De acordo com os próprios romanos: "San Lorenzo está sempre em férias, e as noites por ali parecem nunca ter fim!!!"

Do outro lado da cidade fica Ostiense, um bairro cheio de clubes da moda, discotecas ou *ristobars* (restaurantes onde se pode jantar e dançar), e para todas as preferências musicais.

Por fim, se o visitante for adepto das baladas que entram noite adentro, Roma também não nega fogo, oferecendo uma ampla e eclética variedade de casas noturnas por toda a cidade. Entre as opções tem-se o tradicional *Art Café*, ponto de encontro de universitários na área da Villa Borghese, ou então o sofisticado *Spazio 900*, no moderno bairro da EUR. Existe ainda o tradicional *Piper*, um dos melhores clubes da cidade, aberto nos anos 1960 no bairro de Parioli.

Em Roma o *look* (a aparência) é fundamental, e nesses lugares o *dress code* ("a maneira de se vestir") inadequado pode até impedir a entrada das pessoas nesses lugares. Vale ressaltar que, para os homens, o vestuário é camisa, calça *jeans* e sapatênis (nada de tênis ultra coloridos ou camisetas com estampas muito vistosas); para as mulheres, vestidos mais chiques são a melhor escolha.

Os *hipsters*, amantes de música eletrônica e *indie*, marcam seus encontros no *Akal* (em Testaccio) e no *Goa* (um Ostiense-Garbatella), nos quais se apresentam vários DJs famosos. Já para os mais alternativos e os *punks* há o *Lanifício* (em Pietralata), a *Sapaneria* (em Ostiense-Garbatella) e o *Brancoleone* (em Nomentano). Nesses lugares não é preciso caprichar tanto nas roupas, e as bebidas têm preços bem acessíveis.

Porém, se a ideia for optar pela transgressão pura, o visitante deve ir para o *Qube* (em Tiburtina-Portonaccio), onde tem balada todos os dias da semana. No entanto, as noites mais célebres dessa casa são as segundas-feiras, com *Any Given Monday*, e a sexta-feira, com a *Muccassassina*, a festa *gay* mais conhecida de Roma e que já existe há 20 anos, onde não há regras!!!

Não se pode esquecer de mencionar que, em certos períodos do ano, são realizados grandes festivais que atraem milhares de pessoas, principalmente os jovens. Destacam-se *Festival da Europa de Roma*, *Festival Romics*, *Festival de Jazz de Roma*, *Verões Romanos*, *Festival de Literatura*, *Noites Brancas*, entre outros. Enfim, com todos esses atrativos é impossível duvidar que Roma seja de fato muito atraente e bastante criativa, não é?

Mas não é só de balada que os romanos gostam. De fato, eles apreciam muito o esporte. São duas as equipes importantes da cidade: a Associazione Sportiva Roma – um time em que brilhou muito o nosso craque Falcão, que na época chegou a ser apelidado de "rei de Roma" – e a Societá Sportiva Lazio.

Os romanos também são adeptos do ciclismo. A corrida *Giro del Lazio*, realizada em apenas um dia no início de agosto nos arredores de Roma, é bem conhecida. Mas a cidade tem também equipes de basquete, handebol, polo aquático, voleibol e rúgbi, que participam com destaque dos campeonatos nacionais. Não se pode esquecer que os Jogos Olímpicos de 1960 foram realizados em Roma, e com bastante sucesso.

Por tudo o que foi descrito, Roma é atualmente um dos destinos turísticos mais importantes do mundo. Isso devido à imensidão de seus tesouros arqueológicos e artísticos, suas tradições únicas, a beleza de suas vistas panorâmicas e a majestade de seus magníficos parques.

Uma das coisas mais difíceis para se manter monumentos e promover espetáculos teatrais é a obtenção de **patrocínios**. O Coliseu de Roma recebe em média 4,5 milhões com os visitantes. De fato, só em 2011, a venda de ingressos representou um faturamento de € 28,8 milhões, sendo que do governo a atração recebeu apenas € 2 milhões para arcar com seus custos operacionais ao longo de todo o ano – o que obviamente não é suficiente nem para limpar a fuligem que cobre sua fachada!!!

Isso, entretanto, foi feito – além de muito mais – por Diego Della Valle. Ele visitou o Coliseu pela primeira vez quando tinha apenas 11 anos, junto com os seus colegas da escola primária de Cassete d'Ete, uma pequena cidade da região de Marche, no centro da Itália. Em janeiro de 2011, Diego Della Valle, como CEO do Grupo Tod's, assinou um contrato de patrocínio doando € 25 milhões (algo não muito comum) para a tão aguardada e necessária reforma completa do colosso. Recorde-se que Diego Della Valle conseguiu transformar a pequena sapataria de sua família na Tod's, uma marca global de calçados e produtos de couro, em franca expansão. Ele também acabou se transformando num bilionário, com investimentos em imóveis, motocicletas e jornais.

Claro que Diego Della Valle acabou introduzindo no contrato de doação uma cláusula de direitos de imagem, que permitiu que a Tod's usasse o Coliseu para seus eventos corporativos (naturalmente pré-aprovados pelos gestores do histórico anfiteatro). Isso foi amplamente criticado pela agência italiana de defesa do consumidor, a Codacons, e gerou uma polêmica jurídica que somente depois de dois anos foi arquivada por um juiz.

Por seu turno, após a conclusão da reforma, Diego Della Valle declarou: "Tenho certeza de que o Coliseu reformado atrairá mais visitantes, que depois ainda irão a algum restaurante comer um bom prato de espaguete e então comprar pelo menos uma garrafa de azeite para levar para a casa. Com isso tanto a economia romana como a italiana ficarão melhores!!!"

A LIÇÃO DE ROMA

Apesar de a Itália estar vivendo uma séria crise econômica e política, a capital italiana, Roma, continua sendo grandiosa, sublime e íntima.

As suas riquezas culturais e a arte do bem viver, fundamentada na sua gastronomia, continuam fazendo de Roma uma grande atração para turistas do mundo todo, apesar de que a maioria deles é atraída pela religião, para ver o papa Francisco e o Vaticano.

Isso nos sugere que deveríamos investir mais em turismo religioso, especialmente na região de Aparecida, no Estado de São Paulo, que já recebe por ano cerca de 12,5 milhões de visitantes movidos pela fé.

Deve-se salientar que as autoridades de Roma têm recebido substancial apoio de muitas empresas e pessoas endinheiradas, que doam grandes somas para que sejam feitas restaurações em muitos locais históricos da cidade, como o Coliseu, os museus, as igrejas, as praças e os bairros de modo geral. Por exemplo, Sylvia Venturini Fendi e Karl Lagerfeld, diretores artísticos da Fendi, doaram 2 milhões de euros para que a *Fontana di Trevi* fosse restaurada.

Eis a opinião da cantora e ex-primeira dama da França, Carla Bruni Sarkozy sobre a capital italiana: "Roma está evidentemente inscrita no patrimônio da humanidade, sua história é a nossa, é de toda a Europa, e do mundo. E, apesar dessa atração que ela exerce sobre todas as pessoas do planeta, Roma cultiva ainda uma simplicidade típica, marcada por uma qualidade de vida excepcional: isto é, a possibilidade de admirar a história da civilização em cada canto de suas ruas, na doçura do seu clima, na excelência dos seus alimentos, na suavidade de seu ambiente, na receptividade calorosa dos seus habitantes. É a isso que pode chamar de '**alma romana**.'"

Quando será que os brasileiros abastados se mostrarão dispostos a manter os nossos **tesouros**, liberando doações generosas para que museus como o do Ipiranga ou da Língua Portuguesa possam ser rapidamente reformados em São Paulo?

Roma é a única cidade do mundo que tem em seu interior um país inteiro, o enclave do Vaticano. **Isso é inigualável!?!?** A história de Roma abrange alguns milênios, desde a sua fundação lendária no ano de 753 a.C., por Rômulo e seu irmão Remo.

Dessa maneira, Roma é uma das mais antigas cidades continuamente habitadas da Europa, sendo por isso conhecida como **"a cidade eterna"**, uma ideia expressa pelos poetas de Roma antiga.

A cidade também possui uma única cidade-irmã, que é Paris, e 17 cidades parceiras, entre elas a capital brasileira, Brasília. Aliás, com um certa soberba, costuma-se dizer em italiano: *"Solo Parigi é degna di Roma; solo Roma é degna de Parigi"* ("Somente Paris é digna de Roma; e somente Roma é digna de Paris").

Mas hoje Roma é uma cidade global, estando sempre nesses últimos cinco anos entre as 20 cidades do mundo que mais recebem turistas.

Com a sua imensa bagagem cultural, é um dos mais importantes polos de atração turística internacional. Porém, não é somente de passado que vive a "cidade eterna". Hoje ela é um grande centro de referência pela sua culinária, pelos seus festivais de música e pelos seus eventos esportivos, que atraem muitos jovens.

Nunca uma grande cidade brasileira poderá pensar em superar Roma no quesito antiguidade, mas nos outros setores até que é bem possível. Nós, por exemplo, podemos nos gabar que a *pizza* de São Paulo é melhor que a de Roma. Além disso, nós temos o Carnaval que é realizado em muitas cidades brasileiras, e que os italianos (e particularmente os romanos) dificilmente terão...

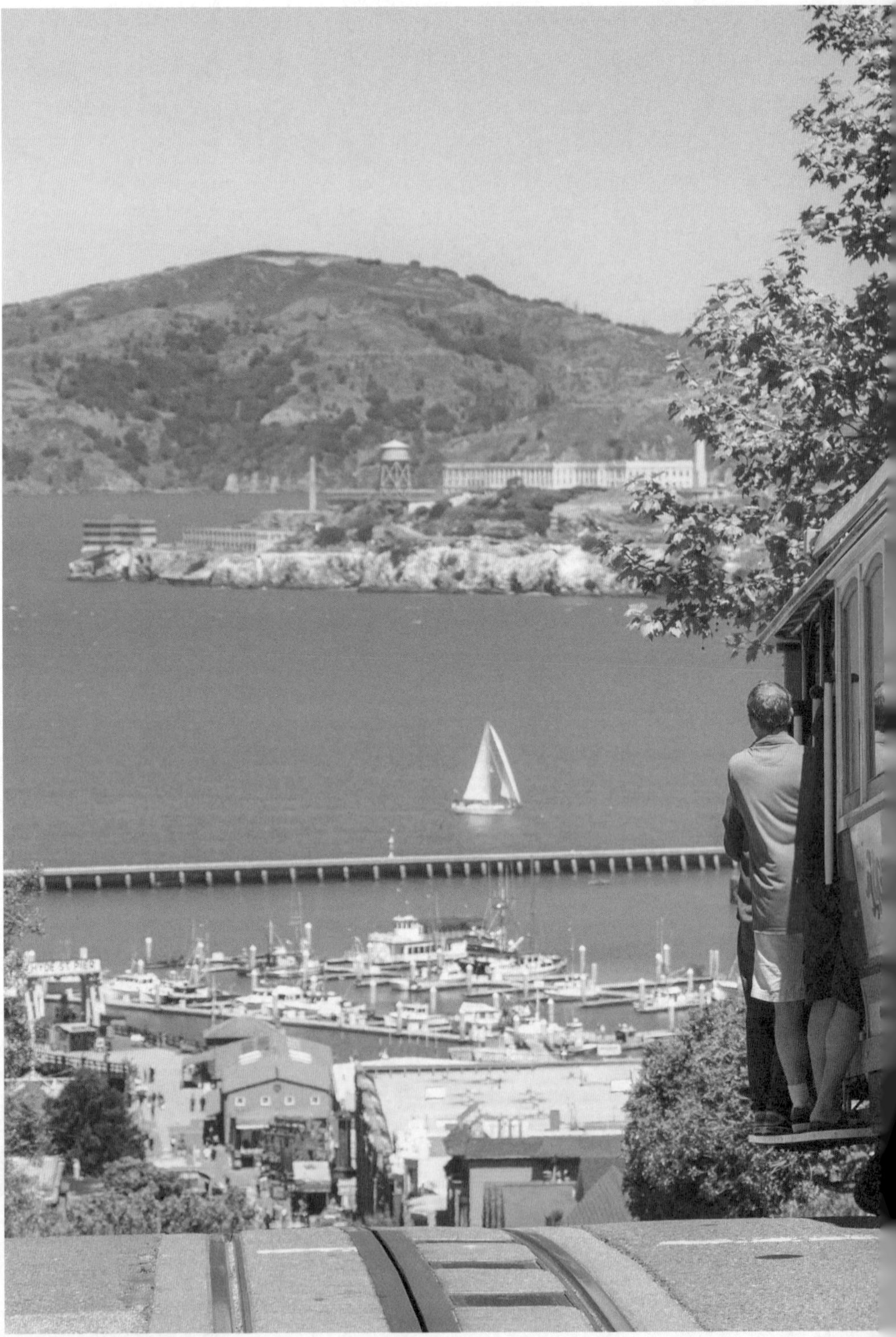

HOLBOX / SHUTTERSTOCK.COM

O passeio de bondinho, que existe desde 1873, é algo imperdível para quem visita São Francisco.

2.34 -
São Francisco

PREÂMBULO

Para muitos especialistas em beleza urbana, São Francisco é a cidade mais bonita dos EUA, por ser **autêntica**. E a sua beleza não está só nos seus parques, museus, festivais, eventos culturais etc., mas nas suas ruas, casas em estilo vitoriano, ladeiras íngremes, e também no estilo de vida dos seus habitantes.

É muito gostoso e fácil andar pela cidade, sem precisar andar de carro e recorrendo especialmente ao bondinho de madeira. Ele sai a duas quadras da Union Square (a praça central), sobe a ribanceira da Powell Street e segue até o Píer 39, também conhecido como Fisherman's Wharf, antigo cais de pescadores que foi transformado em um complexo turístico com bares, lojas, um aquário – o Aquarium of the Bay – e excelentes restaurantes que oferecem a famosa sopa de caranguejo (*clam chowder*).

Foi na criativa São Francisco que surgiu a calça *jeans*, o microcomputador e o cartão de crédito, citando apenas algumas invenções. A cidade foi o centro do movimento de contracultura, que abalou a sociedade norte-americana e se expandiu pelo mundo inteiro, tendo com fonte inspiradora a cantora Janice (Janis) Joplin.

Estima-se que **15%** da população de São Francisco prefira a companhia de alguém do mesmo sexo, enquanto os outros **85% garantem que não existe nada de errado nisso**!!! Portanto, a **tolerância** faz parte da personalidade de São Francisco!!!

A HISTÓRIA DE SÃO FRANCISCO

São Francisco é oficialmente uma cidade e um condado que ocupa uma área de 121,4 km², sendo assim o **menor** condado do Estado da Califórnia. Estima-se que no fim de 2016 a população da cidade estivesse próxima de 900 mil pessoas, sendo assim a 2ª cidade mais densamente povoada dos EUA.

A cidade e os seus arredores costumam ser chamados de área da baia de São Francisco, ou da **Grande São Francisco**, uma região que inclui Oakland e San Jose, e tem uma população de aproximadamente **cinco milhões de habitantes**.

O *slogan* da cidade é: "*Gold in Peace, Iron in War*" (algo como "*Ouro na Paz e Ferro na Guerra*"). Por conta de suas diversas características a cidade ganhou vários apelidos ou denominações: "San Fran", "Frisco", "The City by the Bay" ("A Cidade da Baía"), "Fog City" ("Cidade da Neblina"), "The City that Knows How" ("A Cidade que Sabe Como"), "Paris of the West" ("Paris do Oeste"), "Baghdad by the Bay" ("Bagdá na Baía"), ou simplesmente "The City" ("A Cidade"). E cada um deles tem uma razão de ser.

São Francisco é, de fato, uma cidade-condado integrada ou consolidada, a única que possui esse *status* no Estado da Califórnia.

O prefeito é também o gestor executivo do condado, contando com a ajuda de um conselho de supervisores que são eleitos como representantes de vários distritos da cidade. Por causa de sua condição única de **cidade--condado**, o governo local pode exercer jurisdição sobre propriedades que podem inclusive estar fora dos seus limites. Assim o aeroporto internacional de São Francisco – que recebeu em 2016 cerca de 53 milhões de passageiros – está localizado no condado de San Mateo, mas pertence e é operado pela cidade (e condado) de São Francisco.

Aliás, nesse condado, que emprega cerca de 28 mil pessoas, está também um complexo prisional de São Francisco. Infelizmente, a cidade ainda tem uma taxa de homicídios razoavelmente elevada, isso devido a existência de gangues formadas por latinos, chineses, afro-americanos etc.

Voltando ao passado, sabe-se que São Francisco foi fundada em 29 de junho de 1.776, por colonos vindos da Espanha. Eles se fixaram num local denominado Presídio de São Francisco, seguido pela criação da missão Dolores, ou seja, a missão São Francisco de Assis, idealizada pelo explorador espanhol Juan Bautista de Anza.

Depois que o México se tornou independente da Espanha, em 1821, a região tornou-se parte do território mexicano. A missão então desapareceu e as suas terras foram privatizadas. Em 1849 ocorreu a "**corrida do ouro**", ou seja, a *California Gold Rush* e aí vieram para São Francisco milhares de pessoas. Nessa ocasião, a população saltou de mil (em 1848) para 25 mil habitantes no final de 1849. Esses primeiros caçadores de tesouros receberam por isso a denominação de "*forty-niners*" ("os quarenta e nove"). Muitos deles chegaram, nas cerca de 500 embarcações que acabariam posteriormente abandonadas, uma vez que seus proprietários seguiram para os campos de mineração. Por causa disso, a enseada de São Francisco transformou-se em uma floresta de mastros!?!? Interessante notar que muitos desses barcos foram transformados em hotéis, navios-armazéns e tavernas flutuantes.

Assim que a Califórnia conquistou a condição de Estado, o governo dos EUA procurou protegê-la. Por esse motivo foi construída uma instalação militar em Golden Gate, o Fort Point, além de outro forte na ilha de Alcatraz.

Os primeiros empreendedores de sucesso souberam capitalizar a riqueza e a prosperidade proporcionadas pela *Gold Rush*. Dessa maneira surgiu na região a indústria bancária, com a abertura em São Francisco do Wells Fargo, em 1852, e do Banco da Califórnia, em 1864.

Em 1864 foi a vez do trem chegar à cidade, por meio da Pacific Railroad. Com isso, várias fábricas foram inauguradas na região, inclusive uma de chocolate – a Ghirardelli, por Domingo Ghirardelli (que é famosa até hoje).

Em 1873 começaram a funcionar os bondes suspensos. Os sãofranciscanos mais abonados e os líderes cívicos, empenharam-se em construir escolas, igrejas, teatros e todas as instalações necessárias para que os moradores tivessem uma vida de acordo com os melhores padrões da civilização. Ao mesmo tempo, a instalação militar em Presídio transformou-se logo na mais importante dos EUA, localizada na costa do oceano Pacífico.

Em 1890, a população de São Francisco era de aproximadamente 300 mil pessoas, o que a tornava a oitava cidade mais populosa do país na época. No início do século XX (mais precisamente, 1901), São Francisco ficou conhecida pelo seu estilo de vida vistoso, pelas suas magníficas mansões em Nob Hill, pelos imponentes hotéis e pela florescente cena artística que já se desenrolava na cidade.

Lamentavelmente, São Francisco sofreu muito ao longo do século XX. Primeiro com uma peste epidêmica (de 1900 a 1904) que matou muita gente. Depois a situação piorou ainda mais com o terremoto e subsequente incêndio que ocorreram em 8 de abril de 1906. Juntos eles destruíram **75% da cidade** e deixaram mais de 200 mil pessoas sem moradia, sendo que nessa época já viviam na cidade cerca de 400 mil. Mas não demorou muito para que ela fosse reconstruída. Nesse sentido destacou-se Amadeo Giannini, do Banco da Itália (que mais tarde seria o Banco da América), que ofereceu bons empréstimos para aqueles cujas propriedades (residências, mansões, hotéis etc.) foram devastadas.

Assim, nove anos depois (em 1915) o próprio edifício da prefeitura – City Hall – foi reformado. Na ocasião celebrou-se a abertura da Exposição Universal Panamá-Pacífico, que homenageou a abertura do canal do Panamá em 1914.

Deve-se ao prefeito James Ralph a contratação do engenheiro Michael O'Shaughnessy, que no período de 1912 a 1927 foi o responsável pela execução de diversas obras monumentais para o progresso da cidade (construção de reservatórios, barragens, aquedutos, sistemas de esgoto, transporte com bonde, túneis etc.). De fato, mesmo durante a Grande Depressão de 1929, nenhum banco de São Francisco quebrou. Dessa forma, o governo da cidade decidiu ir em frente com dois megaprojetos: a ponte ligando São Francisco a Oakland e a Golden Gate. Ambas foram concluídas em 1936 e 1937, respectivamente. Outra construção famosa dessa época (1934) foi a prisão federal de segurança máxima na ilha de Alcatraz, que se tornou famosa por receber alguns "hóspedes" bem conhecidos, dentre os quais Al Capone e Robert Franklin Stroud.

São Francisco celebrou a sua pujança com a Feira Mundial, denominada Golden Gate International Exposition. O evento aconteceu entre 1939 e 1940, e para a sua realização foi criada no meio da baía de São Francisco a ilha do Tesouro!!! Já depois do término da 2ª Guerra Mundial (1945), ocorreu o retorno dos militares para o país. Nesse época verificou-se uma imigração em massa para São Francisco, quando surgiram muitos movimentos e muitas atitudes de liberalização na cidade. Tudo isso, aliado a outros fatores, levou ao **"verão do amor"** e à batalha pelos direitos dos homossexuais, o que transformou São Francisco não apenas num ímã da contracultura dos EUA, mas no centro do ativismo norte-americano, com a emergência de The Castro, uma vila *gay* urbana!!!

Em 1972 terminou a construção do edifício *Transamerica Pyramid*, que na época se tornou o mais alto da cidade com 260 m. Esse recorde, aliás, somente seria superado em 2016, com a construção da *Salesforce Tower*, com

296 m altura). Em 17 de outubro de 1989, São Francisco foi atingida pelo terremoto de Loma Prieta, que alcançou 7,1 na escala Richter. Ele provocou muitos danos em duas das principais vias expressas da cidade e causou o desabamento de uma parte da ponte que ligava São Francisco a Oakland. Além disso foram destruídos cerca de 60 prédios, com um prejuízo total estimado em US$ 3 bilhões para a cidade. Mas as consequências do terremoto poderiam ter sido muito piores, não fosse pelo fato de a maior parte dos edifícios terem sido construídos para resistir a abalos sísmicos de até 8º na escala Richter!!!

A economia da cidade prosperou bastante durante a década de 1990, com a abertura de muitas empresas fundamentadas na Internet: as *dot.com* (ponto.com). Foi nessa época que um grande número de profissionais de informática mudou-se para a cidade, e acabaram seguidos por comerciantes e vendedores profissionais. Com isso, bairros anteriormente decadentes foram revitalizados. Em contrapartida, os preços cada vez mais altos dos aluguéis forçaram muitos dos habitantes mais pobres da cidade a saírem de lá, o que levou ao fechamento de vários estabelecimentos comerciais e industriais.

Por volta de 2001, o crescimento econômico trazido pelas ponto.com arrefeceu bastante, e muita gente deixou a cidade. Em fevereiro de 2004, São Francisco tornou-se a primeira cidade dos EUA a autorizar legalmente o casamento homossexual, por ordem do prefeito Gavin Newsom. Porém, essa autorização logo seria invalidada pela Suprema Corte do Estado da Califórnia.

Com o crescimento das mídias sociais, em especial no fim dos anos 2000, São Francisco se tornou um epicentro de empresas *start-up* de Internet. A partir de 2010 a cidade se transformou num polo crescente dos investimentos de capital de risco, em comparação com o Vale do Silício (que fica nas proximidades), atraindo um total de 423 financiamentos num valor total de US$ 4,58 bilhões, somente em 2013.

"São Francisco é hoje a capital da inovação", segundo afirmou em 2012 o prefeito da cidade, Ed Lee, durante a conferência *TechCrunch Disrupt*. E, para exemplificar como as inovações acontecem continuamente em São Francisco, basta dar um contraexemplo: quando em 21 de fevereiro de 2017 o aplicativo de carona paga Uber – fundado na cidade em março de 2009, por Travis Kalanick – resolveu encerrar **os seus testes com carros sem motorista** nas ruas da cidade (!?!?), isso apenas uma semana depois de os carros terem começado a circular.....

Os planos da Uber eram de transformar São Francisco em sua segunda cidade para testes, depois da estreia em Pittsburgh, em setembro de 2016, afinal, as ladeiras da cidade seriam um bom desafio para o sistema de controle dos carros sem motorista. Porém, a saída aconteceu depois que o departamento de Veículos Automotores do Estado da Califórnia revogou o registro de 16 carros autônomos do Uber, informando por meio de carta que eles não tinham **autorização para realizar esses testes!!!**

O fato é que, apesar de o Estado da Califórnia ser amigável aos testes de novas tecnologias, era necessária a emissão de uma licença especial para que os veículos pudessem ser operados na cidade, mas a empresa não a solicitou. A Uber veio a público para dizer que não se enquadrava nessa lei, uma vez que havia um engenheiro dentro do carro, pronto para assumir o controle do veículo em caso de algum problema, mas não teve jeito. Levando-se em consideração que, nos EUA, a concorrência entre os Estados é incrível, Doug Ducey, o governador do Arizona, imediatamente divulgou o seguinte convite "O Arizona dá as boas-vindas aos carros sem motorista da Uber, com suas ruas largas e seus braços abertos." E o Uber imediatamente aceitou o convite e transferiu seus testes para lá... Como se nota o que não pode ser inovado em São Francisco, ou seus empreendedores, acham sempre um outro lugar para seus novos projetos.

Para estimular o empreendedorismo, o governo local ofereceu taxas e impostos reduzidos para quem se instalasse em São Francisco. Além disso, teve início um processo de renovação de bairros antes decadentes, como Bayview e South of Market (apelido do SoMa), com o que São Francisco rapidamente se transformou na queridinha das *start-ups*. Logo surgiram nesses locais centenas de novas empresas, e isso em poucas quadras.

Famosa pela **tolerância** de seus moradores, São Francisco foi sempre muito receptiva com os imigrantes em geral. Por isso, é comum se ouvir em qualquer parte da cidade línguas e sotaques oriundos de qualquer lugar do planeta. Também é muito fácil se encontrar equipes multiculturais dentro de um mesmo negócio. Os habitantes da cidade são tão carismáticos que conquistam sua simpatia já na primeira conversa. Agora, se essas pessoas forem empreendedores, então se revelarão mestres em cativar o interlocutor. É como se elas estivessem o tempo todo vendendo a ideia de viver em São Francisco, como o lugar de melhor qualidade de vida no mundo!!!

O fato é que se você tiver **talento**, não importa de onde seja: os donos das *start-ups* irão trazê-lo para São Francisco. Com isso, é comum se formarem

ali comunidades de fãs ardorosos que cultuam as empresas nas quais trabalham como se fossem suas bandas ou seus cantores de música *pop* favoritos.
Esses indivíduos se engajam e se dedicam a propagar os produtos (serviços)
que comercializam com a mesma paixão com a qual um(a) fã defende as
figurinhas de Lady Gaga ou os novos penteados de Kate Perry.

Claro que a presença em São Francisco de universidades, centros de
pesquisa e empresas de tecnologia faz com que muita gente vá para a cidade
em busca de um melhor emprego, ou seja, do trabalho perfeito. Na prática,
isso significa que existe na cidade um grande grupo de talentos à disposição
das *start-ups*. Assim, não foi por acaso que em seus livros sobre cidades
criativas e a ascensão da sociedade criativa, Richard Florida destacou que
poucos lugares do mundo poderiam competir com São Francisco em termos
de talentos e espírito empreendedor.

É muito fácil fazer o *networking* (relacionamento) na cidade. Na realidade, basta estar vivo e querer descolar-se nela, e não faltarão ocasiões para
se confraternizar com donos de negócios e investidores. Neste sentido, há
desde eventos badalados – como o *TechCrunch Disrupt*, uma conferência
na qual são apresentados painéis, *workshops* e atividades com nomes conhecidos do empreendedorismo – com ingressos disputados e lista de espera
– até aqueles menores, realizados por *start-ups*, quando um bom contato é
suficiente para conseguir o convite.

Seja qual for o tamanho do evento, quem vive em São Francisco está
sempre envolvido em algo não convencional que pode estar acontecendo
num ringue de boxe com os lutadores usando luvas gigantes, nos desafios
nos jogos de fliperama ou então ao redor de caminhonetes comercializan-
do comida indiana. Ai vão alguns endereços onde se pode desenvolver um
networking eficaz:

- **Blue Bottle Coffee**, na Mint Plaza, nº 66 – Com diversas lojas, é um
  dos cafés favoritos dos empreendedores.

- **Elixir**, na 16th Street, nº 3.200 – É um dos melhores bares da área e
  foi eleito pela revista *Entrepreneur* como o lugar ideal para se ouvir
  fofocas do mundo do empreendedorismo.

- **Boulevard Restaurant**, na Mission Street, nº 1 – Atrai sempre nomes
  conhecidos do universo das *start-ups*, e encanta os clientes com seus
  pratos com sotaque francês. De acordo com a revista *Forbes*, é um
  dos *points* mais quentes para se encontrar parceiros e investidores.

- *Twenty Five Lusk*, na Lusk Street, nº 25 – Com dois andares, o bar é um dos preferidos para as festas de turmas empreendedoras. O seu cardápio inclui drinques que levam os nomes de empresas da região.

- *Rickhouse*, na Kearny Street, nº 246 – É um bar com preços um pouco mais salgados, porém ali é possível encontrar donos de negócios bem badalados. É uma das casas favoritas dos funcionários do Google.

Obviamente, nem tudo gira em tormo dos negócios, pois muita gente usa essas ocasiões para flertar com o seu empreendedor favorito, que vai lá para se distrair ou para relaxar um pouco da tensão ...

Por outro lado, o clima entre as *start-ups* de São Francisco é de **compartilhamento**. Ninguém "teme" que o empreendedor ao lado roube sua criação!?!? Pelo contrário: os donos de negócios fazem questão de pedir a opinião dos colegas sobre os seus projetos. **O fato é que uma ideia sempre será apenas uma ideia!!!** A diferença está na **paixão** e na **capacidade de execução**. E é por isso que em São Francisco, ninguém tem medo de compartilhar...

Para quem não dispõe de capital suficiente para alugar um bom escritório, a solução está nos muitos espaços de *coworking* (locais de trabalho compartilhados). Além de serem mais baratos, esses locais atraem ótimas oportunidades para se fazer contatos.

Toby Morning, investidor e dono da Citizen Space, um dos primeiros espaços de *coworking* que foi aberto em 2006 no bairro de SoMa, comentou: "São tantas as opções de atividades que é perfeitamente possível dividir os escritórios por área de atuação. Alguns têm mais *start-ups* de aplicativos (*apps*), outros abrem negócios de varejo, e por aí vai."

Nas *start-ups*, especialmente aquelas instaladas em São Francisco, a hierarquia é um conceito relativo. Assim, é comum os chefes sentarem em salas sem divisórias, lado a lado com as suas equipes. A informalidade caracteriza as relações. Horários flexíveis, com funcionários trabalhando em casa, também são bem comuns. E na lista de benefícios para os que trabalham nas *start-ups*, há privilégios dignos de grandes organizações, como: academias, aluguel de bicicletas e até cardápios internacionais.

Empresas que começaram no Vale do Silício estão mudando para São Francisco, onde os aluguéis ainda são mais baratos e onde circula muito dinheiro. Esse é o caso da Benchmark Capital, por exemplo. Fundada no Vale do Silício em 1995, e famosa por ter sido uma das pioneiras em investir no eBay, ela mudou-se para São Francisco e agora dois terços dos seus aportes vão para empresas da cidade, como a Zendesk.

Fundos de *venture capital* ("capital de risco") foram nascendo em São Francisco, como foi o caso do Accelerator Ventures, que até o fim de 2016 tinha cerca de 50 *start-ups* em seu portfólio. Além dela, estão em São Francisco empresas como Twitter, Airbnb, Foursquare, Prezi, Uber, Pinterest, Zynga, 99*designs*, Dropbox, Sales Force, Klout, NewMe, só para citar algumas. Muitas ficam a apenas poucas quadras das outras.

Aliás, é por isso que o SoMa impressiona com o contraste no *design* de suas edificações. Andando por suas ruas, é possível encontrar prédios abandonados ao lado de conjuntos de *flats* recém-construídos. Nas calçadas, empreendedores descolados dividem o espaço com moradores de rua e tipos suspeitos!?!? Mas nada disso incomoda os *geeks* (pessoas que se dedicam intensamente a atividades intelectuais complexas e versadas em Internet), que pagam preços cada vez maiores para ocupar os disputados escritórios remanescentes da região.

Depois desse destaque para as *start-ups* em São Francisco, aí vão algumas complementações que a caracterizam plenamente como uma **cidade criativa**.

1 ª) **Economia** – A economia de São Francisco se baseia principalmente em serviços, incluindo-se aí os de caráter financeiro, educacional, turístico, governamental, além daqueles voltados para os cuidados com a saúde, pesquisa médica e de alta tecnologia, em especial na área de biotecnologia.

A cidade tornou-se de fato um importante centro financeiro e bancário, sendo sede de mais de 30 instituições financeiras internacionais. A cidade é uma das 20 mais ricas do mundo e, segundo estimativas para 2016 seu PIB foi de US$ 393 bilhões.

Nesse mesmo ano, a renda familiar média anual ficou próxima de US$ 88 mil, um valor bem elevado se comparado ao de outras grandes cidades dos EUA. É provável que isso seja influenciado pelo fato de São Francisco ser a cidade com a segunda maior taxa de residentes com diploma universitário do país (atrás apenas de Seattle). Isso significa que cerca de 400 mil habitantes têm, **pelo menos, o grau de bacharel**.

Não se pode esquecer que, em 2004, a prefeitura da cidade aprovou uma isenção de imposto sobre salários para empresas de biotecnologia, pelo fato de elas promoverem o crescimento do bairro de Mission Bay, local do segundo *campus* e do hospital da Universidade da Califórnia em São Francisco (UCSF).

Assim, Mission Bay hospeda o California Institute of Regenerative Medicine, o California Institute for Quantitative Biosciences e o Instituto Gladstone, bem como cerca de 50 empresas voltadas para o setor de ciências da vida.

2ª) **Educação** – Diferentemente de outras cidades dos EUA, cerca de 30% dos alunos dos níveis primário e secundário estudam em escolas privadas ou paroquiais, o que é uma taxa muito elevada se comparada à taxa do país, que está próxima dos 10%. Quase 40% dessas escolas são católicas e administradas pela arquidiocese de São Francisco.

No que se refere a IESs, São Francisco está bem servida. Está ali o único *campus* da Universidade da Califórnia dedicado aos cursos de graduação nas áreas de saúde e ciências biomédicas. Vale ressaltar que ele está classificado entre os cinco melhores dos EUA, e administra o UCSF Medical Center que aparece na lista dos 15 melhores hospitais dos EUA.

A UCSF é a 2ª maior empregadora de São Francisco, depois do governo da cidade-condado. Nela tem-se instalações dedicadas a pesquisa, além de espaço para os empreendedores voltados para a biotecnologia e as ciências da vida.

Fundado em 1878, o Hastings College of the Law, na Universidade da Califórnia, é a mais antiga faculdade de direito na Califórnia e foi a IES que mais formou juízes para o Estado.

Perto de Lake Merced, está localizada a San Francisco State University. Ela faz parte do sistema California State University e tem cerca de 30 mil alunos nos seus cursos de graduação e pós-graduação em mais de 100 disciplinas. The City College of San Francisco, com as suas principais instalações no distrito de Ingleside, é uma das maiores faculdades comunitárias do país, com cursos de dois anos de duração. Ela conta com cerca de 100 mil matriculados, além de oferecer cursos extensivos de educação continuada.

Fundada em 1855, a Universidade de São Francisco é uma IES privada pertencente aos jesuítas e está localizada em Lone Mountain. Trata-se da mais antiga IES de São Francisco, além de ser uma das primeiras universidades criadas no oeste do rio Mississippi.

Há também a Golden Gate University, uma IES privada fundada em 1901 e localizada no distrito financeiro, e a Academy of Art University, que, com cerca de 13.500 alunos, é a maior IES dos EUA. Ela se concentra em arte e *design*, estando, portanto, voltada para EC.

Fundada em 1871, o San Francisco Arts Institute é a IES mais antiga dedicada exclusivamente à arte no oeste do rio Mississipi. Mas também não se pode esquecer da The California College of the Arts, localizada ao norte de Potrero Hill, com excelentes cursos de arquitetura, belas artes e escrita criativa.

Há ainda o The San Francisco Conservatory of Music, a única escola de música independente na costa oeste. Ele oferece graduação em instrumentos de orquestra, música de câmara, composição e condução.

A The California Culinary Academy, associada ao programa *Le Cordon Bleu*, oferece cursos de arte culinária, panificação e confeitaria, além de gestão de restaurantes e hotéis.

E não se pode esquecer do California Institute of Integral Studies, fundado em 1968, que oferece uma variedade de cursos de graduação. Suas faculdades estão focadas nas áreas de saúde e psicologia profissional, assim como nos campos de conscientização e transformação do ser humano!!!

3ª) Comunicação – No que se refere a veículos de comunicação, o principal jornal diário da cidade é o *San Francisco Chronicle*. Ele tem a maior circulação no norte do Estado da Califórnia e ficou famoso graças aos artigos do colunista Herb Caen, apelidado por alguns como "**a voz de São Francisco**".

O *San Francisco Examiner* já foi o principal veículo do império midiático de William Randolph Hearst. Com textos de Ambroise Bierce, sua circulação era bastante elevada. Todavia, sob a direção de novos proprietários a sua tiragem foi declinando com o passar dos anos, e o jornal se transformou num tabloide diário gratuito.

Há também o jornal *Sing Tao Daily*, voltado para o grande contingente de chineses que vive na cidade, e o *SFWeekly*, um jornal semanal alternativo. Entre as revistas publicadas em São Francisco, as mais importantes são a San *Francisco Magazine*, a *7x7* e a *Mother Jones*.

Na área da baia de São Francisco está o sexto maior mercado de TV dos EUA e o quarto de rádio. Foi exatamente nessa região que surgiu a primeira estação de rádio dos EUA, mais precisamente a KCBS (em AM), que começou a operar em 1909 em San Jose. Por seu turno, a primeira rádio em FM da cidade foi a KALW, que foi ao ar em 1941.

Importante lembrar que coube ao inventor Philo Farnsworth apresentar a primeira televisão em São Francisco, em 1927. No entanto, a primeira estação de televisão da cidade – a KPIX – só surgiu em 1948.

As principais redes de televisão dos EUA têm afiliadas que atendem a região, como a CNN, MSNBC, BBC, Al Jazeera America, Russia Today e CCTV America, todas com instalações em São Francisco. A Bloomberg West começou a operar em 2011, a CNBC transmite do One Market Plaza desde 2015, e a ESPN usa o estúdio local da ABC. Além disso, existem também as redes de esportes regionais Comcast Sports Net Bay Area e Comcast Sports Net California.

4ª) **Diversidade étnica** – Em São Francisco temos uma **grande diversidade** étnica, sendo que entre os seus residentes cerca de 21% são de origem chinesa. Mas outros grupos da Ásia também estão presentes, com destaque para os filipinos (6%) e vietnamitas (2%). Assim, no total os asiáticos compõem 34% da população de São Francisco.

Os grupos hispânicos constituem 16% da população, com predominância dos mexicanos (8%) e dos salvadorenhos (2%). Os negros ou afro-americanos são 6,5% da população, e é bem grande o contingente de russos na cidade (2,5%).

Somente 38% dos moradores de São Francisco nasceram no Estado da Califórnia, enquanto 25% vieram de outros Estados norte-americanos. Trinta e sete por cento dos habitantes da cidade nasceram fora dos EUA.

Estimou-se, no início de 2017, que 55% dos residentes de São Francisco falavam inglês em casa como primeira língua. Os 45% restantes falavam outra língua (20% o chinês, 13% o espanhol, 2% o russo etc.).

O que, porém, é importante destacar é que São Francisco tem uma elevada taxa de pessoas com curso superior ou inclusive pós-graduação, ou seja, cerca de 45% dos adultos, o que significa que nela tem-se muitos **talentos** de várias raças!!!

Além disso, vive na cidade o maior contingente de pessoas do mesmo sexo que são coproprietários de moradias. Isso quer dizer que na cidade existe a maior porcentagem de habitantes gays, lésbicas etc. do país – 15% da população.

Em contrapartida, um dos grandes problemas de São Francisco é o fato de que, nas últimas décadas, ela tem se tornado a cidade com o maior número de pessoas sem teto dos EUA.

5ª) Artes – Para quem gosta de **artes cênicas**, há em São Francisco vários lugares onde elas podem ser apreciadas em sua plenitude. No San Francisco's War Memorial Performing Arts Center, por exemplo, podem ser vistas as apresentações das melhores companhias dos EUA.

A segunda maior companhia de ópera da América do Norte é a de São Francisco, que pode ser vista na The War Memorial Opera House. Lá também se pode assistir ao San Francisco Ballet. A orquestra sinfônica da cidade toca no Davies Symphony Hall.

Em São Francisco existe também um grande número de teatros, onde são promovidos muitos eventos com apresentações ao vivo. Nesses teatros são apresentadas diversas produções ou montagens iniciais (testes) de peças que depois seguirão para a Broadway, em Nova York.

Sem dúvida é no The San Francisco Museum of Modern Art (SFMo-MA) que se pode apreciar quadros incríveis, e não apenas do século XX, mas também da arte contemporânea. O prédio reabriu em 14 de maio de 2016, após uma grande renovação e expansão. Até o fim de 2016, o museu já recebeu algo próximo de meio milhão de visitantes.

No *Palace of the Legion of Honor*, edifício localizado no Lincoln Park, estão guardadas antiguidades europeias e trabalhos de arte. O edifício norte-americano foi construído imitando ao seu homônimo de Paris.

No Young Museum, localizado no Golden Gate Park, o destaque fica com as peças de decoração norte-americanas e os recipientes antropológicos da África, Oceania e das Américas. A arte asiática, por sua vez, encontra-se exibida no Asian Art Museum.

Também são bastante visitadas a California Academy of Sciences, um museu devotado à história natural onde existe um planetário e um aquário. E não se pode esquecer do Exploratorium, um museu de ciência interativo localizado no Pier15 do Embarcadero; em Nob Hill, por sua vez, está o Cable Car Museum, onde se pode aprender sobre o funcionamento dos bondinhos suspensos (teleféricos). Lá fica também o Contemporary Jewish Museum, no qual são feitas mostras de arte bem interessantes.

Como se vê, quem gosta de artes visuais tem muitas opções para visitar em São Francisco, não é?

6ª) Esportes – São Francisco é hoje a casa do San Francisco Giants, que mudou-se de Nova York para lá em 1958. Eles ganharam os títulos da MLB em 2010, 2012 e 2014, e jogam no AT&T Park desde 2000. Nessa equipe jogaram astros do beisebol, como Willie Mays, Willie McCovey, Barry Bonds, entre outros.

Na cidade também está a equipe do San Francisco 49ers, da NFL, que ganhou cinco títulos do **Super Bowl** nas décadas de 1980 e 1990. A partir de 2014, a equipe começou a mandar seus jogos no Levi's Stadium em Santa Clara.

O San Francisco Warriors jogou na NBA de 1960 a 1971, quando mudaram o nome para Golden State Warriors na temporada de 1971 a 1972. O objetivo dessa denominação para a equipe foi para representar todo o Estado da Califórnia. As partidas desse time ocorrem agora na Oracle Arena, em Oakland, e ele já ganhou cinco títulos, sendo o mais recente em 2017, com uma atuação incrível de Stephen Curry e seus companheiros. Nessa última conquista a equipe contou com o reforço do notável jogador Kevin Durant, campeão mundial e olímpico, considerado o jogador mais valioso na série final de jogos contra a equipe do Cleveland Cavaliers, que foi derrotada por 4 a 1.

No basquete universitário a cidade tem uma grande tradição de vitórias, especialmente quando ganhou em 1955 e 1956 os títulos do NCAA (National Collegiate Athletic Association) com o San Francisco Dons, em que jogou o famoso Bill Russell.

Também são célebres nos EUA a Maratona de São Francisco, que atrai anualmente cerca de 22 mil participantes; e a competição de triatlo, chamada *The Escape from Alcatraz* ("A escapada de Alcatraz"), que desde 1980 conta com cerca de 2.000 participantes, desde triatletas amadores até profissionais destacados.

Também fica em São Francisco o Olympic Club, fundado em 1860, o mais antigo clube atlético dos EUA. Na cidade são realizadas com frequência competições de golfe, inclusive torneios que reúnem jogadores profissionais, e de barcos, que utilizam para isso a esplêndida baía da região, no distrito da marina.

Outra atividade bastante praticada por amadores em São Francisco é o ciclismo. Talvez o clima bastante ameno colabore para isso, além é claro dos cerca de 340 km de ciclovias na cidade, em especial nos seus parques. Esse é o caso do Golden Gate Park, onde muitos quilômetros são pavimentados.

Diversos parques e praticamente todas as suas praias constituem o que se chama de Golden Gate National Recreation Area (GGNRA), que recebe por ano cerca de 14 milhões de visitantes – surfistas, jogadores de vôlei de praia, velejadores, banhistas etc. Aliás, São Francisco possui mais de 220 parques, sendo o maior e mais conhecido entre eles o Golden Gate Park. Ele começa na parte oeste do centro da cidade e vai até o oceano Pacífico. É coberto com grama nativa e cheio de dunas de areia. Ele foi concebido em 1830, e desde essa época plantaram-se nele milhares de árvores não nativas. Atualmente está cheio de atrações naturais e culturais, como um grande jardim de flores, uma casa de chá japonesa e um jardim botânico.

7ª) Turismo – Trata-se de uma das maiores indústrias privadas da cidade, sendo que **um em cada sete empregos, está ligado ao turismo**. As frequentes apresentações musicais, cinematográficas e os eventos envolvendo cultura popular tornaram a cidade e seus arredores uma referência para os turistas do mundo todo e dos EUA.

Aliás, em 2016, São Francisco foi a **quinta cidade** que mais atraiu turistas estrangeiros nos EUA, e está sempre entre as 100 cidades mais visitadas no mundo. Estima-se que os 22 milhões de visitantes que vieram a São Francisco em 2016 tenham injetado em sua economia algo próximo de US$ 16 bilhões.

Pelo fato de possuir uma boa rede hoteleira, além de excelentes instalações para convenções e conferências no Moscone Center, São Francisco tornou-se um destino popular para o "turismo de negócios e aquisição de conhecimentos".

Entre os eventos imperdíveis que ocorrem em São Francisco, deve-se citar o *Mac World*, feito sob medida para os aficionados pela Apple. O evento reúne entusiastas da marca, que participam de painéis e *workshops* e, eventualmente, compram nele as últimas novidades da empresa.

Outro evento importante é o *Failcon*, ou seja, a famosa "**conferência dos fracassados**". Nela são apresentados, por meio de diversos exemplos reais, o lado positivo dos erros cometidos por empresas no passado, transformando isso nas lições de superação para a nova geração de empreendedores.

O *Launch Festival* é promovido pelo *site* Launch, especializado em tecnologia, e reúne cerca de 50 *start-ups* que apresentam seus projetos, geralmente para uma plateia de mais de 5 mil pessoas, todas em busca de opções de investimento para o seu dinheiro!!!

Esse evento é organizado pela Evernote, que conta sempre com a presença do empreendedor russo naturalizado norte-americano, Phil Libin, fundador da empresa. Com seus aplicativos, ele ajudou dezenas de milhões de usuários a armazenarem melhor os seus dados e a se organizarem.

Como explicou Phil Libin: "Ao criar o Evernote, a minha intenção principal era mudar a vida das pessoas, ou seja, através dos nossos aplicativos tornar as pessoas mais inteligentes pelo fato de estarem mais organizadas. Na prática, o Evernote funciona como um segundo cérebro, ajudando as pessoas a se lembrarem de tudo que é importante para elas!!!"

Naturalmente, existem muitos outros locais que atraem os visitantes, como a ponte Golden Gate, o Pier39, no qual se tem compras, entretenimento, bons restaurantes, belas vistas (inclusive da ilha de Alcatraz), e bons programas culturais nos seus museus. Além disso, a cidade oferece uma incrível vida noturna nos seus arredores.

Quando o assunto é viagem, deve-se ressaltar que os *piers* 27 e 35 do seu porto recebem por ano cerca de 100 cruzeiros, com aproximadamente 250 mil passageiros, cujos itinerários incluem desde o Alasca até cidades turísticas do México, como Acapulco.

A LIÇÃO DE SÃO FRANCISCO

A grande lição de São Francisco para todas as outras cidades do mundo é, sem dúvida, a sua luta histórica em prol da igualdade de direitos para a comunidade LGBT.

Vale destacar que foi em São Francisco que pela primeira vez, muitos ocupantes de cargos importantes no governo declararam-se abertamente *gays*, lésbicas ou transgêneros. Esse foi o caso de José Sarria e Harvey Milk (que infelizmente foi assassinado em 1978), que concorreram e/ou ocuparam cargos públicos, da juíza lésbica Mary C. Morgan e da comissária de polícia transgênero, Theresa Sparks, para citar somente os primeiros que declararam de forma transparente a sua preferência sexual – e sem se envergonhar disso.

São Francisco tornou-se o centro mundial do movimento dos direitos dos *gays*, como o que fez surgir na cidade um importante distrito *gay*, denominado The Castro. Assim, a população LGBT de São Francisco foi se tornando cada vez maior. Foi ela que criou e sustentou uma comunidade política e cultural ativa por muitas décadas, desenvolvendo assim uma presença poderosa na vida cívica da cidade. Isso, por sua vez, acabou influenciando as decisões tomadas pelas autoridades do Poder Judiciário, tanto nos Estados dos EUA como na Suprema Corte do país, que, em 2004, aprovou a legalidade do casamento homossexual.

Aliás, muitas das conquistas obtidas em São Francisco no que se refere aos direitos da comunidade LGBT, acabaram gerando leis semelhantes em muitas outras cidades do mundo. A cidade, por se turno, se tornou um dos destinos turísticos mais populares para os *gays* de todo o planeta, especialmente depois que se organizou a primeira Parada do Orgulho Gay em 1972, que, por sinal, é uma das mais antigas do mundo!!!

Estima-se que no evento *San Francisco Pride* de 2016 compareceram quase 2 milhões de pessoas. Só como referência, no ano de 2016 em São Paulo o número de participantes na *Parada Gay* chegou a 1 milhão de pessoas. Não se pode esquecer, entretanto, que na capital paulista vivem 12 vezes mais habitantes que em "Frisco".

Outra lição de São Francisco é que apesar de a cidade ter muitas ladeiras, existem nela muitas partes planas. Desse modo, **andar de bicicleta tornou-se um modo de transporte bem popular**, com quase 10% de seus habitantes indo de um lado para o outro da cidade em suas "magrelas". Além disso, **caminhar** também se tornou uma ótima opção em São Francisco. De fato, o **tráfego de pedestres** é o principal modo de deslocamento por lá. Aliás, em 2015, São Francisco foi considerada a segunda cidade onde mais se caminha entre as grandes dos EUA – o que faz muito bem para a saúde dos seus moradores.

É isso o que deveríamos ter em nossas grandes cidades, todavia, é preciso lembrar que para que isso se torne uma realidade, será preciso que as calçadas estejam em boas condições para que as pessoas possam caminhar em segurança, particularmente à noite, não é mesmo?

Vista aérea da avenida Paulista.

2.35 - São Paulo

PREÂMBULO

São Paulo é uma cidade que, nas próximas décadas, precisará contar com gestores municipais e, em especial, prefeitos que saibam **ousar**. Pessoas que não apenas queiram implementar soluções criativas, mas que também tenham o bom senso de não desagradar um grande número de indivíduos com essas ações inovadoras.

É preciso que eles sonhem que num prazo de 40 anos será possível despoluir os rios Tietê e Pinheiros, mas que tenham como prioridade oferecer aos seus munícipes locais de moradia perto de seu trabalho, além de escolas, hospitais etc.

É fundamental que eles entendam que a maioria dos paulistanos vive hoje em pequenos espaços (miniapartamentos) dos quais desejam sair, e que por isso a cidade deve oferecer-lhes parques, praças, bibliotecas, centros esportivos etc., onde possam ter algum tipo de lazer.

Apesar do fato de que, comparativamente, muitas outras cidades estão agora crescendo mais que São Paulo, o acúmulo de saberes e o empreendedorismo da capital paulista são difíceis de superar – particularmente nos diversos setores da EC, que têm gerado cada vez mais receita e empregos.

Vale a pena lembrar o que disse o empresário Antônio Ermírio de Moraes (1928-2014): "São Paulo tem o espírito de luta dos antigos bandeirantes. Ela é desbravadora; é uma cidade que valoriza o trabalho e não quer nada de graça."

A HISTÓRIA DE SÃO PAULO

São Paulo está localizada num planalto, a uma altura média de 820 m em relação ao nível do mar e a uma distância de 75 km do litoral. A cidade – inaugurada com missa solene no dia 25 de janeiro de 1554 – nasceu ao lado de um estabelecimento jesuítico chamado "**colégio**" (um misto de residência dos padres e escola primária e de catequese), que ficava anexo à igreja dedicada justamente ao discípulo são Paulo.

No entanto, apesar do recebimento do Foral (um documento usado por Portugal para a criação de um povoado) em 25 de janeiro de 1558, somente dois anos depois o incipiente lugarejo obteria o *status* de vila, com todos os elementos necessários: Casa de Câmara, pelourinho e forca. Isso aconteceu com a chegada dos moradores de Santo André da Borda do Campo de Piratininga, que foram levados para lá por ordem do governador geral Mem de Sá. Assim, em sua origem São Paulo era apenas um pequeno núcleo indígena situado às margens do rio Tamanduateí; uma comunidade dirigida por missionários jesuítas portugueses cujo crescimento se mostrou bastante lento.

No fim do século XVI, viviam na cidade cerca de 300 pessoas. Então, no século XVII, começaram a chegar os colonizadores portugueses que utilizariam a vila como base para as chamadas **bandeiras** – nome das expedições que desbravaram as terras que se tornaram parte do território brasileiro –, cuja intenção, na época, era capturar índios e escravizá-los.

Já no século XVIII, o progresso da cidade foi estimulado pela parada dos tropeiros que transportavam gado e tropas de burros para as regiões de mineração. Só no início dos anos 1.800 foi que a cidade ultrapassou os limites de dois cursos de água confluentes, o Anhagabaú e o Tamanduateí, seus limitadores históricos.

Um marco muito importante para a capital paulista foi a fundação da Faculdade de Direito, em 1827, e que foi chamada de **burgo de estudantes**!!!

Com o desenvolvimento da cafeicultura e a abolição da escravidão em 1888, São Paulo iniciou o processo para se transformar numa metrópole e, a partir daí, jamais deixou de crescer.... Milhares de migrantes passaram a ocupar as antigas várzeas, que se transformaram em bairros industriais, como Brás, Belenzinho, Lapa etc. Os barões do café transferiram-se do centro velho para os Campos Elísios e também para os palacetes da avenida Paulista. Mais tarde surgiu o Jardim América, um bairro-jardim projetado a partir de 1913 pelo urbanista inglês Barry Parker para a Companhia City.

Também apareceram na cidade os bondes elétricos, os automóveis, os cinemas e as lojas de departamento. Em 1934, destacou-se na paisagem da cidade a primeira construção mais alta, ou seja, o imponente edifício *Martinelli*, que simbolizava a ascensão social de um imigrante italiano.

O processo de modernização repercutiu também na produção cultural, que teve como marco a realização da Semana da Arte Moderna no Teatro Municipal, em 1922, um evento que deixaria fortes marcas na arte e na cultura brasileiras.

Já na década de 1930, com o crescimento da industrialização, São Paulo se consolidou como uma **cidade vibrante** e **dinâmica**. Com isso, ela atraiu para si imigrantes e migrantes que contribuiriam não somente para o seu perfil multicultural, mas também para evidenciar as desigualdades sociais.

A partir de 1945 teve início um processo de verticalização da cidade, que aos poucos a transformaria na caótica metrópole dos dias atuais. Em 1954 foi inaugurada a catedral metropolitana de São Paulo na praça da Sé.

No decorrer dos anos, São Paulo foi se tornando uma cidade muito rica culturalmente, com a inauguração de teatros, casas de espetáculo e cinemas. A Universidade de São Paulo, por exemplo, que já tinha sido criada em 1934 tornou-se a melhor e mais importante do País.

Em 1951 São Paulo começou a apresentar uma exposição internacional de arte, a Bienal. Desde então ela ocupa um pavilhão dentro do parque do Ibirapuera, a maior área verde da região central da cidade, que hoje também abriga vários edifícios e monumentos que foram erguidos para as comemorações do quarto centenário da cidade, em 1954, um evento histórico.

Inaugurado em 2 de outubro de 1947, o Museu de Arte de São Paulo (Masp) está localizado na mais querida avenida dos paulistanos, a Paulista, e abriga o acervo mais rico em arte ocidental de toda a América Latina. A avenida Paulista, por sua vez, transformou-se no centro financeiro do Estado mais rico do País, onde, segundo estimativas viviam no início de 2017 quase 45 milhões de pessoas.

A área de ocupação mais antiga, o agora chamado **centro expandido da cidade**, situa-se entre o rio Tietê e dois de seus afluentes, o Pinheiros e o Tamanduateí (este último quase todo canalizado e, em alguns trechos, coberto por vias).

Nas últimas décadas, especialmente nos anos 2015 e 2016, devido à desaceleração da economia e à saída de muitas indústrias da região metropolitana de São Paulo (RMSP), o desemprego tem crescido. Como todo o Brasil, São Paulo também demonstra uma concentração de renda nas mãos de uma pequena parcela de sua população. Assim, uma de suas características é o contraste entre **miséria**, **caos**, **riqueza** e **sofisticação**.

No dia 30 de agosto de 2016, o IBGE divulgou que a cidade de São Paulo contava até então com 12.038.175 habitantes – destacadamente a mais populosa do País –, e a RMSP, com 21,3 milhões de pessoas.

Para comprovar que São Paulo é uma **cidade global**, em 2013 ela contabilizou 2.000 pousos e decolagens de helicópteros num só dia. Com isso, ela ultrapassou Nova York e assumiu o **posto de cidade com o maior trânsito de helicópteros do mundo** (dos mais simples aos mais sofisticados). Aliás, no fim de 2016 havia cerca de 520 aeronaves (o equivalente a 20% da frota nacional) operando na cidade e sendo guardados nos locais permitidos (o HBR Aviação, em Osasco; o Helipark, em Carapicuíba; o Helicentro Morumbi, no bairro de Butantã; e a Helicidade, em Jaguaré).

Como se pode concluir, para muitos empresários o trânsito representa um grande aborrecimento, e principalmente na RMSP. Por isso eles recorrem muito aos helicópteros para chegarem aos locais de onde comandam suas organizações ou participam de reuniões empresariais. Esses veículos também são utilizados no deslocamento para as muitas e importantes cidades do Estado de São Paulo onde estão as suas companhias, a uma distância média de 150 km da capital paulista.

Em 19 de maio de 2006, numa edição da revista *América Economia*, São Paulo foi classificada em primeiro lugar no *ranking* das melhores cidades da América Latina para se fazer negócios, destacando-se neste sentido sua **criatividade** e seu ritmo de **inovação**.

No ano de 2010, São Paulo movimentou cerca de R$ 40 bilhões na EC, ou seja, algo próximo de 10% do seu PIB. Nos anos seguintes, por conta do grande crescimento de suas atividades artísticas e culturais, essas cifras foram aumentando, o que apenas confirmou um estudo feito pela prefeitura: nele constatou-se que em 2011 a taxa de crescimento do emprego formal na EC foi de **9,1%**.

Portanto, se não tivesse enfrentado os anos de crise econômica, em 2015 e 2016, a EC paulistana poderia ter chegado ao patamar de cidades criativas como Barcelona, Londres, Berlim etc., que atribuíram grande importância à EC na reinvenção de atividades que permitem empregar muita gente.

Esse foi por exemplo o caso de Barcelona, quando um pouco antes da realização dos Jogos Olímpicos na cidade, em 1992, suas autoridades governamentais criaram um plano de renovação urbana com um horizonte de 20 anos, procurando investir na EC e fazendo com que áreas degradadas fossem ocupadas por segmentos voltados para as artes cênicas (teatros), visuais (museus), gastronomia (restaurantes) e também por estúdios de cinema e *design*.

Dessa maneira, houve incentivos para que empresas dos âmbitos tecnológico e cultural se instalassem em determinados distritos, favorecendo à colaboração entre elas. Nesse sentido, mais de cinco milhões de metros quadrados foram revitalizados e, segundo estimativas, no fim de 2016 cerca de 60 mil empregos formais foram gerados pelos setores da EC em Barcelona.

A esperança de São Paulo é de que o seu **"prefeito empreendedor"**, João Doria Jr., que assumiu em 2017, também dê a devida atenção a EC, estimulando na cidade a criação desses distritos e aproveitando os pontos fortes que ela já possui nos setores da moda, do *design*, do entretenimento etc.

Vale dizer que, neste sentido, ele terá a ajuda do governador Geraldo Alckmin, o mais longevo entre todos os governadores paulistas – e considerado por muitos como o mais competente. Sob o seu comando, tem sido grande o estímulo para a incrementação do turismo doméstico (religioso e de lazer). A ideia é que tanto as cidades praianas como as classificadas como **estâncias turísticas** façam algo semelhante ao que aconteceu na "pequena" Olímpia, onde, a partir de um *resort*, a cidade ampliou suas ofertas de entretenimento e agora recebe cerca de 2 milhões de turistas por ano!!!

No interessante trabalho *Economia Criativa na Cidade de São Paulo: Diagnóstico e Potencialidade* (publicado em 2011), elaborado sob a coordenação de Aurílio Sérgio Costa Caiado para a prefeitura da cidade em São Paulo, com a colaboração da Fundação do Desenvolvimento Administrativo (Fundap), constatou-se que em 2009 a EC já era responsável por **3% do emprego formal** da cidade – cerca de **140 mil pessoas** –, o que em 2017, segundo estimativas conservadoras subiu para cerca de 6% da população economicamente ativa.

Na época, o então prefeito da cidade Gilberto Kassab disse: "Esse estudo representa um importante avanço da nossa gestão, pois quanto mais se entender a dinâmica das atividades ligadas a EC, tanto mais eficiente será o planejamento e melhores as definições das ações necessárias para acelerar o seu desenvolvimento."

Nesse estudo foram destacados dois eventos muito importantes que mobilizam muita gente e geram um grande retorno à economia da cidade: a *Virada Cultural* e a *São Paulo Fashion Week (SPFW)*.

A *Virada Cultural* é um evento que acontece anualmente desde 2005. Promovido pela prefeitura de São Paulo, por meio de sua secretaria da Cultura, o evento reúne uma série de atividades **culturais gratuitas** que são oferecidas à população em diferentes espaços da cidade, sobretudo na região central, durante 24 h. Ele é estruturado para oferecer atrações de vários segmentos da atividade cultural: música, cinema, teatro, circo, exposições, entre outras, de forma contínua e simultânea em diversas regiões da cidade.

Assim, a *Virada Cultural* é um evento de grandes proporções, quer pela diversidade de manifestações culturais, quer pelo grande número de artistas e profissionais envolvidos em sua produção e pela presença maciça do público. Em algumas edições, como na de 2010, conseguiu-se atrair um público estimado em 4 milhões de pessoas, das quais cerca de 450 mil poderiam ser considerados turistas, uma vez que não eram residentes da RMSP. Isso obviamente aumentou bastante as vendas em muitos restaurantes e no comércio, e também a ocupação dos hotéis da cidade.

Apesar da crise econômica em que se viveu, acredita-se que em 2016 os gastos dos "turistas em geral" durante a *Virada Cultural* tenham chegado a R$ 130 milhões. A esse total deve-se acrescer o montante dispendido pelos moradores da RMSP para acompanhar as apresentações, com o que estima-se que introduziu-se na economia da cidade um total de R$ 230 milhões.

Uma bela cifra que não pode ser desprezada por quem comanda a cidade. Afinal, embora pequena, uma parcela dessa receita acabou retornando aos cofres da prefeitura na forma de receita tributária!!!

A 13ª edição da *Virada Cultural* ocorreu nos dias 20 e 21 de maio de 2017. O evento apresentou um novo formato, com grandes palcos distantes do centro da cidade. Contudo, eles não estavam adequadamente preparados para apresentações ao ar livre em dias de chuvas contínuas, que infelizmente aconteceram, o que esvaziou muito a presença do público.

No que se refere ao *SPFW*, não se pode esquecer que a indústria da moda está muito associada àquela do vestuário em geral, assim como às atividades relativas ao seu comércio. Infelizmente, algumas pessoas ainda enxergam esse setor de um modo negativo, atribuindo-lhe a pecha de "bens de consumo supérfluos"!?!?

Todavia, a moda se destaca dentro dos setores da EC não só pela sua capacidade de geração de empregos e renda, mas pela sua interatividade com os diferentes segmentos da indústria de bens de consumo, como sinalizadora de tendências e dos estilos de vida dos mais variados tipos de consumidores.

As indústrias de automóveis, cosméticos, celulares, eletrodomésticos etc., são inspiradas de maneira cada vez mais forte pela indústria da moda. Vale ressaltar que dentro de um automóvel, por exemplo, existem mais de 100 itens têxteis, que vão do *air bag* ao carpete.

Estes são itens que envolvem não somente grandes investimentos em desenvolvimento tecnológico e pesquisas relacionadas a tendências de moda, como também a contratação de equipes de antropólogos, estilistas, *designers*, engenheiros, analistas de sistemas, analistas de *software* e telecomunicações, todos trabalhando de forma intensa e integrada. A moda é, portanto, um condutor de inovações que transborda por toda a economia.

Durante muitos anos, a *SPFW* foi vista como um evento restrito ao mundo da moda, quase sempre associado apenas ao consumo de luxo por parte da elite. Desse modo, do ponto de vista das autoridades públicas e dos analistas econômicos ele se mostrava algo distante e desinteressante, acompanhado até com certo desdém. Em contrapartida, as principais **semanas de moda** do mundo – Milão, Paris, Nova York, Londres, Tóquio – são objeto de grande interesse e apoio das empresas privadas e governos.

Felizmente, no Brasil, aos poucos, resultado do seu próprio sucesso como verdadeira aglutinadora de diversas redes criativas e de inovação, a *SPFW* já foi reconhecida com importante articuladora da cadeia da moda e decisiva como agente de inovação e modernização do setor têxtil. Atualmente a *SPFW* é um dos maiores eventos do gênero no mundo, e uma das mais eficientes plataformas de comunicação do Brasil com o mundo. Ela tem ajudado bastante a construir a "**marca Brasil**".

Nas cidades mais importantes do mundo, consideradas cidades globais, a implantação de polos criativos de moda e *design* tem sido parte importante de suas estratégias de atração de investimentos, negócios e turismo. Mais ainda, esses polos têm sido utilizados como importantes instrumentos das políticas de revitalização e reurbanização de grandes áreas degradadas. A percepção de que a competitividade das economias e dos países depende cada vez mais dos setores que integram a EC, tem pautado as agendas de políticas públicas mais proativas, que perceberam que os retornos sociais e econômicos dessas ações são imensos.

A *SPFW* é um dos mais completos exemplos de como a EC pode ser usada como estratégia de desenvolvimento para São Paulo. O credenciamento para cada edição da *SPFW* envolve cerca de 2.800 jornalistas nacionais e internacionais, o que acaba gerando algo como R$ 500 milhões/ano em mídia espontânea no Brasil, além de aproximadamente US$ 60 milhões/ano no exterior. Durante o evento, acontecem na cidade mais de 2.300 *showrooms* de moda, o que atrai compradores e gera um importante movimento de negócios nos segmentos de turismo, serviços, hotelaria, alimentação, transporte e varejo. E vale lembrar que mais da metade de todo o varejo de moda do País se concentra justamente em São Paulo. Só para a indústria de *shopping centers*, em 2016 a *SPFW* impulsionou negócios envolvendo mais de R$ 1,9 bilhão relacionados direta ou indiretamente ao evento. Durante a *SPFW* mais de 4.000 profissionais das mais diferentes áreas de atuação são envolvidos para a sua **produção** e **realização**!!!

Comparecem também a cada edição da *SPFW* cerca de 170 compradores internacionais, representantes das grandes redes de varejo, oriundos dos EUA, dos países europeus e da América Latina, além daqueles do Oriente Médio. Estima-se que em função do evento de 2016 aproximadamente 55 mil pessoas tenham visitado a cidade (público nacional e internacional). E durante a sua permanência na cidade esses "turistas" gastaram algo próximo de R$ 185 milhões.

Cidade criativa é aquela que também procura ser uma **cidade sustentável**!!! Neste sentido, São Paulo passou a realizar a partir de 2011 a *Virada Sustentável*, cujo idealizador foi o jornalista André Palhano. Ele declarou: "Quando se fala em sustentabilidade, nosso principal desafio é escapar da armadilha de achar que isso se refere apenas ao meio ambiente. Afinal, aquele que só pensa no ambiente comete um grave equívoco, pois se esquece de vários outros temas, como: diversidade, cidadania, direitos humanos, mobilidade urbana e acessibilidade.

Um bom jeito de compreender o conceito de **sustentabilidade** é vê-la como **uma maneira mais inteligente de nos organizarmos como sociedade**!!! Um bom exemplo disso é o trânsito de Bogotá, que já foi pior que o de São Paulo. Entretanto, valendo-se de muita criatividade os bogotanos introduziram uma nova forma de transporte público (que, segundo alguns especialistas foi copiado de Curitiba, quando seu prefeito ainda era Jaime Lerner). Seja como for, trata-se de um sistema integrado de ônibus, o Trans-Milenio, que se tornou uma referência mundial!!!"

Numa das principais peças de divulgação da *Virada Sustentável* de São Paulo em 2016, criou-se um convite para uma "prova fictícia de natação no rio Pinheiros". Claro que isso é algo que não poderia ser feito!?!?

Na intensa programação de dois dias foram realizados bate-papos de no máximo uma hora sobre questões que influenciam a vida numa cidade, como: mobilidade, saúde, arte, cinema, alimentação, água, ocupação urbana, negócios sociais etc. Outros temas discutidos foram: oportunidades nas periferias, cidade educadora, meditação no topo do edifício *Martinelli*, plantações orgânicas, passeios de bicicleta etc. Enfim, foram mais de 800 atividades, praticamente todas focadas nos Objetivos do Desenvolvimento Sustentável da ONU!!!

Contudo, para ser **sustentável** São Paulo não pode mais permitir que crises de falta de água atinjam seus moradores, como foi o caso em 2014 e 2015, por exemplo. A cidade também não pode deixar que seus rios (Pinheiros e Tietê) e córregos continuem sendo transformados em esgotos. Ela também não pode se deixar sofrer tanto com a infestação de mosquitos, como o *Aedes aegypti*, por exemplo, que provoca doenças graves (dengue, zika e chicungunha). Aliás, para ser sustentável São Paulo precisa melhorar muitas coisas. Nós deveríamos, por exemplo, contar com eventos como os oferecidos na *Virada Sustentável* todas as semanas do ano!!!

Vejamos a seguir outros dados que explicam claramente porque São Paulo é uma cidade **criativa**, **global** e **influente**.

1º) **Economia** – São Paulo é, sem dúvida, a locomotiva do Brasil. Sendo o **terceiro centro financeiro mais promissor do mundo**, atrás de Hong Kong e Cingapura. A cidade abriga 38 das 100 maiores empresas privadas do País, 63% dos grupos internacionais instalados no Brasil, 31 dos 50 maiores bancos privados do mundo e metade dos bancos de investimento.

A cidade também é sede da maior bolsa de valores da América do Sul, a Bovespa, e da maior zona de comércio do País, a rua 25 de Março, pela qual passam em média 400 mil pessoas por dia. São Paulo está sempre nos primeiros lugares entre as 22 cidades que recebem mais investimentos. Apesar da crise, estima-se que o PIB de São Paulo tenha alcançado US$ 175 bilhões em 2016.

2º) **Arquitetura** – São Paulo não tem nos seus edifícios a grandiosidade que existe em Chicago, tampouco a quantidade de obras dos séculos passados, como Madri, por exemplo. Entretanto, suas construções ostentam uma **diversidade arquitetônica** que, por si só, representam uma atração turística da cidade.

Dentre eles estão, por exemplo:

→ A inusitada "**casa bola**". Ela foi projetada pelo arquiteto Eduardo Longo e construída na rua Amauri, no Jardim Europa. Foram 6 anos até que a obra fosse concluída no fim da década de 1970, tornando- -se um símbolo da arquitetura paulistana.

→ O incrível edifício *Martinelli*, que começou a ser construído em 1929, que ao longo de muitos anos foi o maior da cidade, com seus 30 andares. Interessante lembrar que no seu topo ficava a mansão que serviu de moradia para o empresário Giuseppe Martinelli. E para conhecer o luxuoso terraço há visitas guiadas. Apesar de o passeio ser curto (dura cerca de 20 min), vale muito, tanto pela vista panorâmica da cidade quanto pela visita ao icônico edifício.

→ O jardim suspenso localizado no topo do edifício *Matarazzo*, sede da prefeitura de São Paulo, no Vale do Anhangabaú. O que nem todo mundo sabe é que é possível conhecê-lo. Em uma visita de mais ou menos 1 hora, um guia conta um pouco da história do prédio de 14 andares, inaugurado em 1939 para sediar as Indústrias Reunidas Francisco Matarazzo.

→ O inesquecível Theatro Municipal (obra de Ramos de Azevedo), agora totalmente reformado, cujo centenário foi celebrado em 2011.

→ A Biblioteca Mário de Andrade, inaugurada em 1925. Ela conta atualmente com cerca de 3,1 milhões de volumes e oferece um ho- rário especial para atender aos leitores que buscam informações e conhecimentos em suas obras.

São Paulo ostenta trabalhos de muitos arquitetos famosos, como: Ra- mos de Azevedo, Vilanova Artigas, Paulo Mendes da Rocha (ganhador do prêmio Pritzker de 2006), Ruy Ohtake etc. Aliás, quem desejar conhecer melhor a arquitetura paulistana deveria ler o livro *São Paulo por Dentro: Um Guia Panorâmico de Arquitetura*, de autoria de Carlos Perrone. Já para conhecer a contribuição de Ruy Ohtake para São Paulo, deve-se ler o seu livro *Arquitetura e a Cidade*, no qual ele explica como chegou aos projetos do edifício que abriga o Tomie Ohtake Cultural e do prédio do hotel Unique.

Paul Goldberger, renomado crítico do jornal *The New York Times*, elegeu em 2004 o hotel Unique como **"uma das sete maravilhas do mundo"**, colocando Ruy Ohtake no mesmo patamar de arquitetos como Frank Gehry, Peter Cook, Santiago Calatrava etc.

No século XXI, foram feitos em São Paulo vultosos investimentos na construção de templos. Esse foi o caso específico do templo de Salomão da Igreja Universal do Reino de Deus, erguido no bairro do Belenzinho, na zona leste da cidade. A construção desse templo custou R$ 680 milhões. Ele foi inaugurado em 31 de julho de 2014, sendo o maior espaço religioso do País – cerca de 100 mil m² de construção – e em 2017, recebia a visita de cerca de 400 mil fiéis por mês.

Com capacidade para 10 mil pessoas sentadas, o que mais chama atenção na decoração é o altar, onde toda a sua estrutura é banhada a ouro. Na frente dele fica o batistério, com uma piscina e vitrais dourados de 100 m². Assim, quem está sentado na plateia tem a sensação de olhar para uma imensa caixa de ouro aberta!!! **E, de fato, é uma edificação espetacular!!!**

Caso alguém queira fazer um rápido roteiro para conviver com o modernismo da arquitetura paulistana, deveria visitar o edifício *Germaine Burchard* (no centro) um projeto de Enrico Brand; o edifício *Eiffel*, na praça da República, um projeto de Oscar Niemeyer, o edifício *Lausanne*, um projeto dos anos 1950 do arquiteto Adolf Franz Heep; o edifício *Louveira*, do arquiteto Vilanova Artigas, o edifício *Saint Honoré* (na avenida Paulista), projeto do arquiteto Artacho Jurado; o palacete *Riachuelo*, projetado em 1925 pelo arquiteto Cristiano Stockler das Neves.

3º) Turismo – Numa pesquisa recente elaborada pela São Paulo Turismo (SP Turis) feita com milhares de **turistas estrangeiros**, eles destacaram a importância do acervo que existe no Masp, o que justifica sua visitação. Na sequência, os outros locais preferidos foram: o parque do Ibirapuera, a avenida Paulista, o Mercado Municipal e o centro da cidade. Já os turistas brasileiros deram ainda mais destaque ao Masp, listando a seguir o Mercado Municipal, o parque do Ibirapuera e a avenida Paulista.

Idealizado pelo jornalista Assis Chateaubriand e pelo crítico Pietro Maria Bardi, o Masp foi fundado em 1947. O prédio atual, inaugurado em 1968, é sustentado por quatro colunas e ostenta um vão livre de 74 m. Ele foi desenhado por Lina Bo Bardi. O evento de inauguração contou com a presença da rainha Elizabeth II da Grã-Bretanha. Em média, o Masp recebe diariamente cerca de 2.500 visitantes.

O tempo médio de estada em São Paulo de um visitante que chega à cidade de avião é de três dias. O gasto aproximado no período é de R$ 2,3 mil. A SP Turis criou um programa para tentar convencer, principalmente, os executivos que vêm à cidade a ficar mais um dia, para que desfrutem ainda mais as atrações culturais e gastronômicas da capital paulista.

Um evento que cria uma intensa visitabilidade para São Paulo é o Salão do Automóvel. Em 2016 comemorou-se a sua 29ª edição, e cerca de 715 mil pessoas o visitaram no período de 10 e 14 de novembro. Apesar de todo o "combate" ao uso do automóvel, esse veículo continua encantando os humanos, e não apenas por sua grande utilidade, mas por acreditar-se que ele seja um indicativo da condição financeira do usuário (!?!?).

De 1960 a 1969, o palco do Salão foi o parque do Ibirapuera; entre 1970 e 2014, o evento aconteceu no pavilhão de exposições de Anhembi. Em 2016, pela primeira vez o Salão – que é o maior do setor na América Latina – aconteceu no São Paulo Expo, um espaço localizado no km 1,5 da rodovia dos Imigrantes, na zona sul da cidade. O evento ocupou cerca de 90 mil m² de área coberta, onde foram expostos aproximadamente 500 veículos de mais de 20 marcas.

Em outros 20 mil m², um espaço reservado para atividades ao ar livre, foi possível fazer algumas "experimentações" (*test-drives*). A climatização nesse espaço foi elogiada e o acesso ao local do evento foi bem mais simples que até o Anhembi, o que garantiu mais facilidade e conforto para os visitantes.

4º) Tecnologia – São Paulo é uma cidade conectada, pois além de sediar os escritórios das maiores empresas de tecnologia do mundo, possui uma boa estrutura de TIC. Esse, por sinal, é um dos fatores determinantes para que a metrópole receba 90 mil eventos de negócios por ano, sendo que o segmento de TIC é o terceiro que mais realiza feiras na cidade.

Sem dúvida, o maior deles é a *Campus Party*, que tem acontecido no pavilhão de exposições do Anhembi, quando cerca de 10 mil pessoas se reúnem para navegar na Internet e dormir em barracas.

Aliás, a *Campus Party* deveria se chamar *São Paulo Nerd Week*, uma vez que as almas inquietas que frequentam esse evento são pessoas que gostam de tecnologia e só pensam em curtir jogos no computador (os *nerds*), sem encontrar tempo para namorar nem praticar esportes, mostrando-se arredias, antissociais e pouco atraídas por atividades que não sejam os *videogames*.

São Paulo também é sede de um dos mais importantes encontros *geeks*, a *Social Media Week*. Ele ocorre simultaneamente em Nova York, Londres, Berlim, São Francisco, Toronto e ... São Paulo (!!!) – a única cidade latino--americana a figurar nesse circuito. O evento se dá ao longo de uma semana de intensa fricção cerebral no mês de setembro.

Aliás, em setembro de 2016 ocorreu no São Paulo Expo, a *Brasil Game Show* (*BGS*), a maior feira de *games* da América Latina. Essa foi a nona edição, na qual os visitantes tiveram a possibilidade de testar os vários jogos que ainda estão chegando ao País. O setor de *games* fechou 2016 com as vendas chegando a R$ 2,4 bilhões.

Marcelo Tavares, fundador da *BGS*, declarou: "Apesar da evidente crise financeira em que vivem atualmente os brasileiros, aqueles que são jogadores (e são muitos milhões) e apaixonados por *games*, não vão reduzir o valor que irão gastar. Os *games* são uma ótima opção de entretenimento, com um custo-benefício bem interessante.

É um programa caseiro, bem mais barato que sair à noite para ir a um teatro ou sair para jantar em algum bom restaurante. O preço de diversos jogos atraentes beira os R$ 200,00." A Sony e a Microsoft, fabricantes respectivamente do *PlayStation 4* (*PS4*) e do *Xbox One*, ocuparam os maiores estandes da feira, com cerca de 1.000 m². Mas outras empresas importantes como a Warner, Activision e Ubisoft estiveram instaladas em espaços próprios. Até mesmo o YouTube, em cujo estande os visitantes-fãs puderam conviver com diversos *youtubers* famosos, também participou!!!

Quem compareceu a *BGS* teve a oportunidade de testar jogos como *FIFA17*, *PES 2017* – com os times que estão disputando o Brasileirão – *Call of Duty: Infinite Warfare* – jogo de tiro mais popular da atualidade –, *Gears of War 4*, *Final Fantasy XV*, *Shiny* – previsto para ser lançado para *Xbox* e PC – e *Batman Arkham VR* – jogo de realidade virtual que usará o *Play Station VR*.

Marcelo Tavares comentou ainda: "Realidade virtual é uma experiência difícil de contar ou mostrar. O jogador só consegue perceber a imersão quando a experimenta. Esse é o caso de *Batman Arkham VR*, que deu a chance aos jogadores de se sentirem na pele do Homem Morcego!!!

Os produtores brasileiros de jogos passaram a ter mais espaço nessa feira e assim ocuparam **108 estandes** (na *BGS* de 2015 estiveram em apenas 36). A esperança é que em breve surja entre eles alguém que consiga o mesmo sucesso obtido por *games* como *Angry Birds* ou *Clash Royale*!!! O que se notou claramente na *BGS* é que o Brasil continua no radar das grandes empresas produtoras de *games*, que estão investindo em conteúdo relevante para o público brasileiro. Isso ficou evidente nos jogos *PES*, da Konami e *FIFA 2017*, da EA Sports, que trouxeram par o evento, times e narradores brasileiros.

A Ubsoft também lançou um mapa inspirado nas favelas do Rio de Janeiro, e criou uma tropa de BOPE (Batalhão de Operações Policiais Especiais) para o *game Rainbow Six Siege*. Esse lançamento da Ubisoft recebeu o recorde de jogadores ativos por dia no jogo: 1,26 milhão de pessoas no mundo todo, 400 mil no Brasil. O investimento deu tão certo que a empresa repetiu a dose, colocando duas canções nacionais em *Just Dance* – uma delas o *hit Bang*, de Anitta. É com mostras como a *BGS* que vai se estimulando cada vez mais pessoas a gostarem de tecnologia e quererem trabalhar com ela."

5º) Educação – São Paulo pode ser chamada de "**cidade do conhecimento**", pois ela abriga cerca de 200 IESs, com destaque para as privadas, além de 4.000 IESs voltadas para o ensino infantil e cerca de 240 escolas profissionalizantes.

A melhor universidade pública brasileira está localizada em São Paulo, tendo mais de 200 cursos de graduação. É a Universidade de São Paulo (USP), que abrange ensino, pesquisa e extensão universitárias em quase todas áreas de conhecimento.

Trabalhei durante quase 50 anos como professor em algumas das boas IESs privadas de São Paulo, como a Universidade Mackenzie, a Fundação Armando Álvares Penteado (FAAP), o Instituto Mauá de Tecnologia, participando ativamente da formação de pelo menos uns 150 mil estudantes. Além disso, participei de cerca de 300 cursos de pós-graduação *latu sensu* e apresentei mais de 1.500 palestras.

Dessa maneira, posso afirmar que tive o prazer e o orgulho de ter ensinado algo a um grande número de hoje talentosos profissionais, especialmente sobre como ser mais criativo, mais inventivo e mais empreendedor. E muitos deles têm hoje o seu trabalho e seus negócios em São Paulo, fazendo assim a sua parte para que **a cidade seja cada vez mais criativa**!!!

6º) Entretenimento e cultura – São Paulo também pode ser chamada de "a cidade da diversão", pois oferece opções de atividades para todos os gostos, 24 h por dia!!!

Às margens da represa Guarapiranga está localizado o que pode se chamar de "protótipo do mundo ideal", ou seja, o Solo Sagrado de Guarapiranga, que foi inaugurada em 1995. Trata-se de uma área de mais de 300 mil m² construída pela Igreja Missionária Mundial do Brasil, para ser um espaço de contemplação e lazer, no qual se realizam eventos e atividades culturais. E esse é um dos menos conhecidos entre os mais de 100 parques e áreas verdes que existem em São Paulo.

Para quem prefere mais o agito, a cidade tem mais de 40 festas populares por ano, e entre elas a mais frequentada é o Carnaval. No ano de 2017 cerca de 400 blocos de rua movimentaram-se trazendo grande agitação em muitos bairros, envolvendo aproximadamente 3 milhões de pessoas.

De acordo com uma pesquisa recente da revista *National Geographic*, São Paulo já ocupou o 4º lugar no *ranking* de melhor vida noturna no mundo!?!? Graças ao Sesc (Serviço Social de Comércio), que tem várias de suas unidades espalhadas pela cidade, em suas excelentes instalações, são oferecidas muitas opções de lazer e cultura para os paulistanos.

Um local importantíssimo de São Paulo é a avenida Paulista – vencedora como símbolo da capital paulista entre outros 20 cartões-postais da cidade. Vale lembrar que, no passado, esse famoso endereço da cidade abrigava apenas imóveis residenciais, com os casarões do início do século XX. Posteriormente ela se transformou em um polo econômico, com o alargamento da avenida ocorrido no fim dos anos 1960. Agora que a mais famosa avenida de São Paulo está fechada para veículos aos domingos, ela se tornou uma ótima alternativa de divertimento para os paulistanos, abrigando um amplo centro cultural e de lazer.

Aliás, em maio de 2017 aconteceu a inauguração da Japan House. O curador e diretor de planejamento desse projeto, Marcelo Dantas, explicou: "Resolvemos nos estabelecer na avenida Paulista porque ela é permeável à cidade inteira. Se levássemos nossa estrutura para a avenida Faria Lima, perderíamos o pedestre. Se fôssemos para o centro da cidade, uma parte da população não iria ao nosso museu. Já na avenida Paulista, tem-se a mescla mais rica da cidade. Ela é a fronteira entre o mundo do pedestre, da bicicleta, do metrô, dos executivos, dos estudantes, da comunidade *gay*, dos moradores da região e de outros bairros da cidade. São Paulo é uma cidade policêntrica, e a Paulista é o centro dos policentros."

E no segundo semestre de 2017 foi a inauguração do Instituto Moreira Sales (IMS). Projetado pelo escritório Andrade Morettin, o prédio já foi construído nas proximidades da rua da Consolação. Uma curiosidade sobre a construção em vidro é o fato de a entrada ficar a 17 m de altura.

O arquiteto Marcelo Morettin explicou: "Um dos principais aspectos do nosso projeto foi a relação do museu com a avenida. Queríamos ajustar a energia da Paulista para a qualidade interior do museu, e, para isso, fizemos a praça no alto, numa espécie de transição para o acolhimento num ambiente de maior introspecção. O envelopamento numa pele de vidro translúcida, por sua vez, permitirá que os passantes na avenida vislumbrem o movimento no interior do museu, e isso dará tranquilidade aos visitantes!?!?"

O superintendente do IMS, Flávio Pinheiro, complementou: "Quando o IMS fez uma exposição bem-sucedida na Gávea, no Rio de Janeiro, que durou uns três meses, alcançamos um público visitante próximo de 40 mil pessoas. Quando trouxemos a exposição do artista sul-africano William Kentridge a São Paulo, em parceria com a Pinacoteca, foram 100 mil pessoas. Certamente na Paulista, o impacto é muito maior, pela facilidade de acesso.

Além de exposições, filmes, cursos e biblioteca de fotografia, com 8 mil livros, os frequentadores também tem no IMS o restaurante *Balaio*, comandado pelo *chef* Rodrigo de Oliveira, do badalado *Mocotó*."

Também no segundo semestre de 2017 estava prevista a reinauguração de uma unidade reformada do Sesc, uma obra em que foram investidos R$ 100 milhões e que terá como foco a realização de eventos e exposições.

Assim, a rua Leôncio de Carvalho, entre o Itaú Cultural e o Sesc, deverá se transformar num bulevar sem circulação de carros, onde os dois centros culturais terão eventos.

Com todos esses projetos, cada quarteirão da avenida praticamente conta com alguma opção cultural importante. Afinal, já estão nesse endereço o Masp, o Itaú Cultural, a Casa das Rosas, o Instituto Cervantes e a galeria do Sesi. Tudo isso sem contar as salas de cinema do Reserva Cultural e a megalivraria Cultura.

E a avenida Paulista também vai ganhar novos prédios espetaculares, como o do grupo REUD, com assinatura do arquiteto Isay Weinfeild, prédios triple A (escritórios ocupados por grandes corporações) e a centralização das operações do Banco do Brasil, espalhadas pela capital...

O grupo Allard, à frente da construção do complexo que deverá surgir no lugar do antigo hospital Matarazzo, promete construir até 2019 um hotel seis estrelas, de bandeira de luxo Rosewood, desenhado pelo arquiteto francês Jean Nouvel, ganhador do prémio Pritzker em 2008 – o mais importante prêmio de arquitetura do mundo – e autor de projetos como a Fundação Cartier em Paris e a filial do Museu do Louvre em Abu Dhabi.

Uma interessante explicação dessa volta da pujança da avenida Paulista foi dada por Fernando Serapião, editor da revista especializada em arquitetura e urbanismo *Monolito*: "Nos últimos anos houve uma efervescência na Paulista, devido a uma certa degradação econômica, propiciando que houvesse a consequente ocupação popular. Até alguns anos atrás, era impensável encontrar nesse local *shoppings*, de produtos chineses ou lojas populares, como Marisa e Riachuelo.

Afinal, essa foi a mesma avenida que abrigou o restaurante *Fasano*; onde o cantor norte-americano Nat King Cole (1910-1065) cantou sob os aplausos da atriz Marlene Dietrich (1901-1992) e do ator David Niven (1910-1983), nos anos 1960; onde na loja *Madame Rosita* se vendia peles para a alta sociedade até os anos 1990. Porém, quando o polo financeiro da cidade se transferiu para a avenida Faria Lima, o público que frequentava a Paulista também mudou.

Porém, temos agora um público que deseja estar em contato com a cultura e isso ele encontra cada vez mais na avenida Paulista."

Parece que nesse final de 2ª década do século XXI, a avenida Paulista terá de volta todo o seu esplendor, o que justificará ainda mais o fato de ela ser o principal cartão-postal da cidade. E, com grande colaboração do que acontece na avenida Paulista, São Paulo se tornou sem dúvida o centro da EC no Brasil!!! Como já foi mencionado, ela abriga o maior evento cultural de rua do País, a *Virada Cultural*, que nos últimos anos atraiu um público total de 4 milhões de pessoas. Ela é a metrópole brasileira que mais recebe musicais e espetáculos internacionais.

Entre as opções de programas de entretenimento estão as ofertas de programas de mais de 100 peças teatrais em exibição por semana, os quatro dos 10 melhores museus do País (existem mais de 100 na cidade), mais de 200 salas de cinema e 30 centros culturais.

O Theatro Municipal de São Paulo, é um dos teatros mais importantes da cidade, sendo outro belíssimo cartão-postal da capital paulista.

O grafite tornou-se uma das formas de expressão cultural características de São Paulo e os pedestres passam frequentemente em frente a diversos locais onde estão as obras do artista Eduardo Kobra e as paredes grafitadas por outros de seus colegas.

A Parada do Orgulho LGBT, que acontece todos os anos na avenida Paulista, já é um evento consolidado no calendário da cidade, e atraiu em 2017 um público de cerca de 1,5 milhão de pessoas. Por sua vez, as mais de 70 nacionalidades que vivem em São Paulo incorporaram à cidade suas tradições culturais, tornando ainda mais rico esse cenário.

E essa foi a questão-chave para se entender o que o curador-geral Jochen Volz propôs na 32ª Bienal de São Paulo, que abriu as portas para o público no dia 7 de setembro de 2016 e terminou em 11 de dezembro de 2016!!! Intitulada como *Incerteza Viva*, a mostra não tinha como objetivo apresentar respostas, tampouco indicar um caminho óbvio para se seguir. Pelo contrário: a intenção foi a de assumir a instabilidade e as dúvidas como elemento propulsor; é evidenciar o papel central da criação criativa como uma forma de **resistência** e **transformação**.

Ao todo, estavam na 32ª Bienal, mais de 300 trabalhos executados por 81 artistas e grupos que têm, em comum, o interesse por investigar aspectos problemáticos, desconfortáveis, esquecidos ou vencidos.

O presidente da Fundação Bienal de São Paulo, Luis Terepins, que foi o responsável pelas 31ª (2014) e 32ª (2016) edições do evento comentou: "Poucas são as instituições que abordam o **novo** como faz a Fundação Bienal. Esse ano não foi nada fácil realizar a Bienal, pois o País está numa crise econômica e vive uma conturbada cena política. Mas, felizmente, estabelecemos muitas parcerias – mais de 70 –, o que permitiu que pudéssemos montar essa edição sobre o título *Incerteza Viva*. O curador Jochen Volz acredita em arte, e a arte que ele faz é **superpolítica sim**!!!"

O curador-geral de 32ª edição do evento, o historiador de arte alemão Jochen Volz, tem uma relação bem próxima com o Brasil, pois entre 2005 e 2012 foi o diretor artístico de Instituto Inhotim, em Minas Gerais, além de ter sido em 2006 um dos curadores da 27ª Bienal de São Paulo. Ele concebeu a 32ª mostra, com a ajuda de uma equipe de cocuradores, formada pela brasileira Júlia Rebouças, a sul-africana Gabi Ngcobo, o dinamarquês Lars Bang Larsen e a mexicana Sofía Olascoaga.

Um outro evento cultural importantíssimo em São Paulo é a Mostra Internacional do Cinema, que em 2016 teve a sua **40ª edição** (outubro e novembro) quando em diversos locais foram exibidos 322 filmes, entre curtas e longas, de cerca de 50 países, entre eles clássicos restaurados, retrospectivas de cineastas consagrados, filmes premiados em grandes festivais e produções de jovens diretores.

Renata de Almeida, que junto com Leon Cakoff (1948-2011), foi responsável pelas edições anteriores e os tempos heroicos da Mostra comentou: "Leon e eu tínhamos que ir garimpar os filmes nos maiores festivais do mundo. Agora, com a Internet, tudo ficou mais fácil e rapidamente centenas de filmes se inscreveram e enviaram *links*. Claro que não é por isso que deixei de ir a Berlim e a Cannes para a colheita da Mostra... A edição de 2016 ficou particularmente rica em títulos que passaram pela Berlinalle, e lá foram premiados.

Por exemplo, entre os filmes exibidos estão *Morte em Sarajevo*, que ganhou o Urso de Prata, *Canção*, que recebeu o prêmio Alfred Bauer, *Hedi*, que em Berlim conquistou os prémios de melhor ator e melhor filme de diretor estreante. A seleção de Cannes também colaborou com filmes como *Mimosas*, que venceu a Semana da Crítica; *Lobo e Ovelha*, que ganhou o prémio da Confederação Internacional dos Cinemas de Arte e Experimentais, e o estiloso *The Handmaiden*, de Park Chan-Wook, que venceu o prêmio Vulcain e causou sensação por suas cenas de sexo."

Sem dúvida, a 40ª Mostra foi mais uma entre as centenas de grandes eventos que acontecem em São Paulo, uma cidade criativa, na qual continuamente chegam muitas pessoas de fora para envolver-se com os seus eventos culturais e de entretenimento, movimentando assim a economia local. Naturalmente os residentes também participam ativamente de todos eles.

7º) Gastronomia – São Paulo pode ser chamada de "**capital da boa mesa**", pois o mercado *gourmet* da cidade movimenta uma cadeia que envolve mais de 60 tipos de cozinha. De fato, não faltam opções para se comer em São Paulo, uma vez que a cidade é a **2ª do mundo em número de estabelecimentos** – são cerca de 55 mil, incluindo a Grande São Paulo (onde estão incluídos os restaurantes, as *pizzarias* e milhares de *food-trucks*).

Um dos ícones gastronômicos da cidade é o Mercado Municipal, que, segundo algumas pesquisas, é o 4º ponto turístico mais procurado por estrangeiros e o 2º por brasileiros de outras cidades. Mas para quem gosta de *pizza*, em São Paulo são produzidas cerca de 720 por minuto nas mais de 5 mil *pizzarias* espalhadas pela cidade, que, aliás, tem na *pizza* um **patrimônio gastronômico**.

São Paulo tem algumas centenas de excelentes restaurantes, sendo que o mais badalado mundialmente é o *D.O.M.*, do *chef* Alex Atala, que de acordo com o *ranking* da revista inglesa *Restaurant* já figurou diversas vezes entre os **10 melhores do mundo!!!**

Aliás, em São Paulo seguramente há mais de mil excelentes *chefs* , um número que aumenta a cada ano por conta do estímulo proporcionado pela popularidade de programas de TV, com o *Master Chef.*

De fato, tão incríveis quanto o *D.O.M.* são também o *Maní*, que tem no seu comando a *chef* Helena Rizzo (considerada a melhor *chef* mulher do mundo, também pela revista *Restaurant*); o *Jun Sakamoto*, com um incrível menu degustação preparado pelo *sushiman* Jun Sakamoto; e o *Fasano*, do *restaurateur* Rogério Fasano.

Veja a seguir algumas sugestões para cozinhas específicas em São Paulo.

- **Comida árabe:** uma boa ideia é ir ao restaurante *Arabia*, de Leila Youssef.
- **Comida brasileira:** uma "boa" opção é o *Mocotó*, do *chef* Rodrigo Oliveira.
- **Carnes:** sem dúvida a recomendação é o *Rubayat*, de Belarmino Iglesias (1931-2017).
- **Comida francesa:** sem dúvida o tradicional *La Casserole*, tendo à frente o *chef* Antônio Jerônimo da Silva.
- **Comida italiana:** uma boa escolha é o *Attimo*, sob a chefia de Paulo Kotzent.
- **Comida japonesa:** a sugestão é *Shin Zushi*, servido pelo *chef* Ken Mizumoto.

Como já foi dito, em São Paulo há milhares de excelentes *pizzarias* e milhares de bons *food trucks*, com pratos criativos e um serviço alegre. Alguns deles são típicos, servindo comida peruana, chilena, alemã etc. Há ainda milhares de bares e em muitos deles são servidos drinques maravilhosos e cervejas artesanais. Aliás, há aqueles que se especializaram como cafeterias, hamburguerias, docerias, sorveterias ou padarias sofisticadas.

O que está na moda são agora os bares e restaurantes panorâmicos. Esse é o caso do bar *Skye*, no incônico hotel Unique, com uma vista panorâmica para o parque do Ibirapuera. Outra alternativa é o restaurante *Esther Rooftop*, no 11º andar do edifício *Esther*, um dos ícones da arquitetura modernista. Para dar maior conforto aos clientes a varanda foi fechada com vidro, sem comprometer a bela vista da região da praça da República. Entre os sócios do restaurante tem-se o popular *chef* franco-brasileiro Olivier Anquier.

Finalmente, deve-se destacar o restaurante existente na já mencionada Japan House, que é comandado pelo *chef* artista *gourmet* Jun Sakamoto, que comentou: "Nós vamos reeducar o paladar dos brasileiros que curtem comida japonesa. Minha tarefa principal à frente do restaurante é entregar qualidade para o nosso cliente. Por exemplo, o caldo básico da culinária japonesa é o *dashi*, e no Brasil mais de 90%, para não dizer 100% dos restaurantes, usam o *hondashi*, que é como se fosse um caldo *Knorr*. Imagine ir a um restaurante de alta gastronomia e o *chef* usar um caldo industrial no tempero do seu prato? Isso não dá, não é?"

Pois é, em São Paulo os restaurantes pregam a qualidade. Eles podem até cobrar caro, mas entregam pratos incríveis.

8º) Esporte – São Paulo é uma cidade que não decepciona os **esportistas**, pois nela acontecem grandes eventos, como: a Adventure Sport Fair, o Grande Prêmio do Brasil, ou seja, uma etapa da Fórmula 1 e a Corrida Internacional de São Silvestre.

A cidade também abriga esportes menos conhecidos do grande público, como o sumô. Aliás, no bairro do Bom Retiro está localizado o único ginásio exclusivo dessa fina arte marcial japonesa oriunda do Japão. No bairro do Sumaré está a Casa de Pedra, na qual é possível escalar paredes com até 14 m de altura no maior ginásio de escalada esportiva do Brasil. E para os que amam as "magrelas", São Paulo tem a mais extensa malha cicloviária da América Latina: atualmente são **484 km de ciclovias e ciclofaixas na cidade**.

O esporte é sem dúvida bastante valorizado na capital paulista e, neste sentido, tem sido cada vez maior o sucesso da *Virada Esportiva* de São Paulo, que em 2016 teve a sua 10ª edição, entre 24 e 25 de setembro, envolvendo um grande público em milhares de atividades esportivas que aconteceram em diversas regiões da cidade.

Todo prefeito que quer marcar um ponto positivo na sua gestão deve promover algum tipo de *Virada Esportiva* (e também de *Virada Cultural*) inspirando-se no que é feito em São Paulo.

9º) **Curiosidades** – São Paulo é uma cidade repleta de coisas interessantes. Por exemplo, uma delas é que a cerca de 70 km da praça da Sé – onde está o **marco zero** da cidade –, mais especificamente em Parelheiros, fica a aldeia Tenondê Porã, onde vivem cerca de mil índios guaranis.

A cidade de São Paulo é o **maior destino turístico** do Brasil. Estima-se que em 2016 tenha sido visitada por 13,5 milhões de pessoas, das quais cerca de 10,7 milhões eram brasileiras e os 2,8 milhões restantes, estrangeiros.

Para acompanhar o que acontece no campo da diversão em São Paulo, uma sugestão é ler o que se recomenda no *Divirta-se*, um caderno publicado toda semana (às sextas-feiras) do jornal *O Estado de S. Paulo*.

O Brasil é bom, mas bom mesmo em três coisas: **futebol**, **Carnaval** e **humor**. Aí o Paulo Bonfá, criador do *Risadaria*, explicou: "Conheço quem não goste de futebol e de Carnaval, mas não conheço ninguém que não goste de dar risada."

Faltava um tremendo evento para celebrar nosso talento natural por rir e fazer rir. Não falta mais e em 2017 ocorreu a 8ª edição do *Risadaria*. Quem foi ao evento riu muito, assim como nos anteriores. Temos ótimos humoristas no País, como Marcio Ballas, Marco Luque, Fabiano Cambota, Helio de La Peña, Fábio Porchat, Danilo Gentili, Rafinha Bastos etc. *Risadaria* é um grande evento de "curtura" (sic)!!!

Para ir às compras, uma rua incrível de São Paulo é a 25 de Março. Na época de Natal (ou em outras datas especiais) o endereço atrai mais de 1 milhão de pessoas por dia, todas desejosas de comprar algo nos cerca de 2.600 pontos de venda, espalhados ao longo de 2,5 km de extensão. Isso acontece por conta da reputação desse local de compras: lá se encontra variedade, quantidade e preço em conta, inclusive menor que em outros lugares.

A tradição comercial da 25 de Março começou ainda no século XIX, com a abertura das primeiras lojas de tecido pelos imigrantes árabes. Ali as moradias eram mais baratas e eles então passaram a vender produtos típicos e tecidos. Nos anos 1960 essa rua sofreu com diversas enchentes e após uma delas os comerciantes foram forçados a liquidar os estoques a preços bem baixos e perceberam nisso um nicho de mercado. Ai a rua 25 de Março virou referência em produtos baratos.

Entre as décadas de 1970 e 1980 a alfaitaria perdeu força e os produtos como bijuterias e eletrônicos ganharam espaço. A rua passou a atrair tanto os "sacoleiros" vindos do interior do País, ávidos inclusive para adquirir os produtos contrabandeados do Paraguai, comercializados nas suas lojas.

Nos anos 1990, cresceu na rua 25 de Março a presença de chineses e coreanos, e proliferaram os *shoppings* com pequenos estandes. O atacado deixou de ser o carro-chefe do comércio local, abrindo-se para o consumidor comum.

Entretanto, nessas duas primeiras décadas do século XXI o conflito entre a prefeitura e os "lojistas" tem aumentado nessa rua, pois é muito grande a venda de itens que chegam a São Paulo de forma irregular (brinquedos, eletrônicos, tênis etc.).

Em 2017, o parque do Ibirapuera comemorou 63 anos de existência. Nele acontecem coisas incríveis. Sem dúvida, é muito importante para os moradores de São Paulo a existência desse parque. Frequentado diariamente por milhares de paulistanos, é ainda uma importante parte do "pulmão verde" da cidade.

A inauguração do parque do Ibirapuera deveria ter ocorrido no dia 25 de janeiro de 1954, na comemoração **do quarto centenário da cidade**. Porém, ele só ficou pronto sete meses após a comemoração. Ou seja, as **obras atrasaram** e as suas portas só foram abertas oficialmente em 21 de agosto de 1954. A área total do parque era 1.800.000 m², mas, aos poucos, os políticos cederam parte do terreno a órgãos como a Assembleia Legislativa. Hoje ele possui **1.584.000 m²**.

Com cerca de 200 mil frequentadores a cada fim de semana, o parque do Ibirapuera é o centro de lazer mais famoso da capital. A palavra Ibirapuera em tupi-guarani significa "**madeira apodrecida**", uma alusão à área alagadiça onde o parque está localizado agora. Aí vão algumas peculiaridades sobre o parque que poucos paulistanos conhecem:

- **O local** – Antes da construção do parque, a área abrigava uma **aldeia indígena**, depois vieram chácaras, pastagens e, por fim, barracos.
- **Viveiro Manequinho Lopes** – Manuel Lopes de Oliveira era um funcionário da prefeitura, que começou a plantar eucaliptos e outras árvores (nativas e exóticas) no terreno do futuro parque em 1928.

A ideia era fazer com que elas **drenassem a umidade do terreno**. Formado na Alemanha em entomologia (estudo de insetos), Manequinho hoje dá nome ao viveiro do parque, uma das partes mais bonitas do Ibirapuera.

- **O obelisco** – A simbologia do 9 de julho de 1932, data do início da Revolução Constitucionalista de 1932, foi devidamente registrada pelo arquiteto Galileo Emendabili (1898-1974) nesse monumento de 72 m de altura (parte visível) e mais 9 m subterrâneos.

- **Paz, amor e música no parque** – A praça da Paz é uma ampla área aberta no meio do parque e ficou muito conhecida pelos *shows* que recebeu. Entre estes, uma apresentação à qual compareceu o maior público foi a do cantor norte-americano Ray Charles, com 150 mil pessoas em 1995. Mas a Orquestra Filarmônica de Nova York, cantores nacionais como Gilberto Gil, Rita Lee e Marisa Monte, também atraíram públicos superiores a 100 mil pessoas para assistir de graça aos seus *shows*.

- **Os grupos de dança** – São cada vez mais frequentes e servem para melhorar o condicionamento físico das pessoas. São um importante elemento para o tratamento da depressão. Quem for passear no parque do Ibirapuera pode ser atraído pela música vinda de um amplificador acoplado a um carrinho de feira e, ao mesmo tempo, reparar numas quatro dezenas de pessoas dançando, seguindo os movimentos de uma "guia", sendo a maioria delas com idade avançada...

- **Corra com a Guarda** – Existe uma corrida com orientação de integrantes da Guarda Civil Metropolitana (GCM). A lista de presença do programa Corra com a Guarda, criado em 2013, confirma o atendimento de uma demanda. Assim, cerca de 60 pessoas praticam a atividade física com acompanhamento da equipe de atletismo da GCM. Disse um educador físico da guarda: "Percebemos que muita gente corria sem orientação. Agora os pelotões são a cada meia hora e são divididos em três níveis de dificuldade, especialmente observando os mais idosos."

- **Meditação para a lua cheia** – Há encontros de meditação, organizados por Alexandre Lopes, aos quais comparecem cerca de 200 pessoas, para meditar toda a primeira noite de lua cheia do mês. Na meditação guiada no parque do Ibirapuera, a voz em inglês é do guru indiano Sri Sri Ravi Shankar. Já existe inclusive uma versão brasileira que acompanha o áudio do mestre Shankar.

- **Exposições** – Sempre é possível ver alguma exposição no Museu de Arte Brasileira (MAM), no Museu Afro Brasil ou então na Fundação Bienal, onde está o Museu de Arte Contemporânea (MAC).
- **Planetário** – Visita ao planetário Prof. Aristóteles Orsini ou à Escola de Astrofísica.
- **Parque Japonês** – Visita ao Pavilhão Japonês.
- **Quadras de basquete** – Praticar o esporte.
- **Bicicletário** – Alugar e andar de bicicleta.
- **Falha construtiva** – Algo que não se pode esquecer é que ninguém conseguiu manter de pé a escultura de concreto no formato do símbolo do quarto centenário – uma espiral criada pelo arquiteto Oscar Niemeyer para o dia da abertura. A versão alternativa, de gesso e juta também se perdeu – ela derreteu após seis meses da inauguração.

Bem, graças ao parque do Ibirapuera poder-se dizer que o paulistano que o frequenta melhora muito sua qualidade de vida, e, quando comparece aos *shows* e eventos culturais ali programados, incrementa muito os seus conhecimentos e sente que São Paulo é de fato uma cidade criativa.

10º) Carnaval – Há 12 anos o **Carnaval** de São Paulo não tinha um **campeão inédito** no Sambódromo do Anhembi, como aconteceu em 2017. Com o seu desfile no dia 24 de fevereiro de 2017 a escola da zona leste Acadêmicos de Tatuapé, levou à avenida um tema clássico dos desfiles, que, porém, não garantiu vitória nos últimos anos: a África.

Mas com o enredo *Mãe África Conta a sua História: Do Berço Sagrado da Humanidade à Terra Abençoada do Grande Zimbábue*, a Acadêmicos do Tatuapé, valeu-se do critério de desempate e acabou superando a Dragões da Real (ambas com 269,7 pontos), tornando-se a **vencedora** e conquistando um título inédito!!!

O projeto vencedor é o primeiro do carnavalesco Flávio Campello, que explicou: "O povo africano sofre com doença, guerra, dor, fome e miséria. Porém, ninguém faz uma festa, uma dança e um colorido como os africanos. A minha proposta foi exaltar o berço da humanidade, a mãe África. E lembrar que os negros chegaram aqui no Brasil e trouxeram com eles a origem do nosso samba, o **samba de rua**."

O Carnaval paulistano de 2017 começou no dia 17 de fevereiro (pré--Carnaval) e terminou no dia 5 de março (pós-Carnaval). Ao todo, 495 blocos estavam registrados na prefeitura para desfilar pelas ruas da cidade, um número 62% maior do que os 306 blocos que saíram em 2016.

Com tudo isso, cresceu muito a folia na capital paulista, mas o prefeito João Dória Jr. disse: "Esse Carnaval tem muita coisa ligada à gestão anterior. É a partir de 2018 que o Carnaval, especialmente o de rua, estará sobre a nossa plena gestão, e deverá se tornar o maior do País."

Infelizmente em junho de 2017, João Dória Jr. afirmou que para o Carnaval de 2018, o repasse da prefeitura sera menor devido a crise financeira, mas se prontificou a auxiliar na captação de recursos de investimentos privados para garantir uma boa festa do Rei Momo!!!

Quem iria imaginar que o Carnaval voltasse a atrair tantas pessoas em São Paulo, inclusive trazendo para a cidade milhares de turistas. No início da década de 2010 o evento era praticamente inexistente, mas, em 2017, ganhou uma força incrível e tudo indica que em 2018, quando já organizado pelo prefeito João Doria Jr., ele terá um impacto e uma força ainda maiores.

Muita gente que costumava passar o Carnaval no Rio de Janeiro, em 2017 resolveu ficar em São Paulo e não se arrependeu, pois em relação aos blocos o Carnaval paulistano já foi melhor ou no mínimo tão animado como o dos cariocas.

E se no pré-Carnaval, os foliões acabaram causando problemas na mobilidade para aqueles não envolvidos com os folguedos carnavalescos, nos dias de Carnaval propriamente ditos, e no pós, a prefeitura da cidade conseguiu estruturar um esquema que não atrapalhasse tanto os que não estavam envolvidos com os desfiles.

Em 2017, no Carnaval paulistano cerca de 3 milhões de foliões circularam na capital, que recebeu assim uma injeção de R$ 450 milhões na sua economia. Tudo indica que esse número pode crescer muito nos próximos anos, bem como os gastos dos turistas, o que vai comprovar a força que a EC tem, especialmente nos setores da música e do entretenimento.

Aliás, São Paulo ganhou ares de Salvador quando a cantora baiana Daniela Mercury comandou no domingo (5 de março de 2017), após o término do Carnaval uma tremenda folia do alto de um trio elétrico, animando uma multidão de 400 mil pessoas que tomaram a rua da Consolação, da praça Roosevelt, indo até a avenida Paulista. Esbanjando muita energia, Daniela Mercury levou o público à euforia, que não se dispersou nem com a chuva que caiu durante o evento.

A LIÇÃO DE SÃO PAULO

Há muita gente que enxerga várias semelhanças entre Nova York e São Paulo. E, de fato, ao redor de ambas as cidades nasceram as primeiras indústrias dos dois países, que, anos depois partiram, ao mesmo tempo em que o setor de serviços crescia, sendo hoje o mais importante em ambas.

Nessas últimas décadas, assim como em São Paulo, Nova York encontrou na chamada EC uma forma de criar uma nova identidade, assim como novas receitas. Como se sabe, as atividades da EC vão do desenvolvimento de *games* até a arquitetura, o *design*, as artes cênicas e visuais, a música, a publicidade e a propaganda, e assim por diante. A estimativa é que em São Paulo em 2017, a EC foi responsável por cerca de 550 mil empregos!!!

Apesar de diversos elogios que se pode fazer a São Paulo – que comemorou no dia 25 de janeiro de 2017 seus 463 anos de existência –, o que se deve destacar é que a capital dos paulistas não está aproveitando os bons exemplos do que já aconteceu em outras metrópoles do mundo, particularmente nas últimas três décadas.

Ninguém pode justificar, a razão pela qual os dois principais rios da cidade, o Tietê e o Pinheiros, continuem a exibir o seu horrível leito fedorento de leste a oeste, de norte a sul. Aliás, paralelo ao rio Pinheiros existem ciclovias, mas elas são pouco usadas, pois os ciclistas reclamam muito do cheiro emanado dele... Uma lição, portanto, que São Paulo precisa aprender com muitas cidades (algumas citadas nesse livro...) é como elas despoluíram os seus principais rios para fazer justamente isso com os rios Pinheiros e Tietê.

Assim o rio Tâmisa, em Londres, o rio Sena em Paris, o rio Reno na Alemanha, os rios Cheong Gye Cheon e o Han, em Seul, o rio Don, em Toronto, além de muitos outros, são a evidência de que a despoluição é algo difícil, porém, **possível**, tanto financeira quanto tecnologicamente.

Aliás o projeto que limpou o rio Cheon e ainda construiu um parque linear de 5 km custou algo próximo de US$ 400 milhões, mas já o que despoluiu o Reno, consumiu US$ 15 bilhões. Os dois rios – Tietê e Pinheiros –, nos quais a geração de nossas avós nadou e pescou até os meados do século XX, em pleno século XXI, eles são dois esgotos a céu aberto, uma vergonha para todos nós e não adianta querer justificar isso como um problema por falta de recursos financeiros ou tecnológicos.

Isso é muito mais por falta de educação, cidadania dos paulistanos e omissão dos governos das três esferas nos anos que se passaram. Na realidade, em 1991 foi criado o Núcleo União Pró-Tietê, tendo à frente "sonhadores", como João Lara Mesquita, Mário Mantovani, João Paulo Capobianco etc., que promoveu reuniões em praça pública, palestras, *shows* musicais, projetos de educação ambiental e, em 1993, uma lista com 1,2 milhão de assinaturas de paulistanos solicitou ao então governador do Estado, Luiz Antônio Fleury Filho, que limpasse o rio Tietê. Ele prometeu muito, mas pouco fez...

Foi o governador Mario Covas que a partir de 1995 começou um projeto em três fases, em que foram construídas e mantidas estações de tratamento (1ª fase), foram feitos gigantescos interceptores para levar o esgoto dos bairros até essas estações (2ª) e procurou-se interligar as residências aos coletores, com altos investimentos (3ª).

Mario Covas deixou o governo em razão de um câncer, em 2001. Quem assumiu o cargo foi o vice Geraldo Alckmin, que continuou a obra e a completou quando foi eleito governador. Até o fim de 2016, 25 anos depois da criação do Núcleo União Pró-Tietê, foram investidos mais de US$ 3,5 bilhões na **maior obra de saneamento já feita no País**. Com isso a mancha de poluição no rio Tietê recuou 160 km. Ela chegava até Barra Bonita, a 260 km de São Paulo e, no início de 2017, ela estava em Salto, a 100 km da capital. E a RMSP atingiu 90% da coleta de esgotos, melhorando com isso a vida de 21,3 milhões de pessoas.

Mas ainda há muito a fazer. A Sabesp (Companhia de Saneamento Básico do Estado de São Paulo) calcula outros 25 anos de trabalho para que o rio fique limpo, e aponta o lixo jogado nas ruas, as fezes de animais e as bitucas atiradas nas ruas como problemas a serem eliminados, pois ainda nos falta muita educação...

Entre outras coisas injustificáveis está a falta de ligação do centro da cidade ao maior aeroporto, o de Cumbica, em Guarulhos, na RMSP – que, aliás, está se transformando em uma aerotrópole, uma vez que a cidade vive praticamente em função dele!!! Essa obra foi inaugurada em 1985, sendo um dos raros mega-aeroportos do mundo **com acesso apenas rodoviário**. Lembrando que, na América Latina, é o que mais recebe passageiros: em 2017 eles ultrapassaram 42 milhões.

Nada pode explicar adequadamente porque já se passaram 32 anos e ainda não se tem um trem rápido que possa livrar os passageiros do desconforto dos congestionamentos ao longo dos 25 km de rodovias e avenidas que o separam do centro de São Paulo.

Aliás, para se chegar ao aeroporto de Congonhas – o 2º aeroporto mais usado nos País, que é para voos domésticos, que recebeu algo próximo de 20,5 milhões de passageiros em 2016 – como ele está dentro de São Paulo o acesso também é bem complicado...

São Paulo precisa de uma política habitacional eficiente para acomodar 35% de sua enorme população que vive em moradias precárias, favelas, cortiços ou debaixo de pontes e viadutos.

Também seria necessária uma melhor política de manejo de lixo urbano, de modo que esse material pudesse ser todo coletado e reciclado, e não ficasse nas ruas para entupir bueiros no verão.

Estima-se que em média cada paulistano gere algo próximo de 500 kg de lixo domiciliar por ano, mas em 2016, das quase 19 mil toneladas de resíduos gerados pelos paulistanos diariamente menos de 2% foi recolhido e reaproveitado pela prefeitura e pelas concessionárias. O motivo está no custo do processo de reciclagem: o triplo na comparação com o lixo comum. Não foram criadas na cidade, em quantidade suficiente, novas centrais de triagem.

São Paulo precisaria de um sistema de transporte coletivo mais amplo especialmente o metrô que tem sido ampliado com muita lentidão, além da modernização de seu sistema de controle de trânsito. Não há como explicar, por exemplo, que a maior cidade do País, com mais de 8 milhões de veículos, praticamente não tenha um sistema moderno de **semáforos inteligentes**, algo que já é até banal em cidades médias no mundo desenvolvido, que mostram com isso que são cidades criativas.

Com essas e tantas outras dificuldades a vencer, é preciso que se tenha, principalmente na administração da cidade de São Paulo, um prefeito e todo uma equipe de funcionários que encarem a questão da seguinte forma: "Na vida não há problemas grandes, mas problemas a serem resolvidos com grandeza."

Tudo indica que finalmente a partir de 2017 São Paulo conta com um prefeito que, pelo menos em sua vida particular, demonstrou determinação de lutar, surpreender, sonhar e revolucionar. Um exemplo claro é o modo como soube desenvolver seus bons negócios aproveitando, entre outras coisas, eventos de música erudita latino-americana como os que acontecem quase 50 anos no Festival de Inverno de Campos do Jordão. Vale lembrar que nesse evento, que ocorre ao longo do mês de julho – apresentam-se cerca de 2 mil músicos, que, por sua vez, atraem centenas de milhares de turistas para ouvi-los e vê-los, lotando a cidade de Campos de Jordão.

Pois bem, segundo o prefeito João Doria Jr., ele vai procurar implantar várias melhorias para os paulistanos, especialmente no que tange a assistência médica e limpeza da cidade, no transporte público e, em especial, no melhor aproveitamento dos nossos locais de entretenimento, ociosos e malconservados, como é o caso de todo o complexo esportivo do qual faz parte o estádio do Pacaembu.

Por enquanto corremos até um certo risco de não termos mais o Grande Prêmio do Brasil na cidade, pois os promotores disseram que em 2016 tiveram um prejuízo de US$ 30 milhões. Isso não deve acontecer, uma vez que diversas empresas multinacionais que investem na F-1 têm interesse mercadológico no País, porém, que o autódromo de Interlagos é subutilizado, disso não há dúvida alguma.

O prefeito paulistano explicou: "Abu Dhabi tem hoje um dos mais modernos autódromos do mundo, que funciona 365 dias por ano, e **tem um centro de entretenimento**, que é o Ferrari World. Nós podemos replicar algumas coisas de Abu Dhabi aqui. O nosso conceito é de que ali possamos implantar também um museu do automobilismo, quem sabe até com o nome de Ayrton Senna, fazendo melhor preservação do autódromo, do kartódromo, do parque, e oferecendo acesso gratuito para a população em certos eventos. Isso valorizaria mais ainda a área, estimulando aí a construção de prédios de luxo, hotéis requintados, centros comerciais etc., tudo ao redor do melhor lugar para se organizar competições de carros em alta velocidade, pois o de Interlagos é o maior e melhor autódromo do País.

Claro que isso será mais fácil de se conseguir se o autódromo de Interlagos passar a ser administrado pelo setor privado, sendo que a prefeitura seria remunerada por essa concessão e teria obviamente alguns privilégios como por exemplo, fazer aí uma parte da *Virada Cultural*, com ingresso gratuito para os visitantes. É claro que na lista de eventos que a empresa ou o consórcio privado que estiver gerenciando Interlagos poderá promover ao longo do ano podem estar incluídos *shows* musicais, eventos temáticos, como por exemplo as reuniões religiosas."

Vamos torcer para que até 2020, João Doria Jr. realmente desenvolva vários empreendimentos que estimulem as atividades ligadas direta ou indiretamente a EC, pois isso irá aumentar significativamente o número de pessoas empregadas e bem remuneradas.

Espera-se também que os auxiliares diretos do prefeito João Doria Jr. levem a cabo muitas das ideias apresentadas nesse livro, para que sejam implementadas e consolidem São Paulo como a **cidade mais criativa da América Latina**!!!

КОМПАНІЯ ЗИНГЕРЪ

CAFE SINGER

O incrível edifício da Casa do Livro (*Dom Knigi*) em São Petersburgo.

2.36 - São Petersburgo

PREÂMBULO

São Petersburgo já foi classificada por alguns órgãos ligados ao turismo como a cidade mais bonita da Europa, ganhando por isso de muitos turistas a denominação "**Veneza do Báltico**".

Realmente seus **tesouros** – palácios, museus, catedrais – são portentosos. Esse é o caso do palácio de Inverno que, a despeito de um estilo clássico, apresenta uma interessante multiplicidade arquitetônica. Também estão em São Petersburgo o Museu Hermitage e a monumental catedral de Santo Isaac, que foi construída em 1858. Ela foi fechada em 1930 e, em seguida transformada em museu. Seu impressionante interior é coberto com mosaicos repletos de detalhes que complementam as belas colunas coloridas.

Na principal avenida de São Petersburgo, a Nevsky Prospekt, está a *Dom Knigi* ("Casa do Livro"), uma obra-prima da arquitetura *art nouveau*.

Bem, só com essas quatro edificações já dá para entender porque alguns consideram São Petersburgo a cidade mais linda da Europa, não é mesmo? Mas nela há muito mais...

A HISTÓRIA DE SÃO PETERSBURGO

São Petersburgo é a 2ª maior cidade da Rússia, politicamente incorporada como uma cidade autônoma (ou seja, uma cidade federal). Ela está localizada ao longo do rio Neva, na entrada do golfo da Finlândia.

Em 1914, o nome da cidade foi mudado para Petrogrado (em russo, Petrograd) e, em 1924, para Leningrado (em russo, Leningrad). Em 1991, após o colapso da União Soviética, a cidade voltou a ter o seu nome original. Ela é frequentemente chamada somente de Petersburgo e, internacionalmente, é conhecida como Peter.

Ela foi fundada pelo czar Pedro, o Grande, em 27 de maio de 1703. Nos períodos de 1713 a 1728 e de 1732 a 1918, São Petersburgo foi a capital do império russo. Em 1918, as instituições de administração central mudaram-se da então Petrogrado para Moscou.

Com uma população estimada de 5,2 milhões de habitantes no fim de 2016, São Petersburgo é a quarta subdivisão federal mais populosa da Rússia. Atualmente a cidade representa um grande centro cultural europeu e, além disso, abriga o mais importante porto russo.

São Petersburgo é descrita frequentemente como a metrópole mais ocidentalizada da Rússia, sendo também a cidade mais setentrional (próxima do polo Norte) com população acima de 1 milhão de habitantes. Isso é incrível, considerando que ao longo de muitos meses o clima local é congelante. No inverno são comuns temperaturas negativas de -20ºC, ou até menores.

Seu centro histórico e centenas de seus monumentos são considerados pela Unesco como integrantes do **patrimônio mundial**. Como já mencionado, encontra-se em São Petersburgo o Hermitage, que é considerado um dos maiores museus de arte do mundo. Mas na cidade também estão instalados muitos consulados e sedes de corporações internacionais, bancos e diversas importantes companhias russas.

Em 1611, exploradores suecos construíram Nyenskens, um forte às margens do rio Neva, e uma pequena cidade chamada Nyen começou a crescer ali. Quase cem anos mais tarde, em 12 de maio de 1703, o czar Pedro, o Grande, capturou a cidade (o forte) das mãos dos suecos durante a Grande Guerra do Norte. Logo em seguida, ele deu início à construção de São Petersburgo, uma cidade que seguiria vários estilos e contaria com a criatividade de dezenas de arquitetos famosos na época.

Em São Petersburgo, que já é uma cidade com muitos museus e grandes palácios – todos repletos de relíquias dos tempos do czar Pedro, o Grande, e da czarina Catarina II –, nunca houve um projeto cultural como a inauguração da ampliação do Teatro Mariinski, ocorrida no início de maio de 2013. Ela custou **US$ 700 milhões**.

Esse novo prédio do Teatro Mariinski, de feições modernas, está conectado ao Mariinski original (construído com todos os ornamentos do século XIX) por uma ponte sobre um canal. O projeto foi alvo de muitas críticas desde o início de suas obras, há quase uma década. Elas diziam respeito não apenas à longa duração da obra, mas também à constante troca de arquitetos durante o trabalho e, principalmente, ao custo final **dez vezes maior que o estimado inicialmente!?!?**

Essa construção, com muito vidro e calcário, foi descrita por muitos como **moderna demais** e, por outros, como **moderna de menos**!?!? Galina Logutenko, vice-diretora da Filarmônica de São Petersburgo comentou: "Sinceramente, as pessoas não gostaram nem um pouco desse prédio, mas o mais importante é que estamos agora num novo espaço, e lá dentro, não do lado de fora."

O novo Mariinski foi inaugurado com uma apresentação do famoso maestro Valery Gergiev, amigo pessoal do presidente Vladimir Putin, executando a *Sinfonia Nº 5* de Mahler. Aliás, com a abertura do novo teatro, o presidente russo realizou um dos sonhos: criar em São Petersburgo um complexo teatral como o Lincoln Center, em Nova York.

Jack Diamond, o arquiteto responsável pelo projeto final salientou: "Este é um microcosmo da Rússia, que passa a ter um espaço de destaque em relação ao que já existe no Ocidente. O problema agora em São Petersburgo é como manter uma programação atraente." De fato, isso tem exigido a promoção de espetáculos com grupos de fora da Rússia...

Vejamos a seguir alguns dados que mostram porque São Petersburgo tornou-se uma **cidade criativa**.

1º) Foi o estilo barroco que predominou na construção dos edifícios da cidade, destacando-se neste âmbito o arquiteto Bartolomeu Rastrelli, com o seu majestoso palácio de Inverno.

Na década de 1760, a arquitetura barroca foi substituída pelo neoclássico. Entre seus principais nomes estavam Antonio Rinaldi, arquiteto do palácio de Mármore; Yuri Felten, do Hermitage; Giacomo Quarenghi, que arquitetou a Academia de Ciências, o teatro do Hermitage e o palácio de Yussupov; Andrei Zakharov, arquiteto do prédio do Almirantado; Carlo Rossi, autor do palácio de Ielagin, do palácio Mikhailovsky, do teatro Alexandre, dos prédios do Senado e do Sínodo; Vasily Stasov, autor do projeto da catedral da Trindade; Auguste de Montferrand, arquiteto da catedral de Santo Isaac.

2º) Em 1810, a primeira IES de engenharia foi aberta em São Petersburgo pelo czar Alexandre I. A vitória sobre o império francês de Napoleão Bonaparte, na chamada **Guerra Patriótica**, foi celebrada pela construção de vários monumentos.

3º) Por volta dos anos 1840, a arquitetura neoclássica deu lugar a vários estilos românticos que permaneceriam na moda até a década de 1890. Entre os profissionais responsáveis pelas construções estão o reconhecido Andrei Ivanovich Stackenshneider, que projetou os palácios de Mariinski, Beloselski-Belozersky e Nikolaevsky.

4º) Durante a 2ª Guerra Mundial, ocorreu a chamada operação Barbarossa, o ataque alemão a URSS, quando Leningrado foi cercada pelas tropas alemãs. Adolf Hitler e seu ministro da propaganda, Joseph Goebbels, estavam dispostos a dar um golpe decisivo no moral soviético, capturando a "cidade de Lênin".

Assim, por 872 dias (entre novembro de 1941 e janeiro de 1944), os cidadãos de Leningrado foram submetidos a um bloqueio. Na ocasião, cerca de **1 milhão de civis e militares**, pereceram, a imensa maioria de **frio**, **fome** e **doenças como tifo**, **escarlatina** e **icterícia**!!!

O cerco de Leningrado foi o mais longo, destrutivo e letal entre os ocorridos em toda a história moderna, o que reduziu drasticamente a sua população. Segundo as histórias contadas, alguns moradores teriam praticado o canibalismo com parentes mortos para não morrer de fome. Há quem diga que os cemitérios tiveram de ser vigiados por guardas armados para impedir que pessoas famintas violassem os túmulos dos recém-enterrados em busca de algo para comer!?!?

Em 1945, Leningrado recebeu o título de **cidade heroica**, junto com Stalingrado, Sevastopol e Odessa, pela resistência exemplar e tenacidade demonstrada por seus habitantes. O ilustre compositor Dmitri Shostakovich, que nasceu e cresceu em Leningrado, dedicou sua sétima sinfonia à cidade. De fato, no momento em que Leningrado foi cercada e saqueada pelas tropas nazistas, sua sinfonia era conduzida pela batuta de Karl Eliasberg, no Grande Salão Filarmônico.

Ao ser ouvida nos rádios por toda a cidade, sua música motivou o espírito dos sobreviventes e exerceu um poderoso efeito no sentido de impulsionar a resistência do povo soviético, o que tornou esse evento mundialmente conhecido. Tanto que, em comemoração ao fato, uma estátua foi erguida em 1965, no 20º aniversário da vitória soviética sobre os nazistas.

5º) A Casa da Moeda de São Petersburgo (*Monetny Dvor*), fundada em 1724, é uma das maiores do mundo. Nela são cunhadas as moedas russas, as medalhas e os emblemas do país.

Também fica na cidade a maior e mais antiga fundição russa, a Monumentskulptura, onde foram feitas milhares de esculturas e estátuas que enfeitaram os parques públicos locais, assim como os de muitas outras cidades russas e do exterior.

Monumentos e estátuas de bronze dos czares, bem como de outras figuras históricas importantes foram feitas ali.

6º) Em São Petersburgo está instalada uma importante indústria de produção de bebidas alcoólicas: as destilarias e cervejarias. Aliás, alguns chamam a cidade de "**capital da cerveja**" da Rússia, por conta da oferta e qualidade da água local, com a qual se produz 35% de toda a cerveja russa. Vale ressaltar que algumas dessas cervejas ocupam posição de destaque em relação às que existem na Europa.As destilarias locais também produzem uma ampla gama de boas marcas de vodca!!!

7º) São Petersburgo possui uma grande herança cultural e histórica, o que a transformou num importante destino turístico. Apesar disso, paira na cidade um aspecto negativo que afugenta os visitantes, uma vez que nas últimas décadas a criminalidade também lhe valeu o cognome de "**capital do crime**". Mas isso tem sido "contornado" nessa 2ª década do século XXI.

Segundo a Unesco, a cidade abriga 36 complexos arquitetônicos históricos, além de aproximadamente 4.000 monumentos históricos e culturais.

Também estão ali 221 museus, mais de 2.000 bibliotecas, cerca de 80 teatros, 100 organizações de concerto, 45 galerias e salões de mostras, 70 cinemas e aproximadamente 80 outros estabelecimentos de caráter cultural.

Todo ano, a cidade sedia por volta de 100 festivais, além de várias outras manifestações de arte e cultura, sendo mais de 50 delas de caráter internacional. São Petersburgo abriga vários templos, sendo que dentre os principais estão o forte de Pedro e Paulo, a catedral de Santo Isaac e a catedral de Nossa Senhora de Kazan. Entre os museus (além do Hermitage, é claro) há o de Etnografia. Na lista de palácios, existe ainda o palácio de Mármore. Outro local a ser visitado é a Academia de Artes da Rússia. Um fato interessante, é que apesar do caos econômico dos anos 1990, nenhum grande teatro ou museu foi fechado.

8º) A prática do balé ocupa um lugar especial na vida artística-cultural de São Petersburgo. A escola russa de balé é reconhecida como uma das melhores do mundo, sendo que a sua tradição tem sido passada de geração para geração.

A arte de célebres e proeminentes bailarinos nascidos e crescidos na cidade, foi (e ainda é) muito admirada ao redor do mundo. O balé contemporâneo de São Petersburgo é composto não apenas pelos seguidores da escola clássica, mas também pelos modernistas que expandiram o até então restrito cenário do balé a limites inimagináveis. Boris Eifman foi um exemplo dessa modernização, e soube combinar o balé clássico com o estilo vanguardista, adicionando a ele acrobacias, ginástica rítmica, expressões dramáticas, cinema, cores, luzes e até mesmo a palavra falada.

9º) Com uma quantidade privilegiada de locais considerados heranças da humanidade – **seus tesouros** – e também com o desenvolvimento da infraestrutura turística (especialmente no que se refere a bons hotéis, melhores restaurantes e facilidades de transporte), São Petersburgo está começando a figurar na lista das cidades mais visitadas da Europa. Estima-se que o número de turistas estrangeiros em 2016 tenha atingido 7 milhões!!!

10º) São Petersburgo tem uma grande tradição na área de ciências. Até 1934, a cidade sediou a Academia Russa de Ciências, que ainda é considerada uma das mais importantes do mundo!!! Ela também abriga a

Universidade Federal que tem cerca de 38 mil estudantes, na qual se formou, entre outros, o famoso químico Dmitri Mendeleiev. Também estudaram ali os laureados com o prêmio Nobel Ivan Pavlov, Elia Menchikov, Nikolay Semyonov, Lev Landau, Aleksandr Prokhorov, Leonid Kantorevich, e os dois últimos presidentes Dmitri Medvedev e Vladimir Putin. Quantos **talentos** e que gênios, em suas áreas de atuação, não é?

Outras famosas IESs da cidade são a Politécnica de São Petersburgo, a Universidade Herzen e a Universidade Militar de Engenharia.

11º) Entre as suas dezenas de teatros, destaca-se o Mariinski – que já foi chamado de Kirov – uma casa de espetáculos na qual se apresentaram dezenas de personalidades do balé internacional, como Vaslav Nijinski, Anna Pavlova, Rudolf Nureyev, Mikhail Baryshnikov, entre outros.

12º) O mundialmente conhecido Festival das Noites Brancas, é um evento que reúne dezenas de milhares de pessoas nas ruas da cidade. Ele ocorre durante algumas noites no período conhecido como **sol da meia-noite**, para comemorar o final do ano letivo, com queima de fogos, *shows* e apresentações artísticas.

13º) São Petersburgo é, sem dúvida, uma das cidades com maior tradição na literatura em todo o mundo. O grande escritor russo Fiódor Dostoiévski definiu a cidade como a "**mais abstrata e internacional de todo o mundo**", dando ênfase à sua artificialidade e evidenciando-a como um símbolo da desordem de uma Rússia que mudava continuamente...

São Petersburgo sempre foi representada na literatura como ameaçadora e desumana, ganhando um aspecto notívago e um tanto grotesco por parte de conceituados romancistas como Alexandr Pushkin, Nikolai Gogol, Alexandr Blok e Ossip Mandelstam. As ideias sobrenaturais presentes – principalmente nas obras de Pushkin e Gogol, com fantasmas vagando pelas ruas da cidade e assombrando seus moradores – ajudaram a forjar a imagem abstrata de fantasia e surrealismo na cidade.

Autores mais recentes, como Vladimir Nabokov, Ayn Rand e Evgueni Zamiyatin, contribuíram para novas ideias e conceitos sobre a sociedade russa, utilizando-se São Petersburgo como exemplo. Anna Akhmatova, que passou sua vida na cidade, tornou-se uma importante figura da poesia russa. Outro notável escritor recente que relaciona-se com São Petersburgo é Joseph Brodsky, ganhador do prêmio Nobel da Literatura (que depois imigrou para os EUA, apesar de ter nascido na cidade).

Brodsky foi capaz de descrever a cidade a partir de uma perspectiva singular, tanto como um nativo, quanto pelos olhos de um estrangeiro!!! Outro livro incrível sobre a cidade é aquele de Solomon Volkov, *São Petersburgo*, focado na sua história cultural.

14º) O Ocidente influenciou muito a música popular russa, tanto com o *jazz* quanto com o *rock and roll*. Assim, em 1972, Boris Grebenshchikov fundou a banda Aquarium, que adquiriu fama internacional, dando origem a expressão *Peter rock*, que definiria o cenário musical de Leningrado dos anos 1970 e 1980. Na mesma época surgiram outras dezenas de bandas na cidade.

15º) Mais de 270 filmes já foram produzidos em São Petersburgo, destacando as suas virtudes!!! Na realidade, foram alguns milhares de filmes envolvendo czares, revoluções e demais eventos ocorridos na cidade.

Os primeiros estúdios cinematográficos com certo destaque apareceram na década de 1920, mas o primeiro grande filme e totalmente rodado na cidade foi *Anna Karenina* (1997), com a participação de Sean Bean e Sophie Marceau, inspirado no famoso romance de Liev Tolstoi.

A comédia *Aproveite a Sua Vodca*, muito conhecida no meio *cult*, se passa em Leningrado, fazendo uma crítica bem-humorada a respeito do planejamento das cidades soviéticas. O filme de 1985, *O Sol da Meia-Noite*, exibido em plena Guerra Fria, ganhou fama no Ocidente por ter capturado cenas genuínas das ruas de Leningrado, em um período em que pouco se ouvia acerca da vida na cidade e na Rússia. *GoldenEye, Brat*, e a versão de 1999 da obra de Eugene Onegin, também foram gravados na cidade.

16º) Os habitantes de São Petersburgo gostam muito de esportes, particularmente de futebol, hóquei sobre o gelo e basquete.

A grande equipe de futebol da cidade é o Zenit, que já conquistou o campeonato nacional em 1984, 2007, 2010, 2011 e 2012, (time em que jogou por um tempo o brasileiro Hulk, que integrou a seleção brasileira na Copa do Mundo de Futebol de 2014).

O Zenit, entre outras conquistas, venceu a Copa da UEFA de 2007-2008, quando a equipe foi liderada por Andrei Arshavin, que mais tarde jogou no Arsenal, da Inglaterra.

Em São Petersburgo, foram realizados em junho de 2017 algumas partidas da 8ª edição da Copa das Confederações da FIFA. O estádio utilizado foi a Zenit Arena, recém-inaugurada e com capacidade para 68.134 espectadores.

Participaram desse torneio a Rússia, país-sede, a Alemanha (campeã do mundo) e os campeões atuais, Portugal (Europa), Chile (América do Sul), México (América do Norte), Camarões (África), Nova Zelândia (Oceania) e Austrália (Ásia), e a FIFA distribuiu US$ 20 milhões em prêmios para essas oito seleções. Essa é a primeira vez que o Brasil não participou da Copa das Confederações (nosso País esteve presente nas sete anteriores).

Na abertura da Copa das Confederações (17/6/2017), a Rússia venceu a Nova Zelândia por 2 a 0 e a partida foi presenciada pelo presidente russo Vladimir Putin, tendo na tribuna ao seu lado o famoso futebolista Pelé.

A Alemanha foi a campeã, vencendo na final o Chile por 1 a 0, em jogo realizado em São Petersburgo em 2 de julho de 2017.

Não se pode esquecer que na Rússia se joga muito o xadrez, um jogo que o país dominou por muito tempo, com vários campeões mundiais. Essa sequência culminou com Garry Kasparov, que acabou fugindo do país e se tornando um grande crítico do seu governo, em especial nos últimos 25 anos.

Mas deve-se recordar que ainda no tempo do czar Nicolau II, em 1914, ocorreu em São Petersburgo um importante torneio de xadrez. No evento, foi outorgado o título de grande mestre aos lendários jogadores, José Raúl Casablanca (cubano), Frank Marshall (norte-americano) e os três russos: Emanual Lasker, Alexandr Alekine e Siegbert Tarrash.

A LIÇÃO DE SÃO PETERSBURGO

A cidade-irmã brasileira de São Petersburgo é Porto Alegre. Porém, para qualquer cidade do nosso País que queira se tornar criativa, uma boa inspiração é sem dúvida o florescimento cultural e artístico que surgiu em São Petersburgo depois da decadência da monarquia e de décadas de opressão comunista.

Apesar de todos os problemas enfrentados, São Petersburgo se tornou um centro de ensaios vanguardistas e, inclusive, um desafio extravagante aos poderes dominantes do Estado, primeiro o czarista e posteriormente o comunista.

Os nomes mais expressivos de São Petersburgo ainda repercutem poderosamente em todos os campos da arte: Stravinski, Prokofiev, Shostakovich na música; Akhmatova, Blok, Mandelstam, na literatura; Diaghilev, Nijiinski e Balanchine, na dança; Meyerhold, no teatro; Chagall e Malevich, na pintura, além de muitos outros cujas obras integram o acervo permanente da humanidade.

Sem dúvida, há muito tempo São Petersburgo é uma cidade criativa e mesmo nos seus piores momentos históricos ela procurou preservar e ampliar todos os seus bens culturais e valer-se cada vez mais da criatividade para sobrepujar os grandes desafios que precisou enfrentar!!!

Um aspecto do movimentado centro financeiro de Sidney.

2.37 - Sidney

PREÂMBULO

Acredita-se que a chegada das primeiras pessoas à Austrália tenha acontecido há cerca de 50 mil anos. Elas teriam acessado essa grande ilha a partir do mar e então se espalhado pela região, vivendo em relativa paz até a chegada dos ingleses no século XVIII. Estes entraram em conflito com os aborígenes e tomaram suas terras.

A princípio, Sidney funcionou como uma colônia penal para condenados britânicos, sendo que alguns dos crimes cometidos por esses indivíduos eram apenas pequenos delitos, como o roubo de um lenço ou de uma luva (!?!?) pelas mulheres...

A cidade só foi fundada em 26 de janeiro de 1788 e, posteriormente, se tornou a capital do Estado de Nova Gales do Sul. Hoje ela é a maior (e mais antiga) cidade da Austrália, ocupando uma área metropolitana de 12.403 km^2 – desde as montanhas azuis, a oeste, até o oceano Pacífico, a leste.

Além de abrigar um dos melhores portos do mundo, Sidney também possui praias belíssimas, conhecidas mundialmente pela prática do surfe. Também existem na sua costa diversas enseadas e baías. Isso é perfeito para seus moradores, que são amantes da vida ao ar livre.

A cidade tem dois pontos de referência: o primeiro é a Harbour Bridge ("Ponte da Baía"), que foi construída em 1933; o segundo, bem próximo dali, é a Opera House, erigida em 1973, um projeto do arquiteto dinamarquês Jørn Utzon. O prédio abriga o auditório onde se apresenta a orquestra sinfônica, uma grande sala para óperas e balés, além de um salão maior para peças teatrais.

A HISTÓRIA DE SIDNEY

Sidney é a capital do Estado de Nova Gales do Sul, sendo a cidade mais popular não apenas da Austrália, mas também da Oceania. Estima-se que no fim de 2016 sua população tenha alcançado 5,1 milhões de habitantes. Destes, cerca de 1,8 milhão nasceram no exterior, o que explica a multiplicidade de culturas e o fato de aproximadamente 400 línguas serem faladas nas ruas de Sidney. Vale ressaltar que um terço da população **não usa o inglês dentro de casa**.

Que diversidade, não é mesmo?

No passado, os arredores de Sidney foram habitados por indígenas australianos – os aborígenes – por cerca de 40 mil anos. O capitão James Cook foi o primeiro europeu a chegar à região de Sidney, em 29 de abril de 1770, ancorando o seu navio *Endeavour* na baía Botany. Na época, o governo britânico estava à procura de um lugar para o qual pudesse enviar os seus condenados e *sir* Joseph Banks, o botânico a bordo do *Endeavour*, recomendou aquela baía.

Em 18 de janeiro de 1788, sob instruções do governo britânico os primeiros colonos britânicos chegaram ao local, a bordo de uma frota de navios comandada pelo capitão Arthur Phillip – a *First Fleet* ("Primeira Frota"). Porém, constatou-se que além de o local não parecer seguro para a ancoragem de toda a frota, havia carência de água potável. Por causa disso, optou-se por Sidney Cove.

Na época, os britânicos batizaram o povo local de "*eora*". Afinal, sempre que perguntavam aos aborígenes de onde eles vinham, a resposta era sempre a mesma: "*eora*", cujo significado é "daqui" ou "deste lugar"!!! No dia 26 de janeiro de 1788, uma cerimônia foi realizada para marcar o início de uma nova colônia britânica, a Nova Gales do Sul. Essa data é celebrada até hoje como o Dia da Austrália!!!

Como já foi dito, Sidney era no início apenas uma **colônia penal**, porém, à medida que o transporte de condenados terminou, em meados de 1800, esse assentamento foi se transformando numa metrópole próspera e independente. Vale ressaltar que os condenados que haviam sido enviados para Sidney eram pessoas talentosas e com aptidões especiais (entre elas a de infringir as leis, é claro), de maneira que, posteriormente, eles foram capazes de construir edifícios públicos, ruas, cais, pontes etc. Assim, por volta de 1822 a cidade já possuía bancos, mercados, policiamento e vias públicas bem planejadas e construídas.

Esse desenvolvimento também aconteceu por causa de uma boa gestão de sucessivos governadores coloniais, sendo o primeiro deles Lachlan Macquarie. A partir de 1830 muitos imigrantes livres (sem nenhuma condenação) começaram a chegar à Sidney em busca de uma vida melhor nas novas e amplas terras australianas!!!

Em 1851, aconteceu a primeira de uma série de "**corridas do ouro**", o que gerou uma grande expansão para a cidade. Esse significativo crescimento levou ao desenvolvimento de diversos subúrbios, que foram habitados por muitos imigrantes de outros países, e não apenas da Grã-Bretanha.

A industrialização começou em Sidney no fim do século XIX. Também teve início a construção das linhas de trens ligando a cidade a outras localidades no interior, com o que mais gente foi atraída para a Austrália. O fato é que no começo do século XX, a cidade já tinha mais de **1 milhão de habitantes**!!!

No decorrer do século XX, além dos muitos imigrantes que deixaram a Europa por causa das duas guerras mundiais, diversos conflitos posteriores na Ásia também levaram um grande número de pessoas a buscar abrigo aí, o que fez com que Sidney continuasse recebendo imigrantes.

Nesses últimos anos o número de imigrantes chineses superou o de todas as outras nacionalidades. Eles se estabeleceram na Chinatown e em Ashfield. Já os italianos escolheram Leichhardt como moradia; os gregos se estabeleceram em La Perouse, os coreanos estão em Strathfield; muitos libaneses e outros povos árabes vivem em Bankstown e Liverpool; os portugueses se encontram principalmente na região de Petersham, no oeste da cidade, onde também se podem encontrar alguns brasileiros...

O maior setor econômico de Sidney – dado avaliado pelo número de indivíduos nele empregado – é o de **serviços**. Nele estão incluídas as áreas de comércio, saúde, educação, finanças e serviços comunitários. Todavia, a partir da década de 1980 muitos postos de trabalho surgiram no setor de TIC.

Com o tempo Sidney se tornou um centro cultural e econômico global e hoje tem uma economia de mercado bastante avançada. Seu PIB em 2016 chegou a US$ 408 bilhões – praticamente 28% do PIB da Austrália. Entre seus pontos fortes estão os setores de finanças e manufatura, turismo, tecnologia e criatividade.

No campo financeiro, vale ressaltar a significativa concentração de bancos nacionais e estrangeiros na cidade: além da Australian Securities Exchange e do Reserve Bank of Australia, estão localizados em Sidney cerca de 95 instituições bancárias. Isso faz com que a cidade seja considerada um importante centro financeiro da região Ásia-Pacífico. E, no que se refere a multinacionais, as sedes regionais de aproximadamente 550 delas estão em Sidney, além de quase a metade das principais empresas da Austrália.

No âmbito do **turismo**, o grande destaque é o "**educacional**", visto que muitos jovens de outros países passam temporadas na cidade para aprender a língua inglesa. E em termos de **tecnologia** e **criatividade**, em 2016 esses setores representavam entre 10% e 12% da produção econômica do país.

Em média, a idade dos residentes de Sidney é de 36 anos. O percentual da população com mais de 65 anos é de **15,4%**. No que se refere à formação educacional, praticamente **18%** de seus moradores completaram o ensino superior. Essa é uma taxa bastante significativa e caracteriza a existência no país de um grande contingente da **classe criativa**!?!?

De acordo com os levantamentos da EIU, Sidney é uma das cidades mais caras do mundo, com o maior preço médio para se adquirir ou alugar uma residência ou um escritório que qualquer outra cidade australiana, mas também é a de maior renda familiar. Sidney foi classificada como uma **cidade global alfa+**.

A cidade também foi classificada – dessa vez por pesquisadores da Universidade de Loughborough – como uma das dez cidades do mundo mais **fortemente integradas** à economia global, estando muito bem ranqueada no que se refere a oportunidades econômicas.

A seguir mais algumas importantes informações que nos ajudarão a entender a razão pela qual Sidney é uma **cidade criativa**.

1ª) Educação – Sidney se destaca pelas importantes IESs ali instaladas. A Universidade de Sidney, que é pública, foi a **primeira** a ser fundada na Austrália, em 1850. Ela tem grande tradição nas áreas de **inovação** e **pesquisa**, abrigando o mais importante instituto do país. A universidade tem demonstrado excelência em seus processos de ensino e aprendizagem.

Depois de iniciar suas atividades em 1852, com apenas três professores e 30 alunos, nos dias atuais ela é uma das maiores do país. Seu corpo docente conta com mais de 2.200 professores e um quadro de quase 6.000

funcionários. Essas pessoas atendem a aproximadamente 45 mil estudantes, dos quais cerca de 8 mil são estrangeiros. Esses dados indicam claramente a sua importância.

A Universidade de Sidney oferece uma ampla variedade de programas distribuídos entre 105 departamentos de ensino em suas 17 faculdades. Os *campi* de Camperdown e Darlington estão situados a 3 km do centro da cidade, enquanto os outros nove *campi* encontram-se espalhados por Sidney e pelo Estado de Nova Gales do Sul.

Durante décadas, a Universidade de Sidney tem recebido recursos do Australian Research Council para dar andamento a seus grandes projetos de pesquisa. E esse montante tem se revelado bem maior que o investido em qualquer outra IES do Estado de Nova Gales do Sul. O objetivo é manter uma ampla gama de serviços, como: a sua biblioteca universitária – Fisher Library – a maior do hemisfério sul; e alguns dos melhores museus especializados do país.

Também é preciso destacar o excelente instituto de inglês que a universidade possui: o Centre for English Teaching, que oferece tanto o ensino de inglês comercial como para os propósitos acadêmicos mais elevados. De fato, seus programas de ensino da língua inglesa são bastante inovadores, de alta qualidade e **enfatizam o inglês para a vida real**!!!

A missão da Universidade de Sidney é preservar, transmitir, estender e aplicar o conhecimento através do ensino, da pesquisa, das artes e de outras formas de escolaridade. Assim, para realizar essa missão, a universidade declara o seu compromisso de:

↪ Garantir a autonomia institucional, com o reconhecimento da importância das ideias, da liberdade intelectual a partir de um pensamento aberto e crítico, e da responsabilidade social.

↪ Demonstrar tolerância, honestidade e respeito como atitudes fundamentais nas relações que se desenvolvem na comunidade universitária.

↪ Reconhecer as necessidades e as expectativas daqueles aos quais a universidade serve, e promover a melhoria contínua da qualidade e entrega dos seus serviços.

E de fato a Universidade de Sidney tem atuado de acordo com a sua missão, o que é comprovado pela crescente demanda por seus cursos e pela vinda de milhares de alunos de outros países. Isso representa uma grande receita para o país, uma vez que muitas outras IESs australianas também oferecem ensino de qualidade.

Uma outra universidade pública importante é a de Nova Gales do Sul (UNSW, na sigla em inglês), classificada como uma das **50 melhores do mundo**. Ela fica em Kensington, um subúrbio de Sidney e foi fundada em 1949. Hoje a instituição é reconhecida como uma das principais IESs do país, tendo uma forte reputação em pesquisa em diversos campos: energia renovável, computação quântica, nanotecnologia, TIC, mídia digital, bio-medicina, desenvolvimento sustentável, política social. No ano de 2016 essa universidade contava com aproximadamente 47 mil estudantes (dos quais 13 mil em cursos de pós-graduação). Cerca de 17% deles vieram de outros países!!! Vale ressaltar que ela também tem uma unidade em Cingapura.

A Macquarie University, que também é pública, está classificada entre as dez melhores do país. Fundada em 1964, ela fica no subúrbio de Sidney North Ride, e ostenta grande reputação nas áreas de: línguas, finanças, ne-gócios e quiropraxia, com suas faculdades de Letras, Economia, Negócios e Ciências, e Ciências Humanas.

Existem ainda na cidade outras IESs de qualidade, como: a Universidade de Tecnologia de Sidney, localizada no centro da cidade. Ela também é pú-blica e foi fundada em 1988; a Western Sydney University, também pública; e a Charles Sturt University Study Centres.

Sidney, sem dúvida é a cidade mais bem classificada no mundo no que se refere a quantidade de estudantes estrangeiros que recebe por ano. Estima--se que cerca de 60 mil alunos tenham frequentado os cursos das IESs de Sidney, e que praticamente 58 mil tenham estudado a língua inglesa, pelo menos durante 1 mês. Isso representou a criação de mais de 6 mil empregos para atender esses estudantes e contribuiu para a economia da cidade com algo próximo de US$ 2 bilhões. Dá para entender, portanto, o motivo pelo qual a receita obtida com os alunos estrangeiros na Austrália tornou-se a quarta maior contribuição para o PIB do país?

2ª) **Arquitetura** – Pode-se dizer que as primeiras construções icôni-cas começaram a surgir em Sidney apenas quando o coronel Lachlan Macquarie tornou-se governador e estabeleceu uma série de projetos bem ousados no que se refere ao *design* arquitetônico. Neste sentido, em 1814, ele "convocou" um condenado chamado Francis Greenway, com habilidades no setor de construção, para que ele fizesse o *design* do farol de Macquarie.

Depois de concluir essa obra de *design* clássico, em 1818, Francis Greenway não apenas recebeu o perdão do governador, mas foi incumbido de executar diversas outras construções, como: o *Hyde Park Barracks*, em 1819, e a igreja St. James, em 1824, no estilo georgiano.

Em 1830 começaram a surgir em Sidney edificações inspiradas na arquitetura gótica, como as executadas por John Verge em 1856 – *Elizabeth Bay House* e *St. Philip's Church* – e antes em 1845, a sede do governo, uma obra de Edward Blore.

Já a *Kirribilli House*, também concluída em 1858, e a catedral St. Andrew, a mais antiga da Austrália, são exemplos raros da construção gótica vitoriana.

Já no final da década de 1850 houve uma mudança na arquitetura de Sidney, que se voltou para o clássico. Foi de autoria de Mortimer Lewis a construção do Australian Museum, em 1857. Projetado por James Barnet, o prédio do *General Post Office* foi concluído em 1891, em estilo clássico vitoriano livre. Barnet também supervisionou a reconstrução do farol de Macquarie, em 1883.

O edifício da alfândega – o *Customs House,* erguido em 1844 – foi reformado segundo as orientações de Mortimer Lewis e, posteriormente, foi ampliado em 1887, por James Barnet, e em 1899, por W.L. Vernon. Já a sede da prefeitura – a *Town Hall* –, apresenta o estilo neoclássico do segundo império francês, e foi concluída em 1889.

Também existem na cidade muitas construções em arquitetura romana. Estas surgiram no início da década de 1890, como foi o caso do Sydney Technical College, em 1893. O mais representativo desse *revival* romano foi o edifício de três andares projetado por George McRae, o *Queen Victoria Building*. Ele foi entregue em 1898 e em seu interior funcionaram 200 lojas!!!

A Grande Depressão que abalou financeiramente o mundo a partir de 1929, também teve uma sensível influência na arquitetura de Sidney. Assim, as novas estruturas se revelaram bem mais contidas e com bem menos ornamentação. O mais notável feito arquitetônico na década de 1930 foi sem dúvida a construção da *Harbour Bridge*, uma ponte com arco em aço cujo *design* é de John Jacob Crew Bradfield, inaugurada em 1932. Com uma extensão de 503 m, essa estrutura consumiu 39 mil toneladas de aço estrutural.

A arquitetura mais moderna e internacional começou a se desenvolver em Sidney a partir da década de 1940. Assim, com a conclusão da *Opera House* em 1973, uma obra concebida por Jørn Utzon, com a colaboração de Peter Hall, Lionel Todd e David Littlemore, o local se tornou uma das edificações mais divulgadas no mundo daquilo que se pode chamar de *design* moderno – e se tornou um **patrimônio mundial**!?!? Aliás, pelo seu trabalho na *Opera House,* Jørn Utzon foi agraciado em 2003 com o prémio Pritzker.

Também fica em Sidney o *Dr. Chau Chak Wing Building,* o primeiro edifício projetado pelo famoso arquiteto canadense Frank Gehry, inaugurado em 2015. Vale ressaltar que a base do seu *design* é uma "casa-árvore".

A primeira torre de Sidney foi a *Culwulla Chambers*, com 50 m de altura. Posteriormente, novas regulamentações do governo limitaram a altura dos arranha-céus a 235 m, devido à proximidade com o aeroporto internacional da cidade. A partir de 1960 ocorreu a suspensão parcial das restrições mais rígidas de altura e começaram a surgir os primeiros arranha-céus da cidade. Após o ano 2000, as regras foram ainda mais abrandadas. Entre os projetos, há alguns assinados por arquitetos famosos, como: Jean Nouvel, Harry Seidler, Richard Rogers, Renzo Piano, Norman Foster etc. Dentre os edifícios vistosos existentes no CBD estão: *Citigroup Centre, Aurora Place, Chifley Tower, Reserve Bank Building, Deutsche Bank Place, MLC Centre* e *Capta Centre.*

O edifício mais alto da cidade é a *Sydney Tower* (243 m), um projeto de Donald Crone inaugurado em 1981.

3ª**) Cultura e entretenimento** – Sidney se destaca bastante pelos seus bens culturais e pelo que oferece em entretenimento já há quase dois séculos!!!

Assim, o Australian Museum foi inaugurado em 1857, com o propósito de coletar e exibir toda a riqueza natural da colônia. Ele é o museu de história natural mais antigo do país. Em 1995 foi aberto o Museu de Sidney, que ocupa a antiga sede do governo. Nele descreve-se a história do desenvolvimento da cidade. Outros museus importantes de Sidney são o Powerhouse Museum e o Australian National Maritime Museum.

Em 1886 a rainha Victoria do RU, autorizou a formação da Royal Society de Nova Gales do Sul. Essa sociedade, que ocupa um edifício em Darlington de propriedade da Universidade de Sidney, foi criada para o incentivo de estudos e pesquisas nas áreas de ciência, arte, literatura e filosofia.

O edifício do Observatório de Sidney foi construído em 1859 e nele foram desenvolvidas pesquisas em astronomia e meteorologia até 1982, quando foi convertido em um museu. O Museu de Arte Contemporânea foi aberto em 1991 e ocupa um prédio *art déco* no Circular Quay. A sua coleção foi criada a partir da década de 1940, pelo artista e colecionador de arte John Power e tem sido mantida pela Universidade de Sidney.

Outra significativa instituição voltada para a arte é a Art Gallery of New South Wales, que coordena a entrega do cobiçado prêmio Archibald para os artistas retratistas. Também existem em Sidney algumas dezenas de galerias de arte localizadas em Waterloo, Surry Hills, Darlinghurst, Paddington, Chippendale, Newtown e Woollahra.

O primeiro teatro comercial de Sidney abriu suas portas em 1832 e, até 1920, havia outros nove funcionando na cidade. Todavia, as apresentações ao vivo foram perdendo a popularidade, principalmente na década de 1930, com a evolução do cinema. Ainda assim, a cidade possui muitos teatros importantes, como: State Theatre, Theatre Royal, Sidney Theatre, The Wharf Theatre, Capital Theatre, New Theatre, Belvoir St e Griffin Thetre Company.

A Companhia de Teatro de Sidney mantém um amplo portfólio em suas apresentações locais, clássicas e internacionais. Nesses teatros também podem ser vistos grandes ícones australianos, como David Williamson, Hugo Weaving e Geoffrey Rush.

Na *Sydney Opera House* pode-se assistir apresentações da orquestra sinfônica da cidade, bem como óperas, inclusive com a participação de renomados artistas internacionais. Desde de sua abertura, em 1973, até os dias de hoje, já aconteceram cerca de 103 mil apresentações para mais de 100 milhões de espectadores.

Outros dois locais importantes para se apreciar as artes performáticas são o Town Hall e o City Recital Hall. O Conservatório de Música de Sidney está localizado bem próximo ao Royal Botanic Garden e atende à comunidade australiana dedicada ao aprendizado da música, onde são realizados os exames de certificação.

A produção de filmes foi bem prolífica em Sidney até a década de 1920, quando o cinema falado, especialmente as produções norte-americanas sobrepujaram o cinema australiano.

É verdade que a Fox Studios Australia se instalou em Sidney em 1998 e possui grandes estúdios na cidade. Neles foram produzidos diversos filmes de sucesso na cidade, como *Matrix, Missão Impossível II, Moulin Rouge, Australia, O Grande Gatsby* etc.

O Instituto Nacional de Arte Dramática também está localizado em Sidney, e dentre os seus alunos mais famosos pode-se citar: Mel Gibson, Judy Davis, Baz Luhrmann, Cate Blanchett etc.

Em Sidney são realizados diversos festivais ao longo do ano, começando com o mais espetacular que celebra a chegada do Ano-Novo. Sua importância se deve ao fuso horário, que o torna uma das primeiras e mais importantes atrações do planeta, com sua belíssima queima de fogos!!!

Existem ainda o imponente Royal Easter Show ("Festival da Pascoa"), realizado no Parque Olímpico da cidade; o Festival de Arte de Sidney, o maior do país; o *Big Day Out,* um festival itinerante de *rock*; os dois maiores festivais do cinema da Austrália, o Sydney Film Festival e o TropFest.

Muito animada, Sidney atrai moradores e visitantes para as mais diferentes exposições, apresentações musicais e projeções de luz ao ar livre. E, a partir de 2015, a cidade começou a figurar entre as 15 principais **capitais da moda** no mundo, destacando-se pelo seu *Australian Fashion Week*, realizado no outono.

Outra atração interessante é o Carnaval australiano, o *Mardi Gras* ("Terça-feira Gorda"), que acontece em Sidney em fevereiro e atrai muita gente.

Uma boa opção em termos gastronômicos é visitar a Chinatown. Mas existem também outros quarteirões étnicos para os que desejam deliciar-se com comidas típicas de outros países. O fato é que os moradores de Sidney são muito calorosos e receptivos, como aliás demonstraram claramente na entusiasmada acolhida à rainha Elizabeth II, a primeira monarca britânica a visitar o país em 1954!!!

4ª) Mídia – *The Sydney Morning Herald* é o jornal mais antigo da Austrália, sendo que o seu primeiro exemplar chegou às mãos dos leitores em 1831. Ele é de propriedade da Fairfax Media, e o seu maior concorrente é o tabloide *The Daily Telegraph*, que pertence atualmente a News Corporation, mas que tem sido publicado desde 1879.

Cada uma das três redes de televisão comercial da Austrália tem sede em Sidney, bem como duas estatais. As estações de rádio começaram a funcionar na cidade na década de 1920, tornando-se importantes ferramentas para divulgação de notícias de esporte, política, religião e cotidiano. Todavia, por conta da forte concorrência da televisão e da Internet, elas têm lutado para sobreviver no século XXI, sendo que algumas ainda mantêm boa audiência, em especial as que se dedicaram à programação musical.

5ª) Turismo – Em 2016, Sidney recebeu cerca de 3,1 milhões de visitantes estrangeiros – quase metade de todos que vieram para a Austrália –, que gastaram na cidade cerca de US$ 6,5 bilhões. Eles vieram principalmente da China, Nova Zelândia, EUA, RU, Japão, Cingapura, Alemanha e Hong Kong. Além disso, a cidade recebeu em 2016 aproximadamente 9,1 milhões de visitantes domésticos, que também gastaram ali algo próximo de US$ 6,8 bilhões na cidade. Com isso a indústria de turismo injetou **diariamente** na cidade algo em torno de US$ 36,7 milhões. Um montante bem significativo, **não é mesmo**?

Uma das coisas que os turistas mais gostam de fazer em Sidney é andar num *monorail*. Embora não seja muito extenso, ele circula pelo principal distrito comercial da cidade e também por Darling Harbour, um local onde estão os teatros, hotéis e muitos restaurantes. Além de todos os museus e teatros já citados, muitos desses turistas – em especial os estrangeiros – visitam a praia de Bondi, o Royal National Park e o Royal Botanic Garden; eles fotografam a ponte da baia de Sidney, se distraem no zoológico Taronga e apreciam Sidney do alto, a partir da já mencionada *Sydney Tower*.

E para incrementar ainda mais o turismo foi erigido na cidade um majestoso hotel e cassino em Barangaroo. Promoveu-se também o desenvolvimento do East Darling Harbour, com a construção no local do maior centro de exposições e convenções da Austrália.

6ª) Transporte – No passado, Sidney abrigou uma extensa rede se bondes, que, progressivamente, ao longo das décadas de 1950 e 1960, foi desativada. Nos dias de hoje, essas rotas são bem servidas por uma extensa frota de ônibus, cerca de 3.000 – dos quais uma boa parte funciona da meia-noite às 5 h da manhã –, que transportaram só em 2016 aproximadamente 220 milhões de passageiros. Também existe na cidade uma boa frota de táxis, além do serviço de balsas.

Vale ainda destacar a excelente rede ferroviária que atende a cidade e seus subúrbios. Note-se que a primeira linha férrea de Sidney foi inaugurada em 1854. Hoje, com quase 940 km de extensão e 180 estações, essa rede foi modernizada com a inauguração em 2014 de sua estação central:

a Clearways, uma obra que custou US$ 1 bilhão. O que mais impressiona é a pontualidade e o cumprimento das viagens programadas, índices que ultrapassam 98%!!! E em breve Sidney contará com o metrô. Isso mostra a preocupação das autoridades governamentais com o transporte.

O principal aeroporto de Sidney – o aeroporto internacional Kingsford Smith – é também um dos mais antigos operados de forma contínua em todo o mundo. Localizado no subúrbio de Mascot, acredita-se que só em 2016 tenham passado por ele cerca de 41 milhões de passageiros. O outro aeroporto da cidade, de menor tamanho, é o Bankstown. Ele é usado especialmente para voos privados e domésticos.

Além desses dois, já existe um novo aeroporto em Badgerys Creek, cuja necessidade para a cidade tem suscitado muita controvérsia, por conta do impacto sobre a comunidade local, como o aumento do ruído provocado pelo grande número de aeronaves pousando e decolando do local, que afeta muito a qualidade de vida dos residentes.

7ª) Esporte – Foram os imigrantes que trouxeram para Sidney a sua paixão pelo esporte. Mesmo assim, essa prática se manteve restrita na cidade pela falta de instalações e equipamentos. Assim as primeiras competições esportivas – boxe, luta e corrida de cavalos (que continuam populares até hoje) – somente foram organizadas no Hyde Park em 1810.

O primeiro clube de críquete foi fundado em Sidney em 1826, sendo que muitos jogos aconteceram no Hyde Park. Já o rúgbi começou a ser praticado a partir de 1865. Por causa de sua melhor organização, o esporte foi ganhando bastante popularidade e hoje é o que mais atrai torcedores na cidade (e no país), com cerca de 9 times disputando a National Rugby League.

O Sydney F.C. e o Western Sydney Wanderers competem no torneio de futebol da A-League. Já Sydney Swans e Greater Western Sydney Giants são as duas equipes que disputam o campeonato de futebol australiano.

A cidade também possui duas importantes equipes de basquete: a Sydney Kings (masculina) e a Sydney Uni Flames (feminina) que participam dos campeonatos nacionais.

A equipe Waratahs é integrante da Australian Hockey League. Já as equipes Sydney Bears e Sydney Ice Dogs fazem parte da Australian Ice Hockey League. Mas também não se pode esquecer da equipe feminina de *netball*, Swifts.

No que se refere a natação, vale lembrar que, inicialmente, as mulheres não podiam participar desse esporte recreativo nas praias de Sidney, por causa da falta de banheiros exclusivos para elas. Isso mudou a partir de 1930 e, daí em diante, a natação foi ganhando cada vez mais adeptos na cidade (e na Austrália toda). O país passou então a produzir muitos nadadores de qualidade que, por sua vez, se tornaram campeões mundiais e recordistas.

As competições de barco a vela tiveram início em 1827, e em 1862 o Royal Sydney Yacht Squadron foi fundado na cidade. Em 1945 ocorreu a primeira grande competição de iates, chamada Rolex Sydney Hobart Yacht Race, com um percurso de 1.170 km no mar – um dos mais difíceis do mundo.

Em 1971, instituiu-se na cidade a City2Surf, uma corrida de 14 km que termina na praia Bondi. Dela participam cerca de 85 mil corredores, sendo a maior competição desse gênero no mundo.

O Royal Sydney Golf Club, localizado em Rose Bay, foi fundado em 1893. Desde então o local tem recebido muitos torneiros importantes, inclusive o Australian Open (em 13 ocasiões).

Como se nota, muitos são os esportes praticados em Sidney em caráter profissional. Isso mostra não apenas a diversidade no que diz respeito às preferências de seus moradores, mas também a aptidão do australiano para várias atividades esportivas.

De fato o esporte é uma parte importante da **cultura** de Sidney e, neste sentido, a cidade possui grandes espaços abertos, inclusive naturais (até mesmo no centro da cidade), para a prática das mais diversas atividades físicas.

Há também vários parques, dentre os quais destacam-se o Chinese Garden of Friendship, o Hyde Park, o The Domain e o Royal Botanic Garden. E também existem muitos parques na região metropolitana da cidade.

Quando é que teremos em nossas cidades grandes plateias assistindo competições que não sejam apenas de futebol, como acontece em Sidney?

A LIÇÃO DE SIDNEY

A **primeira lição** de Sidney, uma cidade que em 2017 comemorou o seu 229º aniversário – uma cidade relativamente jovem –, é o fato de a sua arquitetura ter sido (e continuar sendo) uma importante ferramenta na criação de uma **identidade** para ela. Por exemplo, quem fala de Sidney se recorda imediatamente da *Opera House*!!!

O arquiteto e pensador Rem Koolhaas lançou a ideia da "**cidade genérica**". Segundo ele, cidade genérica é aquela **sem identidade**. No caso de Sidney, começou-se a criar sua identidade ainda no início do século XIX, por meio da construção de obras icônicas. Desde então, jamais se deixou de impulsionar a **arquitetura** – um dos importantes setores da EC –, e muitas obras assinadas pelos mais importantes arquitetos internacionais e nacionais foram erigidas na cidade.

E é por isso que todas as cidades devem investir continuamente em sua identidade. Uma outra forma de fazê-lo é dar cada vez mais importância aos espaços públicos, como parques municipais, praças, florestas urbanas e praias urbanas, o que acaba despertando em moradores e visitantes um forte e amplo interesse por visitá-los e utilizá-los.

Uma **segunda lição** que se deve tirar de Sidney diz respeito ao modo como a cidade conseguiu (e consegue) atrair tantos visitantes com seus **eventos**. De fato, grandes acontecimentos são sem dúvida excelente publicidade para cidades criativas. Todas as cidades citadas nesse livro usam seus museus e/ou eventos esportivos para criar uma imagem diferenciada, porém, nem todas o fazem com eficiência...

De qualquer forma, elas se candidatam para organizar eventos que atraiam a atenção internacional, como: Jogos Olímpicos, Exposições Universais, campeonatos mundiais de diversos esportes profissionais, corridas de automóveis e motocicletas, "**serem capitais da cultura**" etc.

Aliás, em Sidney comenta-se até hoje que as autoridades do comitê olímpico consideraram os Jogos Olímpicos de 2000, realizados na cidade, como "**os melhores de todos os tempos**"!?!? Seu legado persiste até agora e todos aqueles que querem desenvolver-se em atletismo, tênis, ciclismo, esgrima, hóquei, remo, arco e flecha etc., podem utilizar as instalações do Parque Olímpico de Sidney para realizar seus treinamentos.

Isso difere bastante do que tem ocorrido nos parques olímpicos de diversas cidades que organizaram os Jogos – como Atenas, por exemplo, onde as instalações estão abandonadas, degradadas e só foram usadas em 2017 para abrigar refugiados!?!? E, inclusive, tudo indica que isso também poderá acontecer com as instalações do parque olímpico do Rio de Janeiro.

A **terceira lição** de Sidney é que para se ter uma cidade criativa é preciso uma **gestão pública de qualidade**, voltada para EC. É relativamente simples discutir as mudanças físicas necessárias para se promover a transformação pretendida – de uma cidade comum em outra criativa – isso porque também é relativamente simples descrever os aspectos que podem ajudar a criar o fluxo de negócios dos setores criativos. Todavia, uma cidade criativa não começa por aí, e sim pelas **pessoas**!!!

Desse modo, governos e pessoas que vivem e formam as cidades também devem mudar. Afinal, é crucial que eles sejam bons iniciadores, organizadores e comunicadores. Nesses quase 230 anos de existência, a história de Sidney evidencia a existência na cidade de muitos governantes que se preocuparam em torná-la cada vez mais uma "**cidade atraente**": aquela para onde as pessoas queiram ir e na qual queiram estar; a cidade na qual elas queiram morar, trabalhar e se divertir; aquela que seja **limpa** (possua uma aura de atenção e cuidado), **verde** (tenha conexão com a natureza, o que significa ter muitos parques) e **segura** (que tenha a presença de alguém confiável, sem muros, câmeras, policiais etc.).

Neste sentido, os governantes de Sidney se preocuparam em garantir que seus habitantes tivessem acesso à liberdade, felicidade, diversão, sabedoria, animação e saúde, assim como ao poder, desenvolvimento espiritual, amor e crescimento profissional. Afinal, são esses os fatores que nos permitem medir a **qualidade líquida de uma cidade**!!!

Tudo indica que seja essa a proposta do atual prefeito de São Paulo, João Doria Jr., que deseja tornar a capital paulista uma cidade cada vez mais agradável para se viver!!! Afinal, não podemos esquecer que em 1997 foi firmado um acordo que consolidou a parceria entre Sidney – uma **cidade supercriativa** – e São Paulo, que as tornaram **cidades-irmãs**!!! Então, que tal introduzir as coisas que deram certo em Sidney na capital paulista?

BORIS-B / SHUTTERSTOCK.COM

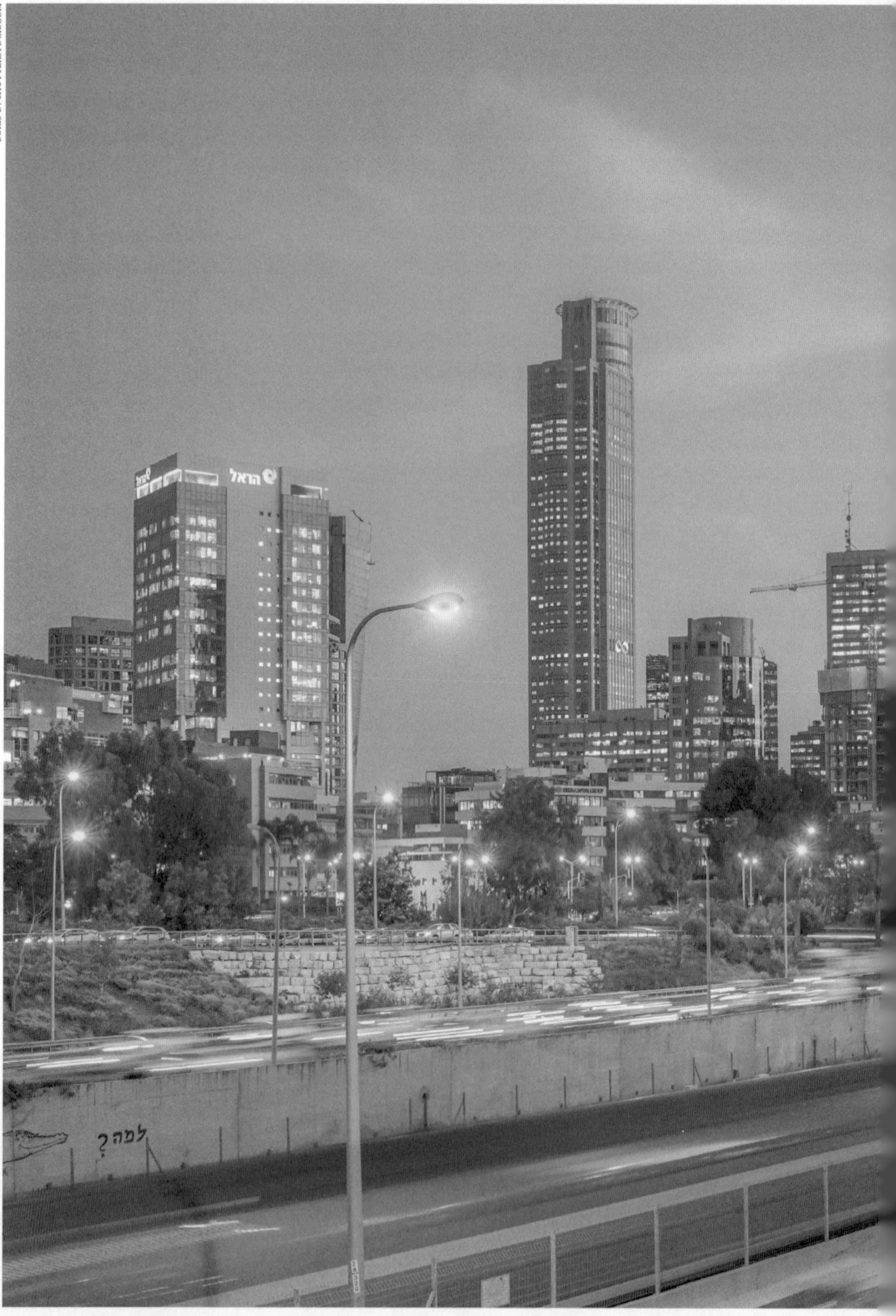

Uma visão de Tel Aviv a partir da rodovia Ayalon.

2.38 - Tel Aviv

PREÂMBULO

Tel Aviv é sem dúvida um modelo mundial de tecnologia e inovação, com um grande número de *start-ups* bastante criativas.

Sem nenhum tipo de modéstia, pode-se afirmar que Tel Aviv é um local que dita tendências. Isso acontece porque as pessoas que vivem e trabalham na cidade são muito talentosas e ostentam um estilo singular em seu modo de pensar: à frente do seu tempo!!!

A HISTÓRIA DE TEL AVIV

Tel Aviv é a 2ª maior cidade de Israel, com uma população estimada em 2016 de 450 mil habitantes, além da maior e mais populosa da região metropolitana de Gush Dan (RMGD), onde vivem cerca de 3,7 milhões de pessoas. Por vezes ela é vista como a **capital de fato** do país, sendo inclusive reconhecida internacionalmente como tal. Como curiosidade, o nome Tel Aviv significa, literalmente, "**colina da primavera**".

Localizada nos arredores da antiga Jaffa, uma cidade portuária árabe, Tel Aviv foi fundada em 1909 por uma comunidade judaica e seu crescimento logo ultrapassou Jaffa, que, na época, abrigava maioria árabe. Ambas as cidades se fundiram em um único município em 1950, dois anos após a criação do Estado de Israel.

A Cidade Branca de Tel Aviv – que em 2003 foi considerada **patrimônio mundial** pela Unesco –, dispõe da **maior concentração de edifícios ao estilo Bauhaus do mundo** (verdadeiros **tesouros**).

Atualmente, Tel Aviv é um importante centro econômico mundial. Estão ali não apenas a Bolsa de Valores e muitos escritórios de organizações importantes, mas também centros de **pesquisa** e **desenvolvimento**.

Mas além de sua importância no âmbito econômico/financeiro, Tel Aviv tornou-se mundialmente conhecida como "**a cidade que nunca dorme**" e como a "**capital das festas**", devido a sua vibrante vida noturna, ao seu ambiente jovem e à sua vida cultural. Nela estão localizados muitos espaços voltados para apresentações de artes cênicas.

Por essas razões chegam anualmente a Tel Aviv algo como 3,5 milhões de visitantes internacionais, o que levou a cidade a se tornar bem cara – aliás, a mais cara no Oriente Médio.

Durante a primeira guerra entre Israel e os árabes (que teve início em 14 de maio de 1948 após a proclamação do Estado de Israel), houve o bloqueio de Jerusalém. Por conta disso, a capital foi momentaneamente transferida para Tel Aviv. O governo somente retornaria a Jerusalém em 1950. A maioria dos países, no entanto, preferiu manter suas embaixadas em Tel Aviv, evitando assim se posicionar sobre a questão da posse de Jerusalém.

Veja a seguir algumas características incríveis de Tel Aviv, uma cidade com pouco mais de um século de vida.

1ª) Tel Aviv é uma cidade multicultural. Ao lado do hebraico, várias outras línguas podem ser ouvidas nas ruas da cidade: russo, francês, castelhano, tailandês, árabe, alemão, inglês etc. Aliás, de acordo com algumas estimativas cerca de 55 mil trabalhadores estrangeiros (muitos asiáticos) vivem na RMGD.

2ª) Em comparação com outras grandes cidades ocidentais, o crime em Tel Aviv tem uma taxa relativamente baixa.

3ª) Tel Aviv tem mais de uma centena de sinagogas, sendo que o edifício da Grande Sinagoga é um componente histórico da cidade. Todavia, existem certas tensões entre judeus laicos e religiosos. Vale também ressaltar que o número de igrejas tem crescido nos últimos anos para acomodar as necessidades religiosas de diplomatas e trabalhadores estrangeiros.

4ª) Pelo fato de ser uma metrópole moderna, ela difere do restante de Israel em vários sentidos, inclusive na liberalidade de suas famílias. Um bom exemplo disso é o fato de a cidade abrigar **22%** de pais e mães que têm filhos, que, entretanto, vivem sem a presença de um dos progenitores.

5ª) Considerando que Tel Aviv foi construída sobre dunas, sua agricultura não costumava ser rentável. Assim, o comércio marítimo se mantinha centrado em Haifa e Ashdod. Por causa disso, a cidade precisou desenvolver--se gradualmente como um centro de pesquisa científica e técnica.

Em 1974, a Intel inaugurou ali a sua primeira operação de pesquisa e desenvolvimento no exterior. Foi aí que Tel Aviv finalmente emergiu como um centro de alta tecnologia na década de 1990.

A economia de Tel Aviv desenvolveu-se muito nessas duas primeiras décadas do século XXI, uma vez que ali se estabeleceu uma economia com base em *start-ups*. Graças à constituição de uma grande rede de **inovadores-anjo**, encontra-se na cidade a maior densidade de empresas iniciantes no mundo.

Não é por acaso que revistas especializadas tem chamado Tel Aviv de um dos mais influentes e florescentes "centros tecnológicos" mundiais. De fato, o GaWC, da Universidade de Laughborough, na Inglaterra, fez um inventário das cidades mais importantes do planeta e incluiu Tel Aviv como **cidade global**, superada (no Oriente Médio) apenas pela cidade turca de Istambul. Nela vivem alguns dos bilionários listados anualmente pela revista *Forbes*.

6ª) A empresa de consultoria Knight Frank, criada em 2010, incluiu Tel Aviv entre as cidades que os turistas deveriam escolher para seus passeios. Então, em 2011, o guia especializado em viagens *Lovely Planet* a classificou como a terceira "**cidade mais excitante**" do mundo, atrás apenas de Nova York e Tânger. Ela também foi considerada pela revista *Travel + Leisure* como o terceiro melhor destino no Oriente Médio e na África (atrás apenas da Cidade do Cabo e de Jerusalém) e, inclusive, como uma das dez melhores cidades litorâneas do mundo.

Importante lembrar que Tel Aviv é constantemente classificada como um dos principais destinos LGBT em todo o mundo!!!

Atualmente, quase todas as importantes redes hoteleiras do mundo estão presentes em Tel Aviv, como Crowne Plaza, Sheraton, Hilton etc. Estima-se que existam 60 hotéis da cidade, com cerca de 9.000 quartos disponíveis. Mas é claro que o turista também pode optar pelo serviço Airbnb!!!

7ª) Tel Aviv tem muitos museus e *sites* arqueológicos/culturais. Aliás, as visitas ou os passeios até eles podem ser feitos com guias que falam os mais diferentes idiomas.

As praias de Tel Aviv também desempenham um papel importante na atração dos turistas, sendo que algumas delas estão classificadas entre as melhores do mundo. O parque urbano de Hayarkon é o mais visitado de Israel, com 22 milhões de visitantes por ano. Vale ressaltar que cerca de 19% do território da cidade – 58 km^2 – é composto por espaços verdes.

8ª) Em Tel Aviv, aproximadamente 13% da sua população é formada por crianças/adolescentes que estão em período escolar, seja no jardim da infância, nas escolas municipais primárias ou de 2º grau.

A Universidade de Tel Aviv, em conjunto com a Universidade Barllas, na vizinha Ramat Gan, tem mais de 56 mil estudantes, grande parte deles é de fora de Israel, muitos deles bem **talentosos** que, aliás, Tel Aviv pretende reter!!!

Essa universidade foi fundada em 1953, sendo a maior do país. Hoje ela é internacionalmente reconhecida, tanto pelo ensino como pela pesquisa nas áreas de física, ciência da computação, informática, química e linguística. Entretanto, Tel Aviv conta ainda com várias faculdades técnicas.

9ª) Está em Tel Aviv a maior estação rodoviária do mundo, a Estação Central de Tel Aviv, que ocupa uma área de 230 mil m². Mas também existe na cidade a preocupação com o meio ambiente, tanto que no início de 2008, a prefeitura de Tel Aviv lançou um plano para construir estações de recarga para carros elétricos. De fato, como parte do objetivo israelense de implantar uma frota de carros elétricos na cidade, algumas dessas estações já foram construídas. O objetivo é, obviamente, reduzir a emissão de gases de efeito estufa.

10ª) Tel Aviv é um importante **centro cultural** e de **entretenimento**, no país. De fato, 18 dos 35 principais centros israelenses de artes cênicas estão aí localizados, incluindo cinco dos nove teatros de grande porte, onde acontecem 55% de todos os espetáculos do país.

O Centro de Artes Cênicas de Tel Aviv é a casa da Ópera de Israel, que tem recebido apresentações como as do famoso tenor Plácido Domingo. Nela está o Teatro Cameri, o auditório Frederic R. Mann, com 2.760 lugares é o maior teatro da cidade, onde se pode assistir à Orquestra Filarmônica de Israel. Já o Teatro Habima foi reaberto em 2011, após demorada reforma. Nele se apresentam temas nacionais. Mas uma das mais recentes adições à cena cultural da cidade foi a abertura do Centro Cultural Enav.

Não se pode deixar de citar os teatros Gesher, Beit Lessin, Tzavta e Tmuna, nos quais são apresentados especialmente espetáculos musicais. Em Jaffa estão os teatros Simta e Notzar, que se especializaram em teatro *fringe*.

Tel Aviv é a sede da Companhia de Dança Batsheva um famoso grupo de dança contemporânea. Na cidade também se encontra o Ballet de Israel. Além disso, Tel Aviv é o centro da dança moderna e clássica, que pode ser vista no Teatro Suzanne Dellal, em Neve Tsedek.

A cidade hospeda frequentemente espetáculos de música *pop* e de *rock*, em locais tais como o parque Hayarkon, no Israel Trade Fairs & Convention Center – cerca de 80 eventos por ano –, no Barby Club e no Zappa Club.

Não se pode esquecer que as apresentações de ópera e música clássica são diárias em Tel Aviv. Aliás, muitos dos principais maestros e solistas clássicos do mundo já passaram pelos palcos da cidade ao longo dos anos, especialmente o indiano Zubin Mehta. Portanto, é fácil perceber o grande número de pessoas que trabalha nesse setor específico da EC (artes cênicas) em Tel Aviv, não é?

11ª) A Cinemateca de Tel Aviv apresenta filmes de arte, além de estreias de filmes israelenses de curta e longa metragem. Aliás, existem na cidade vários cinemas *multiplex* que estão quase sempre repletos, pois os habitantes de Tel Aviv são frequentadores constantes.

Vários festivais de cinema acontecem na cidade, dentre os quais estão: o Festival de Animação, Quadrinhos e Caricaturas, o Icon Festival de Ficção Científica e Fantasia, o Festival de Cinema *Student*, o Festival de *Jazz*, Cinema e Videotape etc.

12ª) Israel tem o maior número de museus *per capita* do mundo, e três dos maiores do país estão localizados em Tel Aviv. Entre eles estão o Museu Terra de Israel, conhecido pela sua coleção de arqueologia e suas exposições históricas, e o Museu de Arte de Tel Aviv.

No *campus* da Universidade de Tel Aviv está o museu Beit Hatfutsot, um museu sobre a diáspora, ou seja, a dispersão judaica internacional, no qual se conta a história da prosperidade judaica e de sua perseguição ao longo de séculos.

O Museu Batei HaOsef é especializado na história militar das Forças de Defesa de Israel. O Museu Palmach, perto da Universidade de Tel Aviv, oferece uma experiência multimídia sobre a história da Palmach.

Ao lado do parque Charles Clove está o Museu do Etzel. Muitos museus e muitas galerias funcionam na região sul da cidade, como é o caso do Tel Aviv RawArt, uma galeria de arte contemporânea

13ª) Tel Aviv é o lar de vários estilos arquitetônicos que, por sua vez, representam diversos períodos de influências em sua história. A arquitetura dos períodos iniciais da cidade é constituída principalmente por casas térreas de estilo europeu, com telhados vermelhos.

Neve Tsedek, o primeiro bairro construído fora de Jaffa, caracterizou-se por prédios de dois andares. Na década de 1920, um novo estilo orientalista bem eclético entrou em voga, combinando a arquitetura europeia com características orientais, repleta de arcos, cúpulas e telhas ornamentais.

A construção da cidade seguiu o plano mestre de "**cidade-jardim**", elaborado por Patrick Geddes: edifícios de dois e três andares foram intercalados com avenidas e parques públicos. Mas, além desse, vários estilos arquitetônicos como *art déco*, clássico e modernista também estão presentes em Tel Aviv.

A arquitetura Bauhaus foi introduzida nas décadas de 1920 e 1930 por arquitetos judeus-alemães que se instalaram na Palestina após a ascensão dos nazistas. A Cidade Branca de Tel Aviv, em torno do centro da cidade, contém mais de cinco mil edifícios de estilo modernista, inspirados pelas escolas Bauhaus e Le Corbusier.

A construção destes edifícios – que posteriormente foram declarados monumentos protegidos e, de modo coletivo, como patrimônio mundial pela Unesco – continuou até a década de 1950, na área em torno do Rothschild Boulevard. Muitos deles atualmente foram adaptados para serem boutiques, lojas de *design*, restaurantes e pequenos hotéis.

Na década de 1960, esse estilo arquitetônico deu lugar a torres de escritórios e uma série de edifícios para hotéis à beira-mar e arranha-céus comerciais. A torre *Shalom Meir* (com 142 m), o primeiro arranha-céu de Israel, foi construída em Tel Aviv em 1965 e se manteve como o prédio mais alto do país até 1995. Na época de sua construção, o edifício rivalizava com os edifícios mais altos da Europa e era o mais alto no Oriente Médio.

Mas em meados dos anos 1990, construções de arranha-céus começaram por toda a cidade, alterando o seu horizonte que até então era dominado por edifícios baixos. No entanto, essas torres não se concentraram numa área específica da cidade. Em vez disso, elas se espalharam de maneira aleatória por toda a cidade, criando um horizonte desconexo. Em 2016, havia em Tel Aviv cerca de 90 edifícios com mais de 100 m.

Novos bairros, como o Parque Tzameret, foram construídos para abrigar torres de apartamentos, como as *Yoo Tel Aviv*, projetadas por Philippe Starck. Outros distritos, como Sarona desenvolveram-se com torres de escritórios.

Mais recentemente surgiram na *skyline* (linha do horizonte) de Tel Aviv, a torre *Rothschild* e a torre do *First International Bank*. E para celebrar seu centenário em 2009, Tel Aviv atraiu vários arquitetos famosos como I.M. Pei e Richard Meier, além de desenvolvedores como Donald Trump (atual presidente dos EUA).

A LIÇÃO DE TEL AVIV

São muitas as lições que se pode tirar não apenas de Tel Aviv, mas do povo israelense. Lutadores e resilientes, os judeus conseguiram sobreviver a despeito dos quase 70 anos de conflitos vivenciados desde a criação do Estado de Israel. Eles foram capazes de se desenvolver e, especialmente, de criar um grande número de *start-ups* tecnológicas em suas principais cidades. Algumas delas se tornaram **unicórnios**, valendo atualmente mais de US$ 1 bilhão, e oferecendo ao mundo aplicativos espetaculares como o Waze e Moovit.

No Brasil, Tel Aviv tem como irmãs as cidades de São Paulo, Rio de Janeiro e Taubaté. Estas e outras grandes cidades brasileiras deveriam imitá--la, em especial no que diz respeito a um trabalho conjunto com as grandes universidades de Israel, no sentido de estimular os *clusters* (aglomerações) criativos que apoiam de modo decisivo as *start-ups* tecnológicas – como se faz, por exemplo, na Universidade de Tel Aviv.

Já no caso de Taubaté, que tem tudo para se tornar uma **cidade criativa** – a cidade possui uma rica história que inclui Monteiro Lobato, Mazzaropi, Hebe Camargo etc., além de museus e bons restaurantes –, uma boa ideia seria solicitar apoio das autoridades de Tel Aviv para oferecer ao longo das férias de inverno um mês de música erudita e peças teatrais. Assim, com uma programação tão espetacular quanto a promovida pela cidade de Campos do Jordão (ou até mais), Taubaté poderia capturar uma parte da plateia de sua cidade vizinha.

Em Tóquio o templo Senso-ji.

2.39 -
Tóquio

PREÂMBULO

Tóquio surpreende e cativa desde o primeiro instante. Mas, afinal, **sendo tão grande, como é que essa cidade consegue funcionar com tamanha organização?**

Talvez o sofrimento oriundo de tantas guerras e desastres naturais tenha ajudado a moldar o que pode se chamar de "**milagre japonês**". O fato é que o Japão é um país sólido, construído com base no passado, mas com os olhos sempre voltados para um futuro mega *high-tech*.

Há lugares incríveis e bastante exóticos na capital japonesa. Um deles, por exemplo, é o Mercado de Peixes Tsukiji, onde acontecem os famosos leilões de atuns e também é possível apreciar o *sushi* mais fresco do mundo. Outra opção é sentar-se numa das mesas da filial da Starbucks localizada no cruzamento mais movimentado da cidade: o Shibuya Scramble. Ali os visitantes ficam zonzos diante do vaivém de pedestres que cruzam o emaranhado formado por seis faixas interconectadas, em meio ao pôr do sol.

Sendo uma cidade bastante atraente, somente em 2016 ela recebeu 24 milhões de turistas, mais que o dobro do registrado em 2013. Muitos desses turistas vão a Tóquio para apreciar um dos eventos naturais mais efêmeros e belos do planeta: a **floração das cerejeiras**. E isso acontece geralmente no fim do mês de março. Porém, a cidade já está se preparando para hospedar cerca de 40 milhões de visitantes em 2020 – ano dos Jogos Olímpicos.

A HISTÓRIA DE TÓQUIO

A cidade de Tóquio – ou **"metrópole de Tóquio"**, como é oficialmente chamada – é a capital e uma das 47 províncias do Japão. Ela está situada na região de Honshu, a maior ilha do arquipélago japonês.

Estima-se que até o fim de 2016 vivessem em Tóquio cerca de 13 milhões de pessoas, ou seja, quase 10% da população de todo o país. Já na região metropolitana de Tóquio o número de habitantes era de aproximadamente 38,5 milhões de habitantes (quase 30% da população japonesa). Isso torna a aglomeração de Tóquio, independentemente de como a mesma seja definida, a área urbana mais populosa do mundo!!! Fundada em 1457 como o nome de Edo (ou Yedo), transformou-se na capital do império japonês em 1868, já com a atual designação.

A cidade já sofreu muito com catástrofes naturais. Entre elas vale lembrar os diversos incêndios ocorridos na região, provavelmente causados pelo fato de que todas as casas de Edo eram *machiyus*, ou seja, moradias urbanas feitas de madeira. A ocorrência mais famosa foi o grande incêndio de 1657, em que morreram aproximadamente 100 mil pessoas.

Em 1707, Edo também sofreu bastante com a erupção do monte Fuji, além de ter registrado muitos abalos com os terremotos de menor intensidade em 1703, 1732 e 1812, e outro bem mais intenso em 1855. Entretanto, as maiores destruições da cidade, que na época já tinha o nome de Tóquio, ocorreram no século XX, mais precisamente com o grande terremoto de 1923. A capital japonesa também foi bastante danificada entre os anos de 1942 e 1945, quando foi continuamente bombardeada por aviões norte--americanos. Estes destruíram cerca de 51% da cidade e mataram mais de 150 mil pessoas.

Apesar de Tóquio ser considerado por alguns como um importante centro financeiro (ao lado de Nova York e Londres), sendo inclusive denominada **cidade global alfa++**, tecnicamente ela não é uma **cidade**!?!? Na verdade, inexiste no Japão uma cidade chamada Tóquio!?!? Essa palavra – cujo significado literal é **capital do leste** – é atribuída a uma **metrópole** constituída por 23 bairros, 26 cidades primárias, cinco cidades secundárias e oito vilas diferentes, cada qual com um governo que opera no nível regional. Também fazem parte de Tóquio pequenas ilhas no oceano Pacífico, localizadas a mais de 1000 km ao sul.

Mais de 9,2 milhões de pessoas vivem dentro dos 23 distritos autônomos que constituem a parte central de Tóquio, sendo que são eles na opinião da maioria dos especialistas que definem a **"Cidade de Tóquio"**. Vale ressaltar, entretanto, que a população da cidade aumenta (e diminui) todos os dias em algo próximo de 2,8 milhões. Isso acontece por causa de todos os estudantes e trabalhadores que chegam ali diariamente, oriundos de cidades primárias, secundárias e também das vilas. Na realidade, a população total dos bairros de Chiyoda, Chuo e Minato, que compõem a região central de Tóquio – e onde também está localizado o centro financeiro da capital –, é da ordem de 340 mil habitantes, porém, mais de 2,2 milhões de pessoas trabalham na região.

No passado, mais precisamente em 1853, o comandante norte-americano Mathew Perry desembarcou na baia de Edo (que mais tarde seria chamada de Tóquio), à frente de uma frota de quatro navios de guerra. Como enviado do governo dos EUA, sua missão era instituir relações diplomáticas e comerciais entre os dois países!!! Todavia, somente quando ele retornou ao país asiático em 1854, com uma frota maior que a anterior, o tratado diplomático foi assinado com o governo do Japão. A partir daí, já em 1855, o Japão também assinou tratados de cunho diplomático com outros países da Europa. Foi assim que todo o país começou a ser influenciado pela cultura ocidental.

No final de 1868, o imperador se mudou para o castelo Edo, convertendo-o no palácio Imperial do Japão, e promoveu a alteração do nome para Tóquio. Porém, naquela ocasião, o imperador não deixou estabelecido de maneira legal que Tóquio seria a nova capital do Japão. A crença popular era de que a cidade de Quioto desempenharia esse papel ou, pelo menos, seria a "cocapital" do país!?!? Então, em 1871, aboliram-se os *han* (ou feudos) e formalmente criaram-se as prefeituras. Dentre elas a de Tóquio, que em 1872 se expandiu e passou a ocupar uma área onde hoje se encontram os chamados "bairros especiais". Foi também nesse ano que teve início a construção da primeira linha do metropolitano, ligando Tóquio a Yokohama. Entre 1885 e 1925, foi construída a linha Yamonote, que, aliás, é a mais importante da capital japonesa nos dias atuais.

No grande terremoto de Kanto, em 1923, cerca de 140 mil pessoas morreram e aproximadamente 300 mil residências foram destruídas. Depois dessa tragédia iniciou-se um plano de reconstrução e, lentamente – ao longo de 15 anos –, Tóquio foi sendo reerguida. Em 1927 o primeiro metrô subterrâneo foi inaugurado na cidade, com a linha Ginza, e, nesse período, bairros (subúrbios) vizinhos de Tóquio começaram e se desenvolver.

Em 1932, foi inaugurado na cidade o edifício da *Kokkai* (Dieta do Japão) e, no início desse mesmo ano – mais precisamente em 26 de fevereiro –, ocorreu um grave motim. Na ocasião, 1.500 oficiais do exército japonês ocuparam o *Kantei* (residência do primeiro-ministro) e alguns outros lugares estratégicos de Tóquio, com a intenção de promover um golpe de Estado. Este, entretanto, foi sufocado depois de três dias...

Durante a 2ª Guerra Mundial, em 1943, o governo japonês decidiu instituir a **província metropolitana de Tóquio**, também conhecida como Tóquio, que, na época, consistia de 35 bairros. A partir dessa iniciativa extinguiu-se o que era conhecido como Cidade de Tóquio!!! Vale lembrar que Tóquio foi muito bombardeada durante a Segunda Guerra Mundial. Assim, no fim da guerra, cerca de 3,5 milhões de habitantes já haviam abandonado o local e sua população caído pela metade em comparação a 1940, quando viviam ali aproximadamente 7,3 milhões de pessoas.

Ela foi ocupada militarmente pelas Forças Armadas dos EUA, sob o comando do general Douglas McArthur, que estabeleceu seu quartel para a gestão de todo o país todo no edifício *DN Tower 21* (anteriormente conhecido como *Dai-Ichi Seimei*), em frente ao palácio Imperial. Já na 2ª metade do século XX, durante as guerras que aconteceram na Coreia e no Vietnã, os EUA utilizaram sua base em Tóquio como um importante centro logístico. Ainda hoje existem algumas instalações militares dos EUA no Japão...

Com o passar do tempo, e contando com o apoio norte-americano, Tóquio (e o país como um todo) foi se reconstruindo. Todavia, a capital passou por esse processo de uma forma um tanto desorganizada e, por conta disso, muitos prédios e várias vias públicas surgiram sem qualquer planejamento, valendo-se apenas da existência de mais espaços vagos!?!?

A despeito de todos esses problemas, pouco tempo depois do fim da Segunda Guerra, Tóquio voltou a vibrar como centro comercial, o que deu início a sua nova fase de industrialização, e foi nessa época que sua população começou a crescer novamente. Em seguida, no ano de 1947, Tóquio foi restruturada. O número de bairros (distritos) foi reduzido de 35 para 23. Então, entre os anos de 1950 e 1960 ocorreu na cidade o chamado "**milagre econômico**". Foi aí que os japoneses se voltaram para a produção e, com isso, em poucas décadas conquistaram o mundo e ganharam espaço, não apenas pela excelência e a boa qualidade de seus produtos, mas pela inovação em seus processos de manufatura.

No que se refere a transporte, em 1954 surgiu na cidade a segunda grande linha de metrô, a Marunouchi, e em 1961, a linha Hibiya.

No decorrer de 15 anos após a Segunda Guerra Mundial, ou seja, em 1960, a população de Tóquio voltou a ser de 9 milhões de habitantes, com o que a sua região metropolitana também se transformou na mais habitada do mundo!!!

Em 1958, foi construída a torre de Tóquio (com 333 m), e em 1964 foi inaugurada a primeira linha ferroviária de TAV, a *Tokaido Shinkansen* (o "trem-bala"), coincidindo com a abertura dos Jogos Olímpicos daquele ano.

Pois é, toda essa prosperidade transformou um país devastado pela guerra na segunda maior economia do mundo já no fim da década de 1960 e início dos anos 1970!!! Durante este período, o governo japonês deu total prioridade para a infraestrutura e a manufatura, e, com isso, o mundo passou a admirar – e a consumir – os produtos de empresas como Sony, Hitachi, Toyota, Kawasaki, Panasonic, Nikon, Yamaha etc. Como resultado, o Japão passou a dominar o mercado em uma ampla gama de setores industriais, como o siderúrgico e o automotivo, assim como o de microcondutores e de eletrodomésticos.

Em 1966, um Plano Diretor foi finalmente instituído em Tóquio, como o objetivo de minimizar vários de seus problemas. Sistemas de metrô e de trens foram expandidos; leis contra indústrias poluidoras foram instituídas e melhorou-se sensivelmente o sistema de saneamento básico. Nessa época, muitos arranha-céus foram construídos e, para tentar reduzir a superpopulação da região, o governo japonês incentivou a construção de novas cidades nos subúrbios de Tóquio. Assim a sua região metropolitana foi crescendo em extensão. Em 1978, inaugurou-se o aeroporto internacional de Narita, para desafogar o grande fluxo de aviões que utilizavam o aeroporto internacional de Tóquio, o de Haneda.

A década de 1990, em contrapartida, foi considerada a "década perdida" para a economia japonese. Isso aconteceu por causa da forte recessão vivenciada no país, quando emergiram alguns dos grandes problemas de Tóquio, como a **altíssima densidade populacional na região**; o elevado preço dos terrenos; e, por conseguinte, o alto custo das moradias. Apesar de tudo isso, Tóquio continuou progredindo. Em 1991, foi construído o novo prédio da prefeitura, o *Tokio City Hall*, e em 1993, foi concluída e inaugurada a Raimbow Bridge, uma enorme ponte sobre a baia de Tóquio. Com isso a cidade foi se tornando uma das mais dinâmicas do planeta, com um amplo ganho de atividades sociais e econômicas. Houve ainda no fim do século XX um *boom* nos investimentos, em especial no setor imobiliário. Surgiram assim muitos edifícios modernos – mais do que em Nova York e Londres. Também começaram a aparecer em Tóquio projetos de aterramento para ganhar mais espaço na forma de ilhas artificiais, como Odaiba e Tennozu.

No passado, a maioria dos habitantes da província de Tóquio vivia em casas de um ou dois andares, feitas de madeira, cada uma com seu próprio jardim, quintal e capela religiosa. A medida que a população de Tóquio foi crescendo, tais casas foram derrubadas e, no seu lugar, foram construídos edifícios de apartamentos. O tamanho médio dessas novas residências é de 55 m²!!! Entretanto, apesar do tamanho reduzido, o custo desses apartamentos é bem alto.

Na verdade, ao longo de 14 anos Tóquio figurou entre as cidades mais caras do mundo, tendo inclusive sido eleita como tal pela EIU. Isso fez muita gente se mudar para locais bem distantes, mas que permitissem o trajeto de ida e volta até a cidade por meio do *Shinkansen*, desde que o custo da moradia fosse bem mais barato, para se poder pagar a viagem de trem-bala e fazer alguma economia com esse arranjo.

De acordo com os relatórios do governo metropolitano de Tóquio, o número de passageiros do sistema – que inclui ônibus, metrô, trem de superfície e bondes – chegou a 54 milhões por dia em 2016, o que supera bastante o número de habitantes da região. Isso acontece porque as pessoas fazem mais de uma viagem diariamente!!! O sistema de transporte público de Tóquio é administrado por várias empresas. O sistema metropolitano, por exemplo, que é o mais extenso do mundo, é gerenciado por 11 empresas distintas: uma dessas companhias é controlada pelo governo da província, outra pelo governo nacional e as outras nove são privadas. As rotas de ônibus e bondes dentro dos 23 bairros são administradas pela província, e as linhas de trem no resto da província são comandadas por empresas particulares.

Quanto ao metrô, ele já tem cerca de 300 estações, com 330 km de linhas, sendo que em várias de suas estações circulam mais de 1 milhão de passageiros por dia, em especial a de Shinjuku, que recebe diariamente algo próximo de 3,8 milhões de passageiros. Interessante notar que em certos horários o metrô fica tão lotado que muitas estações empregam funcionários denominados *oshiyas*. Eles são especialmente designados para "empurrar e compactar" as pessoas dentro dos trens, no momento que as portas estão se fechando...

Um problema para o visitante estrangeiro não são as estações de metrô – cujos nomes estão escritos em alfabeto ocidental, mas sim quando saem delas, pois as **ruas de Tóquio não têm nome** e a localização se dá por outros indicadores, que depois de algum tempo o turista acaba aprendendo a notar!?!?

Devido à rápida urbanização, na região de Tóquio ocorreu uma certa degradação ambiental na região. Isso causou enchentes e piorou muito a qualidade da água. Foi aí que entrou em ação a tecnologia nipônica, com o objetivo de atenuar esses (e outros) danos. Neste sentido foram implantadas medidas para melhorar os mecanismos de coordenação sobre **o uso da água e prevenir sua contaminação**!!! Como resultado dessas medidas surgiram em Tóquio drásticas melhorias no uso dos recursos hídricos, na higiene e no abastecimento de água potável.

Hoje, o Sistema de Distribuição de Água do governo metropolitano de Tóquio gerencia uma rede de abastecimento de água de 28 mil km de extensão, com uma taxa de vazamento inferior a 3,4%. Enquanto isso, nas grandes cidades do mundo essa taxa é de cerca de 30%, em média. É por isso que o modelo de abastecimento de água em Tóquio é seguido pelas cidades de diversos países do mundo, sendo que muitos especialistas japoneses foram contratados por elas para auxiliá-las a gerenciar melhor o seu sistema de suprimento de água para seus habitantes. (Aliás, embora não se tenha dados concretos, acredita-se que em São Paulo esse percentual ultrapasse os 40%!)

A famosa especialista em cidades, Saskia Sassen, definiu Tóquio como um dos três "**centros de comando**" da economia mundial, juntamente com Nova York e Londres (o que tende a mudar um pouco com a evolução de algumas cidades chinesas, como Xangai e Hong Kong). Tóquio conta com uma das três Bolsas de Valores mais importantes do planeta, e é a cidade com o maior PIB do mundo, estimado em US$ 1,72 trilhão no ano de 2017. Desse modo, se fosse um país independente, a capital japonesa ocuparia o posto de 10ª maior economia do mundo, a frente de países muito importantes, como Rússia, Austrália e Espanha etc.

Cerca de 50 empresas posicionadas entre as 500 maiores do mundo estão instaladas em Tóquio (têm as suas filiais ou as próprias matrizes). Muitas das grandes companhias japonesas do setor eletrônico têm as suas fábricas na região metropolitana de Tóquio.

O **turismo** tornou-se uma das principais fontes de renda de Tóquio e, atualmente, milhões de turistas (a maioria estrangeiros) visitam Tóquio a cada ano. Estimou-se que só em 2016 um total de 24 milhões de pessoas tenham visitado a capital japonesa, o que representou a entrada de US$ 32 bilhões na sua economia.

Além de suas diversas atrações turísticas a cidade também sedia alguns grandes eventos anuais, como a parada dos bombeiros de Tóquio (no mês de janeiro) e o Festival de Sanja (na terceira semana de maio). E, para os turistas que visitam a cidade nesses e em outros períodos a cidade disponibiliza muitos hotéis e restaurantes de qualidade.

Aliás, no que se refere a hospedagem, os visitantes podem inclusive optar por ficar em hotéis que apresentam estilo de construção e mobília mais ocidental ou oriental, Neste último eles ficam nos *Ryokans*, estruturas erigidas e decoradas no estilo japonês, com portas deslizantes denominadas *deshoji* e pisos chamados de tatame. No quesito gastronômico, existem muitos restaurantes tipicamente japoneses, outros que oferecem culinária asiática, como um todo, e outros ainda que servem somente pratos ocidentais.

Quanto o assunto é passear, um dos locais mais visitados é o palácio Imperial, ou seja, a residência oficial do imperador. Este, porém, só abre suas portas para visitação pública duas vezes ao ano: ao longo do dia 2 de janeiro (confraternização universal) e no dia 23 de dezembro (aniversário do imperador). Nesses dois dias filas enormes com milhares de japoneses e turistas estrangeiros se formam diante do palácio, todos desejosos em admirar a beleza de seus aposentos.

Outro atrativo para centenas de milhares de turistas e milhões de religiosos são os templos budistas de Tóquio. Dentre eles os mais famosos são o de Meiji, em Shibuya, e o de Sensoji, em Asakusa. Os belos jardins e parques de Tóquio também são locais bem atraentes, sendo que um dos mais populares é o parque Ueno, famoso pelas suas raras espécies de flores. O parque Yoyogi também é bastante visitado.

Caminhar pela cidade de Tóquio é ser surpreendido a cada passo. Por exemplo, num fim de semana, o parque Yoyogi vira palco para os mais diversos personagens, como os fãs de *rockabilly*, com pessoas exibindo um topete, usando jaqueta e luvas de couro e alguns arriscando passos de dança, tudo meio desajeitado. E a sugestão é o turista passar antes nos *kombinis* (lojas de conveniência) e comprar o seu *bentô*, uma marmita típica que os nipônicos comem nas praças, no trem ou nos parques, pois assim ficará muito mais agradável acompanhar tudo o que passa no local...

Na província de Tóquio, 97% de sua população é formada por descendentes de japoneses. Já os dois maiores grupos étnicos minoritários da cidade são os de chineses e coreanos, cada qual responsável por cerca de 1% da população da província. O restante (1%) é constituído por outras nacionalidades: filipinos, brasileiros, peruanos, norte-americanos, iranianos, paquistaneses e europeus de diversas origens. Como se percebe, portanto, **não há** em Tóquio uma grande **diversidade**, o que não impede que a cidade seja bastante criativa!!!

Em termos de religião, prepondera na capital japonesa a fé budista (com 41% de seguidores) e o xintoísmo (35%). Cerca de 14% das pessoas seguem o cristianismo. Por conta disso, a maior parte dos templos da cidade (cerca de 9.600) são justamente budistas, embora muitos habitantes só compareçam aos mesmos em cerimônias especiais, como casamentos e funerais, e optem por praticar seus atos religiosos em casa.

No que se refere a vestimenta, a maioria dos japoneses de Tóquio utiliza o estilo ocidental no dia a dia. Aliás, vale ressaltar que a capital japonesa se tornou internacionalmente conhecida pelo seu estilo único, em particular no que se refere à moda jovem, exibida nas lojas de Harajuku, localizada em Shibuya. Inclusive, muitos dos mais prestigiados estilistas do momento trabalham e vivem em Tóquio. Já entre os mais idosos, alguns ainda se vestem com o **quimono**, um traje típico japonês – em especial as mulheres –, mas, no geral, essas roupas tradicionais somente são usadas em eventos especiais.

Também trabalham e vivem em Tóquio artistas e arquitetos de renome internacional, sendo que alguns desses profissionais ainda usam os métodos e as técnicas japonesas de seus ascendentes, transmitindo-as de geração para geração, enquanto outros preferem se valer de métodos e técnicas ocidentais.

Tóquio é o centro nacional da música, do teatro e do drama japonês. Neste último caso, duas formas de drama – o *no* e *kabuki* – são as opções favoritas de entretenimento para a população da província. Entretanto, além dessas apresentações, a cidade possui também dezenas de museus de arte, história, ciência e tecnologia. O museu mais importante do Japão é o Museu Nacional de Tóquio, localizado no interior do parque Ueno, que é administrado pelo governo do país, mais precisamente pela sua Agência de Assuntos Culturais.

O conjunto de edifícios que constituem o museu contém a maior coleção de arte japonesa no mundo (90 mil peças), e relata a história do Japão desde os tempos pré-históricos até a era moderna. Outro museu muito visitado é o

Metropolitano de Arte, fundado em 1926. Ele está dividido em duas partes: uma galeria que expõe os trabalhos de artistas nacionais contemporâneos; e outra destinada a trabalhos de artistas estrangeiros.

O Museu Shitamachi, localizado também num canto do parque Ueno, dedica-se à preservação da cultura de Tóquio, mas da era Edo. Já o Mingeikan (Japan Folk Crafts Museum) foi fundado por Yanagi Muneyoshi, em 1931, e está voltado para o artesanato popular de todo o país. No Museu Goto exibe-se a coleção particular de arte budista, propriedade de Goto Keita, presidente da Tokyo Corporation. Neste museu se encontram rolos do século XII, que contam o legado de Genji, com pinturas de Fujiwara Takayoshi.

No Museu da Espada Japonesa, regido pela Associação para a Conservação da Arte da Espada Japonesa, encontram-se mais de seis mil peças, trinta das quais catalogadas como tesouro nacional. O Museu Metropolitano de Fotografia de Tóquio, localizado em Ebisu, apresenta exposições permanentes de fotógrafos nacionais e estrangeiros, e conta nos dias de hoje com uma coleção de cerca de 21 mil fotografias, aproximadamente 32 mil livros e 800 títulos de periódicos especializados em fotografia e imagens visuais. E entre os museus de ciência e tecnologia mais destacados há dois na ilha artificial de Odaiba: o Museu de Ciências Marítimas e o Museu Nacional de Ciência Emergente e Inovação.

Como se nota, em Tóquio existem museus específicos para os mais variados setores da EC. Além disso, há também na região metropolitana de Tóquio uma grande quantidade de restaurantes – algo próximo de **165 mil**. Esse número é bem maior se comparado ao que existe na Grande Paris ou em Nova York, onde estão registrados menos de 30 mil restaurantes.

O importante *Guia Michelin,* que classifica os melhores restaurantes do mundo atribuindo-lhes estrelas (de uma a três), já há um bom tempo vem dando muito mais estrelas aos restaurantes de Tóquio que aos de Paris (uma cidade que já foi o centro da gastronomia mundial). O mais incrível é que dos dez estabelecimentos agraciados com **três** estrelas do *Guia*, quatro oferecem jantares finos tradicionalmente japoneses, dois são "casas de *sushi*" e os outros quatro servem **culinária francesa**!!!

Vale ressaltar que em 2008, o *Guia Michelin* indicou Tóquio como **capital gastronômica do mundo**!!! Os pratos nipônicos mais representativos de Tóquio são o *sobá*, um macarrão frio (sendo que o servido em Tóquio é considerado o melhor do país); o *tempurá*; o *oden* (um prato servido no inverno que surgiu por volta de 1850, preparado com peixes de água doce capturados nos canais de irrigação ou então na baía da cidade); e, é claro, o *sushi*, consumido desde que Tóquio era uma vila de pescadores chamada Edo. Aliás, Edo tornou-se conhecida não apenas por sua culinária, mas pela pressa de seus moradores. Neste sentido, Yohei Hanaya criou ainda no século XIX uma forma fácil e rápida de fazer *sushis*.

O *chankonabe* é o alimento comido pelos lutadores de sumô. Por causa do forte vínculo da cidade como essa luta corporal (geralmente disputada por homens corpulentos que se vestem apenas com uma sunga cavada, e na qual sai vencedor aquele que conseguir dominar ou tirar o outro de um espaço delimitado), o prato tornou-se um alimento popular, com o surgimento de muitos restaurantes especializados em seu preparo.

Em termos de esportes, os favoritos da população de Tóquio ainda são os tradicionais judô e o sumô, ambos praticados há muito tempo na cidade. No caso do primeiro, sua prática na cidade ocorre de maneira profissional, sendo que em 1964 o judô foi incluído como esporte olímpico, quando da realização dos Jogos Olímpicos na cidade. Mas existem outras artes marciais importantes praticadas em Tóquio, como o *kendo*, karatê, o kyudô e o aikidô.

Já no caso do sumô, muito de sua fama se deve ao impulso dado pelo imperador Meiji (que reinou entre 1867 a 1912), que foi seu praticante. O esporte é disputado no Estádio Nacional de Sumô, localizado em Ryogoku, onde acontecem torneios nos meses de janeiro, maio e setembro, atraindo muitos espectadores. Aliás, um dos espectadores é o atual imperador do Japão, Akihito, que assiste pessoalmente ao torneio de maio. Os treinamentos dos atletas de sumô, são quase sempre em locais nos quais é permitida a entrada dos fãs, que lotam essas dependências.

Mas, além desses esportes tradicionais no país, nessas últimas décadas muitos esportes ocidentais têm se tornado cada vez mais populares entre a população da cidade, particularmente entre os jovens. Entre esses esportes vale destacar o futebol, o beisebol, o boliche, o golfe, o *badminton* (uma modalidade semelhante ao tênis, praticado com raquetes mais leves e uma peteca, que surgiu no castelo Badminton, na Inglaterra) e o tênis (lembrando que o incrível Kei Nishikori figura entre os dos dez melhores jogadores do mundo).

Atualmente o esporte mais popular em Tóquio é o beisebol, sendo que os jogos da liga japonesa são realizados no estádio de Tóquio, com capacidade para mais de 50 mil espectadores. Uma das equipes mais populares de beisebol em Tóquio é o Yomiuri Giants, que sempre têm confrontos empolgantes com a equipe local do Tokyo Dome. Mas na cidade também fica sediada a equipe Tokyo Yakult Swallows, que manda os seus jogos no estádio Meiji Jingu.

A liga profissional japonesa de futebol, conhecida com Japan League foi fundada em 1993. Existem em Tóquio duas equipes de futebol, o F.C. Tokyo e o Tokyo Verdy 1969. Nessa liga já passaram muitos jogadores e técnicos brasileiros – dentre os quais o de maior destaque foi o craque Zico, até hoje venerado no país –, que colaboraram muito para a evolução do esporte no Japão.

Aliás, para introduzir e popularizar o futebol no país entre os anos 1980 e 2004, a cidade de Tóquio se tornou a sede da Copa Intercontinental de Clubes, um torneio no qual se enfrentavam os ganhadores da Copa da Europa (atual Liga dos Campeões) e da Copa Libertadores da América. O vencedor era agraciado com o título de **campeão do mundo**, como foi o caso do São Paulo Futebol Clube no ano de 2005.

A partir daquele ano o campeonato internacional passou ao formato de campeonato Mundial de Clubes da FIFA. Assim, os clubes campeões das confederações de diversos continentes se enfrentaram em Tóquio e Yokohama no mês de dezembro, entre 2005 e 2012, com exceção dos anos de 2009 e 2010, quando o mundial foi realizado em Dubai. Nos anos de 2011 e 2012 o torneio voltou ao Japão, sendo que nesse último ano o campeão também foi brasileiro: o Esporte Clube Corinthians Paulista. Vale lembrar que o Japão, e mais especificamente a cidade sede de Yokohama, nunca tinha visto tantos torcedores de um clube estrangeiro se deslocarem de tão longe por conta do seu fanatismo a um clube de futebol, como foi o caso dos corintianos!!! Em 2013 e 2014, esse torneio foi disputado no Marrocos, mas em 2015 e 2016 voltou novamente para o Japão.

Em relação ao futebol, também não se pode esquecer que Coreia do Sul e Japão organizaram em conjunto o Campeonato Mundial de Futebol de 2002. Nesse caso, as cidades japonesas que sediaram as partidas foram: Yokohama, Saitama, Shizuoka, Osaka, Miyagi, Ōita, Niigata, Ibaraki, Kobe e Sapporo.

Os Jogos Olímpicos de Verão de 1964 foram realizados em Tóquio, e representaram um grande impacto urbano da cidade, quando foram executadas grandes obras infraestruturais nas áreas de esportes, turismo, comunicações e serviços. Aliás, no que se refere à infraestrutura desportiva, essas obras são utilizadas até hoje, abrigando entre outras instalações o Estádio Olímpico de Tóquio, a Nippon Budokan (arena de artes marciais) e o Ginásio Nacional Yoyogi. E Tóquio será sede novamente dos Jogos Olímpicos de Verão em 2020. Para isso, a cidade já se prepara para receber cerca de 5 milhões de espectadores (!!!), e pretende surpreendê-los não somente com as competições, mas com os avanços tecnológicos desenvolvidos no país.

Entre as muitas ideias imaginadas – algumas das quais improváveis –, espera-se em 2020 oferecer carros autônomos aos turistas que vierem para os Jogos. Quem sabe com isso eles possam viajar com mais segurança, sem ter de enfrentar o engarrafado trânsito da cidade. Outra possibilidade seria oferecer aos idosos trajes biônicos capazes de facilitar sua locomoção durante o evento. Também foi cogitado o oferecimento de serviços de tradução pelos próprios *smartphones* dos turistas, o que facilitaria a comunicação entre eles e os moradores da cidade.

Aliás, a NTT DoCoMo, maior operadora de celulares do Japão, já lançou um par de óculos de tradução simultânea. O equipamento utiliza-se de uma câmera acoplada para o reconhecimento de texto, e conta com *software* de tradução. Também se pensou numa engenharia capaz de aliviar o calor e a terrível umidade que se instala em Tóquio durante o verão.

Porém, o objetivo não é apenas facilitar a vida dos turistas. Há também uma grande preocupação com a segurança do enorme contingente humano – moradores e turistas – que estará na cidade durante o evento. Afinal, Tóquio é uma das regiões mais propensas a desastres naturais (terremotos, tufões, *tsunamis* e temporais) do planeta. Especialistas estão muito preocupados não apenas com isso, mas também com os efeitos que têm surgido por conta das mudanças nos padrões climáticos – em especial na área da baia de Tóquio, onde boa parte das novas estruturas olímpicas será construída.

Hiroyuki Hayashi, porta-voz da iniciativa governamental "**Cidade do Futuro**", que procura explorar melhores caminhos para a urbanização, declarou: "Não existe no mundo nenhuma cidade como Tóquio. É ela que lidera as outras, tanto em possibilidades como em desafios." **Bastante confiante e pouco humilde essa declaração, não é mesmo?**

Mas o fato é que muitas mudanças estão em andamento na capital nipônica, dentro do que existe de mais avançado num modelo urbano do século XXI. De fato, os Jogos Olímpicos que se realizarão em 2020 na capital japonesa, têm servido nesses últimos anos para que o seu governo busque apresentar uma face nova da cidade, algo que começou a ser **planejado** em 2010. O foco do plano é tornar a cidade cada vez mais **verde**, transformando sua orla marítima e reconstruindo (ou desenvolvendo) as ilhas que estão na baía de Tóquio.

Assim, o bairro Rinkai (localizado à beira do mar) já se tornou um importante reduto de entretenimento. Novos parques também têm sido construídos ou substancialmente melhorados. Os templos do distrito de Ueno também foram reformados. Toyosu, por exemplo, que já possuía um grande mercado, é agora um importante centro culinário da cidade, e no oeste do centro da cidade, o bairro de Tama se transformou no Vale do Silício japonês.

No âmbito da sustentabilidade, centenas de milhares de árvores foram plantadas com o objetivo de garantir à metrópole o título de "menor emissora de dióxido de carbono (CO_2) do mundo". E quando o assunto é transporte, criou-se em Tóquio um sistema que possibilita ao viajante chegar ao aeroporto internacional de Narita (a 72 km de Tóquio) em cerca de 30 min, evitando assim o uso de táxis, algo bem caro no Japão.

Dentre as obras vislumbradas, um exemplo incrível é a construção de Odaiba, no meio do mar. O objetivo foi incrementar as atrações e, ao mesmo tempo, facilitar a vida dos habitantes e visitantes de Tóquio. Neste sentido, foi construída uma ilha artificial na baía de Tóquio, erguida sobre milhares de toneladas de entulho e outros resíduos. Todos sabem que a **terra** é um artigo de luxo no Japão, um país onde mais de 126 milhões de habitantes se espremem em um território montanhoso do tamanho do Estado do Maranhão. Em Tóquio, prédios são demolidos a todo o momento para darem lugar a outros maiores e mais ecoeficientes. Nesse aperto todo, falta espaço até para se livrar de qualquer espécie de lixo.

Então, como acomodar mais gente e livrar-se dos entulhos? Uma boa ideia foi investir quase US$ 10 bilhões e compactar tudo, criando assim uma nova ilha no local: Odaiba. No início dos anos 1980 o governo japonês começou a pensar na criação de 6 km² extras para a cidade, utilizando-se para isso do entulho gerado pela cidade, que atualmente compõe Odaiba. Para isso, foram utilizadas complexas soluções de engenharia, que começaram com o isolamento de trechos da baía de Tóquio com chapas de aço. Posteriormente elas foram preenchidas com dejetos adequados para servir de base para o aterro. A pavimentação foi completada com entulhos de construção, restos de demolição e também com a própria terra retirada das fundações das novas obras. No total, perto de 110 milhões de m³ de lixo foram usados na construção da ilha.

Porém, o adjetivo "impactante" não designa apenas a história da criação de Odaiba. Ele também serve para descrever o traslado até a ilha, feito pelo *monorail Yurikamome*, um trem totalmente automático, sem maquinista, com um para-brisa que oferece ao passageiro um belíssimo visual da ponte do Arco-Íris sobre a baía de Tóquio. Tanto é que os olhos de uma pessoa ficam confusos sobre o que admirar primeiro: o visual da ilha ou o *skyline* da capital que vai ficando para trás.

O principal símbolo de Odaiba é o prédio da Fuji TV, que foi projetado pelo arquiteto japonês Kenzo Tange e inaugurado em 1997. É uma construção que tem como marca registrada uma bola gigantesca localizada entre os dois grandes blocos prateados do prédio, que, unidos por passarelas, a sustentam.

Odaiba também se destaca por ser uma espécie de antídoto para a maior característica de Tóquio: **a falta de espaço**. Nessa ilha existem praças, gramados e até uma praia (imprópria para nadar...), cuja areia branca serve para as pessoas descansarem os pés. Há ainda no local um deque de onde é possível admirar o pôr do sol no horizonte distante da cidade. Outra possibilidade é caminhar pelas alamedas verdes de Odaiba, algo bastante prazeroso que atrai muita gente.

Em Odaiba também está instalada a *Palette Town*, uma das maiores rodas-gigantes do mundo, com 115 m de altura. Ela é uma das grandes atrações da ilha, bastante procurada pelos casais. O "brinquedo" oferece, de seu ponto mais alto, uma vista deslumbrante que vai muito além da baía de Tóquio, dos arranha-céus de Ginza e Shinjuku, dos bairros financeiros da capital e da cidade vizinha de Yokohama. De fato, no dias mais claros, é possível apreciar até mesmo o topo nevado do monte Fuji! É um cenário para imaginação infantil nenhuma botar defeito.

Voltando ao assunto Jogos Olímpicos de 2020, deve-se ressaltar que para um bom contingente de pessoas esclarecidas, o estádio olímpico projetado para o evento – uma obra idealizada pela arquiteta Zaha Hadid (1950-2016), ganhadora do prêmio Pritzker em 2004 –, lembra uma nave espacial de contornos estranhos. Orçada em R$ 3,6 bilhões, a construção poderia se tornar o estádio olímpico mais caro da história recente.

O problema é que muita gente não gostou do projeto... O arquiteto japonês Fumihiko Maki, também ganhador do prêmio Pritzker em 1993, que se mostrou irritado ao questionar essa obra, disse: "Para que precisamos deste elefante branco?", e completando enfatizou: "Tóquio não é um zoológico." Surgiram muitas outras críticas contra o projeto de Zaha Hadid, inclusive protestos de rua nos quais ele foi descrito como "grande e caro demais" e isso levou as autoridades a modificá-lo, reduzindo consideravelmente seu custo para R$ 2,9 bilhões!!!

Apesar dos méritos do projeto de Hadid, essa discussão mostrou como os estádios olímpicos suscitam reações mais viscerais que praticamente qualquer outro tipo de construção.

Além disso, esse novo estádio de Tóquio terá de encontrar uma função após a cerimônia de encerramento dos Jogos Olímpicos de 2020. É preciso lembrar que o estádio olímpico de Montreal, criado pelo arquiteto francês Roger Taillibert para as Olimpíadas de 1976, deixou a cidade com uma dívida de R$ 3,95 bilhões, que demorou 30 anos para ser saldada. Esse fato fez com que a estrutura apelidada originalmente de "*Big O*" (o grande O, por causa da forma vista de cima) fosse chamada pelos canadenses de "*Big Owe*" (a grande dívida). Atualmente os eventos dentro dele são esporádicos, como, aliás, também aconteceu com o estádio usado em Atenas em 2004. A grande verdade é que a maioria dos estádios não tem utilidade depois dos Jogos...

Um país que pareceu ter encontrado um ponto de equilíbrio neste caso foi a China, quando construiu em sua capital o estádio denominado *Ninho do Pássaro* no ano de 2008 – que, a despeito disso, também acabou se transformando num tipo de "**elefante branco**" em Pequim, uma vez que o referido estádio enfrenta o mesmo desafio dos seus pares: **não se tornar um peso econômico**. Uma das poucas histórias de sucesso é a do Coliseu Memorial de Los Angeles. O estádio foi usado como arena olímpica em duas ocasiões (em 1932 e em 1984) e, ainda hoje, serve de palco para competições esportivas e outros eventos.

Em Tóquio, o Conselho de Esportes apresentou um plano pós-olímpico detalhado para o novo estádio de 80 mil lugares. O plano abrange eventos esportivos, culturais e cívicos. Porém, nem todo esse planejamento suavizou as críticas ao projeto. Alguns temem que a estrutura invada o espaço do vizinho e histórico santuário Meiji.

Mas também houve quem não gostasse das mudanças. Depois do enxugamento do projeto, um renomado arquiteto japonês renomado, Arata Isozaki, escreveu: "Fiquei chocado ao ver que o dinamismo do projeto original desapareceu na nova versão. O que restou é uma forma desinteressante, como uma tartaruga que espera o Japão afundar para que possa nadar para longe." Bem, de qualquer forma, vale a pena meditar sobre o conselho de Thomas Hanrahan, reitor da Escola de Arquitetura do Instituto Pratt, em Nova York: "Os estádios olímpicos sempre parecem se enquadrar numa categoria esdrúxula: a das construções que são um símbolo nacional poderoso por pouquíssimo tempo, e depois se tornam potenciais elefantes brancos."

Para Hisashi Taniguchi, executivo-chefe da empresa de robótica ZMP, com sede em Tóquio, os Jogos Olímpicos serão uma espécie de catalisador para que o Japão salte à frente de outros países na fabricação de carros sem motoristas. Os Jogos Olímpicos criarão um tráfego com rotas bem definidas, como aquelas que ligarão a vila dos atletas às instalações olímpicas na orla da capital. "Uma frota de 250 carros e *vans* autoguiadas (ou mais) deverá transportar atletas e outras pessoas envolvidas (técnicos, gestores, juízes etc.)", disse Taniguchi. Para ele, seria mais fácil deslocá-las pelas amplas vias à beira-mar do que no congestionado centro da cidade. De fato, as autoridades de Tóquio não descartam a ideia de carros sem motoristas, apesar de mencionarem uma lista de obstáculos para a regulamentação, antes que a tecnologia seja autorizada.

Mas o Japão quer mostrar que também está na frente em outras tecnologias. Assim, a Hino Motors e uma outra empresa do mesmo grupo, a Toyota Motors, testaram em 2016 um ônibus alimentado por células de combustível para reduzir as emissões de gases de efeito estufa, pois Tóquio quer ser realmente a metrópole com a menor emissão de dióxido de carbono (CO_2) do mundo!!!

Por outro lado, com relação aos trens nacionais de levitação magnética – cuja velocidade é de 480 km/h –, embora os japoneses não pretendam tê-los em operação antes de 2027, as autoridades acreditam que até 2020 as operadoras desse serviço tenham pelo menos uma parte da linha disponível para os visitantes durante os Jogos!?!?

Já o fundador da *start-up* Telephathy, Takahito Iguchi, vislumbra uma Olimpíada na qual os visitantes possam transmitir tudo o que veem por meio de aparelhos portáteis, como os óculos *Telepathy One*, que posicionam um microprojetor e uma câmera diante de um dos olhos...

O envelhecimento da população japonesa é outro desafio, pois o governo estima que, na época do início dos Jogos, um em cada quatro moradores de Tóquio terá mais de 65 anos. Tais projeções sugerem que, demograficamente, 2020 poderá representar o canto do cisne de Tóquio, pois depois a população da cidade poderá entrar no seu prolongado declínio.

À parte desses sonhos, o governo do Japão não quer promover gastos inúteis ou equivocados para os Jogos Olímpicos de 2020, assim, ele inclusive se valeu do modelo do Rio de Janeiro, que optou pelo reuso de algumas arenas após o término das Olimpíadas em 2016.

Uma pesquisa encomendada pelo governo da capital japonesa em 2016 apontou que 85% dos seus moradores esperam cortes de custos, e 80% pediram revisão nos projetos nas instalações dos Jogos Olímpicos de 2020. Por isso, uma comissão foi montada com o objetivo de reduzir os gastos da competição. Esse grupo, aliás, está utilizando o que foi feito no Rio de Janeiro como uma de suas referências!!!

Shinichi Ueyama, professor de gestão pública da Universidade Keio e líder da força-tarefa responsável por montar o programa de redução de custos dos Jogos de 2020 em Tóquio, disse: "Os Jogos do Rio de Janeiro foram muito bem-sucedidos e nos municiaram com um monte de ideias, como, por exemplo, a reutilização das instalações após a conclusão do evento.

Se no Rio de Janeiro, a Arena do Futuro (palco das partidas de handebol) será transformada em duas escolas, em Tóquio já está certo que o local das competições de ginástica também terá um novo destino depois dos Jogos, sendo convertido em um centro de exposições.

Também é incrível como o ginásio do Maracanãzinho, inaugurado em 1954, se revelou um excelente palco para as partidas de vôlei depois de passar por obras de adaptação, atraindo a presença de um grande público em praticamente todos os jogos... Assim, para 2020, a nossa ideia também é aproveitar as instalações esportivas já existentes e, assim, evitar a construção de novas arenas que possam eventualmente se transformar em '**elefantes brancos**' depois da competição.

A previsão dos organizadores dos Jogos de Tóquio em 2020 é de que os custos totais do evento superem a marca de US$ 30 bilhões, sendo quatro vezes maior que o prognosticado quando a cidade foi escolhida para sediá--los, em 2013."

Uma das recomendações de Shinichi Ueyama foi de que algumas provas, como por exemplo de remo e canoagem, fossem feitas em outras províncias, como Miyagi que está localizada a 400 km de Tóquio. Essa simples alteração economizaria algo próximo de US$ 500 milhões. **Será que essa sugestão se tornará realidade?**

Mas o que o Japão realmente almeja é que nos Jogos de 2020 o país suba mais um degrau, pelo menos no quadro final de medalhas. O país teve um excelente desempenho em 2016, ficando em 6º lugar (12 medalhas de ouro, 8 de prata e 21 de bronze), à frente de países poderosos, como a França, por exemplo. Todavia, o país almeja superar dessa vez grandes potências como a Rússia e a Alemanha (quem sabe), que ocuparam respectivamente o 4º e o 5º lugares.

Finalmente, não se pode esquecer de destacar a importância que se dá à **educação** em Tóquio, formando seus novos talentos para atuarem com sucesso em várias áreas, inclusive na EC. O sistema de bibliotecas públicas da capital japonesa inclui uma biblioteca central e dois órgãos públicos encarregados de administrar outras bibliotecas menores na província.

A Biblioteca Central, ou Biblioteca Nacional da Dieta, está aberta ao público em geral, entretanto, sua função principal é ajudar os membros do Parlamento japonês em suas pesquisas. O governo metropolitano de Tóquio é responsável pela administração de mais de 3 mil escolas, assim como pelo fornecimento de verbas a essas instituições.

Infelizmente, em alguns distritos e em algumas cidades da província de Tóquio não existem escolas suficientes para atender toda a população em crescimento, enquanto em outras existem escolas no mínimo ociosas. O problema a resolver é como redistribuir melhor os jovens alunos.

Tóquio possui cerca de 210 IESs, entretanto, há o grupo das chamadas **seis universidades de Tóquio**, as mais proeminentes pelos cursos oferecidos e pelas pesquisas ali realizadas. Formam esse grupo distinto a Universidade de Tóquio, a mais conhecida internacionalmente, que sempre ocupa uma posição de destaque entre as melhores do mundo, sendo também chamada de Todai; a Universidade de Keio; a Universidade de Waseda; a Universidade Hosei; a Universidade de Meiji e a Universidade Rikkyo. Essas seis universidades formam muitas dezenas de milhares de estudantes e com frequência são comparadas com as renomadas instituições norte-americanas que compõem a Ivy League.

Nesses últimos anos o Japão desenvolveu um intenso programa de intercâmbio de estudantes. Isso se aplica particularmente ao grupo das seis, que recebe milhares de alunos de outros países!!!

A LIÇÃO DE TÓQUIO

Toda pessoa que volta a Tóquio, digamos, um ano após a última visita sempre nota alguma coisa diferente!!! E isso não se refere somente a 2017, quando a cidade se prepara freneticamente para os Jogos Olímpicos que acontecerão em 2020.

Na verdade, o ato de **transformar-se** faz parte da essência da capital japonesa – basta, para isso, observar o número cada vez maior de arranha-céus no *skyline* da cidade.

É inquestionável que os Jogos acelerarem esse processo, mas Tóquio é simplesmente a metrópole mais surpreendente do mundo. Não dá para não ficar boquiaberto com a tecnologia, a mistura de cores, a funcionalidade, os templos e a comida nipônica (lembrando que esta última vai muito além dos famosos *sushi* e *sashimi*).

Em Tóquio, muitas coisas são caras, mas não em todos os setores. Comer, por exemplo, é algo barato de se fazer. Até mesmo nas lojas de conveniência locais há *rolls* de *sushi* por apenas US$ 1. O que é importante é que se pode confiar na qualidade desses alimentos: tudo é fresco e limpo, sempre, em qualquer lugar onde se coma.

Já os passeios são bem caros, especialmente se forem feitos de táxi. As corridas podem acabar com qualquer orçamento: um trajeto de 10 km custa em média US$ 40. O mesmo acontece no metrô, onde o preço da passagem aumenta conforme a distância percorrida e o número de baldeações feitas pelos viajantes.

Mas Tóquio está se preparando para superar seus 24 milhões de turistas em 2016, para chegar a 40 milhões de turistas em 2020. E, para alcançar esse objetivo, as autoridades do órgão de Turismo do Japão já estabeleceram algumas ações, como: a abertura de novos escritórios promocionais pelo mundo (incluindo o Brasil) e a diversificação de destinos turísticos.

Se essa meta vai ser alcançada é difícil saber, mas é inegável que em 2017 o ambiente em Tóquio esteja todo voltado para renovação, reforma e construção, sendo difícil passar por algumas áreas da cidade sem notar isso... Salientar que Tóquio é uma cidade de grandes contrastes pode parecer óbvio, pois este é um fenômeno bem comum nas grandes metrópoles. Talvez o sinal mais evidente desse processo na capital japonesa seja a convivência do **supermoderno** com o **bastante tradicional**, uma marca do Japão.

Tóquio é uma metrópole em permanente mutação, onde não se vê praticamente uma herança arquitetônica – o orgulho de tantas cidades da Europa –, apesar de o Japão ser um país milenar. Na capital, as casas muitas vezes são feitas para não durar muito, ou seja, uns 30 anos, porque depois elas **serão** demolidas para dar lugar a algo novo!!! Portanto, a disposição para abraçar o novo se percebe facilmente na forma como os japoneses aderem às inovações ou à última moda.

Existe em Tóquio uma grande oferta de lojas, bares e restaurantes. Para perceber isso claramente basta passar pela região comercial de Shinjuku. Esse bairro é o dono de alguns dos cenários mais característicos da cidade. Porém, ali ainda existem algumas casas de *pachinko* (um híbrido de caça-níqueis com fliperama), que dão aos visitantes estrangeiros um ar *nerd*.

É ali que fica também a estação de metrô mais movimentada do mundo, na qual circulam cerca de 3,7 milhões de passageiros por dia. E ali também que se veem as famosas cenas de funcionários do metrô usando luvas brancas para empurrar as pessoas para dentro dos vagões **hiperlotados**!!!

Em Shinjuku, há tantos estabelecimentos comerciais – lojas, bares, cafés e restaurantes – espremidos dentro dele, que se tem a sensação de estar numa Manhattan. A oferta é excessiva de produtos e a quantidade de pessoas que circulam pelas lojas de departamentos é enorme, e em muitas delas, as populares, os vendedores ficam nas portas com alto-falantes alardeando promoções e gritando *irashaimasse*, que significa bem-vindo em japonês.

Apesar de tanta gente circulando, e de não existirem lixeiras nas suas ruas, Tóquio é uma cidade bem limpa. A lógica é que a ausência desses recipientes desestimule as pessoas a produzirem lixo e, que se o fizerem, **o levem consigo**!!!

Da mesma maneira, muitos banheiros públicos não têm toalhas de papel para secar as mãos, de modo que é bem comum os japoneses carregarem lenços de tecido para essas ocasiões. Quando é que essa cultura, essa consciência ecológica que já existe em Tóquio há tanto tempo irá chegar às grandes cidades da América Latina, em especial ao Brasil?

Bem, a lição mais importante transmitida por Tóquio (e pelo seu povo, como um todo), particularmente para os gestores públicos das cidades brasileiras, é de que os japoneses **sabem planejar** e **acabam executando** com sucesso tudo o que desejam realizar!!!

Falou-se muito sobre o que as autoridades japonesas queriam fazer e apresentar nos Jogos Olímpicos de 2020. Gostaria então de relatar rapidamente a minha experiência no Japão, particularmente em Tóquio. Em maio de 1963, fazendo parte da seleção brasileira de basquete, sagrei-me **campeão do mundo**!!! Pois bem, em setembro daquele mesmo ano os japoneses convidaram a seleção brasileira para disputar uma série de partidas contra a seleção nipônica que, na ocasião, se preparava para os Jogos Olímpicos que seriam realizados em Tóquio em 1964.

O convite foi aceito, assim participei de uma viagem memorável. Inicialmente voamos do Rio de Janeiro para Paris, onde um avião da Japan Air Lines recebeu as delegações esportivas de outros países (voleibol, futebol, natação etc.), e então, lotado, partiu para Tóquio. Embora demorada, a viagem foi muito alegre. Afinal, dentro do avião a maioria era formada por jovens atletas, que na sua intenção de confraternizar-se acabaram com todo o estoque de bebidas alcoólicas (com baixo teor...) da aeronave e que não foi reposto por tratava-se de um voo especial...

Então, depois de uma longa jornada finalmente chegamos em Tóquio. Em seguida, após alguns dias de descanso, as autoridades japonesas divulgaram a nossa programação, que incluía jogos contra a seleção deles em várias cidades: Niigata (um porto bem ao norte do país); Osaka (a 2ª maior cidade japonesa); Hiroshima (bem ao sul, a cidade que foi castigada com o impacto da bomba atômica na 2ª Guerra Mundial...) e, obviamente, Tóquio.

Todos esses compromissos foram cumpridos de acordo com uma organização impecável. Isso incluiu viagens de trem e o uso de roupas típicas japonesas para dormir durante os trajetos feitos à noite. Foi possível inclusive visitar alguns lugares sagrados para os japoneses, caminhando para chegar até eles – passeios durante os quais alguns colegas foram advertidos pelo guia, pois, segundo os orientais, não se podia visitar os templos de Quioto "caminhando e comendo maçãs", já que tal atitude era desrespeitosa...

Em Tóquio, as partidas ocorreram num ginásio totalmente pronto, bem antes do início da competição oficial, onde seriam disputadas as partidas de basquete dos Jogos Olímpicos. Aliás, as equipes de outros países e outras modalidades que vieram no voo também fizeram o mesmo nas demais instalações (piscina olímpica, estádio de futebol etc.). O mais incrível, entretanto, foi o planejamento dos japoneses para que tudo desse certo na cerimônia de abertura, com o teste do desfile das delegações dos países.

Eles aproveitaram a presença do nosso grupo de 15 pessoas para simular a entrada dos esportistas brasileiros no dia da festa de abertura dos Jogos, completando o contingente estimado com jovens estudantes. Aliás, eles fizeram o mesmo com todas as outras equipes que vieram no voo de Paris, e para as outras nações cujas equipes não vieram no voo, eles constituíram grupos adequados, compostos apenas por estudantes voluntários. Esse ensaio no estádio repleto contou ainda com a presença de autoridades do governo japonês e do comitê olímpico. Tudo foi minuciosamente cronometrado e observado.

É bem verdade que naquela época, em que predominava o amadorismo entre os atletas, as atividades festivas eram bem mais modestas que as que têm ocorrido nas últimas Olimpíadas, repletas de celebridades e efeitos tecnológicos, com a exaltação dos valores e da cultura da nação organizadora, tanto na cerimônia de abertura como na de encerramento.

Então, praticamente um ano depois dessa simulação, tive a felicidade de participar da real abertura dos Jogos Olímpicos, no mesmo estádio. Mais uma vez ele estava totalmente repleto de espectadores – inclusive com a presença do então imperador Hirohito. A questão é que tudo correu como foi planejado e simulado em 1963, ou **até melhor**!!!

Em 1964, o Japão já deslumbrava o mundo com o seu trem-bala, os seus aparelhos de televisão portáteis, os minúsculos rádios com transístores, as suas máquinas fotográficas e, num curto período de tempo, "abalou" as grandes montadoras do mundo com a qualidade e o desempenho de suas motos e seus automóveis.

Acredite, caro (a) leitor (a) desse livro, se puder ir aos Jogos Olímpicos de Verão e às Paralimpíadas de 2020 em Tóquio, ficará extremamente deslumbrado com o que verá por lá. Você, com certeza, também ficará emocionado ao assistir as competições.

Se tiver essa possibilidade, deve se programar o quanto antes. Para mim, essa é a grande lição que os japoneses dão ao mundo: além de uma extrema dedicação – que chega ao *karoshi*, isto é, à morte de alguém por sentir-se extenuado pelo trabalho – eles são mestres em concluir bem o que planejaram com antecedência e detalhamento cuidadoso.

Da minha parte, se Deus me permitir – pois estarei chegando aos 79 anos – gostaria de voltar com a minha esposa, companheira de vida há quase 60 anos, para a cidade em que alcancei essa grande glória esportiva: a conquista da **medalha de bronze** no basquete, a única medalha que o Brasil ganhou naquela Olimpíada (!?!?), e notar o quanto o mundo mudou em cerca de seis décadas. Um período em que Tóquio conseguiu alcançar o auge do modernismo, da tecnologia e da sustentabilidade.

E não se pode esquecer que São Paulo é cidade-irmã de Tóquio e deveria aproveitar essa afinidade para implementar tudo o que deu certo na capital japonesa para os paulistanos.

A esplendorosa Toronto com a sua arquitetura urbana.

2.40 - Toronto

PREÂMBULO

Em Toronto é possível sentir rapidamente o gosto da pluralidade, uma vez que mais de 50% de sua população é composta por
não canadenses. Estima-se que mais de 130 idiomas sejam falados
na cidade (!!!), uma **diversidade** que deixa qualquer um perplexo.

Por ser cosmopolita, Toronto é frequentemente comparada a
Nova York. Afinal, uma de suas praças principais, a Yonge-Dundas
Square, lembra muito a famosa Times Square, com seus *outdoors*
luminosos, seus teatros com apresentações musicais e suas grandes
lojas repletas de marcas internacionais.

Outro local icônico é o Distillery District, que já abrigou uma
antiga destilaria de uísque, mas foi revitalizado e reaberto em 2003
como uma vila exclusiva para pedestres. Os antigos galpões onde
se produzia a bebida acomodam agora cerca de 70 cafés, lojas e
restaurantes, enquanto seus espaços externos são ocupados por
esculturas e para a apresentação de eventos culturais que variam de
acordo com a época do ano. Tornou-se assim um espaço de artes,
entretenimento e gastronomia.

Quem vai a Toronto não pode deixar de visitar a *CN Tower*
(com 553 m de altura), de onde se tem uma vista magnífica da
metrópole. E, para os que buscam ainda mais emoções, além de
observar o visual (a 447 m, no deque do observatório), também é
possível participar de uma caminhada pela borda da plataforma
no alto da *CN Tower* – no *Edge Walk* –, presos por cabos de aço e
fazendo poses "engraçadinhas" para fotos, enquanto pendurados.

A HISTÓRIA DE TORONTO

Localizada na margem norte do lago Ontário, Toronto é a maior cidade do Canadá, sendo também a capital dessa província. Estimou-se que no início de 2017 a população de Toronto ultrapassasse os 4,7 milhões de habitantes, e que em sua região metropolitana (RMT) vivessem quase 7 milhões de pessoas. Aproximadamente um terço da população canadense vive num raio de 160 km do centro da cidade.

Toronto é considerada atualmente uma das metrópoles mais multiculturais do mundo, que atrai todos os anos dezenas de milhares de imigrantes. E é justamente isso que garante e amplia não apenas a sua **diversidade**, mas também um ambiente de muita tolerância!!!

Seus moradores são chamados de torontenses (ou por alguns de torontonianos). A cidade é um grande centro financeiro e o maior polo industrial do Canadá, bem como um de seus principais centros culturais e científicos, com a presença de muitas pessoas talentosas atuando na região. Ela é considerada uma cidade **global alfa**, pois exerce uma grande influência regional, nacional e, inclusive, internacional. Estão concentrados na cidade as sedes de empresas e instituições culturais, sendo que vive ali a maior comunidade artística do país. Isso, sem dúvida, a torna um exemplo de cidade criativa.

Trata-se de uma das cidades mais seguras da América do Norte – sua taxa de criminalidade é menor que em qualquer grande cidade dos EUA, e uma das menores do Canadá. Talvez por isso, em janeiro de 2015, Toronto foi considerada pela renomada revista *The Economist*, a melhor cidade do mundo para se viver. Originalmente, o termo "Toronto" referia-se a um canal de água conectando o lago Simcoe com o lago Couchiching.

O nome desse canal era chamado de Tkaronto pelos índios da tribo *mohawk*, um termo cujo significado é "onde há árvores na água". Os primeiros exploradores europeus chegaram à região por volta de 1640, em expedições francesas ordenadas por Samuel de Champlain. Estas partiram de Quebec rumo à região dos Grandes Lagos, e a partir daí o local passou a fazer parte da colônia francesa da Nova França.

Posteriormente essa região foi também dominada pelos ingleses e, inclusive, pelos norte-americanos, que tentaram se apossar dela. Em 1834, a então cidade secundária (*town*) de York, foi elevada para a categoria de cidade primária (*city*) e recebeu o seu nome atual, Toronto. O objetivo era distingui-la de diversas outras localidades na colônia, incluindo o condado onde Toronto está situada.

William Lyon Mackenzie foi o seu prefeito e em 1837 liderou uma revolta contra o governo britânico, buscando uma maior autonomia para a colônia do Canadá Superior, do qual Toronto naturalmente fazia parte. Porém, tal rebelião foi facilmente extinguida pelos britânicos. Assim, William L. Mackenzie precisou fugir para os EUA.

A Grande Fome ocorrida na Irlanda no período de 1846 a 1849 fez com que chegasse a Toronto um grande número de irlandeses protestantes, que de forma geral foram até bem recebidos pelos ingleses e pelos escoceses que já viviam ali. Nas décadas seguintes esses irlandeses e seus descendentes acabariam ocupando posições importantes no comércio, na educação e na política. Eles criaram a Ordem de Orange, que se tornaria muito influente e poderosa dentro da sociedade de Toronto.

Vale ressaltar que até a década de 1890, os irlandeses compunham quase a totalidade da população da cidade, mas nessa época começaram a chegar na região os católicos alemães e franceses. Mesmo assim, os irlandeses católicos ainda formavam 90% da população católica da cidade. Várias iniciativas dos irlandeses e de seus descendentes foram importantes para o progresso de Toronto, entre elas a fundação da Universidade de Saint Michael, em 1852, de diversos hospitais e organizações de caridade, que fortaleceram ainda mais sua identidade (tanto que, na década de 1920, a cidade ganharia o apelido de "Belfast do Canadá"). Nos anos de 1890 foi inaugurado na cidade um sistema de bondes. Então, com a construção de ferrovias, em especial da Canadian Pacific Railway, Toronto se conectou a outras cidades primárias do Canadá e entrou no século XX com mais de 200 mil habitantes.

Porém, foi a partir da década de 1950 que a cidade cresceu rapidamente, depois de receber muitas pessoas oriundas das áreas rurais, além de um grande contingente de imigrantes europeus (italianos, portugueses, gregos, russos, poloneses etc.), que buscavam um recomeço em outro lugar depois do término da 2ª Guerra Mundial. Chegaram também muitos chineses, visto que a China estava sob o regime comunista e milhares de pessoas tentavam fugir do mesmo. Assim, se em 1951 Toronto contava com 1 milhão de habitantes, vinte anos depois a cidade alcançou 2 milhões (nos limites atuais).

Em 1968 a cidade realizou uma extensiva revitalização das margens do lago. Isso possibilitou acesso a essas regiões pelos moradores, que podiam se sentir como se estivessem na praia... Em 1971, foi construído o enorme parque de diversões, Ontário Place e, em 1976, inaugurou-se a *CN Tower*, que até 2007 foi a estrutura mais alta do mundo.

Aos poucos Toronto foi se transformando num polo turístico. Em 1981, foi inaugurado na cidade o Eaton Centre, um enorme *shopping center*, e em 1989, foi construído o *Rogers Centre*, então com o nome de *Skydome*. Um fato curioso é que, lamentavelmente, os edifícios de Toronto são armadilhas fatais para os pássaros!?!? Não existe um *ranking* das cidades mais mortíferas para as aves migratórias, mas um grupo responsável pela patrulha das aves, denominado FLAP (uma sigla em inglês que significa Programa de Cons-cientização da Luz Fatal), estima que, por ano, muitos milhares de pássaros (!?!?) morrem ao se chocarem com edifícios em Toronto.

O horizonte urbano de Toronto começou a elevar-se na década de 1960, formando um paredão de estruturas envidraçadas ao longo das margens do lago Ontário. Essa é uma barreira que se interpõe no meio de várias rotas importantes de voos migratórios. Os edifícios são as primeiras grandes es-truturas que as aves encontram quando voam para o sul, vindas da natureza selvagem.

O problema é que esses enormes prédios têm fachadas de vidro, que desorientam as aves ao refletir as árvores à sua volta. Enxergando o reflexo como um *habitat*, as aves voam em sua direção em alta velocidade e, ao se chocarem com o vidro, ficam bastante atordoadas, seriamente feridas e, inclusive, muitas morrem.

Não é por acaso que bandos de gaivotas ficam trepados em árvores próximas desses edifícios de escritórios esperando para devorar as aves menores mutiladas ou mortas por causa do impacto. Talvez em função da familiaridade com o ambiente urbano, pardais, pombas e gaivotas tenham menos possibilidade de trombarem contra o vidro das fachadas que os cha-pins, os colibris, as trepadeiras-azuis-do-Canadá, as corujas etc.

Atualmente, são tantas as aves que se chocam contra as torres de vidro da cidade mais populosa do Canadá, que voluntários percorrem o distrito financeiro todas as manhãs. Eles carregam redes iguais às utilizadas para capturar borboletas e, assim, resgatam as aves feridas ou recolhem as que estão mortas. As aves machucadas são levadas a um centro de reabilitação, e as que sobrevivem são posteriormente soltas nos parques.

Um método eficaz para reduzir esse perigo para as aves, embora pouco apreciado pelos arquitetos e proprietários dos edifícios, consiste em cobrir a parte externa das janelas (até a altura das copas das árvores) com um filme plástico igual ao usado para converter os ônibus em painéis publicitários. No caso dos edifícios novos, desenhos poderiam ser gravados no vidro. De fato, uma empresa alemã de fabricação de vidro já está desenvolvendo janelas que incluirão desenhos de alerta invisíveis para os seres humanos, aproveitando assim a capacidade das aves de enxergar luz ultravioleta.

Um fato é indiscutível: é preciso reverter de forma eficiente esse quadro dos arranha-céus de Toronto que se tornaram armadilhas mortais para tantas aves, não é mesmo? Quem diria que essa verticalização nas cidades poderia causar consequências tão trágicas.

Em 2002, Toronto sediou o Dia Mundial da Juventude e, inclusive, foi visitada pelo papa João Paulo II. No ano seguinte, 2003, a cidade foi mais uma vez o foco da atenção mundial, só que dessa vez por uma razão bem diferente: a cidade foi atingida por uma **epidemia de pneumonia asiática**, trazida por um canadense de ascendência chinesa que teria viajado anteriormente para Hong Kong. Centenas de pessoas foram contaminadas pela doença e 42 delas acabaram morrendo.

Na época, Toronto foi a única cidade do Ocidente a ter sido classificada como "altamente perigosa", o que fez o turismo cair drasticamente na região e o comércio entrar em recessão. Para tentar se recuperar desse choque, a cidade realizou um grande concerto musical, o *Molson Canadian Rocks for Toronto*, com bandas e cantores internacionalmente conhecidos, tais como Rolling Stones, AC/DC, Rush, The Guess Who, Justin Timberlake, entre outros. O fato é que esse concerto atraiu mais de meio milhão de pessoas para a cidade, tornando-se o maior já realizado no país.

Em 14 de agosto de 2003, Toronto, bem como todo o sul da província de Ontário e uma grande região do nordeste dos EUA, ficaram sem energia elétrica. Foi um "apagão" enorme que deixou muitas áreas da cidade sem eletricidade por mais de 12 h. Em algumas áreas o suprimento de energia elétrica só voltou ao normal depois de três dias, o que conturbou bastante a vida de milhões de pessoas!!! Como se pode notar esse tipo de falha também ocorre nos países desenvolvidos, e não só aqui no Brasil...

Em 2015, Toronto sediou os Jogos Pan-Americanos, ficando o Canadá na segunda posição geral, com 217 medalhas (78 de ouro, 69 de prata e 70 de bronze) – o Brasil ficou na 3ª posição, com 141 medalhas (41 de ouro, 40 de prata e 60 de bronze). Na ocasião a organização do evento foi impecável, fazendo com que o mundo percebesse um pouco da pujança da cidade. De fato, Toronto possui muitos pontos fortes e tem procurado eliminar os fracos. Veja a seguir algumas características dessa cidade que sempre visa melhorar e garantir sua sustentabilidade.

1ª) Toronto luta continuamente para minimizar seus problemas ambientais. Por exemplo, as praias ao longo do lago Ontário, que foram muito populares no fim do século XIX e no início do XX, se tornaram muito poluídas e bem perigosas para a saúde das pessoas por causa do crescimento da indústria de manufatura da cidade.

Durante as décadas de 1960 e 1970 foram afastadas da região muitas das indústrias poluidoras que surgiram próximas do lago, e no início da década de 1980 essas praias novamente voltaram a ser usadas pelos banhistas, embora o problema da poluição ainda não esteja plenamente resolvido.

Outro problema enfrentado pela cidade é o **lixo**, depois que o aterro sanitário Keele Valley atingiu sua capacidade e foi fechado em 2002. A partir daí a cidade expandiu significativamente o seu sistema de reciclagem, novos aterros sanitários foram criados, com a prefeitura de Toronto adquirindo-os por altos custos, e entraram em uso incineradores que embora sejam poluentes, também geram eletricidade.

2ª) Mais de 130 idiomas e dialetos são falados em Toronto, e mais de um terço da população da cidade fala outro idioma que não o inglês em casa. Isso apesar de o inglês ser o idioma predominante na cidade (é a língua materna de 53% da população da cidade). De acordo com o *Statistics Canada*, outros idiomas possuem uma presença significativa na cidade, destacando-se o chinês, o italiano, o português, o punjabi, o espanhol, o polonês, o taglog, o tâmil, o urdu, o francês, o grego, o árabe e o ucraniano.

Toronto possui um total de cerca de 240 bairros diferentes, muitos dos quais eram cidades ou vilas no passado, mas que foram eventualmente fundidos a outras cidades.

Muitos desses locais receberam denominações em homenagem a uma dada etnia ou nacionalidade, como é o caso de Corso Italia e Little Italia, em homenagem aos imigrantes italianos, ou então de Portugal Village, destacando a colônia portuguesa.

3ª) Infelizmente existem ainda muitos imigrantes ilegais em Toronto, sendo a maioria deles chineses, vietnamitas, poloneses, portugueses, brasileiros e mexicanos. Aliás, dos aproximadamente 25 mil brasileiros que vivem em Toronto, estima-se que entre 20% e 25% sejam **ilegais**. A Agência de Imigração do Canadá até reconhece esse problema, porém, prefere não agir. O fato é que tais imigrantes são vitais em alguns segmentos da economia da cidade, que precisam de mão de obra barata!!! De acordo com um artigo publicado pelo *Toronto Sun*, se todos os brasileiros e portugueses ilegais fossem deportados do país, a indústria de construção civil – a maior empregadora desses trabalhadores (muitos ilegais) – entraria em colapso!!!

4ª) Atualmente, existem na RMT cerca de 6.300 fábricas que produzem metade dos produtos industrializado em todo o Canadá. Por essa razão, cerca de um terço da força de trabalho de Toronto está empregada nelas!!! Com isso estima-se que o PIB da RMT em 2016 tenha chegado a US$ 230 bilhões. As maiores atividades industriais são: processamento de alimentos; montagem de veículos; fabricação de equipamentos eletrônicos; produção de papel; impressão de jornais, revistas e material publicitário; e produção de artigos têxteis.

Toronto é o principal centro bancário do país, sendo que os cinco maiores bancos têm suas sedes na cidade. A Bolsa de Valores de Toronto (Toronto Stock Exchange) é a maior do Canadá e a segunda do continente, ficando atrás apenas da de Nova York.

5ª) Nesses últimos 10 anos, a cidade de Toronto tornou-se um grande centro da indústria cinematográfica, juntamente com Vancouver, além de um dos maiores da América do Norte. Isso se deve ao baixo custo na produção de filmes e *shows* de televisão no Canadá, em comparação aos preços cobrados nos EUA.

As ruas da cidade, seus monumentos e arranha-céus podem ser vistos em uma variedade de filmes, pois eles imitam com facilidade as ruas das grandes cidades norte-americanas como Nova York, Chicago, Cleveland etc.

Em Toronto se produz mais filmes e programas de televisão que em qualquer outra cidade das Américas, com exceção de Los Angeles e Nova York, é claro. Dá para notar, portanto, como só esse setor da EC além de gerar bons resultados financeiros, mantém muitos empregos na cidade.

6 <u>a</u>) Toronto é atualmente um **grande centro turístico**, contando com uma rica variedade de atrações, dentre as quais estão grandes e modernos *shopping centers* (geralmente com mais de 200 lojas) onde os visitantes encontram produtos de qualidade e preços acessíveis.

Apesar de não ser conhecida pelos espaços verdes que existem na cidade, estão ali bons parques, como o High Park, o Sunnybrook Park, o Rouge Park e o Christie Pits, além de grandes áreas verdes, como as ilhas Toronto (230 hectares) e Leslie Street Spit (200 hectares). E como as águas perto da margem do lago Ontário congelam durante os dias mais frios do inverso, isso o transforma em mais uma atração turística, pois as pessoas podem patinar numa vasta extensão.

E para os visitantes que curtem arte e história, uma boa pedida é visitar o Royal Ontario Museum, o maior do Canadá, cujo acervo conta com mais de seis milhões de peças. Sua importância começa no edifício-sede, uma estrutura de metal e vidro que com seu formato anguloso avança sobre a calçada. Mas há outros museus interessantes na cidade como George R. Gardiner Museum of Ceramic Art, The Bata Shoe Museum (um museu dedicado à história dos sapatos), Art Gallery of Ontario (abriga várias pinturas e esculturas feitas por artistas de renome internacional, tais como Henry Moore) e o Ontário Science Center, um museu especializado em ciências e tecnologia, muito visitado pelas crianças.

Não se pode esquecer que, embora o *Cirque du Soleil* tenha nascido em Baie-Saint Paul, uma cidade da província de Quebec, ele também faz apresentações em Toronto. Vale muito a pena assistir a uma delas. Outra atração é a a Casa Loma, edificada em 1911 e conhecida por ter 98 quartos, em cuja construção na época foram investidos cerca de 3,5 milhões de dólares canadenses, e foi a antiga residência do financista *sir* Henry Mill Pellatt.

A RMT é o terceiro maior centro de teatro anglófono do mundo, perdendo só para Nova York e Londres. Existem quase 100 teatros espalhados pela cidade e vários deles são famosos. Diversas companhias teatrais também estão sediadas na cidade. O National Ballet of Canada é o grupo de balé mais famoso do país. Ele se apresenta no Hummingbird Centre, mas a cidade tem mais de 50 companhias de balé e dança. E nesse mesmo local também é possível assistir às apresentações da Canadian Opera Company, a principal ópera do país. Por sinal existem na cidade seis companhias de ópera e duas orquestras sinfônicas.

Devido a sua importância na indústria cinematográfica muitos filmes norte-americanos são lançados inicialmente em Toronto, no seu importante Festival Internacional de Cinema, que já rivaliza em importância com o realizado em Cannes, na França. Com tudo isso, estima-se que em 2016, estiveram em Toronto entre visitantes nacionais e estrangeiros perto de 12 milhões de pessoas.

7ª) Os turistas podem chegar a RMT utilizando-se das vias expressas, ferrovias e do serviço de balsas. Porém, o principal meio é o transporte é sem dúvida o aéreo. A cidade é servida por vários aeroportos. O principal é o aeroporto internacional Lester B. Pearson, localizado na cidade vizinha de Mississauga. Ele é o quarto mais movimentado da América do Norte, sendo que o fluxo de passageiros em 2016 superou os 44 milhões.

Existem ainda dois outros aeroportos dentro dos seus limites municipais: o Billy Bishop Toronto City Airport, para vôos da aviação geral, e a Base Aérea Downsview (base militar e local de testes para a fabricante de aviões Bombardier). Em Hamilton, a 85 km sudoeste da RMT fica o aeroporto internacional de Hamilton, que serve como alternativa ao aeroporto Lester B. Pearson e opera como base para linhas aéreas de baixo custo e voos *charter*. Outros aeroportos que atendem apenas a aviação civil estão localizados em Buttonville, Markham, Oshawa, Brampton e Burlington.

Portanto, como se pode verificar, os habitantes de Toronto já compreenderam que no século XXI a locomoção precisa ser rápida e eficiente. Por causa disso, se tem investido muito no transporte aéreo, afinal, as verdadeiras metrópoles precisam ser mais que cidades e operar como **aerotrópoles**.

8ª) A **arquitetura** dos prédios e edifícios de Toronto é primariamente contemporânea, embora alguns pontos de interesse mais antigos ostentem uma arquitetura baseada nos estilos gótico ou *art déco*.

O fato é que, assim como ocorre nas outras metrópoles do planeta, o céu de Toronto tem sido cada vez mais dominado por arranha-céus. E tudo indica que nesses últimos anos a cidade tenha recebido o maior número dessas construções no Ocidente: lá já existem mais de 2 mil edifícios com pelo menos 12 andares...

Dentre as edificações ali encontradas, é preciso destacar o *Toronto City Hall*, o prédio da prefeitura. Com seu estilo modernista e uma altura de quase 100 m, ele é sem dúvida uma atração arquitetônica à parte. E perto dessa estrutura encontra-se o prédio do Conselho Municipal, que tem o formato de um ostra.

Esses dois prédios que compõem a prefeitura e o prédio do Conselho Municipal estão localizados em uma praça de 50 mil m², a Nathan Phillips Square, próxima do *Old City Hall*, ou seja, do antigo prédio da prefeitura.

9ª) O sistema escolar de Toronto é administrado pela Toronto District School Board que administra cerca de 440 escolas. O órgão é responsável pela educação de mais de 330 mil estudantes por ano. Isso faz dele o maior distrito escolar do Canadá, e o quarto maior da América do Norte. Por seu turno, o sistema católico de ensino administra outras 100 escolas que oferecem educação para mais de 85 mil alunos por ano.

Já no ensino superior, existem em Toronto três grandes universidades. O *campus* da Universidade de Toronto está localizado no centro da cidade. Ocupando uma grande área, ele é considerado o maior do país: é responsável pela educação de mais de 60 mil estudantes e emprega cerca de dez mil pessoas. Essa universidade também possui dois *campi* menores, um em Scarborough e outro em Mississauga. Os três juntos atendem cerca de 76 mil estudantes por ano, muitos vindos de outras regiões do país e, inclusive, do exterior.

As outras duas universidades tirar em Toronto são a Universidade York, em North York e a Universidade de Ryerson, localizada também no centro da cidade. A primeira atende aproximadamente 48 mil estudantes; a segunda, 22 mil alunos. Mas Toronto possui outras destacadas IESs, como é o caso da Faculdade de Artes e *Design* de Ontário, uma das mais reconhecidas da América do Norte, e as quatro faculdades: Seneca College, Centenial College, Humber College e a George Brown College, que juntas possuem um total de 30 *campi* espalhados em diversas regiões da cidade.

10ª) Os canadenses adoram o hóquei no gelo, o que se pode compreender facilmente visitando o Hockey Hall of Fame, onde são homenageados os mais renomados atletas desse esporte, muitos dos quais se tornaram famosos atuando em equipes profissionais dos EUA.

O principal time de hóquei no gelo é o Toronto Maple Leafs, que em suas disputas na NHL, conseguiu vencer o torneio 13 vezes. É importante lembrar que, em sua grande maioria, as equipes profissionais canadenses atuam em campeonatos que são, fundamentalmente, disputados por times dos EUA. Esse é o caso do time de basquete, o Toronto Raptors, que disputa jogos da NBA, realizando os seus jogos no Air Canada Centre, que fica na conjunção da Bay Street, York Street e a Gardiner Expressway. A equipe se mostrou bastante competitiva na temporada 2016/2017.

Do lado da *CN Tower* encontra-se o *Rogers Centre*, um grande estádio inaugurado em 1989, e o primeiro do mundo com teto totalmente retrátil. O local é a casa do Toronto Blue Jays (o principal time de beisebol da cidade) e do Toronto Argonauts (o principal time de futebol canadense da cidade). No futebol (estilo *soccer*) tem-se o Toronto FC, que joga na MLS e o Toronto Lynx, que joga na USL (United Soccer League).

Desde 1986, a cidade promove uma etapa fixa da Fórmula Indy, no Prince's Boulevard, o Honda Indy Toronto (Grande Prémio de Toronto). Paul Tracy é, até hoje, o único canadense a vencer esta etapa em 1993 e 2003. Recorde-se que os brasileiros Emerson Fittipaldi (1987) e Cristiano da Matta (2002) foram os brasileiros vencedores desta corrida. Infelizmente, na edição dessa competição de 14 de julho de 1996, houve um trágico acidente que matou o piloto norte-americano Jeff Krosnoff e o fiscal de pista Gary Avrin.

A LIÇÃO DE TORONTO

Certamente a lição mais importante de Toronto para as cidades brasileiras, em especial as grandes, é a forma como ela lida com incrível eficiência no setor de segurança, tendo hoje uma das taxas de criminalidade mais baixas da América do Norte, ou seja, algo próximo de 1,4 homicídios para cada 100 mil habitantes.

Por exemplo, em Chicago, nos EUA, que nos últimos anos tem aproximadamente a mesma população de Toronto, em 2016, ocorreram 19 homicídios para cada 100 mil habitantes. Note-se, entretanto, que em 2016 a estimativa foi de que houvesse em Toronto cerca de 35 mil sem-teto que, em geral, são os desempregados. Todavia, a despeito desse grande número de pobres e desabrigados, essas pessoas não se tornaram transgressoras da lei ou criminosas. Outro dado importante sobre a cidade canadense é que nos meses de inverno as temperaturas da região podem chegar a 30° C negativos (ou até menos), algo que facilmente pode levar um sem-teto à morte!!! A prefeitura da cidade tem procurado construir abrigos, mas eles ainda são insuficientes para atender toda a demanda.

O número de roubos também é relativamente pequeno por 100 mil habitantes. O que realmente ainda é um grande problema em Toronto é o **tráfico ilegal** de drogas e os confrontos entre as gangues!!! Tudo isso, porém, com índices muito baixos numa comparação com o que acontece em qualquer cidade brasileira cuja região metropolitana tenha mais de 2 milhões de habitantes!!!

Graças a um dos filhos mais famosos de Toronto, o *rapper* Drake, a cidade recentemente ganhou um novo apelido: *The Six*.

E a origem disso é a música *Know Yourself*, lançada por ele em 2015, que tem na letra o trecho: "*Runnin' through the 6 with my woes*" ("Correndo pelas seis com as minhas angústias") que se confunde com a união, em 1998, dos seis distritos que formam a cidade: Etobicoke, North York, Scarborough, York, East York e a própria Toronto.

Também há quem diga que o apelido vem dos códigos telefônicos de Toronto, 416 e 647. Porém, a versão que envolve o *rapper* tem um ponto a seu favor, pois dialoga com a *vibe* criativa que domina vários aspectos do cotidiano da cidade. **E isso conquista muitos turistas**!!!

É isso que toda cidade que quer ser **criativa** deve ter, ou seja, uma linda música que esteja de alguma forma ligada a ela e lhe proporcione um apelido simpático. **Gostou da sugestão?**

Uma vista do centro de Turim com destaque para a grandiosa edificação Mole Antonelliana.

2.41 -
Turim

PREÂMBULO

Certa vez um turista fanático pela Europa comentou: "Turim é uma das cidades do continente europeu que foi capaz de se reinventar depois do fim de uma longa era industrial. Uma nova geração transformou a antiga cidade-fábrica em uma 'Pequena Paris', na qual se tem atualmente um dos mais avançados cenários musicais, gastronômicos, artísticos e culturais."

Hoje, quem for a Turim – cidade natal da Fiat – não pode deixar de visitar o Museu do Automóvel, muito interessante, mesmo para quem não é um "apaixonado por carros".

Mas é para os que adoram uma boa bebida, **qual seria a melhor para se esquentar?** A resposta certa é: o *bicerin*. Reconhecido como a bebida tradicional de Piemonte, ela conta com três ingredientes básicos: café, chocolate e creme de leite. Todavia, não se deve confundir essa bebida com o licor de chocolate tipo giandúia, que tem o mesmo nome e também ajuda a esquentar a garganta!!!

Uma coisa que pouca gente sabe é que a verdadeira **capital do chocolate** é Turim, e isso foi conquistado muito antes da fama alcançada depois pelo chocolate fabricado na Suíça.

A HISTÓRIA DE TURIM

Turim (ou Torino, como os italianos a chamam) é a capital e a maior cidade da região de Piemonte, além da 4ª maior da Itália. Em 2016 ela contava com cerca de 1 milhão de habitantes, ficando atrás somente de Roma, Milão e Nápoles.

Acredita-se que tenha sido fundada como Taurásia, no século III a.C., e transformada posteriormente em colônia romana por Augusto, com o nome de Iulia Augusta Taurinorum, isso no século I a.C. No século XVII ela se tornou parte da casa de Savoia, e no século XVIII foi a capital do reino da Sardenha. Ela também foi a capital da Itália entre 1861 e 1864.

Em Turim fica a sede da Fiat, que nas últimas cinco décadas reduziu drasticamente o número de empregados, o que obviamente foi sentido na economia da cidade. A cidade foi a sede dos Jogos Olímpicos de Inverno em 2006, o que lhe trouxe grandes benefícios. As instalações que foram construídas para os Jogos até hoje são utilizadas nos meses frios para atrair muitos turistas que adoram praticar esportes específicos para esse clima.

Na sua região metropolitana vivem atualmente cerca de 2 milhões de pessoas. Está na cidade o edifício *Lingotto* – que já foi a maior fábrica de carros do mundo –, mas que abriga hoje um centro de convenções. Aliás, ele também funciona como local para concertos, galeria de arte, centro de compras e hotéis.

Turim também é um centro da indústria aeroespacial, com empresas como a Alenia. Alguns dos principais componentes da Estação Espacial Internacional foram produzidos em Turim, como também para outros projetos envolvendo lançamentos de satélites. Mas existem outras companhias fundadas em Turim, como a Invicta (1821), a Lavazza, a Martini, a Kappa e a fábrica de chocolates Caffarel. Também em Turim surgiram grandes companhias italianas, como a Telecom Itália, no setor de telecomunicações, e a rede de televisão RAI. Infelizmente a maioria das indústrias de cinema se mudou para outras partes do país, porém, continua na cidade a sede do Museu Nacional de Cinema.

Curiosamente, diversas cidades brasileiras tornaram-se cidades-irmãs de Turim, como: Belo Horizonte, Cuiabá, Campinas e Campo Grande. Na década de 1950, a Itália toda viveu um grande *boom* econômico, e Turim foi invadida por uma massa de trabalhadores vindos de outras partes do país e até do exterior. Nessa época ela era uma típica "**cidade de uma só empresa**", onde tudo existia e todos viviam em função da Fiat. A montadora era o mais importante agente econômico local e afetava profundamente a vida social e a economia da cidade.

Porém, na década de 1980, com a automação cada vez mais intensa, o número de empregados na Fiat foi se reduzindo. Assim, ocorreu em toda a cidade uma intensa desindustrialização e teve início um processo de reestruturação, no qual procurou-se criar uma economia voltada para **serviços**. Entretanto, essa transição na cidade foi bem difícil, por conta da grande dependência do seu sistema econômico em relação a indústria automobilística. Essa crise, além de deixar um legado social oneroso, com um grande número de desempregados, também arruinou o tecido econômico urbano. A maioria dos habitantes locais tinha um baixo nível educacional e capacitação, o que tornava a requalificação dessa gente uma tarefa bastante complicada!!!

O desafio para o governo local e também para os atores mais destacados da cidade foi encontrar uma forma de escapar desse declínio econômico que parecia irreversível, e promover a transição dos negócios da cidade para uma economia mais viável e sustentável. Dessa forma, o governo local resolveu apoiar a transição econômica da cidade rumo a uma **economia baseada em conhecimento e serviços**, abandonando pouco a pouco a sua imagem de cidade industrial!?!?

O primeiro bom sinal de renascimento urbano ocorreu no final da década de 1990, quando Turim e a região de Piemonte foram escolhidos para sediar os Jogos Olímpicos de Inverno em 2006. Tal conquista foi o resultado de anos de preparação para a candidatura da cidade e da região, algo que contou com um intenso envolvimento das autoridades locais, cujo objetivo era encontrar novos caminhos para a o renascimento urbano.

Em 2000, a associação Torino Internazionale foi formalmente criada, com o envolvimento da prefeitura de Turim, de outros 22 municípios da região metropolitana, do governo da província e de 73 empresas privadas (incluindo a Fiat), e organizações sem fins lucrativos (em particular as fundações bancárias e as universidades).

Antes disso, entretanto, um comitê diretor composto por agentes públicos e privados – um grupo que compartilhava a mesma visão de desenvolvimento urbano – elaborou dois planos estratégicos. E mesmo com um amplo escopo e cobrindo diversos aspectos econômicos e sociais do contexto urbano, ambos consideraram a **cultura** como **um dos ativos mais importantes da cidade**!!!

Um dos objetivos principais do plano estratégico de 1998, enfatizava que Turim teria de se tornar a cidade da **cultura**, do **turismo** e do **esporte**!!! Nesse caso, a realização dos Jogos Olímpicos de Inverno 2006 poderia ser considerada como um evento extraordinário, visto que forçaria um rápido aprimoramento da infraestrutura metropolitana (em particular do aeroporto da cidade), assim como dos serviços voltados para o acolhimento dos visitantes, com ampliação da rede hoteleira.

O mais interessante, entretanto, é que oito anos depois desse primeiro plano, o segundo – de 2006 – abrangeu duas linhas de ação (de um total de nove). Ambas estavam voltadas para a cultura e a criatividade, e representavam importantes ativos para a política de regeneração urbana da cidade. Desse modo, a linha de ação denominada **Ativos Culturais** se concentrou basicamente no incremento do consumo cultural e da promoção do acesso das pessoas aos bens e às atividades culturais – mais especificamente à **visita de museus**. A segunda linha, chamada **Criatividade**, tinha como um de seus objetivos apoiar a dimensão econômica das novas empresas culturais e criativas, oferecendo um ambiente atraente e integrado para os profissionais dos âmbitos cultural e criativo.

Neste sentido, seguindo a lógica da oferta e procura, essas duas estratégias de desenvolvimento se voltaram objetivamente para a construção de distritos e *clusters* criativos. Naturalmente, a meta era criar um círculo virtuoso de intenso consumo e forte produção de bens e serviços culturais, tudo isso respaldado por uma infraestrutura cultural conveniente *hard* e *soft*, constituída por muitos eventos e locais dedicados ao entretenimento e ao incremento da cultura.

Uma das principais ações visando o aumento do consumo cultural e também a valorização das coleções artísticas já existentes em Turim, foi implantar uma melhor gestão do Sistema Metropolitano de Museus, buscando o estabelecimento de parcerias público-privadas. Dessa maneira, em 2004 ocorreu a criação da Fundação Público-Privada para o Museu Egípcio, um dos museus mais visitados da cidade que, entretanto, era estatal. Para isso, o governo italiano entregou por 30 anos o museu e seus bens artísticos e culturais (6.500 itens, além da biblioteca) para a Fundação, que promoveu a imediata valorização dessa coleção, pelo menos no contexto local.

O governo municipal também procurou divulgar novamente Turim como a "**cidade do cinema**", apesar da anterior fuga da cidade de muita gente talentosa ligada ao cinema. Tal estratégia se fundamentou na tradição de Turim nesse setor, que datava do alvorecer do cinema italiano ainda na década de 1920. Na ocasião, o rico ambiente local permitiu que emergissem ali – pelo menos no cenário audiovisual da Itália – diversos produtores de cinema e vídeo, e de maneira mais específica e sensível nos anos 1970 e 1980.

As ações adotadas pelo governo local favoreceram tanto as instituições envolvidas com o consumo de cinema enquanto arte (como o Museu do Cinema, o Festival de Filme de Turim), quanto as infraestruturas e agências culturais. Isso contribuiu para atrair novamente para a cidade não apenas vários profissionais dessa área, como artistas, roteiristas, trabalhadores etc., mas também os investimentos necessários para sustentar a cadeia produtiva do cinema. Assim, já em 2008, ao menos 10 produções que aconteceram em Turim, conseguiram algumas dezenas de milhões de euros para auxiliar na sua realização.

Também surgiu em 2008, a Cineporto – um investimento de € 8 milhões –, ocupando uma área de 9.400 m². O local permitia a realização simultânea de até 5 produções, o que sem dúvida foi uma atração, pois possibilitou o aprimoramento das condições logísticas e organizacionais de todas as atividades ligadas aos filmes, e, consequentemente, a redução dos custos.

A dinâmica ocorrida em Turim nos últimos 15 anos, aponta claramente para o fato de que ela foi se transformando numa **cidade criativa**. Na verdade, ela se tornou um modelo urbano baseado tanto na revitalização do consumo cultural, quanto na emergência de muitas atividades em diversos setores da EC. Por exemplo, a partir de todo esse processo, houve um significativo aumento na demanda por museus, atrações turísticas e eventos culturais. Especificamente em 1998, o Sistema Metropolitano de Museus contou com 1,3 milhão de visitantes; em 2007, foram 3,2 milhões, e em 2016 esse número superou os 5 milhões.

Em contrapartida, e embora de maneira lenta, tem ocorrido a gentrificação – mudança demográfica e socioeconômica de uma área resultante da compra de residências em comunidades com renda baixa por parte de um número significativo de pessoas da classe alta – do centro histórico, uma vez que apenas alguns bairros centrais se converteram em polos culturais e surgiu ali uma vida noturna vibrante.

Estima-se que em 2016 as atividades culturais e aquelas dos setores criativos tenham contribuído com 9% para o PIB municipal, porque não se conseguiu ainda a plena eficácia do círculo virtuoso de consumo, tampouco da produção de bens culturais e criativos. Talvez isso tenha ocorrido pelo fato de as regiões mais atraentes e criativas de Turim continuarem no centro da cidade, ao passo que as áreas periféricas estão se beneficiando menos das políticas culturais.

Assim, nessa 2ª década do século XXI, os gestores municipais de Turim estão procurando expandir as políticas culturais para a periferia e, ao mesmo tempo, engajar os que vivem ali, incentivando-os a mudar seus hábitos e a adotar um maior consumo cultural, envolvendo-se mais intensamente nos eventos artísticos e nas atividades criativas.

A transição de Turim da "cidade de uma só empresa" sem dúvida já aconteceu. Porém, ainda há muita coisa para ser implementada, em especial no que diz respeito à criação de mais distritos criativos para que a cidade se torne uma referência nesse âmbito!!! Veja a seguir algumas características que confirmam Turim como uma cidade criativa.

1ª) Muitos monumentos se destacam em Turim, vários deles com séculos de idade. Vejamos a seguir 13 deles:

- **Palácio Real** – Foi construído no século XVII, tendo sido a residência dos integrantes da casa de Saboia – a família real da Itália – até Vitor Emanuel II. Nele está uma importantíssima coleção de armas brancas e de fogo, bem como de armaduras e outros artefatos usados pelos guerreiros. Ao lado dele encontra-se a igreja de San Lorenzo, considerada a capela real dos Saboia.

- **Palácio Madama** – Ele data do século XIII e foi construído no lugar de um antigo portão romano. A sua majestosa fachada foi projetada por Felipe Juvara, em 1718.

- **Catedral de Turim** – Foi concluída no fim do século XV. Seu arquiteto provavelmente foi o toscano Meo del Caprino. Nela se chega à celebre capela do Manto Sagrado, uma obra de Guarino Guarini, com uma esplêndida cúpula. Aí está conservado o manto sagrado, com o qual se acredita que teria sido coberto o corpo de Jesus Cristo, depois de retirado da cruz...

- **Portão Palatino** – É um portão romano da antiga cidade de Iulia Augusta Taurinorum, que faz parte do Parque Arqueológico de Turim e fica junto a um teatro romano.

- **Mole Antonelliana** – É um símbolo da cidade que a caracteriza com seus 167 m de altura. Ela foi iniciada para ser um templo israelita por Alessandro A. Antonelli (um italiano *mole* significa construção grandiosa e maciça).

- **Museu Egípcio** – Encontra-se nele uma das coleções mais importantes do mundo em termos de antiguidades egípcias. Ele é o mais antigo do mundo, sendo considerado o segundo mais importante do planeta, depois do Museu do Cairo, pelo valor de suas peças.

- **Galeria Sabauda** – Essa coleção começou a ser formada a partir do século XIX durante o reinado de Carlos Alberto.

- **Palácio Carignano** – Ele foi iniciado por Guarino Guarini em 1679, tendo sido a primeira sede do Parlamento italiano no período de 1860 a 1865. Atualmente é o Museu do Ressurgimento.

- **Santuário da Consolata** – Dedicado a Virgem Maria, invocada com o título de "Consolatrice" (Nossa Senhora da Consolata, padroeira da cidade de Turim) que é considerado o santuário mariano mais importante da cidade e da arquidiocese de Turim, bem como uma verdadeira obra-prima do barroco piemontês.

- **Parque do Valentino** – Ele se estende bem grandioso ao longo das margens do rio Pó. Nele estão o castelo de Valentino, um edifício com aspecto barroco que é atualmente a sede de uma faculdade de Arquitetura, um burgo medieval (núcleo fortificado) e um moderno Centro de Exposições.

- **Stupinigi** – O palacete para caça Stupinigi, é uma obra-prima do arquiteto Felipe Juvara, que o projetou para Vitor Amadeo II, duque de Saboia, em 1730.

- **Basílica de Superga** – Na colina de Superga está essa edificação, mais uma obra incrível de Felipe Juvara.

- **Basílica de Maria Auxiliadora** – Ela foi construída por são João Bosco e nela estão guardados os restos mortais do fundador dos salesianos e da madre Maria Mazzarello, cofundadora com dom Bosco do Instituto das Filhas de Maria Auxiliadora.

Em 24 de maio de 2017, mais de 55 mil fiéis participaram das solenidades em honra de Maria Auxiliadora na célebre basílica, uma boa parte deles integrantes de numerosas delegações de oratórias, escolas e centros da família salesiana do mundo todo. Este é um exemplo típico de um evento que incrementa a visitabilidade a um cidade.

Como se nota, há muita coisa incrível para se visitar em Turim, especialmente para quem é religioso, não é?

2ᵃ) A cidade tem diversas universidades de destaque como é o caso da Universidade de Turim (UniTo), fundada em 27 de outubro de 1404. Nela se graduou Erasmo de Roterdã, em 1506. A universidade evoluiu muito com o apoio de Carlo Emanuele III e Vittorio Amadeu II, que criou em 1739 o Museo dell'Universitá. No século XX estiveram envolvidas com a UniTo personagens como Norberto Bobbio, Leone Ginzburg, Vitoria Faa, Massimo Mila, Giorgio Agosti, Cesare Pavese etc.

Em 2017 estavam matriculados na UniTo cerca de 70.500 estudantes, dos quais 20% eram de fora da região de Piemonte e aproximadamente 4.000 eram estrangeiros. Entre pesquisadores e professores nas diversas categorias, cerca de 2.000 trabalhavam na UniTo, apoiados por um *stuff* administrativo de 1.900 funcionários. Em 2016, a UniTo recebeu algo próximo de € 18 milhões para aplicar em pesquisa, e seus pesquisadores publicaram 7.700 trabalhos científicos. Tem crescido bastante o valor das doações recebidas pela UniTo nos últimos anos.

Em 2016 a UniTo, segundo uma avaliação internacional, foi classificada como a terceira melhor IES da Itália. Sua biblioteca coloca à disposição de seus alunos cerca de 2,75 milhões de livros, além de milhares de revistas e recursos *on-line*. A UniTo tem concedido láureas e homenagens a muitas pessoas que contribuíram significativamente não somente para setores específicos ligados à ciência e tecnologia, mas também para os diversos setores vinculados a EC (música, artes cênicas, artes visuais, *design* etc.). Além disso, tornou-se tradicional na UniTo valorizar o corpo docente atribuindo aos seus integrantes o título de **professor emérito**.

Outra IES muito importante de Turim é o Politécnico, que nasceu como uma instituição formal em 1906. Porém, sua origem é bem anterior, ou seja, com o surgimento em 1859 da Escola de Aplicação e do Museo Industriale Italiano. Sem dúvida, foi muito importante criar a Escola de Aplicação no castelo de Valentino. Em 1958, foi executada uma grande expansão do Politécnico, com a criação de muitos laboratórios, melhor ambiente para se desenvolver pesquisas e melhorias para a vida dos residentes de Turim. Aliás, se alguns chamam Turim de "capital automobilística da Itália", muito se deve às pessoas que se formaram nessa IES e colaboraram tanto para o seu progresso.

Em 2009, o Politécnico comemorou o seu aniversário de 150 anos. Ele é reconhecido como um grande centro científico, e não apenas na Itália, mas em todo o continente europeu. Aliás, muitos alunos de outros países desejam estudar ali. O Politécnico já homenageou algumas dezenas de personagens em sua maioria engenheiros nos vários setores, entre eles Giovanni Agnelli (engenheiro industrial), Battista Pininfarina (arquiteto) e Sergio Marchionne, atual presidente da Fiat (engenheiro de administração).

3ª) Turim também é frequentemente chamada de "berço da Itália", por ter sido o lugar de nascimento de importantes políticos que contribuíram muito para a unificação do país. Inicialmente deve-se destacar Vittorio Emanuel II, da Itália, rei do Piemonte e o primeiro rei da Itália unida. Também nasceu ali o político Camillo P.F.G. Benso, conde de Cavour, uma figura vital para a unificação da Itália.

Em épocas diferentes nasceram em Turim o rei Amadeo I da Espanha; o famoso físico Amadeo Avogadro; o grande matemático Joseph Louis Lagrange; o beato da igreja católica Miguel Rúa; o jurista, filósofo e politólogo, Norberto Bobbio; o empresário Gianni Agnelli; o economista Piero Sraffa; o prêmio Nobel de Fisiologia e Medicina, Salvador Edward Luria; o intelectual Piero Gobetti; a ganhadora do prêmio Nobel de Fisiologia e Medicina, Rita-Levi Montalcini; o filósofo e escritor, Carlo Levi; o desportista, homem de negócios e fundador da Lancia, Vincenzo Lancia; o tenor Francesco Tamagno; o compositor e pianista Ludovico Einaudi; e o cantor Umberto Tozzi; a cantora Carla Bruni, ex-primeira-dama da França; entre muitos outros filhos famosos da cidade.

E não se pode esquecer daqueles que residiram (alguns muito tempo) na cidade, contribuindo com o seu **talento** para o destaque e progresso da região.

É o caso do político italiano Antonio Gramasci; do químico Ascanio Sobrero; do criminalista Cesare Lombroso; do físico, astrônomo, matemático, engenheiro civil e sacerdote católico, Francesco Faà di Bruno; do escritor e filósofo italiano Umberto Eco; do matemático Giuseppe Peano; da novelista, ensaísta, dramaturga e política italiana, Natalia Ginzburg; do teórico político e filósofo francês Joseph de Maistre; do escritor Edmondo de Amicis; do escritor Italo Calvino; do filósofo Friedrich Nietzsche; do economista Vilfredo Pareto; do empresário e fundador da Fiat, Giovanni Agnelli; do empresário Luca Cordero di Montezemolo; do fundador dos salesianos João Bosco e do pianista Marcelo Boasso. **Quantos talentos, não é mesmo?** Não há dúvida de que eles ajudaram ou influenciaram no surgimento de milhares de outros na cidade!!!

4 <u>a</u>) Turim é a terceira cidade mais rica da Itália, e estima-se que em 2016 o seu PIB tenha chegado a US\$ 65 bilhões. Junto com Milão e Gênova, ela constitui o chamado **"triangulo industrial"** da Itália. É nela que se produzem os carros da Fiat, Lancia e Alfa Romeo – por isso a cidade é chamada de "capital da indústria automobilística da Itália" –, mas estão ali também outras empresas poderosas, como o banco Instituto Bancario Sanpaolo.

Como foi dito anteriormente, Turim já foi a "primeira pátria" do cinema italiano e nessas últimas duas décadas voltou a ser o local de produção de filmes e vídeos, com um bom impacto sobre a economia da cidade. De modo geral, Turim continua sendo muito conhecida pela sua indústria metalmecânica (não se pode esquecer que a Fiat foi fundada em 1899) e também por produtos com base no chocolate, especificamente da giandúia (um produto que é impossível deixar de comer, feito com avelã e cacau).

A cidade atrai muita gente, destacando-se especialmente no setor do *design*.

5 <u>a</u>) No esporte, convém citar que a cidade sediou jogos da Copa do Mundo de Futebol nos anos de 1934 e 1990 e, como já foi mencionado, também foi sede dos Jogos Olímpicos de Inverno de 2006. O seu grande time de futebol é a Juventus, atual hexacampeão, uma vez que venceu o campeonato de 2016/2017. Pois é, a Juventus ganhou seis títulos consecutivos e a Copa da Itália, mas foi "infeliz" e perdeu a Liga dos Campeões para o incrível time do Real Madri na partida disputada em Cardiff em 3 de junho de 2017, pelo arrasador placar de 4 a 1. E também está na cidade o Torino Football Club, que disputa o principal campeonato de futebol da Itália. Mas é claro que na cidade as pessoas também gostam de outros esportes coletivos, destacando--se o voleibol e o basquete.

6 <u>a</u>) Pode-se chegar facilmente a Turim por rodovia, uma vez que convergem para a cidade cinco importantes estradas, em especial a A4, que liga a cidade a Milão e a Trieste. Por outro lado, Turim é um importante *hub* ferroviário e dali pode-se seguir para a França, ou então para Milão ou Gênova, e a partir desses destinos, seguir para outras importantes cidades italianas. Desde 2006 a cidade tem o seu metrô, que aliás está evoluindo em extensão. Turim também possui um eficaz sistema de transporte público com o uso de bondes e ônibus.

A LIÇÃO DE TURIM

A grande lição de Turim nos é a dada pelo seu governo. Isso aconteceu logo que se percebeu na cidade o contínuo declínio do setor automobilístico – o grande supridor de empregos – e foi preciso que ela buscasse outra fonte de renda. Turim se voltou então para sua rica cultura e história, assim como para o **turismo esportivo** e, assim, foi capaz de alavancar o surgimento de novos empregos – valendo-se inclusive do seu apelido de "**capital dos Alpes**".

Seu governo procurou divulgar cada vez mais os seus museus de arte, suas igrejas, seus palácios, seus teatros de ópera, suas praças, seus parques, seus jardins e suas bibliotecas, entre outros atrativos. E não se pode esquecer que Turim também é amplamente reconhecida por sua arquitetura barroca, rococó, neoclássica e *art noveau*. Tudo isso fez com que essa bela cidade italiana se tornasse uma das 200 cidades mais visitadas do mundo: estima-se que entre turistas domésticos e estrangeiros os visitantes tenham chegado a 3,5 milhões em 2016.

Especialmente nessas últimas duas décadas, Turim conseguiu atrair muitos *bohemian bourgeoisie* (ou simplesmente BoBo), ou seja, profissionais mais ou menos liberais, com perfis de consumo diferenciados que podem ser incluídos na classe criativa. Os integrantes dessa classe podem ser caracterizados pela conjugação de três fatores: o **conhecimento** e a **capacidade de dominar as infraestruturas tecnológicas** onde vão fluir, circular e interagir os produtos criativos; o **talento individual**, e, sobretudo, o talento desenvolvido pela convivência com outros talentos; e a **abertura à tolerância**, própria destas comunidades diversificadas.

As cidades que atraem talentos – que por sua vez dinamizam espaços e promovem atividades que agitem e movimentem bairros inteiros, pedaços urbanos que em uma dúzia de anos se transformaram, conseguindo se revitalizar. Aliás, isso é o que a prefeita Chiara Apendino, que está no cargo desde junho de 2016, quer incrementar, tornando Turim não apenas icônica, mas significativa para quem vier até ela para estudar, trabalhar ou passear!!! Neste sentido, ela está ciente da importância do desenvolvimento da EC. Ela sabe, portanto, que é a relação entre quem tem a força das ideias e quem tem o poder da força que permite progredir no tempo e no espaço na cidade, de forma harmoniosa, propondo, promovendo e gerando ambientes criativos.

Vale a pena que todo gestor público municipal, especialmente aquele ligado à cultura, ao turismo e à educação, acompanhe os eventos realizados anualmente em Turim, para tentar replicar algo no seu próprio ambiente de trabalho.

Uma visão de Vancouver, uma cidade que é um exemplo de sustentabilidade.

2.42 - Vancouver

PREÂMBULO

Vancouver é uma cidade jovem, cosmopolita, de bom gosto e com um comportamento altamente **sustentável** que, inclusive, ganhou mais força nos últimos anos com a construção de arranha--céus e a abertura de novos hotéis e restaurantes.

Em Vancouver o visitante pode fazer pelo menos três coisas incríveis:

➤ Andar de *bike*, patins ou correr utilizando-se dos 27 km de trilhas dentro da mata e à beira da baía no Stanley Park, o maior parque urbano da América do Norte, com três vezes o tamanho do parque do Ibirapuera em São Paulo.

➤ Passear no Capilano Supenssion Bridge Park, onde a atração maior é justamente **caminhar pela sua ponte suspensa, a mais longa e alta do mundo**!!! A sua estrutura de cabos de aço com 137 m de extensão e 70 m de altura (o equivalente a um edifício de 23 andares) é bem resistente. Vale lembrar que uma foto caminhando por ela é a mais pura comprovação de coragem.

➤ Incrementar a sua cultura artística visitando a Vancouver Art Gallery, cuja coleção permanente abriga 10 mil quadros, sendo que aproximadamente 200 obras são de Emily Carr (1871-1945) – o maior acervo reunido dessa famosa artista canadense!!!

A HISTÓRIA DE VANCOUVER

Vancouver é uma cidade litorânea localizada na Lower Mainland da província de Columbia Britânica, no Canadá. O nome da cidade foi herdado do capitão britânico George Vancouver, que chegou à região no ano de 1790. Desde o início, foram grandes as mudanças provocadas na vida dos aborígenes locais. Todavia, o primeiro assentamento europeu de caráter permanente na área de Vancouver ocorreu somente em 1862. A partir de 1863, começaram a se estabelecer ali muitas serrarias, mais especificamente em Moodyville, atualmente North Vancouver, e a expansão da indústria madeireira tornou-se a fonte primária da economia da região.

O assentamento de Gastown cresceu em torno de uma taverna, aberta por John "Gassy Jack" Deighton, em 1867, e logo se tornou o núcleo em torno do qual a cidade cresceria. No ano de 1870, o governo colonial criou um outro assentamento, o de Granville. A construção da ferrovia por parte do governo canadense foi uma condição imposta pela Columbia Britânica para que Vancouver se juntasse ao Canadá e integrasse a Confederação, e o local selecionado para a construção do ponto final da Canadian Pacific Railway foi a baía natural de Granville.

A inauguração da companhia ferroviária e a chegada do primeiro trem transcontinental à cidade se deu em 6 de abril de 1886, mesma data em que Vancouver foi incorporada ao Canadá. Em 1887 a ferrovia transcontinental foi prolongada até o porto, tornando-se logo a rota de comércio entre o Oriente, o leste do Canadá e Londres. Atualmente o porto de Vancouver é o mais movimentado do País, e o quarto maior da América do Norte (em tonelagem).

Segundo estimativas, no início de 2017 viviam em Vancouver cerca de 650 mil habitantes, embora em sua área metropolitana (RMV) esse número chegasse próximo de 2,75 milhões. Existe na região uma grande **diversidade** étnica, o que aliás é nítido, bastando que se observe os idiomas ali falados: 53% da população têm uma língua materna diferente do inglês!!!

A indústria madeireira continua sendo uma grande fonte de renda para Vancouver, mas a cidade também é conhecida como um centro urbano cercado por uma natureza exuberante – o que, aliás, fez com que o **turismo** se tornasse a sua segunda maior indústria. E, para quem aprecia cinema, Vancouver tornou-se o 4º maior centro de produção cinematográfica na América do Norte, depois de Los Angeles, Nova York e Toronto, ganhando por isso o apelido de "Hollywood do Norte".

Continuamente classificada por revistas especializadas como a cidade de melhor qualidade de vida do mundo, ou seja, a mais "**habitável**" de todo o planeta, Vancouver tem sediado muitos congressos e eventos internacionais, incluindo-se aí a Conferência das Nações Unidas sobre Assentamento Humanos (de 1976), a Exposição Mundial de Transporte e Comunicação (em 1986) e os Jogos Olímpicos de Inverno e as Paralimpíadas (em 2010), sendo que uma parte desses eventos foram realizados em Whistler, uma comunidade localizada a 125 km ao norte de Vancouver. E por falar em Jogos de Inverno, Vancouver tem a reputação de ser uma cidade onde **não neva**. Mas, na realidade, isso não é verdade! Na RMV também neva, a questão que a taxa de precipitação de neve ali é menor que nas outras cidades canadenses.

Aí vão alguns atributos que fazem de Vancouver uma **cidade criativa** – algo que muitas outras cidades do mundo desejam replicar:

1º) Ano a ano, a qualidade do ar em Vancouver segue melhorando nas últimas décadas. Isso acontece graças às ações eficientes nos vários níveis de governo, como o uso de combustíveis mais limpos e de automóveis menos poluentes.

Apesar disso, a prefeitura de Vancouver ainda antecipa problemas ambientais e desafios relativos à poluição atmosférica nos próximos dez anos. Segundo os órgãos oficiais, isso irá ocorrer por causa dos já esperados aumento da população e do crescimento econômico da cidade.

2º) Vancouver possui mais edifícios altos *per capita* que qualquer outra cidade na América do Norte. Porém, a altura da grande maioria desses edifícios está: entre 90 m a 130 m. Os arranha-céus mais altos chegam a no máximo 150 m. Isso porque é preciso obedecer a uma restrição de altura na cidade, cujo objetivo é proteger o cenário montanhoso do entorno da cidade.

3º) Vancouver é uma das cidades mais **multiculturais do mundo**, a segunda atrás de Toronto, e nela se nota uma grande **tolerância**. Historicamente, os ingleses, escoceses e irlandeses – que falam inglês – sempre foram os maiores grupos étnicos na cidade, sendo que as influências social e cultural britânica e irlandesa ainda são bastante visíveis em diversas áreas da cidade. Os alemães formam o segundo maior grupo étnico europeu com uma língua diferente da inglesa.

Já em termos de minorias étnicas, não há dúvidas de que os chineses ocupem a primeira posição no país (embora nessa comunidade sejam falados diversos dialetos). Estima-se que 17% dos habitantes da tirar RMV possuam ascendência chinesa. Trata-se aí da 3ª maior Chinatown da América do Norte, superada apenas pelas existentes em Nova York e São Francisco. Vale lembrar que, depois que a cidade de Hong Kong retornou às mãos da China, muitos imigrantes oriundos daquela região instalaram-se em Vancouver (retomando, aliás, uma tradição chinesa de imigrar para diversas partes do mundo).

Mas além do bairro chinês, existem na cidade vários outros bairros multiculturais, tais como: Punjabi Market (que abriga os asiáticos do sul); Little Italy (os italianos), Little India (indianos), Greektown (gregos), Japantown (japoneses), diversas Koreatowns (os coreanos) etc. Claro que em Vancouver também podem ser encontrados imigrantes de outras nacionalidade, como ucranianos, escandinavos e até brasileiros (estima-se que em 2017 eram cerca de 7.200). Dentre os asiáticos tem-se ainda os vietnamitas, filipinos, indonésios, cambojanos etc.

Talvez por causa disso, Vancouver seja uma das cidades no mundo com maior incidência de casais inter-raciais: cerca de **7,5%**.

4º) Embora ainda exista alguma polarização, emergiu na cidade um certo **consenso político** em torno de assuntos como: proteção aos parques urbanos; foco no desenvolvimento de um sistema de transporte público em massa, em vez de se pensar no incremento e nos investimentos em um melhor sistema de vias expressas; combate firme ao uso e ao tráfico de drogas ilegais e preocupações gerais com o desenvolvimento comunitário. São **temas** como esses que caracterizam uma **cidade criativa**!!!

5º) Há alguns anos Vancouver transformou-se num centro de desenvolvimento de *softwares* e biotecnologia. Aliás, em sua tentativa de atrair cada vez mais **talentos**, a cidade tem travado um a séria batalha com Seattle, no Estado de Washington, nos EUA, que fica bem próxima. Neste sentido, os canadenses têm oferecido vantagens para que *start-ups* sejam abertas ou até mesmo transferidas para Vancouver. O mais interessante é que algumas empresas focadas no desenvolvimento de aplicativos já morderam a isca...

6º) O **turismo** é vital para a economia de Vancouver, que, aliás, se transformou num verdadeiro polo turístico, em especial por conta das paisagens estonteantes no entorno da cidade, dos seus diversos jardins e parques (particularmente o Stanley Park) e de suas praias. Além disso, diversas estações de esqui estão localizadas em montanhas próximas a Vancouver, sendo que a mais famosa de todas elas está no *Whistler-Blackcomb Resort*, que foi tremendamente modernizado para os Jogos Olímpicos de Inverno de 2010.

7º) Vancouver, como muitas outras cidades canadenses, recebe muitos estudantes do exterior. Estes passam temporadas ali no intuito de aprender o idioma falado na cidade – o **inglês**. Neste sentido, eles buscam as escolas de língua estrangeira (as instituições ESL, ou English as a Second Language), tanto por sua qualidade quanto por seu custo (dois grandes atrativos que justificam a vinda de uma boa parcela do grande contingente de alunos internacionais que chega à cidade todos os anos).

E no âmbito do ensino superior, o grande destaque de Vancouver é a Universidade da Columbia Britânica, com seus 32 mil alunos, sendo uma das maiores universidades do Canadá. Outras IESs importantes incluem a Universidade Simon Fraser, localizada na cidade vizinha Burnaby, e a Vancouver Film School.

8º) O aeroporto internacional de Vancouver é o 2º aeroporto mais movimentado do país em número de passageiros. Estima-se que em 2016 ele tenha atendido a mais de 23 milhões de pessoas, sendo a principal ligação entre o Canadá e a Oceania, e uma das principais da América do Norte.

9º) Edifícios como a catedral Christ Church, o hotel Vancouver, o Museu de Antropologia e a Galeria de Arte, merecem ser visitados. Todavia, há muitos prédios modernos, como o edifício *MacMillan-Bloedel*, o Centro de Convenções de Espetáculos de Vancouver, o hotel Pan Pacífico, a Câmara Municipal e o Pavilhão do Centenário do Hospital de Vancouver, que também precisam entrar na lista dos turistas.

Os edifícios mais altos da cidade são o *One Wall Centre* (150 m) e a *Show Tower* (149 m), mas não se pode esquecer dos edifícios em estilo eduardiano: o *Province Building*, o *Dominion Building* e a *Sun Tower*, esta última inspirada no famoso *Chrysler Building*, de Nova York.

10º) Gregor Robertson foi eleito prefeito de Vancouver em 2008, com a promessa de **transformar a cidade na metrópole mais verde do mundo até 2020**!!! E ele realmente se empenhou muito no sentido de construir uma economia sustentável e próspera em Vancouver. Ao trabalhar no desenvolvimento de novos polos econômicos baseados na **florescente economia verde** (incluindo-se nesse aspecto a mídia digital, as tecnologias limpas e a energia renovável), o prefeito Gregor Robertson consagrou Vancouver como uma "**capital verde**", uma cidade na qual tornar-se "verde" é bom para os negócios!

Essa denominação foi atribuída pela Corporate Knights. E a cidade foi considerada como a de maior crescimento econômico no Canadá no ano de 2010, segundo a organização Conference Board. O prefeito Gregor Robertson promoveu rapidamente muitas ações para aumentar as ciclovias na cidade e também estabeleceu normas mais verdes para os edifícios que em qualquer outra cidade da América do Norte. Ele também ampliou o número de **dias nos quais os carros não rodam na cidade**, mas é **permitida a circulação de bicicletas**!

Na sua campanha, Gregor Robertson prometeu acabar com todos os sem-
-teto que circulavam pela cidade, uma tarefa que iniciou já no seu primeiro dia no cargo de prefeito. Ele criou o Mayor's Homeless Emergency Action Team (HEAT), uma equipe de ação emergencial para atender aos sem moradia.

Não demorou para que o HEAT inaugurasse cinco abrigos, que foram imediatamente ocupados por cerca de 500 pessoas desprovidas de um lugar adequado e seguro para dormir. Na sequência o programa contou com a injeção de US$ 335 milhões do governo provincial para a construção de casas populares em várias partes da cidade.

Não se deve, portanto, duvidar das realizações do prefeito Gregor Robertson que, entre outras coisas, é um amante do ciclismo, do futebol e até da música – ele toca vários instrumentos, que vão desde o tubo até a guitarra, passando pela bateria.

Numa entrevista, ele declarou: "Os nossos munícipes desejam viver numa cidade vibrante, acessível e sustentável. Os habitantes de Vancouver valorizam muito a beleza extraordinária do nosso ambiente natural, celebram nossa diversidade, trabalham e colaboram de fato para que aqui possamos construir um **futuro inteligente e verde**. Compreendemos que é a convergência das questões tecnológicas e ambientais que está moldando e transformando a economia mundial. Vancouver, mais do que qualquer outra cidade canadense, está atraindo muitos líderes empreendedores e pensadores criativos que desejam investir e trabalhar aqui, pois estamos oferecendo a eles um futuro promissor e verde, numa urbe que valoriza seu legado natural e permite que todos se envolvam com esse movimento. Estamos procurando lidar com os desafios do nosso tempo, como, por exemplo, as mudanças climáticas, com imaginação, empreendedorismo, coragem e confiança. Assim, convido a todos com **talento** que venham morar em Vancouver para mantê-la como a **mais admirada capital verde de um mundo novo.**"

Em Vancouver, pode-se ver e compreender atualmente como é que estão se desenvolvendo as novas indústrias verdes, supridas com energia limpa; de que maneira se desenvolvem projetos para melhorar a mobilidade urbana, sem praticamente poluir o ambiente; e de que forma se dá a construção de edifícios verdes. Na cidade estão sendo colocadas em prática diversas soluções para combater as alterações climáticas no mundo e, assim, milhares de empregos verdes também foram criados.

Foi justamente por essa razão que a cidade conquistou o título de "um dos melhores lugares do mundo para se **trabalhar, viver** e se **distrair**". Em Vancouver, qualquer visitante nota imediatamente que o verde significa bons negócios; que ele deve representar sustentabilidade social e serviços acessíveis para todos, ou seja, inclusive para os que ganham bem pouco...

Porém, para se criar uma economia e sociedade sustentáveis, é fundamental que se utilize bastante imaginação, criatividade e inovação. E Vancouver tem investido tempo e dinheiro nesse grande projeto e, felizmente, hoje ela é uma **cidade próspera e criativa**, constituída por cerca de 25 mil talentosos profissionais que operam em diversas áreas importantes, como: desenvolvedores de *software*, *designers*, arquitetos, engenheiros em pesquisa e desenvolvimento, *chefs* de cozinha, produtores de filmes, músicos etc.

11º) Para se tornar uma **cidade sustentável**, desenvolveram-se em Vancouver nesses últimos 20 anos muitas ações bem planejadas. Uma delas foi o lançamento do *Quest* para os habitantes da RMV, em dezembro de 2001.

Criada por John Robinson, diretor do Sustainable Development Research Institute (um órgão agregado à Universidade da Columbia Britânica), a ideia consistia em dar às pessoas, principalmente os adolescente da cidade, acesso a um *videogame* denominado *Quest*, no qual o objetivo era vivenciar o "drama" de se chegar a uma cidade ecologicamente correta.

John Robinson explicou: "Parti do conceito de que uma cidade que oferece às pessoas novas condições para trabalhar, viver, estudar, comprar e se divertir, irá atrair muita gente. Naturalmente, à medida que aumentam a poluição e a taxa de criminalidade, e os congestionamentos se tornam constantes etc., os residentes começam a titubear e imaginar se devem ou não continuar morando lá.

É por isso que desenvolvemos o *Quest* e o oferecemos a muitos milhares de pessoas para que pudessem jogá-lo na *Web*, inclusive desenvolvendo sessões interativas em escolas, com a participação simultânea de centenas de estudantes.

Quem participou do jogo foi convidado a especificar as variáveis para transporte, consumo de energia, tratamento de lixo (residencial, comercial e industrial) e outros serviços essenciais para que os munícipes tivessem boa qualidade de vida. Aí, buscando nas afirmações dos "jogadores", o programa respondia a eles o que aconteceria se determinadas tendências continuassem até 2040. A partir daí começou a ficar claro para todos os que jogassem o *Quest* que o futuro exigiria mudanças no sistema de transporte, na reciclagem dos materiais, nos cuidados com a saúde, no combate à poluição etc. Também ficou evidente para todos que se alguém quisesse construir um futuro melhor e ter o que desejasse, precisaria combater ou eliminar aquilo que não desejava ou que fosse nocivo ao ambiente para obter a sustentabilidade desejada."

12º) Aqui vai uma história incrível que envolveu os apaixonados fãs do hóquei no gelo!!! Antes de começar a série de jogos entre as equipes do Vancouver Canucks e do Boston Bruins para a conquista da Stanley Cup (o campeonato da liga profissional de hóqueis no gelo), os prefeitos das duas cidades fizeram apostas agressivas e provocantes!

O prefeito de Boston, Thomas Menino – o mais "duradouro" prefeito da história da cidade – afirmou: "Caso os Canucks ganhem, ofereço ao prefeito de Vancouver uma memorável refeição baseada na nossa lagosta fresca, acompanhada com a nossa melhor cerveja e, além disso, vou hastear por um dia na frente da prefeitura da cidade a bandeira da equipe de Vancouver e vou aparecer em frente dela com o uniforme completo dos Canucks. Além disso, vou doar uma pequena quantia para uma entidade escolhida pelo prefeito de Vancouver."

O grande líder verde de Vancouver, o prefeito Gregor Robertson, respondeu imediatamente à altura: "Inicialmente, me parece que o prefeito de Boston não está muito confiante na equipe de hóquei da sua cidade e, por isso, fez uma proposta indecorosa que preciso responder à altura. Se os Bruins vencerem (o que é algo praticamente impossível...), farei todas as coisas que o prefeito Menino já concordou: hastear a bandeira dos Bruins em frente à prefeitura da cidade; vestir-me com o uniforme da equipe de Boston e também fazer uma doação (significativa) para uma entidade indicada por ele. Ainda mais, ele e seus convidados poderão deliciar-se aqui com um almoço com o nosso impecável salmão defumado, entre goles da melhor cerveja da província da Colúmbia Britânica."

É óbvio que tudo isso foi muito positivo, pois, além de fazerem um *marketing* pessoal, simpático aos fãs das duas equipes, os dois prefeitos nunca esqueceram que eles também são eleitores, porém, cada um deles concorrendo em local diferente, e no caso de ser derrotado, não seria nada fácil carregar consigo a frustração de tantos adeptos da equipe perdedora (se for da sua cidade).

Aliás, esse *marketing* foi também usado na "provocação" do presidente da Simon Fraser University, Andrew Petter, contra o presidente da Boston Northeastern University, Joseph Aoun, ou ainda entre o premiê Christy Clark, da província da Columbia Británica e o governador do Estado de Massachusetts, Deval Patrick, essencialmente promovendo o salmão canadense contra a lagosta pescada nas costas norte-americanas.

É isso que nós, deveríamos fazer nos grandes eventos esportivos de futebol no Brasil, em que "infelizmente" existem vários times (nas grandes cidades) e dessa maneira fica difícil ter uma cidade contra outra torcendo pela sua equipe!

Bem, como já foi dito, chegaram ao final do campeonato profissional da liga dos EUA e do Canadá (a NHL), as equipes do Boston Bruins e Vancouver Canucks, a sétima e a melhor classificada na temporada regular, respectivamente.

O time canadense chegou como favorito para as sete partidas e com o objetivo de quebrar a hegemonia dos EUA no campeonato, que já durava 16 temporadas, com o último título de um time canadense tendo acontecido em 1993, conquistado pela equipe do Montreal Canadiens. Recorde-se que o hóquei é o **esporte mais popular** no Canadá, sendo os canadenses fanáticos por ele e essa paixão foi aumentada com a obtenção da medalha olímpica nos Jogos Olímpicos realizados em Vancouver em 2010!!!

Na primeira partida, disputada em Vancouver, aconteceu um jogo muito equilibrado, e, faltando apenas 19 s para o fim dele, a equipe canadense conseguiu um gol e venceu por 1 x 0, resultado ruidosamente comemorado em Vancouver, mas tudo de acordo com as regras (sem brigas e sem excessos no consumo de bebidas alcoólicas etc.).

A segunda partida também foi em Vancouver e a equipe canadense saiu na frente no primeiro período, mas tomou a virada no segundo. Com 2 a 1 contra no placar a equipe dos Canucks partiu para o ataque e conseguiu empatar a partida no terceiro período. O jogo foi para a prorrogação por morte súbita. E, incrível, o tempo extra acabou apenas **nove segundos** depois de iniciado, após um erro de passe da defesa dos Bruins e falha na saída do goleiro Tim Thomas. Final, 3 x 2 para os Canucks!

O terceiro e quarto jogos foram em Boston e os Bruins atropelaram os Canucks, vencendo-os no terceiro jogo pelo acachapante placar de 8 x 1, e no quarto jogo também pela "elástica" contagem de 4 x 0, sendo que, nessa partida, o goleiro Tim Thomas teve uma participação de destaque, defendendo incrivelmente os 38 chutes efetuados pelos canadenses.

A quinta partida voltou a ser em Vancouver e os Canucks ganharam, mas apenas pelo "econômico" placar de 1 x 0, em uma partida em que o seu golerio fez fantásticas 31 defesas. De volta a Boston, os Bruins obtiveram uma outra vitória folgada por 5 x 2, apesar de o jogo ter sido mais equilibrado e assim a série ficou empatada.

Na partida final e decisiva em Vancouver, o time da casa só precisava confirmar o "mando de quadra" para levar o título, e nenhuma equipe até então havia conseguido ganhar fora de seus domínios nos seis jogos anteriores. Mas isso iria mudar...

A equipe de Vancouver até começou o jogo melhor, partindo para o ataque, empurrada por sua fanática torcida, mas não conseguiu transformar a pressão em gols. Aí veio o castigo em "dois descuidos" que permitiram aos Bruins estabelecerem 2 x 0. Os Canucks partiram para o tudo ou nada e quase marcaram. Tiveram uma possibilidade incrível quando os Bruins ficaram com um jogador a menos (punido por ter cometido infração grave) durante dois minutos e tinham tudo para marcar um gol, mas um passe errado permitiu um contra-ataque fatal e Patrice Bergeron marcou o terceiro gol (seu segundo nessa partida).

Os Canucks não acreditaram no que estava acontecendo; o melhor time da temporada perdendo o título em casa! No terceiro período, o título para os Boston Bruins se confirmou mais ainda. Os Canucks continuaram a pressionar, mas seus chutes eram barrados pelo "intransponível" Tim Thomas. Sem sucesso nas jogadas, o Vancouver tentou partir com tudo para o ataque, tirando seu goleiro e usando mais um jogador de linha, mas essa estratégia não funcionou. O jogador Brad Marchand roubou o *puck* (disco que é chutado no gol) e marcou o quarto gol da partida (seu segundo no jogo). Venceu o time que jogou mais ofensivamente, ganhando seus jogos por placares dilatados e tendo grandes atuações, com um placar de 23 a 7 se fossem somados os resultados de todas as partidas.

Os Canucks não mostraram o jogo que lhes garantiu a posição de melhor time da temporada e perderam para um Boston Bruins muito bem no ataque e com o "monstro" Tim Thomas no gol, que inclusive foi escolhido o *most valuable player* (MVP – o melhor jogador da série final).

Título merecido para Boston Bruins, 39 anos depois de sua última conquista!

À medida que a partida na Rogers Arena foi chegando ao fim, na noite da quarta-feira (15/6/2011), calando praticamente todos os 18.860 torcedores presentes, os mais de 100 mil espalhados por vários locais no centro da cidade, revoltados com a derrota dos Canucks, começaram a promover uma baderna em Vancouver. Milhares deles se envolveram em destruição de janelas e vitrines das lojas, cerca de 20 no centro da cidade. Carros foram incendiados (inclusive os da polícia) e muitas garrafas com bebidas alcoólicas foram jogadas nas chamas para explodirem.

A Polícia Montada do Canadá tentou controlar e dezenas de viaturas policiais foram deslocadas para essa parte da cidade. O chefe da polícia de Vancouver, Jim Chu, não informou o número exato de pessoas que foram presas, mas estima-se que tenham sido mais de 200.

Por outro lado, o tumulto deixou mais de 180 pessoas feridas, que chegaram aos hospitais com ferimentos de faca, vítimas de quedas ou com dificuldades para respirar devido ao gás lacrimogêneo lançado pela polícia na tentativa de acabar com a confusão.

Entre as muitas cenas dantescas que aconteceram na noite da derrota em Vancouver, uma correu o mundo: o beijo do casal em meio ao caos em Vancouver e que virou uma febre na Internet. A foto de um casal que se beijava romanticamente em meio aos distúrbios, depois da final da NHL, disseminou-se pelos meios de comunicação e redes sociais de todo o mundo.

A imagem captada pelo fotógrafo Richard Lam, da agência Getty, mostrou um contraste tão surpreendente entre a violência do confronto entre torcedores e policiais da tropa de choque e a intimidade do beijo do casal, que muitos suspeitaram que tivesse sido montada!!!

Mas acontece que o beijo era de um casal real, formado pela canadense Alexandra Thomas – que foi atingida por um escudo de um policial da tropa de choque canadense, que corria para conter a desordem pública -, estudante da Universidade de Guelph, em Ontário, e o seu amigo australiano Scott Jones, morador de Perth (Austrália), como contou o pai do rapaz, Brett Jones, quando foi entrevistado pela televisão pública do Canadá CBC.

Alertado por seu outro filho, Brett Jones reconheceu Scott na foto que circulou na Internet. Em seguida, ligou para Scott, que contou-lhe que tentava acalmar a amiga que chorava inconsolavelmente por causa da situação.

"Scott estava deitado junto dela e só tentava consolá-la, dizendo que tudo ia ficar bem", contou o pai do jovem. "O casal, que havia assistido à partida de hóquei que o Vancouver Canucks perdeu, ficou preso no meio dos manifestantes e da polícia. Ela levou um golpe, que a fez cair e sofreu uma contusão na perna", confirmou Brett Jones.

Partilhada por milhões de pessoas no mundo inteiro, a imagem remeteu a um amor alheio à violência e que se revelou no meio da anarquia. No entanto, nem o fotojornalista Richard Lam, que fez a foto, soube explicar direito que momento foi aquele que a sua câmera captou...

Enquanto era empurrado pela polícia que tentava coibir o tumulto, Richard Lam percebeu o casal deitado no chão. Contou ele: " Ali estavam duas pessoas isoladas e deitadas no chão. Pensei que estivessem feridas (...) e consegui tirar algumas fotos antes que o momento se perdesse. Não tinha certeza do que na realidade aconteceu. Olhei para a imagem sem saber o que pensar. Não encontrei uma resposta para a minha dúvida: estão ali dois namorados apaixonados ou duas pessoas caídas e magoadas?"

Uma testemunha próxima ao que ocorreu declarou para um jornal: "A moça caiu e bateu a cabeça no chão e o namorado caiu ao seu lado, pois foram agredidos por dois policiais. Como ela estava com dores visíveis e chorava, ele se debruçou sobre ela para acalmá-la e ajudá-la!"

O capitão do Vancouver Canucks, Henrik Sedin, que ficou bastante apagado nas partidas finais da Stanley Cup, declarou: "Todo esse vandalismo e destruição porque perdemos a partida final é vergonhoso. Isso é terrível para a imagem da nossa cidade e província. Perdemos, mas todos devem estar orgulhosos da nossa equipe e do seu desempenho no campeonato todo, ainda mais que ninguém acreditava em nós no início da temporada."

A diretoria do Vancouver Canucks, no dia seguinte ao tumulto, divulgou um comunicado dando os parabéns à polícia e condenando todos os torcedores que iniciaram a confusão na cidade: "As ações destrutivas e a violência desnecessária demonstradas por uma minoria na noite de 15/6/2011 em Vancouver foi algo extremamente decepcionante para todos nós. Como uma entidade esportiva, gostaríamos de agradecer às autoridades da lei, bombeiros e oficiais que mostraram coragem e eficiência durante uma situação tão difícil."

O prefeito de Vancouiver, Gregor Robertson, muito triste, afirmou: "É degradante e vergonhoso esse caos na nossa cidade após uma derrota esportiva. Tivemos uma boa participação nos *playoffs* (jogos finais). Tudo indicava que teríamos aqui uma grande festa. Mas perdemos para uma equipe que jogou melhor e aí aconteceu esse espetáculo lamentável após o término do jogo. Vamos procurar punir e responsabilizar todos os responsáveis por essa bagunça. Tentaremos ressarcir de alguma forma as vítimas e os comerciantes pelos prejuízos, que devem superar alguns milhões de dólares.

Por que isso aconteceu na nossa cidade, tão admirada pela sua qualidade de vida, pela sua preocupação com o meio ambiente, pela sua civilidade? Não podemos permitir que tudo isso fique impune, nem que aconteça novamente!"

Um fato positivo mostrou logo em seguida um pouco do que vem a ser **solidariedade**, **cidadania** e **envolvimento** daqueles que vivem em Vancouver!!!

Assim, perto de 18 mil pessoas da cidade aderiram ao movimento *Vancouver Clean Up (Limpemos Vancouver)*, usando o Twitter, o Facebook e outras mídias sociais para divulgar a ação.

"Já que a vergonhosa confusão aconteceu aqui em Vancouver, vamos todos mostrar ao mundo o que Vancouver é de verdade, ajudando a reconstruir e limpar a cidade para que ela fique melhor do que era antes. Se existe uma cidade que pode reerguer-se rapidamente de uma vergonha como essa, ela se chama Vancouver!

Convide todos os seus amigos!

Vamos ver se nós podemos fazer Vancouver parecer uma nova cidade até quinta-feira à tarde (dia seguinte ao tumulto)!", escreveram os organizadores do movimento no evento criado no Facebook.

O Twitter foi usado também com sucesso para convocar os voluntários para participarem da limpeza. E na quinta-feira à tarde, os resultados foram marcantes, pois não se via pelo menos nas ruas, os danos provocados pelos atos de vandalismo e até algumas vitrines conseguiram ser consertadas... E foi assim que os munícipes mostraram seu amor pela cidade e fizeram com que, por extensão, ela continuasse a ser admirada pelo resto do mundo!

Numa cidade como esta, um prefeito com certeza tem como implementar aquilo que é benéfico para a comunidade, pois, por mais que uma minoria tente, ela dificilmente conseguirá impedir a execução de obras e projetos bem-intencionados. Portanto, senhores prefeitos brasileiros, seria muito bom se vocês se inspirassem no prefeito de Vancouver. E não só no intuito de acompanhar a sua estratégia para tornar a cidade canadense cada vez mais criativa, mas também em copiar suas outras ações e replicar sua preocupação com o verde, com o trânsito, com a segurança e com a educação pública!

13º) A florescente cultura de Vancouver não é um acidente! O que existe ali é o desenvolvimento de um **plano estratégico voltado para a cultura**, que enfatiza os seguintes temas:

- **Inovação** – Vancouver é um lugar concentrado na inovação, no desenvolvimento de novas ideias e na utilização da criatividade. Para isso a cidade utiliza o poder criativo não apenas de suas vozes autênticas, mas também as provenientes das mais diversas comunidades.

- **Aprendizagem** – Procura-se aprender e assimilar profundamente de que maneira as mudanças culturais são capazes de desenvolver uma cidade, criando oportunidades para que todos os seus cidadãos possam se expressar e lutar por suas paixões criativas.

- **Conexão de pessoas, ideias e comunidades** – Estimula-se e cultiva-se o fluxo ininterrupto de ideias entre pessoas e comunidades, facilitando ao máximo o diálogo com entidades artísticas e culturais.

- **Vida cultural e artística nos bairros** – Busca-se incentivar a existência de bairros tipicamente voltados para as artes, a música, os bens culturais etc., facilitando o aparecimento de talentos e valorizando as empresas criativas, bem como a diversidade dos artistas e das comunidades.

- **Atenção para os valores** – Em Vancouver, a cultura, a criatividade e a inovação são acessíveis a todos. Assim, seus moradores conseguem vivenciar e entender o valor, tanto econômico como social, desses elementos. Pessoas do mundo todo estão cada vez mais conscientes de que a **criatividade** – o impulso e a capacidade de pensar, sentir e expressar algo original e significativo – deve ser a **prioridade cultural** para toda a cidade que tem a **esperança de crescer** e destacar-se no cenário regional, nacional ou internacional.

Vancouver é particularmente uma **cidade criativa**, uma vez que se "alimenta" de uma grande diversidade de culturas e tradições de seus diferentes imigrantes que escolheram viver ali. Essas pessoas estão envolvidas nos mais diversos setores culturais, contribuindo significativamente com as suas ideias para a construção do bem-estar social e econômico da cidade. Dessa forma, Vancouver vem assumindo o papel de vanguarda na arte, na cultura e no entretenimento.

O plano cultural da cidade, elaborado em 2008 para um horizonte até 2018, contemplou um apoio significativo para o desenvolvimento de indústrias criativas e investimentos para ampliar a capacidade criativa e inovadora de toda a comunidade. Deve-se recordar que, em 2005, já havia sido criada uma força-tarefa, incluindo autoridades governamentais e representantes da comunidade, no sentido de estabelecer metas e diretrizes que servissem para o incremento das artes e da cultura, visando transformar Vancouver numa cidade criativa.

E foi ali que aconteceu o primeiro fórum para discutir o poder da EC, do qual participaram quase 500 pessoas (artistas, gestores de arte, profissionais de diversos setores criativos etc.). Dessa reunião surgiu o primeiro **plano estratégico cultural**. O governo da cidade deu prioridade a ele e tem investido muito nos setores criativos, com alocação de recursos nas artes, na cultura, no turismo cultural e tudo isso tem gerado muito retorno financeiro.

Hoje, Vancouver está repleta de eventos artísticos e culturais. Assim, em 2016, mais de 4,5 milhões de pessoas compareceram aos mais variados eventos na cidade – cerca de 1.800 festivais, 800 produções musicais, com danças e cantos, bem como peças teatrais, além de quase 650 exposições em museus e galerias. Isso sem contabilizar as dezenas de grandes congressos e seminários que aconteceram no seu magnífico Centro de Convenções, com capacidade para abrigar muito bem a mais de dez mil participantes.

Tudo isso trouxe para Vancouver uma distinção internacional e, dentro de um **círculo virtuoso**, isto está ajudando muito a cidade a atrair e envolver cada vez mais os empreendedores criativos de outras partes do mundo. Uma das políticas governamentais de incentivo às indústrias criativas e de bens culturais em Vancouver é a de tirar a arte dos museus, dos teatros e das oficinas e levá-la para as ruas. Com esse objetivo vários projetos têm sido incentivados e financiados para que os artistas façam murais, criem obras (esculturas, por exemplo) em espaços públicos, discutam cultura e pintura em praças públicas e, assim por diante, e tudo isso com remuneração adequada – o que, aliás, é muito importante, pois inclusive possibilita a descoberta e a promoção de muitos artistas emergentes.

Como se vê, não é fácil nem simples galgar à categoria de cidade criativa. É necessário planejar e investir, sem jamais abandonar os objetivos, mesmo diante de percalços (que sempre irão surgir). Mais uma vez, todo prefeito brasileiro que doravante pretender incrementar a EC em sua cidade, deve se inspirar e se valer das boas lições oferecidas por Vancouver, que tem celebrado muito sucesso nessa empreitada.

A LIÇÃO DE VANCOUVER

E relembrando o marcante exemplo de civismo e cidadania que foi dado pela população de Vancouver, em sua tentativa de corrigir toda a devastação e depredação ocorridas após a final de hóquei no gelo da NHL, é notável perceber como seus munícipes buscam mantê-la **limpa**, **verde** e **sustentável**.

Numa cidade brindada com meses muito frios, o hábito de andar de bicicleta **se mantém** e faz de Vancouver uma das poucas grandes cidades do Canadá que não é cortada por vias expressas. Isso impede que seus moradores se sintam soterrados por uma "avalanche" de carros e, ao mesmo tempo, sufocados pela poluição. Vancouver é uma cidade cercada de florestas e repleta de parques, onde as montanhas se encontram com o mar. Prevalece ali um equilíbrio ideal entre as atrações cosmopolitas de uma cidade moderna e um ambiente natural estonteante.

O Rio de Janeiro, como cidade-irmã de Vancouver desde 2010, poderia inspirar-se muito nos métodos ali utilizados para manter uma baía tão limpa, apesar de todo o movimento registrado em seu porto. E, para começar, em Vancouver obviamente não é permitido o despejo de esgoto da cidade na baía...

Uma vista magnífica do famoso museu-castelo Belvedere, construído pelo arquiteto Johann Lukas von Hildebrandt.

2.43 - Viena

PREÂMBULO

Viena, a capital austríaca, parece de fato uma **cidade inesgotável**. Afinal, só de história ela tem mais de 1000 anos e os museus que abriga são mais de 100. Seus célebres concertos atendem a todos os gostos (e bolsos).

Ela foi governada por uma família – a dinastia dos Habsburgo – que chegou ao trono em 1278 e permaneceu nele até 1918, ou seja, até o fim da 1ª Guerra Mundial. Essa dinastia, deixou um grande legado: o gosto pela arte e cultura, pela boa gastronomia, pelas festas grandiosas e pelos prédios monumentais que foram erguidos na cidade. Esse é o caso, por exemplo, do palácio de Belvedere. Ele é um marco arquitetônico que tem à frente um conjunto bem harmonioso de suntuosos jardins, recortados por um enorme espelho de água.

Gênios da música, como Mozart, Beethoven, Schubert, Haydn, Strauss etc., mostraram sua arte em Viena. Hoje suas obras podem ser apreciadas nos vários teatros da cidade que, no total, contam com cerca de 22 mil assentos, além de outros 16 mil nas salas de concerto.

E na onda de "**nada se cria, nada se perde, tudo se transforma**", os vienenses têm mostrado ao mundo que sabem como ninguém reverenciar o **passado**, com os pés cravados no **presente** e tendo a mente o **futuro**. Assim, em Viena muitos espaços históricos viraram bares, casas noturnas e galerias de arte. E, em meio a tudo isso, surgiu na cidade até um aquário – o Haus des Meeres.

A HISTÓRIA DE VIENA

Viena é a capital da Áustria e um dos nove Estados austríacos. Ela conta com mais de 1,9 milhão de habitantes, sendo a cidade mais populosa do país. Em sua região metropolitana vivem aproximadamente 2,8 milhões de pessoas, o que equivale a quase um quarto da população austríaca.

Em Viena estão as sedes de muitas organizações internacionais, como a Organização dos Países Exportadores de Petróleo (OPEP) e a Organização para a Segurança e Cooperação na Europa (OSCE). O Centro Internacional de Viena (UNRISD) abriga uma das quatro sedes da ONU, e ali também está localizada a Agência Internacional de Energia Atômica (AIEA), no mesmo complexo. E por causa de sua importância política internacional, Viena está entre as cidades classificadas como global alfa.

Viena foi durante séculos a capital imperial da casa de Habsburgo. Ela também foi considerada capital do Sacro Império Romano-Germânico e do império austro-húngaro, com o que ela se tornou um importante centro cultural e político da Europa. Ela alcançou a posição de quinta maior cidade do mundo, depois de Londres, Nova York, Paris e Chicago, chegando a registrar 2 milhões de habitantes em 1900.

Porém, voltando ao passado remoto, tudo indica que os primeiros a viver em Viena tenham sido os celtas, por volta do ano 500 a.C. Já no século I, os romanos teriam ocupado e erguido um acampamento militar na região em que hoje se localiza o centro da cidade, perto do rio Danúbio, onde permaneceriam até o século V.

Centenas de anos mais tarde, o *boom* da construção e o florescimento de Viena somente aconteceram no início do século XVIII. Nessa época foram construídos muitos palácios no estilo barroco, contando com os projetos de arquitetos notáveis, como Johann Bernhard Fischer von Erlach e Johann Lukas von Hildebrandt. Surgiram também as primeiras fábricas, a primeira delas no distrito denominado Leopoldstadt.

Na época, desenvolveu-se um sistema de esgoto e limpeza urbana, e também foram feitas melhorias nas condições sanitárias. Assim, pouco a pouco Viena foi se transformando num centro cultural europeu, cujo ápice foi a música do período clássico vienense, que ficou marcado por vários compositores famosos.

A cidade enfrentou alguns períodos difíceis ao longo de sua história, marcados pelas ocupações ocorridas em função das duas guerras napoleônicas, de 1805 e 1809, e pela grande enchente do rio Danúbio, em 1830. Todavia, no fim do século XIX, foi aprovado um plano de desenvolvimento urbano que permitiu a construção de edifícios residenciais e urbanos de 4 a 6 andares, o que gerou a oferta de pequenos apartamentos que logo foram ocupados por integrantes da classe trabalhadora e por imigrantes de todas as partes da monarquia austro-húngara – em particular muitos tchecos –, o que tornou Viena uma cidade bastante cosmopolita. Porém, após o término da 1ª Guerra Mundial (1914-1918) a cidade voltou a sofrer perdas significativas, com a morte de um quarto de sua população.

O palácio de Schönbrunn e o centro histórico de Viena, com as edificações características do reinado dos Habsburgos, foram reconhecidos pela Unesco como patrimônios da humanidade. A catedral de Santo Estevão (Stephansdom, construída no século XII) e a roda-gigante Wiener Riesenrad (com 65 m, construída em 1897), que ficam próximas, são os edifícios mais altos de Viena.

Nesses últimos anos, Viena tem conseguido oferecer uma elevada qualidade de vida aos seus moradores. Ressalte-se que a cidade é uma das mais **caras** do mundo, porém, isso não afasta os turistas: em 2016 foram quase 15 milhões de visitantes.

Bem, vamos agora a alguns destaques que comprovam porque Viena se tornou uma importante **cidade criativa**!!!

1º) O prefeito de Viena que se tornou mais conhecido foi Karl Lueger, um socialista-cristão que ocupou o cargo entre 1897 e 1910. Ele promoveu uma grande reforma municipal, tendo ficado conhecido pelos fanáticos do antissemitismo, em especial na "atenção" que deu aos "judeus orientais".

Durante o seu mandato, a cidade experimentou um modernismo também na área cultural, pois tornou-se um centro da *art nouveau*. Na música, surgiu a Segunda Escola Vienense de Arnold Franz Walter Schönberg; na literatura, a Jovem Viena (Jung-Wien) promoveu a transição para a modernidade e, em meio a essa atmosfera cultural fértil, apareceu a psicanalise, criada por Sigmund Freud.

2º) A 1ª Guerra Mundial (1914-1918) não foi uma ameaça imediata para Viena, porém, na medida em que a duração da guerra se ampliou, a cidade passou a sofrer os efeitos do conflito. Neste sentido, um dos maiores problemas enfrentados foi a fome generalizada!!! Então, com o fim dessa guerra – em 30 de outubro de 1918 – surgiu um novo governo denominado Áustria. Em 11 de novembro de 1918, o imperador Carlos I renunciou e deixou não apenas o palácio de Schönbrunn, mas a cidade de Viena.

3º) A capital austríaca oferece uma ampla gama de restaurantes, que vão desde os mais caros e sofisticados até os mais populares do tipo *heuriger* (taverna de vinho). A gastronomia tradicional de Viena é bastante saborosa e simples, com excelentes confeitarias nas quais os doces são incríveis. Mas existem muitos restaurantes que oferecem menus que combinam pratos com a marca francesa e a influência de outros países banhados pelo mar Mediterrâneo, e com presença de novos "gurus" da gastronomia, ou seja, *chefs* de cozinha internacional.

Aí vão algumas sugestões para que o visitante não recorra a uma alimentação baseada apenas em salsichas!?!?

- **A exótica livraria *Babette*** – Ela reúne dois conceitos: vende livros de culinária (com um acervo de 3 mil unidades) e comida. O espaço é pequeno, mas vale a pena sentar-se ao balcão e assistir aos malabarismos gastronômicos da jovem *chef* Sibylle Fellner Kisler, que, em meio a longas conversas, prepara com desembaraço uma refeição deliciosa, capaz de satisfazer os mais exigentes *gourmands*. Naturalmente a lista de escolhas não é muito grandes (3 ou 4 pratos), e uma boa seleção poderia ser: sopa de batata doce com chili e coentro, acompanhada com um saboroso pão de milho e seguida de um guisado de novilho com ervas e purê de batata. E para fechar, uma torta de chocolate com castanhas.

  O conceito do *Babette* pertence a Nathalie Pernstich, que nasceu no Rio de Janeiro e viveu ali até a adolescência. De sua mãe francesa ela herdou o gosto pela culinária, e, em Viena, conseguiu realizar o seu sonho: juntar no mesmo lugar a venda de livros de culinária e de comida. E as refeições na livraria *Babette* não são caras!!!

- **A luxuriante *Palmenhaus*** ("Casa das Palmeiras") – Ela foi inaugurada em 1998 e continua sendo um dos restaurantes mais originais de Viena. Primeiro pelo espaço: uma exótica estufa construída na virada do século XIX; em seguida pela atmosfera: no local é possível sentar-se e beber no bar ou saciar seu apetite no restaurante, ao lado de enormes palmeiras e outras plantas que ali se desenvolvem.

Com o pé direito de 15 m, a decoração do espaço é bem simples, mas o ambiente é relaxante e extremamente harmonioso. Quanto à comida, predominam opções com algum toque local e pratos vegetarianos, como a *tortellini* de ricota com espinafre e *mozzarela*. O restaurante também oferece carne, mas daí a conta fica bem mais salgada.

As sobremesas do *Palmenhaus* são imperdíveis... Uma boa alternativa, caso o tempo esteja firme, é saborear a refeição na esplanada com vista para o Burggarten, o jardim vienense onde se encontra a famosa estátua de Mozart.

4º) Ir a Viena e não visitar uma *heuriger* é abrir mão de uma das mais genuínas tradições da capital austríaca, a cidade europeia que mais vinho produz!!! Aliás, comer uma boa refeição acompanhada pelo famoso vinho branco da região é algo bastante acessível. Vale lembrar que a palavra *heuriger* significa taverna e, ao mesmo tempo, vinho novo da última colheita.

Normalmente estas tavernas são de propriedade dos próprios produtores. A *Heuriger Christ* é uma das mais populares entre os vienenses e nela são servidos pratos típicos, que vão desde o famoso e sofisticado *Wiener schnitzel* (escalope empanado, que, aliás pode ser preparado com vitela, peru ou porco) até o frango frito.

E, segundo a tradição, o *Wiener schnitzel* deve ser acompanhado de salada de batata, pepino e chucrute. Os pratos são fartos e o vinho, como o *Grüner Veltliner*, é extremamente leve, escorregando com facilidade pela garganta...

O *Gemischter Satz* também é bebido com frequência. As vinícolas Christ encontram-se na colina de Bisamberg e o jovem Rainer Christ, está à frente do negócio, dinamizando a tradição familiar, desenvolvendo a exportação dos seus vinhos e a modernização da taverna, com a criação do seu *wine bar* para degustações e compras, um ambiente bem diferente das duas outras salas, onde convivem pessoas de todas as idades, e nas quais mesas de madeira são ladeadas por bancos corridos. Nessas salas há sempre muita animação, além de cantoria, o que estimula os turistas a cantarem (e até mesmo a dançarem...) Será que você não tem vontade de um dia divertir-se na *Heuriger Christ*?

5º) Em Viena existem muitas atrações conjuntas, ou seja, novos conceitos que reúnem diferentes espaços em lojas e restaurantes, fazendo a cidade fervilhar. Esse é caso, por exemplo, do *Schon Schön*, que na realidade é um espaço três em um: cabeleireiro (*Schön Ausschen*), restaurante (*Schön Tafeln*) e ateliê de roupa (*Schön Daherkommen*).

No que se refere à parte gastronômica, o seu restaurante rege-se por um pormenor interessante: **só existe uma mesa longa e larga para fomentar o convívio entre quem vai degustar as várias especialidades**!!! A cozinha é internacional e moderna, combinando influências austríacas e francesas. As entradas são caprichosas e os pratos também. O estilo desse restaurante de Hermann Seiwald, com a tal mesa de banquetes, proporciona uma atmosfera ao mesmo tempo sofisticada e descontraída, se bem que existe no piso de baixo um bar com decoração mais intimista e uma sala privada.

6º) Apesar de situado dentro de um hotel (o *Das Triest*), o restaurante *Collio* é muito popular entre os vienenses, em particular no verão. Isso ocorre por causa do seu ambiente e dos grelhados que podem ser consumidos no pátio, entre oliveiras e rosmaninhos.

Chefiado pelo premiado Josef Neuherz, o restaurante oferece um cardápio inspirado na região de Collio, no norte da Itália, mas seus pratos mudam de acordo com as estações do ano e os produtos da terra. As especialidades de Neuherz em nada ficam atrás do *design* do hotel, de autoria do prestigiado *sir* Terence Conran (o fundador das lojas *Habitat*). Seu *gnocchi* de beterraba com aipo, ou o filé de truta salmonada no vapor com ovo, são alguns dos pratos incríveis, e o cliente pode no final se aventurar pedindo como sobremesas uma *mousse* de chocolate com espuma de leite e fios de laranja!!!

7º) Quem sai para passear só pode começar bem o dia depois de um *melange*, o café com leite à moda vienense (o que vale naturalmente para todos os vienenses...). E um bom lugar para o turista degustar essa bebida é o *Café Hawelka*, um dos mais tradicionais da cidade, aberto há 78 anos na *Gumpendorferstrasse*; ou então no *Café Phil*, a poucas quadras de distância, de atmosfera alternativa e moderna, lotado por universitários e *hipsters* que antes mesmo de o café esfriar postam fotos nas redes sociais para divulgar sua presença no local!!!

Da mesma forma que a receita do *melange*, que leva as doses específicas de café e de leite, em Viena o clássico e o contemporâneo, o passado e o presente, se misturam de maneira bastante equilibrada. Na capital austríaca, é muito simples sentir-se como se tivesse voltado séculos no passado, em especial diante de um concerto de música clássica – na Staatsoper, por exemplo, que é a ópera da cidade e o lar da Orquestra Sinfônica de Viena; ou quem sabe num dos seus salões centenários de bailes, onde casais em traje de gala rodopiam ao som das valsas de Strauss.

A orquestra da câmara – a Wiener Residenzorchester – tem uma longa tradição e foi fundada para apresentar as obras clássicas vienenses com uma grande perfeição. As muitas séries de eventos das últimas décadas foram apresentadas nos mais belos palácios de Viena. Essa orquestra executa obras que vão de Mozart a Johann Strauss, valendo-se de um grupo que varia de 10 a 40 músicos. Em 1991, ela foi a representante oficial da Áustria nas celebrações em homenagem a Mozart e executou diversos concertos no *Festival Wiener Klangbogen*.

Importantes artistas europeus participaram de concertos com a Wiener Residenzorchester, tais como Rainer Küchl, o mestre dos concertos da Filarmônica de Viena, a estrela dos tenores Jochen Kowalski, assim como os regentes Arild Remmereit, Giuseppe Lanzetta, Herbert Roggenburg e muitos outros.

A Wiener Residenzorchester já foi convidada para muitos festivais, que se tornaram verdadeiros marcos na trajetória mundial dessa orquestra de câmara, tais como o de Paris, Berlim, Roma, Veneza, Atenas, Budapeste, Montevideo, Cidade do México, Bruxelas, Salzburgo etc.

Hoje sem dúvida a Wiener Residenzorchester é uma das melhores orquestras de câmara do mundo. Regente-chefe desde 1989, Paul Moser e seus músicos executam principalmente as obras dos mais renomados compositores austríacos, tais como Mozart e Johann Strauss. Os seus *spallas* (cada um dos primeiros músicos de cada instrumento de corda) estão entre os melhores violistas do mundo, que posteriormente se apresentariam com grande sucesso internacional, destacando-se como solistas e tocando com as melhores orquestras do mundo.

8) A capital austríaca é organizada em distritos de 1 a 23. O primeiro deles é o centro da cidade, que é contornado pela glamourosa alameda Ringstrasse. Ali encontram-se muitos de seus **tesouros**, ou seja, monumentos históricos e museus, como, por exemplo, a belíssima Stephansdom, a catedral em estilo gótico do século XII, e o imponente palácio imperial Hofburg.

Todavia, a maior protagonista da Ringstrasse é mesmo a Ópera Estatal de Viena. Construída a partir de 1861 pelos arquitetos August Sicard von Sicardsburg e Eduard van der Nüll, ela é considerada uma das casas de ópera mais importantes do mundo, e apresenta aproximadamente cinquenta óperas e balés ao longo de trezentos dias por ano!!! E a cada ano fazem parte de suas apresentações grandes astros da música clássica, como Anna Netrebko ou Plácido Domingo. Vale lembrar que uma vez por ano a ópera se transforma em pista de dança para o Baile da Ópera de Viena, considerado por artistas, políticos e empresários do mundo inteiro como o maior evento desse tipo no planeta.

De modo geral, os ingressos para os eventos variam de € 300 ao preço de um *melange* (alguns euros...), para quem não se incomoda em assistir o espetáculo de pé. Todavia, nos meses de abril, maio, junho e setembro, as apresentações da ópera são transmitidas **gratuitamente** num enorme telão de LED (*light emitting diode*, ou seja, diodo de emissão de luz) de 50 m^2 para todos os que ficam do lado de fora!!! **Essa não é uma grande ideia?**

A vizinha da Ópera é a ilustre Galeria Albertina, em cujo acervo encontram-se obras de Schiele, Rembrandt, Picasso e Cézanne. Caminhando alguns quarteirões (e, ao mesmo tempo, viajando algumas décadas pela história da arte) o turista encontrará o Mumok (Museum of Modern Art Ludwig Foundation Vienna), no qual se pode apreciar obras de Andy Warhol, Kandinsky e Claes Oldenburg. Esse museu está entre os melhores da Europa, ao lado da Tate Modern, de Londres, e do Centro Georges Pompidou, de Paris.

De fato, opções é o que não falta na cidade, afinal, arte é um assunto sobre o qual a capital austríaca entende muito bem – são mais de 100 museus espalhados por ali!!! Até mesmo o consultório do fundador da psicanálise, Sigmund Freud, e o cemitério onde foi enterrado o compositor Mozart, viraram museus. No meio de tantas opções, não se pode deixar de visitar o Belvedere, um museu em forma de castelo onde está pendurado o famoso quadro *O Beijo*, de Gustav Klimt, quadro que estampa canecas e camisolas nas lojas de souvenires.

E a forma mais gostosa de completar uma volta pela Ringstrasse é pedalando. Em Viena há cerca de 120 estações de bicicletas públicas que podem ser usadas 24 h por dia. Para isso, basta cadastrar o seu cartão de crédito que a magrela será liberada e você poderá seguir o fluxo calmo das largas e arborizadas ciclofaixas vienenses. Outra possibilidade interessante é utilizar um dos bondes de madeira dos anos 1970, que dividem os trilhos urbanos com os modernos *trams* (ou *bims*, como os vienenses gostam de chamá-los) e não deixam os congestionamentos se instalarem.

9º) No seu magnifico artigo *Viena, Praga e Budapeste*, publicado na revista *Viaje Mais*, (nº 184), a articulista Betina Neves escreveu: "A mobilidade urbana é apenas uma característica que fez com que Viena fosse considerada pelo sétimo ano consecutivo a cidade com melhor qualidade de vida no mundo, segundo o *ranking* divulgado em 2016 pela empresa de consultoria internacional Mercer (no qual São Paulo ocupou o 121º lugar).

Além disso, seus moradores desfrutam de água límpida que vem diretamente dos Alpes para as torneiras das casas e dos bebedouros públicos. Festivais gratuitos de cinema internacional, *design* e até de sorvete artesanal agitam a agenda cultural da cidade. Como turista, você pode experimentar essas regalias e entrar no clima dessa cidade, que sabe como se divertir, a despeito da austeridade que sugere o mármore frio de seus palácios e museus.

Nos arredores de Schwedenplatz, numa área mais boêmia de Viena denominada Triângulo das Bermudas (Bermudadreieck), pode-se encontrar *pubs* e bares que ficam lotados durante a madrugada, seja qual for o dia da semana. Porém, caso prefira escapar das hordas de turistas e estudantes intercambistas alcoolizados, faça como os jovens vienenses e fuja para lugares mais alternativos.

Uma boa opção é o *Chelsea Bar*, um local com jeitão de *pub underground* onde os preços das bebidas são "aceitáveis" para o padrão de Viena. Ali as suas noites são embaladas ao som de bandas de *rock*, em sua maioria, inglesas. Outra alternativa que fica nas proximidades é o *Café Concerto*, que ostenta um ar mais psicodélico e comercializa cerveja barata. O local mistura faixas *indie* e *rock* dos anos 1960, 1970 e 1980.

Seja onde for, curtir a noite vienense é parte importante de uma viagem para a alegre capital austríaca. Porém, todo aquele que estiver nessa experiência precisa incrementá-la retornando ao seu hotel a pé durante a madrugada. **Fique tranquilo, pois é seguro!!!** É que a noite, no silêncio, observando as fachadas iluminadas das igrejas e dos prédios históricos, é mais fácil fazer a 'viagem' no tempo que Viena proporciona naturalmente aos seus privilegiados visitantes."

10º) Um período especial para se visitar a capital austríaca é o Natal. De fato, nas semanas que antecedem a celebração, centenas de milhares de turistas chegam a Viena e entram no espírito natalino ao deparar com os belíssimos mercados natalinos. O maior deles é chamado de "Mercados do Menino Jesus". Ele fica em frente à prefeitura da cidade, cujo visual impacta os diversos sentidos dos visitantes. Isso porque sua fachada em estilo neogótico se transforma em um gigantesco calendário do advento. As enormes árvores do parque da prefeitura são decoradas com luzes e adornos natalinos e nas cerca de 170 barracas ali existentes, pode-se comer, beber vinho quente e comprar presentes de Natal. Isso movimenta muito a economia da cidade.

Que diferença, por exemplo, de São Paulo, onde a prefeitura em 2016 ficou cada vez mais ineficaz para obter apoio de empresas privadas para ornamentar a cidade. Um exemplo disso foi a "Árvore de Natal", montada no parque do Ibirapuera, e cujo tamanho em 2016 "encolheu" significativamente desde 2009 (quando alcançou 70 m), chegando a 35 m, praticamente o mesmo tamanho de 2015...

A LIÇÃO DE VIENA

Sem dúvida, algo que deveria ser adotado no Brasil, em especial nas cidades que possuem grandes teatros, é o uso de telões externos nas proximidades desses eventos para que os menos privilegiados tenham acesso aos eventos e às apresentações de artistas famosos. Isso sem dúvida permitiria que pessoas de todos os níveis pudessem apreciar não só a música erudita e o balé, mas também os espetáculos de música popular.

As prefeituras até proporcionam essas oportunidades em eventos como a *Virada Cultural*, mas isso deveria ser mais frequente. Outra ação que já acontece nos dias de hoje é o televisionamento simultâneo de festivais como o *Rock in Rio*, o *Tomorrowland* etc., embora a sensação obviamente não seja igual à oportunidade de estar no próprio evento!!! Mas essa é uma boa comparação...

Outra lição inspiradora de Viena é o modo como a cidade (e toda Áustria) se aproveita do café – seja o *melange*, o *mokka* ou ainda o *Verlängerter* –, sendo que uma cultura exclusiva foi desenvolvida em torno dessa bebida. A cafeteria em Viena, é um ponto de encontro popular para todas as idades, para habitantes da cidade e visitantes, além de ser um local de descanso da correria do cotidiano. E para complementar a grande diversidade no que se refere ao café, os turistas têm à sua disposição nas cafeterias uma grande diversidade de bolos e tortas: *Gugelhupf*, *Kipferl*, *Strudel* ou *Krapfen*. Algumas cafeterias, inclusive, têm suas próprias criações, e vale muito a pena experimentá-las. Um bom exemplo disso são as tortas *Sacher*.

Aqui no Brasil, até possuímos uma cadeia de cafeterias com o nome Viena, mas o que as cidades deveriam ter em suas padarias cada vez mais sofisticadas, são os espaços convidativos para se tomar um café acompanhado de alguns doces. Afinal, não é aqui que temos os melhores cafés da manhã?

O icônico edifício do Capitólio em Washington.

2.44 - Washington

PREÂMBULO

Como capital dos EUA, Washington D.C. (Distrito de Colúmbia), além de ser o centro político da nação mais rica do mundo é também uma grande atração turística. Isso se deve, em grande parte, a Smithsonian Institution, uma instituição educacional e de pesquisa associada a um complexo de museus – **o maior e mais visitado do mundo**!!!

De fato, quem for a Washington para passear precisará ficar ali pelo menos três dias para conseguir visitar seus museus monumentais e algumas atrações um pouco mais afastadas do centro, que ficam numa área chamada The National Hall. Esse é o caso, por exemplo, das localizadas em Georgetown (o bairro mais descolado e repleto de casas coloridas, prédios históricos, pequenos e excelentes restaurantes etc.). Afinal, além de história, Washington é uma cidade rica em detalhes, planejamento urbano e belas paisagens!!!

A capital norte-americana também abriga moradores e visitantes das mais diferentes nacionalidades e, por essa razão, sua **gastronomia** é bem diversa. A cidade oferece restaurantes que conseguem, por exemplo, fazer a fusão das cozinhas grega, turca e libanesa.

E não podemos esquecer das imagens icônicas de Washington que são continuamente veiculadas nas telas. Afinal, quantos filmes de Hollywood já não se referiram aos memoriais da cidade ou apresentaram "fins do mundo" apocalípticos começando pela destruição da Casa Branca e do Lincoln Memorial.

A HISTÓRIA DE WASHINGTON

Washington é a capital dos EUA, sendo às vezes chamada por seus nomes históricos, como: Federal City e Washington City, ou então de "The District" ("O Distrito"), ou simplesmente "D.C.", que como já foi explicado, se refere ao distrito de Colúmbia.

No início de sua independência, que ocorreu em 4 de julho de 1776, não havia uma capital fixa para o país. Assim, importantes reuniões governamentais ocorreram em pelo menos nove cidades. Foi o *Residence Act*, de 1790, que deu ao então presidente norte-americano George Washington o poder de escolher o local onde seria construída a capital norte-americana. Então, em 1791, ele definiu uma área de 259 km², localizada às margens do rio Potomac, entre os Estados de Maryland e Virgínia, onde já existia a vila de Georgetown. O local selecionado ficava a apenas alguns quilômetros de sua casa, em Mount Vernon, na Virginia.

Para essa tarefa, George Washington contratou o engenheiro francês Pierre Charles L'Enfant que se incumbiu de planejar e executar a obra. Todavia, uma dificuldade enfrentada na ocasião foi a relutância por parte dos ricos proprietários da região escolhida em vender suas terras. Outro obstáculo foram os atritos entre L'Enfant, as autoridades governamentais norte-americanas e os proprietários de terra da região, que acabaram fazendo com que L'Enfant fosse dispensado por George Washington, antes mesmo do término da construção.

Os planos e desenhos de L'Enfant premiavam uma cidade centralizada no Capitólio dos EUA, cruzada por avenidas diagonais com nomes dos Estados do país. Segundo o projeto, os cruzamentos entre essas avenidas e as ruas deveriam evoluir na direção Norte-Sul e também Leste-Oeste, ocorrendo sempre na forma de rotatórias batizadas com os nomes de grandes personalidades norte-americanas. A outra ideia seria a construção de um enorme parque na margem norte do rio Potomac, o que já na época se tornaria o atual National Statuary Mall, construído somente no início do século XX.

Graças a Andrew Bellicott e Bejamin Banneker, que tinham os planos e desenhos originais de L'Enfant, a construção da cidade continuou, enquanto George Washington e o Congresso norte-americano governavam o país a partir de outras cidades escolhidas temporariamente como capital federal. Então, em 1800, o governo federal decidiu chamá-la de Washington – em homenagem ao então presidente do país (1732-1799), e não apenas pelo papel que ele desempenhou na criação da cidade, mas também por sua participação na história do país –, e de "Columbia", o distrito onde está localizada – para homenagear o descobridor da América, Cristóvão Colombo.

Atualmente, a cidade de Washington tem cerca de 660 mil habitantes, enquanto a região metropolitana chega a 6,3 milhões de pessoas. E caso seja incluída, a região metropolitana de Baltimore (localizada a 100 km de Washington), o total de habitantes subirá para 8,6 milhões.

Washington está dividida em quatro quadrantes por ruas bem longas que partem do Capitólio e são chamadas: North Capital Street, South Capital Street, East Capital Street e West Capital Street. Já as ruas dos quadrantes são a Northwest, a Northeast, a Southwest e a Southeast. Washington também está dividida em oito *wards* (distritos eleitorais) e 127 bairros distintos.

Não há dúvidas de que a capital norte-americana tem tudo para ser classificada como uma **cidade criativa**. Como já foi dito, são muitas as atrações culturais ali encontradas (é possível visitar nada menos que duas dezenas de museus de primeira linha num percurso de apenas 4 km), o que justifica a **visitabilidade** registrada no local (aproximadamente **25 milhões de pessoas em 2016**).

Em Washington os turistas podem até participar de um *breakfast* (café da manhã) com congressistas, como acontece corriqueiramente no hotel Four Seasons, onde integrantes do Congresso norte-americano tratam os garçons pelo nome e estes, por sua vez, retribuem trazendo-lhes ovos servidos no ponto exato!!! Portanto, como se pode perceber, enquanto os assassinatos, as vinganças e as traições de *House of Cards* (o mais popular seriado de drama político nos anos de 2015, 2016 e 2017, no qual o implacável presidente Frank Underwood, personagem vivido por Kevin Spacey, elabora muitas artimanhas no salão da Casa Branca) pintam um retrato não muito simpático de Washington, na vida real a cidade está em acelerada transformação.

E esse processo foi sem dúvida deflagrado nos últimos anos, sobretudo nos dois mandatos de ex-presidente dos EUA Barack Obama. Sem dúvida, a cidade está mais jovem e arejada, e diferentemente do passado, desfrutá-la virou mais uma questão de estilo, tempo e disposição que propriamente dos recursos financeiros de que dispõe o visitante. Gélida no inverno, úmida no verão, comportada nas meias-estações, mas sempre sedutora como nunca, a Washington de hoje merece ser vista de perto e, de preferência, a **pé**!!! Seu formato compacto e o traçado linear de suas ruas e alamedas, cuja inspiração é nitidamente europeia, a transformaram numa formidável opção para longas caminhadas. Aliás, vale ressaltar que o ato de caminhar é considerado um autêntico esporte local, visto que pedestres e corredores ocupam as calçadas das ruas da capital norte-americana a qualquer hora do dia ou da noite.

No que se refere a hospedagem, nos últimos anos os edifícios da cidade – que atestam o seu passado *art déco* – foram modernizados e transformados em hotéis-*boutique* com preços bem razoáveis. Esse é o caso, por exemplo, do hotel The Caryle, um romântico e tranquilo estabelecimento localizado a três quarteirões da agitada Dupont Circle, uma típica rotatória urbana que fica bem próxima do centro.

Entre as coisas imperdíveis para quem visita Washington estão, como já foi dito, a ida a alguns de seus diversos museus monumentais. Esse é o caso do Smithsonian, cujo nome se refere a muito mais do que à coleção de museus abrigados sob a tutela da fundação homônima, criada em 1846 a partir da fortuna deixada pelo cientista James Smithson (1765-1829). Trata--se sem dúvida de uma referência em termos de arte, cultura e educação. Os arquitetos específicos de cada um de seus edifícios representam diferentes correntes criativas e épocas distintas, que vão do moderno ao bizantino.

Os museus e institutos que fazem parte do complexo Smithsonian têm dimensões colossais, acervos enormes e **não cobram ingresso**. Sim, é tudo gratuito!!! A National Gallery, por exemplo, foi fundada em 1937. Uma curiosidade bem interessante é o fato de que nela foi exibido o retrato de Frank Underwood (assinado pelo artista britânico Jonathan Yeo) entre os verdadeiros presidentes dos EUA. A obra foi exibida de fevereiro até o fim da eleição presidencial do país, que aconteceu em novembro de 2016. Vale ressaltar, que isso foi obra de uma ação promocional do canal de *streaming* Netflix.

Apesar de ter sido temporária, a presença do personagem em uma instituição do porte da National Gallery isso dá uma exata dimensão do quanto os temas cultura e política estão presentes, são intensamente vivenciados e, não raro, se entrelaçam no dia a dia da capital norte-americana. O fato é que na National Gallery pode-se admirar muitas pinturas europeias dos séculos XVIII ao XX, e também de artistas norte-americanos a partir do século XVIII.

Suas exposições temporárias também costumam atrair multidões. Assim, só para reenfatizar a ligação entre cultura e política, em 2016, a exposição na National Gallery ficou lotada com os fãs da série *House of Cards*, que queriam ver a tela do norte-americano Thomas Eakins, *The Biglin Brothers*

Racing na sala em que o "presidente" Frank Underwood teve seu primeiro encontro com a repórter Zoe Barnes, com quem manteve uma tórrida relação na série (e a quem posteriormente assassinou na estação de metrô Cathedral Heights, não muito longe dali). É claro que o palco real desse último encontro do casal fictício foi num *set* de filmagens em Baltimore, na Virginia, onde de fato as tomadas foram rodadas.

À frente da National Gallery, há um parque que foi inaugurado em 1999. O local exibe esculturas importantes dos séculos XX e XXI, como a poética *Amor*, do norte-americano Robert Indiana, de 1998. Mas, além desta, existem cerca de 20 obras dispostas em torno de um espelho de água no qual se pode mergulhar os pés (exceto, é claro, no inverno, quando o local está congelado e se transforma numa pista de patinação).

Quem se interessa por aviação não pode deixar de visitar o National Air and Space Museum, que possui o maior acervo de aeronaves do mundo, além de simuladores de voo. Já para os vidrados em natureza, a recomendação é o Museu Nacional de História Natural, no qual existem 126 mil espécies de animais e plantas, incluindo a réplica de uma gigantesca baleia azul que, pendurada ao teto, paira sobre os visitantes.

Os interessados em se aprofundar na história dos EUA – que em muitos momentos se entrelaça com a história mundial – devem dirigir-se ao Museu de História Americana, ao African American History e ao Culture Museum. No The National Archives, o visitante poderá admirar o primeiro exemplar da Constituição norte-americana, que todos insistem em clicar (a despeito das barreiras e dos alertas sobre a proibição absoluta de fotografá-la, é claro!?!?).

No Museu do Holocausto, há uma exibição contundente do triste episódio da perseguição e execução de milhões de judeus. O alerta é para os visitantes mais sentimentais, para os quais a visita **não é recomendável**, uma vez que poderá deprimi-los. Afinal, existem na cidade outros atrativos mais leves, como os museus temáticos. Neste caso uma boa opção é o Newseum, no qual o visitante entra em contato com a história dos meios de comunicação e tem acesso diariamente às primeiras páginas dos mais importantes jornais do mundo, dentre os quais está *O Estado de S. Paulo*.

Para os que apreciam o **tema espionagem**, elas não podem abrir mão de visitar o Spy Museum, que oferece uma ampla coleção de documentos e artefatos interessantíssimos, e onde existe uma loja "repleta de curiosidades", com itens como um mapa dobrável que indica os locais mais espionados da cidade (como os bairros em torno da embaixada russa, além de outros pontos aparentemente insuspeitos, mas altamente visados).

Outra opção para os fanáticos em espionagem é visitar o *Complexo Watergate*, um edifício comercial e residencial localizado no norte da cidade, que ficou mundialmente famoso em 1972, quando os republicados foram surpreendidos tentando se infiltrar no escritório do Partido Democrata, localizado no complexo, o que gerou o escândalo Watergate e levou o então presidente Richard Nixon a renunciar.

Que o diga Frank Underwood, ou alguém mais real como Edward Snowden, não é mesmo?

Para os interessados em relembrar o atentado de 11 de setembro de 2001, não se pode esquecer que terroristas sequestraram um avião (da American Airlines) e o atiraram contra o edifício do Pentágono, em Arlington. Além disso, segundo as autoridades uma outra aeronave (dessa vez da United Airlines) também teria sido derrubada pelos próprios passageiros no Estado da Pensilvânia, na tentativa de evitar outro impacto sobre a capital do país.

Veja a seguir mais alguns dados sobre a pujança de Washington, que sem dúvida a caracterizam como uma cidade criativa.

1º) No que se refere à visita a **pontos históricos**, convém fazê-la utilizando-se preferencialmente o *Big Bus*, um sistema de ônibus que permite desembarcar e reembarcar nos principais pontos turísticos. Neste caso, a primeira parada deve ser no "Jardim da América", como é apelidado o National Mall. Trata-se de um amplo parque no centro de Washington, em cujas extremidade estão o Capitólio (a leste) e o Memorial Lincoln (a oeste), onde está uma estátua de mármore do presidente Abraham Lincoln com quase 6 m de altura, que recebe todos os anos dezenas de milhões de visitantes!!!

O National Mall tem 3 km de comprimento e é nele que estão também localizadas a Smithsonian Institution e a Casa Branca (residência oficial e principal local de trabalho do presidente dos EUA, inaugurada em 1º de novembro de 1800). Ali encontra-se também o principal monumento de Washington, um obelisco dedicado ao presidente George Washington com 169,29 m de altura, em cujo topo há um observatório do qual os turistas podem ver praticamente toda a cidade. Ele foi inaugurado em 1888 e é a estrutura mais alta da cidade. Aliás, uma lei do distrito de Colúmbia proíbe a construção de edifícios mais altos que esse monumento.

O cume do Capital Hill tem apenas 24 m de altura, é um morro que está bem no centro geográfico de Washington, e é ali que estão localizados:

- O Capitólio dos EUA, propriamente dito, onde os integrantes do Congresso norte-americano se reúnem para discutir questões políticas, econômicas, sociais e adotar a legislação pertinente para cada caso. Ele tem 91 m de altura e é considerado uma das mais belas estruturas do país.

- A Suprema Corte dos EUA, cujos integrantes se reúnem em sessões para discutir as leis e as decisões tomadas pelas cortes de níveis inferiores. Interessante lembrar que os turistas não somente podem apreciar a arquitetura do edifício, como também assistir às sessões da corte.

- O Jardim Botânico dos EUA, onde é possível apreciar cerca de 10 mil espécies de plantas.

Outros pontos de grande interesse e que devem ser visitados são os seguintes:

- Os memoriais dedicados aos ex-presidentes Thomas Jefferson e Franklin Delano Roosevelt.

- O National World War II, um memorial dedicado aos soldados norte-americanos que serviram na 2ª Guerra Mundial (1939-1945).

- O Korean War Veteran, um memorial dedicado aos que combateram na Guerra da Coreia (1950-1954).

- O Vietnam Veterans, um memorial homenageando todos os que se envolveram com a guerra do Vietnã (1967-1974).

No que se refere a artes e cultura, não se pode deixar de conhecer:

- O John F. Kennedy Center for the Performing Arts, um centro de artes que abriga a National Symphony Orchestra, a Washington National Opera, onde se pode assistir a uma variedade de *performances* musicais e teatrais.

- O Ford's Theatre, famoso por ser o local onde o presidente Abraham Lincoln foi assassinado, em 1865, e que, além de ser um teatro, funciona também como um museu nos dias atuais.

- A biblioteca Folger Shakespeare, localizada a leste do Capitólio, que abriga a maior coleção do mundo de obras do escritor inglês William Shakespeare. Esta biblioteca é privada e muitas de suas obras raríssimas não podem ser vistas pelo público em geral. Isso só é autorizado para pessoas especializadas, por isso tornou-se um ponto turístico.

- A biblioteca do Congresso, uma das maiores do mundo, que tem mais de 104 milhões de itens (livros, jornais, revistas, fitas, pinturas, vídeos etc.) em centenas de idiomas.

Os mais religiosos não podem deixar de visitar a basílica do Santuário Nacional da Irmandade Conceição, a catedral dos EUA. Para os que almejam mais entretenimento a sugestão é visitar o MCI Center, palco de diversos concertos musicais e de outros eventos importantes. Outra boa ideia é conhecer o *Ronald Reagan Building*, o maior da cidade, que ocupa uma área de 288.000 m², em frente do qual os turistas gostam de tirar suas fotos.

2º) Comer bem em Washington é uma tarefa bem fácil e muito agradável. Aliás, essa prática torna a permanência do turista na cidade bem saborosa, portanto, aí vão algumas sugestões:

- O *Policy* ("quer dizer Política") é um dos muitos restaurantes *fusion* recém-abertos na NW Street, com suas animadas mesinhas na calçada.

- O *Zaytinya*, ao lado da National Gallery, uma casa grega com um ar bem moderno, cujas paredes são recobertas por dezenas de olhos gregos...

- O *Hank's Oyster Bar*, um típico restaurante norte-americano de frutos do mar, onde as porções são bem fartas. Isso, aliás, ajuda a aumentar muito o consumo de boas cervejas. Uma autêntica especialidade da casa, são as ostras fritas, que são servidas em uma generosa porção que satisfaz duas pessoas. Outra boa opção dessa casa são os populares *crab cakes*, um tipo de torta de carne de caranguejo, um prato muito comum na costa leste dos EUA e que rende um generoso jantar para duas pessoas por módicos US$ 27 (um preço menor do que os praticados no Brasil para pratos similares). **Isso é incrível, não é?**

Claro que a gastronomia em Washington é muito mais ampla, inclusive para atender ao público multicultural que vive e trabalha na cidade. Afinal, estão ali centenas de embaixadas e instituições internacionais (como o Banco Mundial, o Fundo Monetário Internacional, entre outras).

3º) Washington tem dois importantes jornais de circulação diária: o *The Washington Post* (cujo atual proprietário é o bilionário Jeff Bezos, dono da Amazon) que é o mais antigo e o de maior circulação diária na cidade, sendo também um dos mais reconhecidos dos EUA, pois suas reportagens políticas são consideradas bastante influentes no panorama político e o *The Washington Times*.

Outro jornal de circulação nacional é o *USA Today*. A agência *United Press International* – fundada em 1907 –, uma das líderes mundiais em notícias internacionais, também está sediada em Washington. Além disso, cerca de 500 diferentes revistas e jornais comunitários são publicados na cidade, entre eles a *National Geographic*.

Diversas séries de TV já utilizaram o distrito de Columbia como cenário principal para suas narrativas, sendo que a maioria delas estava (ou está) relacionada ao governo norte-americano (*The West Wing* e *House of Cards*), a organizações de segurança (*The District*, *Get Smart*, *NCIS* etc.) e a outras assuntos de caráter mais geral (*Murphy Brown*, *Capitol* etc.).

4º) Segundo Richard Florida, para ser uma cidade criativa, ela precisa possuir **talentos**. Isso é o que não falta em Washington, onde existem diversas universidades importantes, além de outras IESs de qualidade, tanto públicas quanto privadas.

A Universidade do Distrito de Columbia é a universidade pública da cidade. A Universidade de Georgetown é a mais antiga, visto que foi fundada em 1789, antes, portanto, da existência da própria Washington. Hoje ela é famosa pelos seus programas de intercâmbio com outras nações. Entre os ex-alunos destaca-se, por exemplo, o ex-presidente dos EUA, Bill Clinton.

Outra IES muito importante é a Universidade George Washington, a maior da cidade. Essa IES é respeitada no mundo todo pelas pesquisas em diversos campos, sendo a 2º maior empregadora da cidade, atrás apenas do governo federal. Entre os que estudaram nela estão líderes mundiais, empresários, generais, ministros, diplomatas, cientistas e astronautas.

A Universidade Católica da América é a única IES dos EUA que foi fundada por bispos da Igreja Católica Romana. Ela foi fundada em 1887, após a aprovação do papa Leão XIII. Próxima dela encontra-se a Universidade Trinity, que também é uma IES católica, mas atende apenas a estudantes do sexo feminino!!!

Além dessas IESs, destacam-se ainda em Washington, a Universidade Americana (criada por um ato do Congresso em 1893), a Universidade Johns Hopkins (Baltimore), a Universidade Gallaudet (a primeira IES dos EUA dedicada a pessoas com deficiências auditivas), a Universidade Howard e a Universidade Southwestern. Todas essas IESs empregam cerca de 50 mil pessoas.

E como não poderia deixar de ser, é grande a vinda de pessoas de outras cidades dos EUA e do exterior para estudar nessas IESs, o que torna a cidade bem multicultural. Aliás, isso apenas realça a forte presença dos que trabalham nas centenas de embaixadas localizadas em Washington.

5º) Em Washington há cerca de 2.500 km de ruas e avenidas que, geralmente, estão repletas de veículos. Em 2016, a estimativa foi de que passageiros (usuários de ônibus) perdessem cerca de 120 h por ano em congestionamentos. A despeito disso, a cidade possui um bom sistema BRT e cerca de 90 mil pessoas transitam diariamente pela principal estação de trem, a Union Station.

No que se refere a transporte aéreo, a capital norte-americana é atendida por três aeroportos principais: o aeroporto nacional Ronald Reagan, próximo ao rio Potomac, que atende principalmente os voos domésticos; o aeroporto internacional Dulles, que fica a 42,3 km do distrito de Columbia, nos condados de Fairfax e Loudoun, do Estado de Virginia, cujo tráfego de passageiros em 2016 foi de quase 22 milhões de viajantes; e o aeroporto internacional Thurgood Marshall (que atende também Baltimore), localizado a 51 km no nordeste da Federal City (uma forma com os norte-americanos chamam sua capital), no condado de Anne Arundel, no Estado de Maryland.

Como se nota, o acesso à capital dos EUA por via aérea é bem adequado, exatamente como deveria ser a qualquer metrópole nessa **era da instantaneidade.**

6º) Para aqueles que encontram nos esportes um grande entretenimento, Washington é sede de diversas equipes profissionais. Assim, o D.C. United é o time de futebol integrante da MLS; o Washington Mystics é o time de basquete feminino do Women's National Basketball Association (WNBA) e o Washington Wizards é o time de basquete masculino da NBA; o Washington

Nationals é o time de beisebol da MLB e o Washington Redskins é a equipe de futebol norte-americano, integrante da NFL.

As competições são organizadas de forma muito inteligente, para que em qualquer semana do mês esteja ocorrendo algum evento esportivo que movimente não apenas os torcedores da cidade, mas todos os que vivem na região metropolitana e nas cidades vizinhas de até 200 km da capital.

É óbvio que todo esse planejamento é responsável por incrementar a **visitabilidade** da cidade e, assim, transformar os eventos esportivos numa grande fonte de renda para Washington. Vale lembrar que aproximadamente 45 mil pessoas trabalham direta ou indiretamente nessas competições esportivas.

E além das já mencionadas, existem muitas outras atividades esportivas ligadas na cidade. Elas estão ligadas ao tênis, ao rúgbi, ao futebol australiano etc., mas o que movimenta muito a cidade são as duas maratonas anuais – a Marine Corps Marathon, no outono, e a Rock'n'Roll Marathon, na primavera.

Aliás, a Marine Corps Marathon teve a sua primeira edição em 1976 e, às vezes, é chamada de a "Maratona do Povo", pois é uma maratona com grande participação na qual não se oferece nenhum tipo de prêmio em dinheiro para os corredores!!!

Os esportes praticados pelas equipes universitárias também atraem muita gente, destacando-se o time de basquete Georgetown Hoyas, que já forneceu muitos jogadores para as equipes profissionais da NBA.

7º) Washington possui seu próprio gênero musical nativo, chamado de *go go*, um derivado do *rhythm & blue*. Chuck Brown, bem como a banda Experience Unlimited, ambos originários de Washington, tornaram o *go go* nacionalmente conhecido durante a década de 1980.

Mas a capital também foi um importante centro no desenvolvimento do *punk rock* nos EUA, e assim muitas bandas locais se tornaram famosas como Fugazi, Bad Brains e Minor Threat. O *indie rock* também possui uma rica história na região de Washington.

A LIÇÃO DE WASHINGTON

Inicialmente, quem poderia inspirar-se bastante com Washington seriam os governantes da nossa capital Brasília, sua cidade-irmã. Estes, auxiliados pelo governo federal, deveriam promover uma verdadeira cruzada da qual todos os brasileiros deveriam participar: **pelo me-**

nos uma vez na vida visitar o centro de poder do País, algo que sem dúvida aumentaria significativamente o patriotismo em nosso País.

Nos EUA, os professores, em especial do ensino fundamental e médio, fomentam essa vontade nos seus alunos, disseminando entre eles quase como uma obrigação conhecer melhor os fundadores da pátria. O que é necessário fazer, no caso de Brasília, é criar um sistema que facilite a ida de delegações de jovens acompanhados pelos seus professores, para que estes possam inclusive explicar melhor para seus alunos o quanto a mudança da capital (para o centro geográfico do País) foi importante para a Nação.

Naturalmente seria vital que os pontos históricos e culturais, assim como as instituições governamentais, fossem melhor preparados para essas visitas em Brasília. Esse turismo interno sem dúvida traria muitos benefícios para a nossa capital, como comprovadamente acontece na capital norte-americana.

Aliás, deve-se destacar que o **turismo** é um fator importante para ser considerado na formação de uma cidade criativa. Ele é constituído não apenas por pessoas, mas por ideias, culturas e experiências, e atribui características especiais a indivíduos e a mercados, à medida que eles forem fincando suas raízes e trazendo consigo seus valores, suas crenças, suas ideias e suas visões.

Por definição, o turismo leva gente e dinheiro para lugares físicos. Não raro, as forças econômicas e governamentais são profundamente afetadas por esse influxo de capital e ideias, e devem responder às demandas criadas por um turismo mais ativo e, portanto, às forças do mercado.

Assim, se uma cidade se tornar conhecida por sua degradação ambiental, pela insegurança gerada pela presença de terroristas ou por abrigar ideias racistas, ela naturalmente não conseguirá atrair turistas!!! Além disso, se uma cidade ignorar as artes e a gastronomia de qualidade (representativas da cozinha mundial) e não oferecer experiências ou engajamentos culturais, perderá muito dinheiro, prestígio e inclusive capital político, o que resultará numa baixa visitabilidade.

O melhor do turismo acontece quando ele se tornar mais proativo no desenho cultural da **cidade criativa**, que, aliás, é a **cidade do futuro**!!! Em Washington o que não falta é um intenso banho de cultura, bastando para isso que o visitante passe alguns dias visitando os 19 museus e o zoológico da cidade – todos gratuitos –, administrados pela Smithsonian Institution. O fato é que todos os anos essa instituição gera sozinha para a capital norte--americana cerca de 25 milhões de visitantes!!!

Uma vista espetacular da moderna Xangai.

2.45 - Xangai

PREÂMBULO

Xangai já foi apelidada por muita gente de "**Paris da Ásia**", pois nela combinam-se tradições antigas e um quê futurista, em uma atmosfera agitada e única.

Para muitos viajantes Xangai é a China do futuro, especialmente no que se vê em Pudong, onde desponta a *Shanghai Tower* (632 m) – o segundo prédio mais alto do mundo!!!

Em Xangai tem-se uma arquitetura incrível, um grande circuito de museus, diversas formas de entretenimento (aquário, circo etc.), cafés no estilo parisiense, muitas oportunidades para compras (artigos bons e baratos) etc., mas o mais curioso é o que acontece aos domingos no People's Park. Pois bem, ali acontecem os encontros de pais de filhos solteiros à procura de um par para eles se casarem. **Isso mesmo!!!** Os pais chineses vão ao parque no período da tarde para ver se encontram uma "tampa de panela" para seus filhos solteiros.

Eles levam placas com nome, idade, profissão e *hobbies* de seus filhos. Aos pais interessados eles mostram fotos e detalham as demais qualidades dos filhos.

É um tipo diferente de *Tinder* (aplicativo que facilita os encontros), não é mesmo? E não se pode esquecer que agora as autoridades governamentais estão estimulando e procurando ajudar os casais a terem um segundo filho. O objetivo é evitar um problema demográfico que se desenha para a China (!?!?), com a assustadora diminuição da população economicamente ativa....

A HISTÓRIA DE XANGAI

Xangai (ou Shangai) é a maior cidade da República Popular da China e uma das maiores áreas metropolitanas do mundo, com cerca de 25 milhões de habitantes. Ela está localizada na costa central da China oriental, na foz do rio Yangtzé. Embora seja administrada como um município chinês, pelo estatuto que lhe foi conferido pelo país, ela exerce o nível de província.

Durante a dinastia Song, no período de 960 a 1.279, Xangai foi no início apenas uma vila e só ganhou o estatuto de "cidade-mercado" em 1074. Em 1172, foi construído ali o segundo quebra-mar para controlar melhor a fúria do mar, complementando um dique anterior. A partir da dinastia Yuan, em 1292 até se tornar oficialmente uma cidade pela primeira vez em 1927, Xangai foi administrada pela prefeitura de Songjiang.

Dois eventos importantes influenciaram o desenvolvimento de Xangai durante a dinastia Ming. O primeiro foi a construção em 1554 da muralha de Xangai, com 10 m de altura e 5 km de circunferência. A ideia, na ocasião, era proteger a cidade das invasões de piratas japoneses. O outro acontecimento importante, que aconteceu durante o reinado de Wanli, de 1573 a 1620, foi quando se construiu em 1602 o templo Cidade de Deus, um feito que lhe deu importante impulso cultural.

Durante a dinastia Qing, Xangai se tornou um dos portos mais importantes da região do delta do rio Yangtzé. Isso aconteceu por causa de duas importantes decisões políticas: a primeira foi em 1684, quando o imperador Kangxi cancelou a proibição do transporte oceânico de carga; a segunda, em 1732, quando o imperador Yongzheng transferiu a alfândega marítima da província de Jiangsu para Xangai, o que deu à última o controle exclusivo sobre a coleta de impostos oriundos do comércio exterior dessa província. Com isso, a partir de 1735 a cidade de Xangai se tornou o principal porto marítimo da região sul do rio Yangtzé.

Porém, o grande desenvolvimento mercantil e financeiro de Xangai só teve início no século XIX, com o término da guerra do Ópio. Ele aconteceu com a assinatura do tratado de Nanquim, em 1842, quando foi permitido o comércio e o tráfico de ópio com os países ocidentais.

Nesse período, as forças britânicas adquiriram o monopólio de metade do comércio exterior da China, com Xangai experimentando um grande desenvolvimento urbano e demográfico. A cidade se transformou numa colônia cosmopolita, em cuja administração intervinham políticos signatários do tratado de Nanquim, por intermédio de seus representantes consulares.

Esta posição especial permitiu que Xangai mantivesse neutralidade durante a Primeira Guerra Sino-Japonesa (1894-1895) e a revolta dos *Boxers* (chineses praticantes de arte marcial), em 1900. A região se tornou efetivamente um município em 14 de julho de 1927, e, apesar de o território das concessões estrangeiras estar excluído do seu controle, sua área era de 828,8 km^2, incluindo os modernos bairros de Baoshan, Yangpu, Zhabei, Nanshi e Pudong.

Chefiada por um prefeito chinês e um conselho municipal, a primeira nova tarefa da prefeitura foi a de criar um novo centro na vila de Jiangwan, distrito de Yangpu, fora dos limites das concessões estrangeiras. Este novo centro da cidade foi planejado para incluir um museu público, uma biblioteca, um ginásio de esportes e a sede da prefeitura.

A cidade floresceu como um centro comercial entre o Oriente e o Ocidente, tornando-se inclusive um polo financeiro na década de 1930. Porém, quando o PCC chegou ao poder em 1949, a influência internacional da cidade declinou, uma vez que a capital do país era Pequim. Entretanto, a partir de 1990, com as reformas introduzidas por Deng Xiaoping, ocorreu um intenso desenvolvimento da cidade e, em 2005, **Xangai se tornou o maior porto de cargas do mundo**!!!

A cidade é atualmente um destino turístico famoso por causa dos seus marcos históricos, como o *Bund*, o templo Cidade de Deus, o moderno e em constante expansão centro financeiro de Pudong – onde foi erguida a famosa torre *Pérola Oriental* e a já mencionada *Shanghai Tower* – e por sua nova reputação como um **centro cosmopolita cultural**.

Xangai é agora o maior centro comercial e financeiro da China, sendo descrito como o grande exemplo da pujança da economia chinesa, a **2ª maior do mundo**!!! A religião predominante na cidade é o budismo maaiana, mas o taoísmo também é seguido por muitos moradores. Por causa de sua história cosmopolita, Xangai tem uma rica mistura de patrimônio religioso, como evidenciam as instituições religiosas e os diversos edifícios espalhados pela cidade.

O taoísmo está presente em Xangai na forma de vários templos, incluindo o templo Cidade de Deus, no centro da cidade velha, e outro dedicado ao general Guan Yu, do período dos Três Reinos; já o Wenmiao é um templo dedicado a Confúcio. O budismo está presente em Xangai desde os tempos antigos. O templo Longhua – o maior de Xangai – e o templo Jingian, foram construídos no período dos Três Reinos. Outro templo importante é o do Buda de Jade, que foi assim chamado em homenagem a uma grande estátua do Buda esculpida ali, com esse material. Vale ressaltar que nas últimas décadas dezenas de templos modernos foram construídos em toda a cidade.

Xangai tem o maior percentual de católicos da China e entre as igrejas católicas que se tem ali, destaca-se a catedral de São Inácio, em Xujiahui, e a basílica She Shan. Outras formas de cristianismo em Xangai incluem minorias ortodoxas orientais e existem também igrejas cristãs protestantes. Durante a 2ª Guerra Mundial, milhares de judeus desembarcaram em Xangai, fugindo da perseguição que sofriam na Alemanha nazista, liderada por Adolf Hitler. Os judeus acabaram vivendo perto uns dos outros, o que fez surgir o "gueto de Xangai", uma comunidade vibrante centrada na sinagoga Ohel Moshe. Porém, a despeito da quantidade de templos de todas essas religiões, somente 13% da população da cidade seguem alguma fé de forma organizada, sendo que a grande maioria (87%) é **irreligiosa**!!!

Nos últimos 25 anos Xangai foi uma das cidades com o mais rápido desenvolvimento do mundo. Assim, desde 1992, ela registrou um crescimento econômico de cerca de 10% todos os anos – exceto durante a recessão mundial nos anos 2008 e 2009, em que o crescimento da economia de Xangai ficou entre 8% e 9,5%, e nos anos de 2013, 2014, 2015 e 2016, quando a média foi próxima de 7,5%. Em 2016 o PIB de Xangai foi de US$ 420 bilhões.

Xangai é um dos principais centros industriais da China, tendo um significativo número de zonas industriais, onde estão localizados o grupo Baosteel, a maior empresa siderúrgica do país, e o enorme e mais antigo estaleiro da nação, Jiangnan. A indústria automobilística é importante para a economia da cidade, graças a Shangai Automotive Industry Corporation, uma das "três grandes" do setor na China, que tem parcerias estratégicas com a Volkswagen e a General Motors.

Em termos de educação, Xangai tem se destacado com os seus jovens estudantes, que têm ficado nas primeiras colocações nas classificações realizadas pelo Programme for International Student Assessment (PISA, sigla em inglês), um estudo mundial de desempenho escolar feito com estudantes de 15 anos de idade e conduzido pela Organização para a Cooperação e o Desenvolvimento Econômico (OCDE). Esse estudo concluiu que as escolas públicas de Xangai têm a mais alta qualidade de ensino do planeta!?!?

Mas será que isso é realmente verdade? Alguns críticos dos resultados do PISA apontam que em Xangai e em outras cidades chinesas a maioria dos filhos dos trabalhadores migrantes só pode frequentar as escolas da cidade até a 9ª série, e então devem retornar para as cidades de origem de seus pais para cursar o ensino médio. Isso acontece por causa das restrições impostas por uma política denominada *hukou*. Isso distorce a composição de estudantes do ensino médio da cidade em favor das famílias locais (e mais ricas)!?!?

Xangai foi a primeira cidade da China a implementar o 9º ano de ensino obrigatório!!! Estima-se que em 2016, cerca de 23% da população da cidade tivesse educação universitária; 24%, contasse com ensino fundamental, 4%, com ensino primário, e 3% (entre moradores com mais de 15 anos) fossem analfabetos. Com base nesses números, é bastante significativo o contingente de chineses que vivem em Xangai e têm formação completa no ensino superior, o que mostra que há muita gente talentosa na cidade, o que a ajuda a ser cada vez mais criativa!!!

As autoridades de Xangai fizeram diversos investimentos em alta tecnologia, e um deles foi nos TAVs. Assim, em cooperação com o município de Xangai e a Xangai Maglev Transportation Development, a empresa alemã Transrapid construiu ali no ano de 2002 a primeira ferrovia de alta velocidade Maglev – um TAV que "flutua" e é movido por um sistema de força eletromagnética. O trajeto ia da estação de metrô de Xangai Longyang Road, em Pudong, até o aeroporto de Pudong, e a operação comercial da linha teve início em 2003. Embora o custo desse projeto tenha sido bastante elevado, as autoridades chinesas não titubearam na decisão de introduzi-lo, não apenas para demonstrar seu envolvimento com a alta tecnologia, mas para aplicá-la em algo que aumentasse a **visitabilidade** na cidade. Vale ressaltar, que toda e qualquer medida de desenvolvimento em Xangai é cuidadosamente **planejada** pelo PCC.

Assim, essa viagem que corresponde a percorrer 30 km, é feita em 7 min e 21 s, atingindo-se uma velocidade de 431 km/h, se bem que o Maglev pode alcançar até 501 km/h!!! Daí para frente, os TAVs foram se expandindo na China e no fim de 2016, havia mais linhas que todas desse tipo somadas no mundo!!!

Aliás, o metrô de Xangai tem sido o sistema que mais tem crescido no mundo, e o seu sistema de ônibus com cerca de 1.050 linhas, operadas por muitas empresas, é o mais extenso do mundo!!! Com o aumento de renda, a aquisição de automóveis particulares tem aumentado muito nos últimos anos, apesar da restrição de matrículas de veículos novos estar limitada a 50 mil carros por ano!!!

Para uma cidade do tamanho de Xangai, o tráfego ainda é bem menos congestionado, digamos, que em São Paulo. Isso porque muitas vias expressas foram (e continuam sendo) construídas, diversas delas elevadas (as *skyways*). Os chineses com mais recursos estão abandonando totalmente a bicicleta!!!

Claro que em Xangai também se pode tomar um táxi, mas o que tem proliferado nesse caso é a grande concorrente do Uber, que saiu do país ao vender a empresa para a Didi Chuxing. Esta é a maior companhia de transporte urbano por aplicativo da China, e, em 2017, ela atuava em mais de 400 cidades e tinha cerca de 450 milhões de usuários (números chineses, viu?)

E aí vão cinco complementações que permitem entender o quanto Xangai é uma **cidade criativa**.

1ª) Há muitas coisas incríveis que todo **turista** vivencia quando chega a Xangai. Veja a seguir algumas delas.

- **A chegada no aeroporto internacional de Pudong** é uma espécie de benção, pois permite que o visitante evite a solução trivial que é usar o táxi, e opte pelo transporte público, ou seja, que ele vá até o centro da cidade de trem, o que lhe possibilita chegar ao seu destino em 8 min, num percurso de 30 km!!! **E como isso é possível?** Porque o trem utilizado é o Maglev Shanghai, que conforme já foi dito, alcança grandes velocidades. A passagem custa em torno de US$ 8, e a pessoa logo nos primeiros momentos acha que está chegando à **cidade do futuro!!!**

- **Passear no "*Bund*" renovado.** O seu verdadeiro nome é Zhongsham, porém, as placas de trânsito da cidade indicam aos motoristas a direção para o *Bund* (significa "cais aterrado"). Mais do que em qualquer outro local, é ali que o visitante sente a alma mais autêntica de Xangai, ao deparar com um alinhamento supercoerente de mais de meia centena de edifícios de arquitetura neoclássica na avenida marginal do rio Huangpu. Eles foram erguidos durante a **primeira época de ouro** da cidade, no início do século XX. Ao longo de uns 6 km, sente-se até um certo ar de Manhattan antes da Grande Depressão de 1929, quando os ingleses e franceses mandavam na cidade como se fossem seus donos... Depois, durante cerca de meio século, os líderes da RPC não valorizam muito o *Bund*.

  Mas assim que Xangai foi escolhida para organizar a Expo2010, os líderes chineses resolveram devolver a glória ao *Bund*, com um intenso projeto de renovação que incluiu obras que duraram cerca de três anos e consumiram bilhões de dólares. Neste sentido, as pistas de rolagem foram reduzidas de 12 para 6; os prédios históricos foram renovados; o calçadão foi embelezado para o uso de pedestres e uma série de novas áreas verdes foi criada. O resultado é visível para qualquer visitante. Seja durante o dia ou a noite, o *Bund* está sempre repleto de pessoas (se bem que existe mesmo muita gente em Xangai...).

É óbvio que é aí que se nota que Xangai vive e olha para o **futuro**... sem esquecer as marcas do **passado**!!! Não se pode esquecer que nos tempos coloniais, havia no parque Huangpu, numa das extremidades do *Bund*, um aviso: "**Proibido para cães e chineses!?!?**" Essa foi uma das maiores humilhações da história da China, e os europeus opressores dificilmente serão algum dia perdoados por isso.

O local foi bastante alargado e hoje o parque abriga o monumento aos heróis do povo. Dali se tem uma das melhores vistas sobre o *Bund* e a margem do Pudong. É provavelmente o lugar preferido para um turista começar o seu dia, logo ao nascer do sol, pois ali circulam centenas de chineses fazendo exercício matinais de *tai-chi*, artes marciais e dança, e coreografando movimentos harmoniosos e sincronizados, que libertam o corpo e a mente. **É bom acordar assim em Xangai, não é?**

- O *Bund* está repleto de edifícios históricos, sendo que muitos deles com um passado glorioso que lhe chegam a justificar o título de Wall Street do Oriente. Esse é o caso do edifício *Nº 3* do *Bund*, que é de 1916, sendo o ponto de encontro dos novos milionários (e alguns bilionários) chineses e de viajantes endinheirados, mas também dos simples amantes do bom gosto. E é fácil perceber a razão disso: no térreo estão lojas como a Armani, e a medida que o visitante acessa os andares superiores ele se depara com a Galeria de Arte de Xangai, o restaurante *Jean-George*, de cozinha francesa, com sabor asiático; um *Evian Spa*; o luxuoso *Whampon Club*, um verdadeiro embaixador da nova cozinha de Xangai; os sabores nova-iorquinos do *Luris*, até se chegar à parte mais alta do edifício onde está o restaurante-bar *New Heights*, com uma cozinha internacional eficiente, mas conhecido acima de tudo por possuir a melhor vista sobre o *Bund* e Pudong, ou seja, um panorama completo que engloba desde as suas esplanadas até as margens do Huangpu.

- Qualquer cidade chinesa tem sempre um jardim com um lago desenhado segundo as regras do *feng shui*, e repleto de cantos e recantos que permitem preservar pequenos espaços de tranquilidade e intimidade, mesmo nas suas urbes mais populosas e movimentadas.

Em Xangai, o exemplo supremo desta arte de domesticação harmoniosa da natureza encontra-se no restaurado Jardim Yuyuan, erguido há mais de quatro séculos no coração do núcleo histórico mais antigo da cidade. Ao contrário do que sucede com outros parques e jardins chineses, no Yuyuan é preciso comprar um ingresso para entrar. Mas ninguém se arrepende de gastar US$ 4, pois vai se divertir muito ao se perder no labirinto de ruas estreitas, pontes suspensas, muros com forma de dragão e pavilhões-ilhas no meio de delicados lagos!!!

- A **cidade antiga** de Xangai era originalmente chamada de Nanshi, mas agora nos mapas vem com a denominação inglesa Old City. Mas quem leu na infância o *Lotus Azul*, de Hergé, rapidamente reconhece naquelas ruas comerciais com edificações com madeiras vermelhas e telhados negros, o cenário de uma das aventuras mais célebres de Tintintin, aquela em que o jovem repórter encontra o seu amigo Tchan. Claro que nos dias de hoje ninguém se utiliza dos riquixás para se locomover, e todos os edifícios foram restaurados, mas o ambiente – apesar das hordas de turistas – mantem-se mágico, fazendo com que as pessoas se lembrem dos tempos em que a China era um país misterioso, exótico e longínquo...

Os turistas, claro, tiram muitas fotos, tendo ao fundo a casa de chá *Huxinting Chalou*, que parece ter sido retirada do cinema de um filme dessa época.

- Uma das **joias da gastronomia** de Xangai são os pequenos raviolis, feitos ao vapor em caixas de bambu, conhecidas entre os estrangeiros como *dumplings* (bolinhos asiáticos), mas que os chineses chamam de *xiaoglongbao*. O local mais famoso para experimentá-los fica bem no centro da Old City e chama-se apropriadamente *Popular Xiaoglongbao*, facilmente reconhecido pela fila constante de clientes à porta. Mas vale a pena esperar!!!

Em Pudong um local indicado é o *Tiang Palace*, no centro comercial principal, no qual são servidos *dumplings* deliciosos.

- Para os turistas viciados no esporte "**comprar, comprar e comprar**", o verdadeiro paraíso encontra-se na extensa e sempre superlotada Nanjing Road, que começa no *Bund*, junto ao mítico hotel Peace, e vai até o templo Jing'na, com a enorme praça do Povo no meio.

  Esta enorme artéria acaba revelando dois mundos distintos em Xangai. Na parte destinada aos pedestres no *Bund*, conhecida como a Nanjing Road East, tem-se a Xangai próspera dos anos 1930, repleta de lojas com produtos chineses, como os sapatos Lantang, os chapéus Shengxifu ou os produtos medicinais Tongrentang. Já na Nanjing Road West, na parte alta, ficam os templos do luxo e da modernidade de Xangai, como no *shopping center Plaza 66*, onde Louis Vuitton, Channel, Cartier, Gucci, Prada, Hérmes e outras marcas têm lojas gigantescas e sempre lotadas!!!

- De frente para a Dongtai Road fica um dos mais divertidos **mercados** de Xangai, na Xizang Road: o local onde se vendem pássaros, grilos e gafanhotos. Vale a pena aguentar o chilrear ensurdecedor nos estreitos corredores e observar durante alguns momentos a paciência e o rigor com que os compradores vão olhando os pássaros nas gaiolas, tentando fazer a melhor compra possível!!

- Muita gente vai ao Mercado de Antiguidades da Dongtai Road, onde nas lojas e tendas espalhadas dos dois lados da rua os vendedores se esforçam para convencer os turistas a comprarem as "**relíquias autênticas**" e de valor inestimável expostas em suas prateleiras – embora todos saibam que isso não é verdade!?!?

  Mas caminhar por ali de maneira despreocupada, sem achar que se irá adquirir alguma peça valiosa por uma pechincha, pode se revelar uma experiência inesquecível e bem sugestiva do espírito chinês para os negócios: a rua tem quase tantos guerreiros Ming "antigos" nas barracas quanto os que foram encontrados nas escavações em Xian!

  O verdadeiro prazer é, no entanto, o de **saber regatear**, sempre com um sorriso nos lábios, os preços das "antiguidades" em bronze, cerâmica, porcelana, assim como as moedas e as estatuetas que ali se encontram ao lado de produtos e artigos bem populares dos tempos coloniais de Xangai, como gramofones, cartazes de cinema, calendários, relógios, caixas de madeira, baús etc. Dependendo da arte de negociar de cada um, o preço pode diminuir até dez vezes em relação à primeira oferta do vendedor.

E no meio de toda essa confusão, até é possível encontrar peças interessantes e originais, que poderão provocar inveja quanto instaladas na casa do turista depois que ele regressar... Isso desde que ninguém acredite que são mesmo antiguidades. É claro, não é?

- O futuro está sendo construído em Xangai, já há alguns anos, na margem direita do rio Huangpu, na zona de Pudong. É ali que por entre avenidas onde constantemente se cruzam homens e mulheres de negócios, com muitos operários da construção em seus uniformes de trabalho, que se encontra a parte mais moderna de Xangai.

O ponto principal de referência é a torre de televisão – a *Pérola Oriental*, com 468 m – na qual se pode ficar a cerca de 200 m de altitude sobre um chão de vidro completamente transparente, como se a pessoa fosse um pássaro... Um pouco mais baixa é a *Jin Mao Tower*, com 420,5 m, na qual está instalado o hotel Grand Hyatt, entre o 53º e o 87º andares. Também fica na região o *World International Financial Center*, cujo observatório está a 492 m de altura, que também hospeda megalojas da Cartier, Channel, Louis Vuitton, Gucci etc.

- Quem quiser **descansar**, ou seja, criar uma *happy hour*, deve seguir para o bairro de Xintiandi, no qual foram recuperadas as antigas casas de pedra *shikumen*, do século XIX, e transformadas em restaurantes, bares e lojas elegantes, onde as pessoas gostam de se ver e de serem vistas.

Tem-se ali muitos locais para apreciar a vida noturna – mas atenção, pois na China as pessoas começam a jantar por volta das 18 h!!! – com restaurantes emblemáticos como o *Herbal Legend, Cristal Jade, Yè Shanghai, Simply Thai, Xinjishi* etc.

O renovado bairro de Xintiandi é também um local com um episódio particular na história chinesa do último século: foi numa dessas casas que se realizou o primeiro congresso do PCC, conforme assinalado numa placa em frente da qual tanto os turistas estrangeiros como os chineses tiram muitas fotos.

- Um dos segredos ainda mantidos em Xangai – bem imune ao contágio dos grupos de turistas que seguem o guia com uma bandeirinha –, é a antiga vila operária de Tian Zifun, que se situa na parte da antiga concessão francesa. Nesse labirinto de ruas estreitas e prédios baixos, respira-se um dos ambientes genuínos e estimulantes da cidade: no mesmo espaço coexistem moradores em pijama, secando suas roupas penduradas nas janelas; artistas em busca de reconhecimento; pequenas lojas de produtos artesanais e criativos; galerias de arte, ateliês e cafés tradicionais. Ou seja, tudo que se deve ter numa cidade criativa, e num só lugar. A coexistência parece bem harmoniosa entre os velhos moradores e os novos ocupantes do bairro.

De fato, os próprios visitantes tentam se comportar de modo a não perturbar o estranho equilíbrio que existe ali. Por isso, é fácil perder a noção do tempo naquele emaranhado de ruas, descobrindo pequenos tesouros e até conseguir furar a barreira da língua – sempre difícil na China, apesar de cada vez ser maior o número de habitantes que falam um inglês razoável – e estabelecer diálogos muito prolongados, em especial com os novos moradores da região.

Vivem ali agora muitos profissionais (engenheiros, administradores, técnicos em computação etc.) que se mudaram para Tian Zifun para um recomeço em suas vidas, abrindo novos negócios. Um exemplo é um ateliê em que são vendidas peças de prata, colares, pulseiras etc. Um desses novos moradores, formado em engenharia química, comentou: "Uma das minhas criações que mais me orgulha é uma pequena homenagem familiar, ou seja, uma peça em prata, com caracteres chineses criados pelo meu pai, que foi um caligrafista de renome!!!" Pois é, em Xangai tudo é assim, **onde o futuro sempre tem algo a ver com o passado**!!!

- Em Xangai está havendo uma explosão artística e muitos dos verdadeiros artistas se reúnem em locais como M50 (Moganshan Road nº 50), um antigo complexo industrial que deixou de funcionar na década de 1990. Quando estava prestes a ser demolido, muitos artistas começaram a instalar ali os seus ateliês, aproveitando o enorme espaço existente e os custos de ocupação bem baixos. Atualmente o M50 alberga mais de 250 ateliês, estúdios e empresas de *design*, tendo se transformado em um dos principais centros criativos da China.

Quando se analisa os preços que as obras de artistas chineses alcançaram nos últimos anos, nos grandes leilões de arte contemporânea, entende-se porque tantos estrangeiros circulam pelos corredores da antiga fábrica, visitando os ateliês, examinando as obras expostas, procurando com afinco o quadro ou a escultura que possa torná-los ricos. O M50 é um espaço único e extremamente estimulante.

2ª) **A exuberância do crescimento chinês** encontrou em Xangai a sua melhor tradução, com o PCC procurando transformar a cidade para ser o cartão-postal da nova economia de mercado (que a China não tinha conseguido conquistar oficialmente até o fim de 2016...).

Como já foi dito, a cidade ostenta às margens do rio Huangpu dois instantes antagônicos da história chinesa: o atual esplendor econômico e o passado de humilhação imposto pelo colonialismo estrangeiro.

Em Puxi, que significa "o oeste de Huangpu", estão os edifícios europeus construídos no século XIX e início do XX, quando Xangai foi ocupada por potências externas que a transformaram em seu quartel-general no país. Na outra margem, em Pudong, "a leste de Huangpu", está a materialização da nova China, com as suas torres futuristas, intensamente iluminadas à noite. O fato é que, enquanto Pequim se transformou muito para impressionar o mundo durante a realização dos Jogos Olímpicos de 2008, Xangai se preparou intensamente para promover a Exposição Mundial de 2010, quando soube de sua escolha em 2002. Nos sete anos seguintes a cidade acelerou seus investimentos, que no período de 2003 a 2009 somaram US$ 115,4 bilhões. Com esse dinheiro muitas obras foram iniciadas (e terminadas...). Uma delas que mais impressionou foi a ampliação do metrô de Xangai, cuja extensão quadruplicou e alcançou 420 km já em 2009 (nessa época era quase seis vezes mais extenso que o de São Paulo, que só tinha 65,3 km...).

Outro investimento importante foi no aeroporto de Hongqiao – cerca de US$ 2,2 bilhões – o que elevou sua capacidade anual de 25 milhões de passageiros para 40 milhões. Houve também melhorias no aeroporto de Pudong, que recebeu 29 milhões de passageiros em 2016. Para aprimorar a mobilidade foram feitos investimentos em túneis, vias elevadas, pontes e, além disso, criaram-se muitas áreas verdes novas.

Aliás, as mudanças que a cidade viverá até 2020 foram meticulosamente detalhadas em uma gigantesca maquete no Museu de Planejamento Urbano de Xangai, um dos modernos edifícios que compõem a paisagem da praça do Povo, em Puxi, onde existe também um museu e um teatro municipal!!!

Essa maquete foi elaborada no início do século XXI e foi sendo aprimorada com o passar do tempo. O interessante é que boa parte dos quase sete mil arranha-céus – muito mais que em Nova York – existentes em 2017 já apareciam no modelo, como o *World Financial Center* e a *Shanghai Tower*, que, como já foi dito, são atualmente os edifícios mais altos do país!!! Vários desses edifícios acomodam hoje as filiais das principais multinacionais da cidade, com o que Xangai se tornou a área mais cosmopolita da China, sem considerar Hong Kong.

3ª) No dia 1º de maio de 2010, foi inaugurada a mais grandiosa exposição no planeta. Ela durou seis meses e recebeu mais de 70 milhões de visitantes, dos quais cerca de 45 milhões eram estrangeiros. Todos ficaram perplexos com o megaevento, cujo sucesso foi estrondoso.

Com a participação de 239 países, empresas e instituições internacionais, a Expo Xangai 2010 foi a que teve o maior número de participantes na sua história (a primeira aconteceu em 1851, em Londres), um feito obtido por conta da interferência direta do governo chinês, que **pagou** a construção dos pavilhões das nações pobres!?!?

Os países mais ricos pagaram pela construção dos seus pavilhões, incluindo-se aí o Brasil. A Exposição Mundial é o maior evento global depois dos Jogos Olímpicos. Desde a primeira edição, ela tem sido realizada em intervalos irregulares com a duração de três a seis meses. As principais atrações são os pavilhões montados pelos países participantes, os quais exibem produtos e serviços. O governo de Pequim sugeriu que, no decorrer de seis meses do evento, os chefes de governo das nações participantes da feira visitassem Xangai no dia que foi dedicado a cada país para a comemoração de alguma data especial. O grande tema da Expo Xangai 2010 foi *Better City, Better Life (Cidade Melhor, Vida Melhor)*, cujo objetivo foi apresentar **novas alternativas para as cidades** que enfrentam uma lista de problemas decorrentes dos modelos de desenvolvimento adotados no passado que deixaram diversas localidades à beira do colapso social.

A China investiu US$ 4 bilhões diretamente na promoção do evento e quis dar um exemplo ao mundo. No seu gigantesco pavilhão propôs novas formas de as cidades atingirem o "equilíbrio", apesar de não parecer realmente que sejam as fórmulas que os anfitriões aplicam nos seus problemas urbanos. Assim, Xangai, cidade com maior renda *per capita* da China, e que organizou o evento, esbanja em gastos de energia. Poucos são os grandes edifícios na cidade que não estejam lançando feixes poderosos de luz ao anoitecer. Viadutos emitem luz de néon, luminosos "confundem" os pedestres e motoristas por toda parte.

O que é destacado como um **excesso**, ou seja, um desperdício pelos ambientalistas e defensores da economia sustentável, os chineses chamam de "**atração turística**".

Os guias de Xangai apresentam a cidade como "Paris da Ásia", uma referência à capital francesa que é conhecida como a "Cidade Luz". O que eles não contam é que em zonas rurais próximas a Xangai, as crianças ainda são obrigadas a fazer a lição escolar usando velas. A ideia central do evento foi apresentar projetos urbanísticos e soluções que pudessem ajudar as cidades a reduzirem as desigualdades sem comprometer seu desenvolvimento econômico. Os gastos crescentes para financiar um apartamento se transformaram na principal preocupação da classe média chinesa. Segundo um levantamento da importante universidade chinesa, Tsinghua, mais de 60% dos entrevistados afirmaram que sua maior dificuldade é conseguir **pagar uma moradia**.

A crescente distância entre os preços dos imóveis e a renda média dos chineses tem causado um intenso debate sobre os riscos de uma bolha imobiliária que poderia estourar num curto prazo, interrompendo o crescimento econômico da China. Não é por acaso que na China encontram-se os opostos, isto é, muita riqueza e muita pobreza (ou carência total). Assim, no bairro de Liulangzhuang, ao norte de Pequim, um empreendimento imobiliário concluído em 2010, que estava longe de se parecer com um dos recém-inaugurados arranha-céus da cidade, foi um minicomplexo de oito prédios de "apartamentos-formiga", com apenas **2 m²** cada um!!! Não é só o espaço que é exíguo, chamando a atenção por isso. Quem mora ali são os recém-formados que, mesmo empregados, são incapazes de adquirir algo melhor no superaquecido mercado imobiliário chinês.

O incrível é que todos os cubículos foram alugados pouco depois de estarem prontos, em meados de abril de 2010, a um custo aproximado de R$ 100 por mês. No cubículo cabe apenas a cama e uma pequena escrivaninha. Há duchas, mas o banheiro é público e não fica no mesmo prédio...

A discussão das questões urbanas na Expo Xangai 2010 ficou concentrada em sete pavilhões dedicados às *Melhores Práticas Urbanas*, nos quais foram apresentadas experiências bem-sucedidas no mundo. São Paulo e Porto Alegre estavam entre as **55 cidades** escolhidas pela Expo Xangai 2010 para serem observadas no que se refere aos programas que permitam melhorar a qualidade de vida dos seus moradores. A **Lei Cidade Limpa** foi o tema dos paulistanos, enquanto os gaúchos falaram sobre os benefícios que trouxe para os habitantes o **orçamento participativo**.

Na Expo Xangai 2010, o tema *As Melhores Práticas Urbanas* foi dividido em quatro setores temáticos: **Cidades Habitáveis, Urbanização Sustentável, Proteção e Utilização do Patrimônio Histórico e Inovação Tecnológica**.

A Expo Xangai 2010 foi a primeira de todas as feiras já realizadas, na qual as cidades tiveram uma **participação destacada**. O estande de São Paulo foi concebido pela cenógrafa e diretora Daniela Thomas e pelo arquiteto Felipe Tassara, que se inspiraram na fachada do edifício *Copan*, um dos marcos da capital paulista. O estande de Porto Alegre foi criado pelo *designer* Marcelo Dantas, sendo formado por painéis transparentes semicirculares, nos quais foram projetadas imagens e dados sobre a cidade.

Com o tema **Cidades Pulsantes**, no pavilhão do Brasil, procurou-se mostrar também a vida em outros municípios do País. Assim, filmes foram exibidos simultaneamente nas paredes de uma sala quadrada. Durante a Copa do Mundo de Futebol na África do Sul, realizada também em 2010, houve a exibição dos jogos do Brasil no pavilhão nacional. Estima-se que o Brasil tenha gasto cerca de US$ 50 milhões no seu pavilhão da Expo Xangai 2010 para tentar mostrar da melhor maneira o que é o País. O desafio ficou por conta de filmes produzidos pela empresa O2, do cineasta Fernando Meirelles, em telas interativas. Logo na entrada, num telão gigante, foram exibidas as cenas de uma partida de futebol.

A atração principal, no centro do pavilhão, foi um cubo suspenso a dois metros do chão, no qual se projetaram cenas da rotina de quatro brasileiros: um **agricultor**, um **engenheiro aeronáutico**, uma **artista plástica** e um **químico**. Por meio de situações cotidianas, transmitiu-se a imagem de uma Nação tecnológica que tem competência para explorar petróleo em águas profundas e construir aviões comerciais extremamente confiáveis.

Só para melhorar a infraestrutura da cidade de Xangai no decorrer da Expo Mundial, o país gastou cerca de US$ 58 bilhões. A Expo Xangai 2010 ocupou uma área de 5,2 km² (o equivalente a mil campos de futebol), sendo 20 vezes maior que a anterior que foi realizada em Zaragoza, na Espanha.

A mascote da Expo Xangai 2010, *Haibao* (**"tesouro dos oceanos"** – figura selecionada entre 26.655 candidatos), exibiu a ideia de potência da China. Claro que foram mostrados vários outros símbolos na Expo Xangai 2010 com o objetivo evidente de demonstrar o poder chinês.

Assim, o seu pavilhão foi o mais alto da exposição, com 63 m de altura, sendo três vezes maior do que qualquer um dos outros pavilhões. Podia ser visto facilmente de qualquer parte da exposição.

Os requintes de extravagância estavam em todas as partes da **Expo Xangai 2010**. A Dinamarca, por exemplo, trouxe a sua tradicional estátua, *A Pequena Sereia*, que deixou pela primeira vez o porto de Copenhague. No pavilhão da Dinamarca, os visitantes puderam caminhar ou pedalar em um *loop* ascendente e horizontal.

A Arábia Saudita, que investiu US$ 164 milhões, o maior valor entre todos os países presentes, com exceção da China, importou palmeiras originais e montou uma tela de cinema de 1.600 m², ou seja, praticamente 25% de um campo de futebol!

A Finlândia disponibilizou uma área de sauna para os seus convidados mais importantes. No pavilhão da pequena Letônia, o visitante podia "voar" em um cubo chamado *Aerodium*, no qual máquinas jogavam ar para cima a uma velocidade de 250 km/h, permitindo dessa maneira que as pessoas flutuassem nesse espaço.

Esses são alguns exemplos do que os países prepararam para a espetacular Expo Xangai 2010, focada em como agir para ter um futuro melhor nas cidades nos próximos 60 anos, tornando-as um lugar melhor para se viver, sem obviamente abrir mão de destacar os seus pontos fortes e os atrativos de seus produtos e serviços.

4ª) Xangai está no centro do delta do importantíssimo rio Yangtzé, que inclui partes das províncias de Jiangsu e Zhejiang, sendo o principal destino dos bilhões de dólares em investimentos estrangeiros na China, respondendo por cerca de 35% das exportações chinesas. A indústria e o setor de serviços são a base do desenvolvimento local.

Há mais de 110 parques industriais na região metropolitana de Xangai (RMX), com destaque para os setores de aço, automobilístico, construção naval, petroquímico, telecomunicações, equipamentos de geração de energia e eletrodomésticos. A proximidade com o oceano e a possibilidade de utilização do transporte fluvial, mais barato que o terrestre, é uma das razões do sucesso do delta. Pelo Yangtzé trafegam diariamente milhares de navios, carregados de matérias-primas ou produtos acabados.

Muitas das empresas possuem portos privados, como é o caso da siderúrgica Baosteel – grande cliente da empresa brasileira Vale – em sua unidade no Yangtzé fabrica quase 12 milhões de toneladas por ano, ocupando uma área de 20 km² e na qual trabalham aproximadamente 18 mil pessoas.

Em 2004, Xangai passou a integrar o circuito mundial de Fórmula 1, com uma pista de 5,4 km, que consumiu US$ 320 milhões para ser construída!!! Os chineses são grandes fãs de corridas de automóveis e a inauguração, em 2004, atraiu um público de 150 mil pessoas, com o preço médio dos ingressos em torno de US$ 230. Já deu para calcular quanto foi arrecadado só com a venda de ingressos para justificar o investimento?

O empenho da China em sediar a corrida foi mais um elemento do processo de integração do país ao mundo, visto que a Fórmula 1 é um dos eventos esportivos mais "globais" que existem, tendo fãs em todos os cantos da Terra.

Esse circuito tornou-se o local mais vistoso da Cidade do Carro, um complexo a 30 km do centro de Xangai, destinado à pesquisa e ao desenvolvimento do setor automobilístico chinês. Estima-se que em 2016 foram vendidos na China 25 milhões de veículos automotivos.

Ali, além das fábricas, tem-se um museu voltado aos veículos automotivos e hotéis cinco estrelas para abrigar os visitantes, que, como tudo no país, a Cidade do Carro foi levantada em tempo recorde – três anos – e exigiu investimento de US$ 2,4 bilhões. Para se ter uma ideia da grande ascensão de Xangai, basta observar o que foi mostrado no filme *Missão Impossível 3*, que tem no papel principal Tom Cruise, e cujo título pode ser entendido como uma metáfora do que tem ocorrido em termos de projetos nessa cidade nos últimos 25 anos!!!

5ª) Os chineses tornaram-se famosos pela sua capacidade de **planejar** e **executar** com sucesso os seus projetos. O mais recente projeto dos chineses é levar o seu **futebol** a outro patamar e transformar o esporte – que já é o mais popular no país, apesar de alguns continuaram achando que é o **tênis de mesa**... – num grande entretenimento, gerando bons negócios tanto na venda de ingressos nos estádios, como na transmissão das partidas pela televisão e nas excelentes vendas com as camisas, tendo os números e os nomes dos jogadores famosos gravados nelas.

Para a temporada de 2017 do Campeonato Chinês, foram investidos algo como € 388 milhões (aproximadamente R$ 1,3 bilhão) na contratação de novos jogadores, entre eles os brasileiros Oscar, que veio do Chelsea da Inglaterra, Alexandre Pato, do Villareal da Espanha e Hernanes, da Juventus da Itália.

Esse valor é maior do que foi feito no início de 2017, na Alemanha, Itália e Espanha juntas na compra de jogadores. Assim, no início do campeonato em 3 de março de 2017, dos 505 jogadores que estavam inscritos no torneio, 82 deles eram estrangeiros, sendo 24 brasileiros. Só seis equipes das 16 que estão nesse campeonato não contam com um representante de nosso País. Esse número – **24** – é mais que o dobro em relação ao segundo colocado, que são os sul-coreanos com 11. Em comparação com os principais torneios na Europa, o número de brasileiros na China é superior ao daquele na França (19), Alemanha (15) e Inglaterra (13). O recorde da presença brasileira está em Portugal, com 123 jogadores; na Itália, 36 e na Espanha, 25. Temos realmente algumas centenas de talentosos jogadores brasileiros maravilhando os torcedores em muitos países do mundo com as suas jogadas!!!

Ressalte-se que o Shanghai SIPG investiu € 60 milhões (algo próximo de R$ 196 milhões) na compra de Oscar. O clube é da Shanghai International Port Group, operadora de todos os terminais do porto de Xangai, e a contratação foi a 2ª mais cara da temporada, tendo já antes contratado os jogadores brasileiros Hulk e Elkeson.

A cidade tem também o Shanghai Shenhua, que fez a contratação mais cara ao trazer o atacante Tevez do Boca Juniors da Argentina, pagando-lhe, R$ 2,5 milhões por semana, com um contrato de dois anos!!!

O time campeão chinês – que, aliás, é o hexacampeão do país – é o Guangzhou Evergrande, cujo técnico é o brasileiro Luiz Felipe Scolari (o Felipão) e nele jogam os brasileiros Paulinho (seleção brasileira), Ricardo Goulart e Alan, além de toda a base da seleção chinesa.

Em outras equipes chinesas os jogadores brasileiros que brilham nelas são: Renato Augusto (também integrante da seleção brasileira em 2017), Ralf, Gil, Diego Tardelli, Alan Kardec, Ramires etc. A expectativa que os dirigentes chineses têm é de que o público nos estádios com a contratação desses novos craques aumente em pelo menos 10% em relação de 2016.

As partidas do campeonato chinês já estão sendo exibidas na televisão em cerca de 60 países (!!!) e a Ti'ao Power é a dona dos direitos de transmissão, que adquiriu por US$ 1,26 bilhão pelos próximos cinco anos.

No Brasil, o canal Band Sports tem transmitido o campeonato chinês (já pelo segundo ano...) e é possível constatar que de fato grandes públicos têm sido atraídos pelos jogos.

O jogador Hulk comentou: "Aminha equipe é candidata ao título e estou muito à vontade no Shanghai SIPG, cujo técnico é o português Andre Villas-Boas, com quem tenho uma relação muito boa, pois trabalhamos juntos no Porto (Portugal) e no Zenit (Rússia), conquistando vários títulos nessas equipes.

É claro que aqui na China é ainda diferente da Europa pois há uma desvantagem de ter o limite de três estrangeiros jogando ao mesmo tempo numa equipe, enquanto por exemplo, no Real Madrid ou no Barcelona, a maioria dos seus jogadores é de estrangeiros. O mesmo ocorre no campeonato inglês. É difícil já fazer um campeonato de grande nível técnico somente com jogadores locais. Mas os chineses pretendem ter 50 milhões de pessoas praticando o futebol em quatro anos. E quando eles colocam algo na mente, fazem de tudo para realizar..."

Dinheiro não falta para os chineses. Por enquanto o português Cristiano Ronaldo – o melhor jogador do mundo – recusou uma proposta de ganhar R$ 940 mil por dia, mas será que em breve ele não estará jogando em algum time de Xangai, a cidade mais rica da China? E o mesmo se pode dizer de outros jogadores famosos, que incluem Lionel Messi, Suarez, Neymar Jr., Wayne Rooney, Ibrahimović etc., que dificilmente resistirão a tanto dinheiro. Se eles vierem, os melhores jogos de futebol do mundo serão os realizados nas grandes cidades chinesas, não é?

A LIÇÃO DE XANGAI

Xangai é cidade-irmã de São Paulo e Manaus, e especialmente a capital paulista poderia replicar algumas das ações notáveis implementadas pela capital econômica da China. Uma delas é o seu museu dedicado ao planejamento. Como já foi mencionado, nele existe uma maquete indicando como será a cidade no futuro, sendo que os prédios e outras obras autorizadas ou programadas aparecem com uma cor bem chamativa para que os visitantes saibam quais são os rumos da cidade em termos de planejamento e expansão.

Essa maquete ocupa uma área de 800 m², algo próximo daquela ocupada por duas quadras de basquete. Aliás, nos nossos bairros (ou subprefeituras) em que se divide uma metrópole, deviam também haver mostras "arquitetônicas" específicas, que permitissem discutir as suas vocações, seu futuro e sua integração com o restante da área urbana e não apenas a utilização do Plano Diretor!!!

A outra lição de Xangai é que mesmo depois de se preparar para os megaeventos (não se pode esquecer que nos Jogos Olímpicos de 2008, realizados em Pequim, Xangai também participou um pouco, abrigando algumas competições...) como foi o caso da Expo Mundial de 2010, quando muitas melhorias foram inauguradas, a infraestrutura da cidade continua a se expandir em ritmo alucinante.

Assim, o seu metrô, que tem o objetivo de alcançar 877 km de extensão até 2020, deve chegar a essa amplitude mesmo antes dessa data... Bem diferente do que aconteceu, por exemplo, no Rio de Janeiro, após a Copa do Mundo de Futebol de 2014 e dos Jogos Olímpicos de 2016, não é?

Mas, seguramente, o maior problema de Xangai e de todas as cidades chinesas – nas quais a presença dos imigrantes é praticamente inexistente ou inexpressiva – é o **envelhecimento dos seus moradores**. Com isso vai ocorrendo uma drástica redução da população economicamente ativa, o que sem dúvida influenciará negativamente a sua economia.

É verdade que desde 2013 o governo chinês flexibilizou a sua política do **filho único**, procurando influenciar os casais para que eles tenham um segundo filho.

Em 2016, nasceram 18,46 milhões de bebês na China – um número recorde – mas muito menos do que esperavam as autoridades governamentais. A grande queixa das 90 milhões de candidatas a futuras mães é justamente o alto custo para criar uma criança, especialmente se isso for numa cidade como Xangai.

Apesar de Xangai oferecer muitas oportunidades em termos de empregos bem remunerados, isso não estimula os casais o suficiente para ter o 2º filho, a não ser que o governo chinês de fato lhes ofereça uma atraente lista de benefícios, entre os quais um auxílio financeiro.

Nós em São Paulo, também não temos mais um crescimento populacional intenso, até porque a taxa de fertilidade das mulheres paulistanas já está abaixo de 1,6 filhos por mulher, o que em não mais que duas décadas trará também o encolhimento significativo da população economicamente ativa da cidade!?!?

A sorte é que teremos ainda a possibilidade de atrair essa mão de obra de cidades menos pujantes, ou pode ser que com a evolução da tecnologia essas pessoas não sejam mais necessárias para certos serviços!?!? Mas sem dúvida é algo sobre o que deveria se pensar e se preocupar...

Siglas

A

a.C.	⇒	Antes de Cristo.
AM	⇒	*Amplitude modulation*, ou seja, amplitude modulada.
Anatel	⇒	Agência Nacional de Telecomunicações.
ATP	⇒	Associação dos Tenistas Profissionais.

B

BNDES	⇒	Banco Nacional do Desenvolvimento Econômico e Social.
BP	⇒	British Petroleum.
BRT	⇒	*Bus Rapid Transit*, ou seja, ônibus de trânsito rápido.

C

CABA	⇒	Cidade Autônoma de Buenos Aires.
CBD	⇒	*Central business district*, ou seja, o distrito central de negócios ou ainda, o distrito financeiro.
CGM	⇒	Guarda Civil Metropolitana.
CEO	⇒	*Chief executive officer*, ou seja, o executivo principal.
CES	⇒	Consumer Electronic Show.
COI	⇒	Comitê Olímpico Internacional.
CPB	⇒	Comitê Paralímpico Brasileiro.
CSU	⇒	California State University.

D

d.C.	⇒	Depois de Cristo.

E

EAU	⇒	Emirados Árabes Unidos.
EC	⇒	Economia criativa.
EIU	⇒	Economist Intelligence Unit.

EUA   ⇒   Estados Unidos da América.

EUR   ⇒   Exposição Universal de Roma.

F

Fiesp   ⇒   Federação das Indústrias do Estado de São Paulo.

FIFA   ⇒   Fédération Internationale de Football Association, ou seja, o organismo em que se integram todas as federações nacionais de futebol.

FM   ⇒   *Frequency modulation*, ou, frequência modulada.

Fundap ⇒   Fundação do Desenvolvimento Administrativo.

G

GaWC   ⇒   Globalization and World Cities Research Network.

GE   ⇒   General Electric.

GPS   ⇒   *Global Position System*, ou seja, sistema de posicionamento global.

H

HEAT   ⇒   Mayor´s Homeless Emergency Action Team.

I

IBGE   ⇒   Instituto Brasileiro de Geografia e Estatística.

IDH   ⇒   Índice de Desenvolvimento Humano.

IDHM   ⇒   Índice de Desenvolvimento Humano Municipal.

IE   ⇒   Instituição de ensino.

IES   ⇒   Instituição de ensino superior.

IGC   ⇒   Índice Global das Cidades.

IIT   ⇒   Indian Institute of Technology.

IMS   ⇒   Instituto Moreira Sales.

IoT   ⇒   *Internet of Things*, ou seja, Internet das Coisas.

L

LA	⇒	Los Angeles.
LED	⇒	*Light emitting diode*, ou seja, diodo emissor de luz.
LGBT	⇒	Lésbicas, *gays*, bissexuais e transgêneros.
LRF	⇒	Lei de Responsabilidade Fiscal.

M

MBA	⇒	*Master of Business Administration*, ou seja, mestre em administração dos negócios.
MIT	⇒	Massachusetts Institute of Technology.
MGI	⇒	McKinsey Global Institute.
MLB	⇒	Major League Baseball.
MLS	⇒	Major League Soccer.

N

NASA	⇒	National Aeronautics and Space Administration.
NBA	⇒	National Basketball Association.
NCR	⇒	National Capital Region.
NCT	⇒	National Capital Territory of Delhi.
NFL	⇒	National Football League.
NHL	⇒	National Hockey League.
NIMBY	⇒	*Not in my backyard*, ou seja, não no meu quintal.

O

OCDE	⇒	Organização para a Cooperação e o Desenvolvimento Econômico.
OMS	⇒	Organização Mundial da Saúde.
OMT	⇒	Organização Mundial de Turismo.
ONG	⇒	Organização não governamental.
ONU	⇒	Organização das Nações Unidas.
OTAN	⇒	Organização do Tratado do Atlântico Norte.

P

PCC ⇒ Partido Comunista Chinês.
P&D ⇒ Pesquisa e Desenvolvimento.
PDE ⇒ Plano Diretor Estratégico.
PEK ⇒ Aeroporto internacional de Pequim.
PIB ⇒ Produto Interno Bruto.
PISA ⇒ Programme for International Student Assessment, ou seja, Programa Internacional de Avaliação de Estudantes.
PPP ⇒ Parceria Público-Privada.

R

RMA ⇒ Região Metropolitana de Amsterdã.
RMBA ⇒ Região Metropolitana de Buenos Aires.
RMC ⇒ Região Metropolitana de Cairo.
RMCM ⇒ Região Metropolitana de Cidade do México
RMD ⇒ Região Metropolitana de Delhi.
RMGD ⇒ Região Metropolitana de Gush Dan.
RMI ⇒ Região Metropolitana de Istambul.
RML ⇒ Região Metropolitana de Londres.
RMLA ⇒ Região Metropolitana de Los Angeles.
RMM ⇒ Região Metropolitana de Miami.
RMND ⇒ Região Metropolitanade Nova Délhi.
RMNY ⇒ Região Metropolitana de Nova York.
RMRJ ⇒ Região Metropolitana de Rio de Janeiro.
RMSP ⇒ Região Metropolitana de São Paulo.
RMT ⇒ Região Metropolitana de Toronto.
RMV ⇒ Região Metropolitana de Vancouver.
RMX ⇒ Região Metropolitana de Xangai.
RPC ⇒ República Popular da China.
RU ⇒ Reino Unido.

S

Sabesp	⇒	Companhia de Saneamento Básico do Estado de São Paulo.
Sebrae	⇒	Serviço Brasileiro de Apoio às Micro e Pequenas Empresas.
SESC	⇒	Serviço Social do Comércio.
SPFW	⇒	*São Paulo Fashion Week.*

T

TAV	⇒	Trem de alta velocidade.
TI	⇒	Tecnologia da informação.
TIC	⇒	Tecnologia da informação e comunicação.

U

UCLA	⇒	University of California - Los Angeles.
UCSF	⇒	Universidade de Califórnia em São Francisco.
UE	⇒	União Europeia.
UEFA	⇒	Union of European Football Associations, ou seja, União das Federações Europeias de Futebol.
Unesco	⇒	United Nations Educational Scientific and Cultural Organizational, ou seja, Organização das Nações Unidas para a Educação, a Ciência e a Cultura.
UniTo	⇒	Universidade de Turim.
URSS	⇒	União das Repúblicas Socialistas Soviéticas.

V

VLT	⇒	Veículo leve sobre trilhos.

Bibliografia

BECKNER, C. *100 Cidades que Mudaram a História do Mundo*. Ediouro Publicações S.A. - São Paulo - 2002.

COULANGES, F. de. *A Cidade Antiga*. Editora Martin Claret - 2002.

DAS, G. *India Unbounded*. Anchor Books - New York - 2001.

DODSON, B. *A China em Rápida Aceleração*. DVS Editora - São Paulo - 2015.

ELKIN, A. *Feliz Cidade - Viva sem Estresse na Metrópole*. Publifolha - São Paulo - 2004.

FLORIDA, R. *The Rise of the Creative Class*. Basic Books - New York - 2002.

FLORIDA, R. *Cities and the Creative Class*. Routledge - New York - 2005.

FLORIDA, R. *The Flight of the Creative Class*. Harper Collins - New York - 2007.

FLORIDA, R. *Who´s Your City*. Basic Books - New York - 2008.

FLORIDA, R. *O Grande Recomeço*. Elsevier Editora - Rio de Janeiro - 2010.

GLAESER, E. L. *Os Centros Urbanos - A Maior Invenção da Humanidade*. Elsevier Editora - Rio de Janeiro - 2011.

HOLLI, M. G. *The American Mayor*. Penn State University Press - University Park - 1999.

KASARDA, J. e LINDSAY, G. *Aerotrópole - O Modo como Viveremos no Futuro*. DVS Editora - São Paulo - 2012.

KOTLER, P. - GERTNER, D. - REIN, I. e HAIDER, D. *Marketing de Lugares*. Pearson Education do Brasil - São Paulo - 2007.

KRASILIN, M. *Russian Easter Eggs*. Panas - Aero - Moscou - 1995.

LEICK, G. *Mesopotâmia - A Invenção da Cidade.* Imago Editora - São Paulo - 2003.

LEITE, C. e AWAD, J. di C. M. *Cidades Sustentáveis, Cidades Inteligentes.* Bookman Companhia Editora - Porto Alegre - 2012.

MARSHALL, A. *How Cities Work.* University of Texas Press - Austin - 2001.

MORENO, J. *O Futuro das Cidades.* Editora Senac - São Paulo - 2002.

MUMFORD, L. *A Cidade na História - Suas Origens, Transformações e Perspectivas.* Martins Fontes Editora - São Paulo - 1998.

SAUNDERS, D. *Cidade de Chegada - A Migração Final e o Futuro do Mundo.* - DVS Editora - São Paulo - 2013.

SILVERSTEIN, M. J. - SINGHI, A. - LIAO, C. e MICHAEL, D. *O Prêmio de 10 Trilhões de Dólares.* DVS Editora - São Paulo - 2013.

SPIGNESI, S. J. *As 100 Maiores Catástrofes da História.* Difel - Rio de Janeiro - 2006.

VEIGA, J. E. da. *Sustentabilidade.* Editora Senac - São Paulo - 2010.

VOLKOV, S. *São Petersburgo - Uma História Cultural.* Editora Record - Rio de Janeiro. 1995.

SUGESTÕES DE LEITURA:

ECONOMIA CRIATIVA:
FONTE DE NOVOS EMPREGOS
Volume I

ECONOMIA CRIATIVA:
FONTE DE NOVOS EMPREGOS
Volume II

www.dvseditora.com.br

GRÁFICA PAYM
Tel. [11] 4392-3344
paym@graficapaym.com.br